中國地理
不思議之謎

劉　鵬◎主編

好讀出版

　　讀懂華夏大地的萬水千山……。

　　在中國的神話傳說中，地球是從老祖先盤古手中誕生的：雲朵是盤古清朗的氣息，日月是盤古明亮的雙眸，山川是盤古強健的臂膀，江河是盤古奔湧的血脈……。

　　當人類歷盡艱辛地行進到科技文明高度發達的今天時，人類對地球的認識，早已超越了生存體驗及直觀膚淺的層面。不僅對地貌的形成與變幻知察細微，而且對外太空的瞭解亦日臻透徹明朗。在人類面前，呼風喚雨已不再是神來之筆，萬里星河亦不再是雷池禁區。人類在這個星球上，已經成長為睥睨一切的主宰。

　　但是，科技的不斷完善與創新，讓人類對這個星球的分析觀察更為深入、細緻與拓展，從而也使人類在更高更遠的位置上，挖掘、發現了地球更多、更為玄奧的謎團與疑問。作為孕育世界上唯一傳承至今的古文明——中國，則因其地域之廣袤、地貌之豐富、文化之博大，更是把一個又一個難以破解的謎題呈現在我們的面前：如今地球上最高的珠峰，為何烙上了魚兒潛游的芳蹤？昔日鳥語花香的綠洲，為何變成了黃沙漫捲的舞臺？還有那名山佛燈的乍隱乍現、那小雁塔的忽離忽合、那「死亡之洞」的蹊蹺慘案……一樁樁千古懸案，一片片萬古殘垣，令人如墜霧裡，百思不解……。

　　面對幅員遼闊的中華大地，我們心中無限敬仰而又感慨萬

千。幾千年來，中華民族正是從發現疑問、探索未知、破解難題、創造奇蹟的過程中，一路跋涉，勇往前行的，今天我們提出了疑問，明天我們或許就能解決疑問，這不正是一個文明、一個民族進步與發展的根本嗎？法國文豪巴爾紮克曾說過：「一個會思考的人，才是力量無邊的人。」我們堅信，一個善於思考、勇於探索未知的民族，定是強大無比的民族。

本書正是基於此目的，力邀十位飽學之士，以其淵博的學識及不懈的探索精神，科學地、嚴謹地、客觀地為我們揭開中國地理的諸多未解之謎，同時，並將目前尚且未知的神秘現象一同呈送給讀者朋友，希冀能激發朋友們的求知欲、探索欲和創新精神。本書集知識性、趣味性、學術性於一身，涵蓋了地理、考古、歷史、天文等諸多範疇的知識，以說故事的方式，對這些華夏地理之謎給予深入淺出、生動精闢的剖析。對讀者朋友、尤其是青少年朋友們拓展思維、增長知識頗有益處。

願與朋友們一同踏上探索未知的征程……。

第一章　皇陵名寢不思議之謎

第二章　塞外邊陲不思議之謎

第一章
皇陵名寢不思議之謎

　　回溯華夏千年文明，縱有風雲變幻，朝代更迭，對至高無上的皇權的信仰和維持似乎是封建帝王們共同的追逐。「貴為天子」的帝王們生前苦苦追尋長生不老的仙丹，企盼永享天威，死後亦難捨奢華的氣派，把皇陵建造得勝似金鑾……。

　　目睹一座座象徵權力在天國延伸的陵寢，我們不禁要問：華夏到底有多少皇陵？黃帝長眠在何方？中國為何也有「金字塔」？

1.天下皇陵知多少？

　　皇陵，就是指皇帝的陵墓。從皇帝陵墓所包括的建築形式和內容來看，大多數人把包括遠古三皇五帝與後來王侯的陵墓及其附屬建築合稱爲陵寢。事實上，帝王陵寢制度中的陵寢建築，並不僅僅只有陵和寢，它只是以陵、寢爲主，還包括了廟、城、車馬坑、陪葬墓區以及後來的神道及其他地上和地下建築等。

　　一般而言，陵是帝王墳墓的專稱。帝王的墳墓稱爲「陵」，普通百姓、臣民的墳墓簡爲「墓」。所謂「寢」，是指皇陵上的寢殿建築，它是由朝廷內的宮寢發展而來的。蔡邕認爲，古代宗廟的制度，是因爲皇帝所住的地方，前有「朝」，後有「寢」，所以皇帝死了，就在陵前置「廟」以像「朝」，後部置「寢」以像「寢」。廟、寢的所有建築，多稱爲宮殿，它既是指君主及其家族所居住的整座宮殿，也是指君主用於祭祀祖先的整座宗廟。古代君主所居住的宮殿，包括前後兩大部分，前部是「朝」，即是帝王朝見群臣和處理政務的朝廷所在；後部是「寢」，是指帝王及其家族飲食起居的場所。

　　從傳說中的三皇五帝的遺跡，歷經近兩千年的夏商周三代，到大一統的各封建王朝，爲千千萬萬的炎黃子孫留下了許多難忘的回憶。然而這些回憶，不論是痛苦的、辛酸的、還是快樂的、自豪的，都直接或間接地與最高統治者們的命運聯繫在一起。歷代天子或王侯、皇帝，既是政權、神權的最高代表，滲透出皇權至上、君王至尊的威嚴與強暴，同時又壟斷著人們創造的、最優秀的文明成果，即使是他們死後的葬身之地——王陵或皇陵，也

顯得如此富麗堂皇。當然，其中也有少數王侯或皇帝，他們受盡凌辱，或寄人籬下，或落魄於別人的股掌之中，以致生不見人，死不見屍，不知葬所。同時，也有些王侯或帝王，由於時勢的變遷，文獻的散落，災害與戰禍以及民族習慣等原因，有關他們的陵寢，留下了許許多多的難解之謎，甚至不知魂歸何處，安葬何地。正是因為歷史發展過程中曲折與複雜的特點，以致人們現在對帝王及其陵墓的數字，難以作出準確的統計與說明。

不過，據文獻資料記載，從傳說中的三皇五帝到清代的五千年間，漢族和其他少數民族建立的統一王朝和邊疆、地方政權與農民起義中，建元稱帝的共有帝王五百多人。現在地面或地下有跡可尋的、時代較為明確的帝王陵寢，包括有些王朝始祖皇帝所封的太上皇的陵寢等共有二百多處。

今天，有跡可尋的中國最早的陵墓建築群是傳說中的黃帝軒轅氏的陵墓，其坐落在陝北黃陵縣城北的橋山上。相傳黃帝以土德稱王，因土為黃色，故稱黃帝，是傳說中的三皇五帝之一。由於他建立了卓越的歷史功績，因而被人們尊為中華民族的始祖。既然是始祖，那麼其墓葬的年代自然是最早的了。不過，黃陵的建築群是後人所修的紀念性的附會墓塚，為歷代重修擴展而成。而且，從全中國來看，黃陵墓在中國還不止陝北一處，在今河南、河北、甘肅等地都有黃陵的傳說，它們多是附會傳說而成的黃帝陵塚，只是陝北的黃陵建築時間最久、規模最大、影響最廣而已。

從歷史上來看，真正意義上的皇陵，最早的是秦始皇陵。其始建於秦莊襄王三年（西元前247年），至秦二世元年（西元前209年）被迫停工，前後共修造了近四十年。因此，它的規模之

大、氣勢之雄偉、佈局之氣派、陪葬器物之多且巧，在歷史上都是罕見的，尤其是在1974年被發現的兵馬俑，更被譽為世界上的「八大奇蹟」之一。秦皇陵高大的陵塚，雖然歷經兩千多年的風雨剝蝕和人為破壞，已比原陵降低了數十公尺，但其高度與規模仍為歷代帝王陵墓之首，是其它皇陵難以望其項背的。

不僅是具有文韜武略的皇帝會建造龐大的陵園，許多碌碌無為的帝王也會在相近地區建造起規模宏大的陵墓，從而組成規模更大的陵墓群。秦漢時期，皇帝自登基之日起即營建陵墓，其規模和陵寢樣式一如都城和宮殿。西漢時，每當皇帝建陵之際，皇帝就會下令遷移天下各地的富豪來守陵，並在陵旁建立一個供守陵人居住的邑。據說，漢武帝的茂陵人口比長安還要多。

◎世界第八大奇蹟──兵馬俑。

在西元一至十二世紀，東漢時期的十多座皇陵，與北宋的八處皇陵以及其他的帝王陵墓，在洛陽周圍又組成了浩大的皇陵建築群。至明清時期，北京都城附近的明代「十三陵」與清代的東陵、西陵中的九座皇陵更是莊嚴宏偉，氣派非凡，尤其是以其保存完好的陵寢建築而著稱於世，享譽中外。

2.皇陵之地是風水寶地嗎？

　　在封建時代，皇帝非常注重選擇所謂的「風水寶地」來建築陵寢。這些所謂的風水寶地究竟有何奧妙呢？

　　秦漢時期，有關墓地選擇的「風水術」開始興起，使墓地選擇逐漸成為埋葬死者的頭等大事。如秦始皇陵就選擇在「關中八景」之一的「驪山夕照」的驪山北麓，這裡地勢高凸、山清水秀，「山陰多金，山陽多玉」，南有驪山風景如畫，且形勢險要，有如虎踞；北臨渭水波光流瀉，似水龍盤繞，氣象萬千。

　　自從葬地的選擇受到風水觀念的影響以後，人們越來越重視墓地及其周圍的環境。從早期主要著眼於地理、地勢開始，漸漸轉向把死者葬地的優劣與生者的富貴貧賤聯繫起來。至六朝時期，由於人們對風水的日益重視，這一時期的風水術已形成相對系統的理論。其中風水觀念中所謂「峰巒蠢擁，眾水環繞，疊嶂層層，獻奇於後，龍脈抱衛」的佳「穴」之地，實際上就是說墓地要選擇在背倚山峰，兩面有山峰環抱，面臨河流與平原的地方。前述秦始皇陵頭枕驪山，腳踏渭水，就是具有這類「龍脈」的所在。現已發掘的南京六朝大墓，其墓葬位址也大多符合這種所謂的風水特點與基本規律。

　　唐宋及其後，墓地選擇的「風水術」不斷發展與完善。哪些地方為「佳穴」，哪些地方為窮山惡水而不可葬，哪些地方分別是天子、諸侯、大夫、庶人等的墓址選擇地等，在當時的「風水術」中，都形成了相對系統的理論，並以此指導實踐。儘管這樣的觀念有時也遭到社會有識之士的批評、反對，但總體說來，由

於統治者的大力提倡和「風水先生」的極力宣揚，墓地風水術仍久盛不衰。

　　皇陵所在地的選擇，尤其是明、清的皇陵，可謂墓地風水術「理論與實踐」相結合的最高典範。以清代為例，各帝及后妃陵寢或寢園的選址與營建無不考慮所謂的「龍」、「砂」、「穴」、「水」、「土壤」、「明堂」、「近案」、「遠朝」的相互關係。

　　在今北京以東一百二十五公里左右的河北遵化縣馬蘭峪昌瑞山主峰南麓，有一處規模十分宏大、體系較為完整的古代陵墓建築群，為清代皇室的皇陵區之一，共埋葬有順治、康熙、乾隆、咸豐、同治五代帝王、慈安、慈禧等十四后及一百一十七名妃嬪，組成了大小不等的十五座陵園。因地處清都城北京的東面，與位於今河北易縣梁各莊泰寧山下的清西陵遙遙相對，故稱清東陵。

◎崇禎皇帝明思宗。

　　據說這塊「寶地」是被明朝亡國之君崇禎皇帝最先相中的。本來，這裡是萬里長城所經之地，明末，崇禎皇帝巡視到此，他登臨舉目，向南望，平川似毯，無邊無垠；朝北看，重巒如疊，千峰崢嶸。日照闊野，彩霞鋪地，紫靄飄渺；風吹海樹，碧影婆娑。山高而不窮，巒青峰翠；水闊而不惡，波碧流緩。崇禎皇帝不由為之心動，他認為昌平天壽山的風水已隨內憂外患而轉移，已無類此「佳穴」，因而應該在這裡開闢新的陵域。然而，沒有等到他

的「壽宮」破土興建，闖王李自成的起義軍就打進了紫禁城。倉皇出逃的崇禎皇帝走投無路，頓感明王朝氣數已盡，自覺昌平陵風水已絕，遂自尋短見，吊死在煤山。雖江山改姓，朝代易主，然山河依舊，「風水」猶存，明朝亡國之君未能如願以償的「萬年吉地」，於是就被清王朝開國之主佔用了。

而這片墓地被清代帝王選中則是很偶然的。那是清順治年間的一天，一隊前呼後擁的狩獵隊伍追趕獵物，偶然至此，見這裡山巒重疊，碧水淙淙，山清水秀，為首的一人突然勒住駿馬的轡繩，四顧歎道：「此山王氣蔥鬱非常，可為朕壽宮。」繼而，他馳馬奔馳在崇山峻嶺之間，流連忘返。待回京都之際，他取下戴著的指環拋向空中，諭示侍臣說：「（即指環）落處定為穴，即可因以起工」。後來有擅長風水術的人看到此地後，便奉承道；「此乃天下吉壤也。」

其實，任何「風水寶地」都是自然天成，其優美的自然環境或地理形勢並不是被某個皇帝發現後才有的。然而，由於歷代皇帝竭力為自己選定的陵區製造神秘感，使得風光秀麗、雄偉的山川形勢，一經與皇權相聯繫，便蒙上了神秘的色彩。

3.皇陵建築佈局有何講究？

　　從夏商開始，作為最高統治者的歷代帝王，不僅生前營建豪華、奢靡的宮室，死後還建造宏大的陵墓，希望繼續享受世間的富貴榮華。當時，各帝王陵墓多按照家族的血緣關係，實行「子隨父葬，祖輩衍繼」的埋葬制度，大致集中在相鄰的某一地區。在各陵墓和附屬建築的周圍還劃分出一定的地帶作為保護、控制的範圍，稱為陵區。陵區占地廣闊，周長少則十數里，多則百餘里，甚至數百里。各個朝代陵區的各種建築物都有周密的規劃佈局，皇家的顯赫氣勢可以從陵園的分佈、建築格局上異常深刻地表現出來。那麼，這些佈局有什麼特點，作用是什麼呢？

　　陵區的設置，根據已有的考古成果可知，最晚在盤庚遷殷之後即已出現，且一直延續至清代。陵區一般多選建在離王朝都城不遠的環境優美的地方。初期的陵園，有的利用天然溝崖作屏障，多數則在陵的四周挖掘隍壕或夯築圍牆，或修造柵欄似的建築。陵園一側有門，園內除陵墓外，陵墓的附屬建築很少，甚至沒有。歷經春秋戰國數百年時間，附屬的陵寢建築才由少至多，與陵墓本身一起組成陵園。

　　到秦漢時期，陵墓及各種功能的附屬建築已構成一組佈局嚴謹、規模宏大的建築群。秦漢以後，歷代陵園、陵區的佈局，各類建築物的設置、結構、功能，陵墓的構築形式，陪葬品的種類、組合等方面既有沿襲、繼承傳統的表現，又有發展變化的特點，一些少數民族政權的陵寢則不同程度地保留或揉合了本民族的葬俗。

中國地理不思議之謎

陵園中空前絕後的偉大作品當屬秦始皇陵。這個陵園的佈局既繼承了秦國的陵寢制度，又吸收了關外六國陵寢建制的一些作法，規模超過了當時以往的各種陵寢的建制，設施更趨完備。其總體上仿照都城宮殿的規劃佈局，充分呈現了中央集權制封建皇權的至高無上與神聖威嚴。根據當時以西為上的慣例，同時為了顯示秦國雄踞西方，橫掃東方關外六國，統一四海的威風，整個陵園坐西朝東。陵園內有龐大的寢殿、便殿、陪葬坑等，陵園以東有陪葬墓區和兵馬俑坑。

　　像秦代陵園仿照咸陽都城一樣，西漢陵園亦仿長安而建。陵園建成方形，只有一重城，陵墓居於陵園中央。諸陵方向都坐西朝東。在四面門闕中，東門和北門較寬大，和長安城宮廷門闕的建制一樣。陪葬墓區也在陵墓前方。西漢初期，帝、后在一座陵園內異穴合葬，寢殿建在陵園內。從文帝開始，帝、后各建一座陵園，仿照生前宮室位置，帝陵在西，后陵在東。陵寢殿堂等建築皆按制建於陵園圍牆內外附近，至景帝時，在文帝霸陵旁邊建廟，此後，陵制制度中的寢、廟皆建於陵園之內直到西漢末。

　　東漢時期，陵園佈局發生了較大的變化。從明帝開始，陵園四周不設垣牆，代之以「行馬」，即設置木製警戒設施。陵寢改為坐北朝南，和洛陽宮城方向一致。在廢除陵旁立廟制度的同時，在陵墓前加建「石殿」，專供定期朝拜和祭祀大典之用，以加強墓祭功能，突出朝拜祭祀禮儀。另外，還在陵園或寢殿前加設神道石刻，這對唐、宋以後獻殿、上宮、神道等的設置影響很大。尤其是神道上的石刻雕塑群，後來的設計者們有意把石刻、石雕尺度放大，使得整個陵園或陵區具有神聖、莊嚴與崇高的氣勢，使人從中感受到皇帝的威嚴與高大。

第一章　皇陵名寢不思議之謎

魏晉南北朝時期，限於國家的分裂割據與經濟財力、物力的弱小，多數帝王不得不多把精力放在對權力的穩固與轄區的擴大上，被迫放棄了秦漢以來建築豪華陵寢和厚葬的制度。北方政權的許多君主，由於擔憂墓葬遭到盜掘，故採用本族葬俗，有些採用「潛埋」或隱墓的方式，不起墳丘，同時廢除了陵寢的大規模建造，包括興起於東漢的上陵禮儀。直至北魏孝文帝時期推行「漢化」政策，才開始恢復了漢代的陵寢制度。從此，高大的墳丘，龐大的陵園，包括石刻、石闕等又重新修建。東晉、南朝帝陵多因山為體，方向依山川形勢而定，無俗成之規。廳堂的建築與上陵禮儀亦都繼承或恢復漢制。陵前的神道設置逐漸延長，兩側石刻日趨增多。

◎唐高宗與武則天的合葬墓──乾陵。

唐代的皇帝陵寢不僅規模超過前代，而且佈局、規劃更為整齊、周密。從乾陵開始，陵園的平面佈局全部模仿長安城的建制設計。陵園坐北朝南，四周築以圍牆，兩面各闢一門。陵園由南向北，進入南門朱雀門，陵園西南角為寢宮，正中墓前方為獻殿，陵墓後面一段距離即北面圍牆正中的北門玄武門。陵園南門圍牆以南，依次排列著三對土闕與幽長的神道。謁陵時即經土闕，土闕後沿神道兩旁排列著許多石人、石馬、石象或其他石雕動物等，走完神道，即是陵園南門。在土闕或神道之前，或在其兩側分佈著許許多多的陪葬墓，陪葬者多為皇子、公主、大臣、

將相、嬪妃等；少數親信大臣或寵妃也有陪葬於陵園之中的。整個佈局呈現了南面而立，北面而朝的設計思想。同時，以皇陵為中心，突出了皇帝的居高臨下及其在朝中的主導地位。唐代的這種陵園佈局對後代皇陵產生了重大的影響。

北宋陵園承唐制而稍有變化。把寢宮，即下宮從陵墓的前面西南部移到了陵墓的西北部。同時，由於北宋的陵園離都城開封較遠，相對來說，其建陵時間也短，因此，陵園的規模與寢殿建築等較之唐代稍遜一籌。南宋皇帝死後，為了不忘先帝與舊仇，以便日後歸葬中原，因而只建臨時性的陵墓，規模較小，建築簡單，既不設置陵台，又不陳列石刻群。陵墓前面所建的上宮和下宮，同樣建築、分佈在一條南北中軸線上。

元朝的葬俗較為特別，元代帝王也沿用蒙古族的「潛埋」習慣，隱墓不起墳，葬後讓馬群把地面踏平以不顯痕跡，無陵號，更談不上建築陵園。

明清陵園的建築、佈局基本上沿用唐、宋的舊制，但在此基礎上有所變革。其中主要是受都城北京宮殿建築格局的影響，廢除了原有的寢殿與寢宮分離的格局，把各類重點建築集結在一條南北向的中軸線上。陵園由方形改為長方形，其他附屬建築在陵園範圍內呈東、西對稱分佈排列。

明、清兩代皇帝陵園的整個分佈格局都呈現了前朝後寢的宮殿建築模式，尤其是運用軸線方式來組織陵園中的空間建築佈局，最前面多運用掘起的兩座小山作為整個陵區或主要陵園的入口，然後進入石牌坊，牌坊的中軸線正對著遙遠的陵園山脈宅峰，其間依次佈置長長的神道，且隨著地勢的升高，經陵園正門，第一、二個庭院，進入主體建築寢殿，然後進入第三個庭

院，經方城到達明樓和寶城、寶頂。這條中軸線少則數公里，多則十多公里，甚至達數十公里，其主體建築都設置排列在這條中軸線上，其他附屬建築多於中軸線東、西兩側對稱排列，使各類建築都由中軸線連接成一體，貫穿南北，一氣呵成；同時使它們顯得井然有序，層次清晰，主次分明，宏偉莊嚴，使人們從中體驗到皇室的威風與氣派。

4.各代皇陵的墓室結構有何不同？

在中國古代葬俗中，從墓而不墳到高聳的墳丘出現，經歷了相當長的一段時期。自戰國時期起，各國諸侯或君主死後，開始興建規模大、墳堆很高的墳丘，且尊稱為「陵」，意即高大如山陵。高聳的墳丘，是皇陵的專利，而歷代帝王的陵墓，除了地面上的墳丘以外，還在地下建造大型墓室，組成地下宮殿。這些墓室的結構到底有多麼複雜，各代的結構有哪些不同呢？

位處河南安陽，已被考古發掘的商王陵墓的墓室是一個巨大的方形或亞字形的豎穴式土坑。墓室有的四面各有一條墓道，組成平面呈「亞字形」的墓；有的僅有一條墓道或對稱的兩條墓道分別組成「凸字形」或「中字形」的墓室平面。許多墓室規模很大，陪葬物很多。兩周時期以及西漢前期的一些諸侯王陵墓的墓室，有的仍然保持這種商代以來的形制。戰國時期的陵墓多在墓槨以外填充石灰、木炭、粘泥，甚至沙、石，進行夯築，有些也在墓室內放置木炭等物，以利吸潮，保護墓室。墓室中多有數重棺、槨，顯得豪華、壯觀。

據歷史文獻記載和地下考古可知，秦始皇陵的地下部分顯得異常華麗、氣派非凡，地宮中有宮牆、角樓、棺槨、玉殿、前殿、藏室、墓道等。結合近年發掘出來的兵馬俑軍陣的陪葬坑及宮人、車馬的殉葬坑，佈局嚴謹；規模壯觀的墓室及其陳設陪葬，活靈活現地表達出秦始皇一統天下以及至高無上的權威。

漢代皇陵的地下宮殿在結構、名稱上多有變化。西漢中晚期，鑿山為陵的墓室多為橫穴式，並分為耳室、前室和後室等部

分。豎穴式則改用磚和石料構築墓室。根據現今考古發掘的西漢陵墓所發現的陪葬器物推斷可知，當時的大型墓葬已擺脫了在棺槨中分成若干箱室以貯存陪葬品的作法，而形制和結構完全仿照住宅的佈局，將墓室分建成若干個房間。南、北耳室分別爲車馬房和倉庫，前室爲接待賓客的廳堂，後室爲墓主的寢臥內室。這種墓室結構儼然爲一座大型住宅的再現，取代了槨的作用，因而墓室內的葬具只有棺而無槨。至此，周代以來關於棺槨的禮制也漸趨廢棄。

目前，在已發掘的漢代磚結構墓葬中，多將當時盛行的壁畫藝術引入墓室。墓室繪有彩色壁畫，或有模印的畫像磚。石結構

◎魏晉時代的畫像磚。

的墓室則大多雕刻有畫像。壁畫的題材廣泛，主要是以類似連環畫的形式表現墓主生前的各種值得炫耀的場面。

漢代以後，磚石拱券或疊砌的墓繼續被人們所應用，其形式、結構不斷發展、變化。自南北朝開始，對進入墓室的修長隧道（墓道）進行了結構變化處理，沿墓道開鑿通達地面的天井三四個，兩側配以耳室，象徵大宅院的一進進的天井及配房，最後到達墓室。

至唐代時，皇陵墓室結構也大致保持了南北朝時期的一些特點。唐代「號墓爲陵」的懿德太子墓，雖然是高宗李治與武則天乾陵的陪葬墓，但其墓室結構和平面佈局是模仿帝王宮殿或皇陵

地宮結構設計的。其墓道共有六個過洞、七個天井、八個小龕，最後才是前後兩座墓室。在第一個過洞前的墓道兩壁繪有城牆、闕樓、宮城、門樓及車騎儀仗，象徵帝王都城、宮殿景象。第一天井與第二天井兩壁繪有廊屋楹柱及列戟，列戟數目為兩側各十二桿，與史書中所載宮門、殿門制度相同，過洞頂部繪有天花彩畫，墓室及後通道的壁上繪有侍女圖，從其手中所持器物判斷，也與唐代宮廷隨侍制度一致。從整座墓室及其墓道來看，它正是唐代宮廷建築的縮影，其規模自然也相當有氣勢。

宋代皇陵墓室缺乏相應的考古材料，據某些不完全的史料記載，墓室結構和用材、壁畫藝術等多承唐制。當時，以磚刻表現建築形象者很多，其中心墓室的四壁刻鏤為四合院落，四周的正房、廂房、倒座房的式樣，柱、額、椽、瓦俱在。更有趣的是山西一帶金元墓葬中尚有墓室內雕出戲臺一座，上置戲劇偶人，供墓主在陰間享樂之用。

明清以來磚石拱券技術應用較廣，許多大型墓葬及帝王陵墓都是磚石券洞結構。皇陵的墓室規模更加宏大，用材更加考究，其佈局也完全仿照四合院的形式。明定陵玄宮即由前室、中室、後室、耳室、通道等部分組成，完全仿照宮殿的前朝、後寢、配殿和宮門建造，甚至每個殿（室）座的屋頂都照地面建築形式製成，只是為了適應拱券的特點將前、中殿（室）改為垂直佈置。

清代的陵墓地宮充分利用石材特點，在石壁表面、石門上都雕滿佛像、經文、神將等。從地下墓室的發展過程來看，越到後面，皇陵地宮中的象徵性成分越少，而仿真程度越顯著，故到明清時期，出現了許多規模宏大、蔚為壯觀、名副其實的地下宮殿。

5.黃帝埋在什麼地方？

　　在中國古代文獻中，記載了大約距今四、五千年前，許許多多的聖者賢人。他們多是中國原始社會末期爲征服大自然、改善人民生活、推動人類歷史進步而做出傑出貢獻的偉大人物或英雄好漢。其中，最著名的有黃帝、伏羲、女媧、神農、盤古、太昊、少昊、堯、舜、禹等等。作爲造福人民的英雄人物代表，後人爲了懷念他們，就把他們當作中華民族的遠古祖先，並且在中國許多個省區，爲他們修建了眾多紀念性的陵墓，而同一個人的陵墓甚至有好幾個，分佈在多個不同的地區。例如，黃帝陵不僅陝西有，河南、河北、甘肅等省也有，而且僅陝西就有兩處。

　　爲什麼會造成這種複雜矛盾的現象呢？這是因爲，實際上，這些英雄人物的具體情況究竟如何，誰也說不清楚，根本上也沒有人弄清楚過，歷史上也多是根據傳說、甚至神話記載下來的。至於他們死的情況和埋葬的地點，各種文獻更是記載不一，眾說紛紜，模糊不清，有的顯然是出於後人的附會。

　　或許這些人物有的可能確有其人，而在傳說的過程中不斷加以附會、誇大，有的可能只是某個部族的象徵。根據中國社會發展的實際狀況和墓葬發展的過程推測，那時還不會有現在這樣的高墳大墓，更不會有陵園祭祀性建築物。現存的陵園及其建築，顯然都是後人修建的紀念性陵墓。

　　今天，傳說中的中華民族的祖先，如三皇五帝，都有後人修建的紀念性陵墓。在這些陵墓中，以黃帝陵最爲著名。

　　據傳，黃帝姓公孫，名軒轅，號有熊氏，以土德稱王。因土

中國地理不思議之謎

◎黃帝究竟葬在何方？

爲黃色，故名「黃帝」。在遠古時代，他是陝西北部黃土高原一帶的部落首領。後來，他率領部落遷居到河北涿鹿附近。黃帝以他傑出的才能，爲人民做了許多好事，受到人們的崇敬和愛戴。他在開發黃河中下游的過程中，逐漸融合了周圍的一些部落，基本上統一了中原，形成了華夏族，奠定了中華民族賴以生存的基石，因而被尊爲中華民族的始祖。相傳黃帝在位百年，一百一十歲而終，葬於今陝西黃陵縣北橋山。

關於黃帝的葬地，西漢史學家司馬遷在《史記‧五帝本紀》中載道：「黃帝崩，葬橋山」。《史記‧封禪書》中還記載漢武帝於元封六年（西元前105年）冬北巡朔方後，曾到橋山祭奠黃帝陵。如此說來，橋山黃帝陵至今最少已有二千多年的歷史。

關於黃帝陵的修建，歷史上有這樣一個傳說：黃帝有一天出巡河南。眨眼間晴天霹靂，烏雲翻滾，暴雨滂沱，一條黃龍騰雲駕霧從天而降，對黃帝說：「陛下的使命已經完成，請隨我歸天吧。」黃帝不得已，只好跨上龍背。當黃龍飛到橋山時，黃帝懷念百姓，請求黃龍下降。周圍百姓聽說黃帝要歸天，紛紛趕來圍住他，有的抓住衣帶，有的拉住黃帝的鞋子，苦苦挽留。但在黃龍的催促下，黃帝只好把衣冠留下，戀戀不捨地道別百姓。後來人們爲了銘記黃帝的恩德，就把衣冠葬在橋山，黃帝陵衣冠塚就是這樣修建起來的。以後，歷代民眾都來祭奠黃帝陵，並不在乎真偽，而只注重其實際象徵意義。

橋山之上的黃帝陵，現高三公尺六十公分，周長四十八公尺，有磚牆圍護。南面立有明代「橋山龍馭」石碑，再南有四角飛簷祭亭一座，亭內有郭沫若手書「黃帝陵」碑刻。亭前有兩座高約十公尺的土台，相傳為漢武帝遠征朔方凱旋經此為祭祖求仙而築。橋山腳下有黃帝廟，占地約八千平方公尺。

據載，軒轅黃帝廟始建於漢代，後重建於唐代，宋至今多次重修。廟殿建築四周有磚砌圍牆，正門面闊五間，紅柱飛簷，門額高懸「軒轅廟」三個金字橫匾。前院過廳三間為祭碑廳，裡面保存了歷代尤其是明清以來帝王御制視文和各代重修及保護陵廟的碑刻七十餘塊。廳後大殿，即祭殿，是軒轅廟的主體建築，面闊七間，單簷歇山頂，周有迴廊，前有月臺，正中門上方懸掛中國現代史家陳垣書「人文初祖」匾額，殿中供「軒轅皇帝之位」牌位，兩旁陳列有關黃帝生平事蹟的記載、傳說等有關資料。廟內古柏參天，最大一棵高達十九公尺，下圍十餘公尺，傳為黃帝親手所植，故稱「軒轅柏」。殿西一株稍小古柏，鱗斑點點，相傳是漢武帝征朔方歸宋在此駐被掛甲所致，故名為「掛甲柏」。

如今，整個橋山都掩映在紫柏蒼松的林海之中，愈發顯示出青山秀水的古樸典雅。因此，《管氏地理指蒙·乾流過脈》曾載：「黃帝葬於橋山，在大河之南，脈自積石逾河，衍者豐饒而廣被也。」意思是說，黃帝葬在龍脈之上，福澤江河，由他繁衍的後世子孫都會蔭其恩德而豐饒，大河南北，中華民族的搖籃之地，都會受到黃帝所葬龍脈寶地的蔭佑。

中國地理不思議之謎

6.秦始皇陵之謎

　　兩千兩百多年前，秦始皇統一中國以後，命令數十萬人在今天陝西臨潼驪山為自己修築了一座龐大的陵墓，陵墓周圍埋藏著許多用陶土燒製的「兵馬俑」。這座規模宏大的陵墓工程花了整整三十六年多的時間修建完成。兩千多年過去了，秦始皇陵在哪裡，到底是什麼樣子的，為什麼不見有皇后陵，秦始皇陵地宮的建築結構究竟是怎樣？裡面究竟埋藏著什麼？這是兩千多年來人們既感興趣但又不易破解的秘密。

　　驪山是一座死火山，山上有許多溫泉，溫泉水流出地面的溫度為四十三度，可治療皮膚病及風濕症。傳說秦始皇在這裡碰到一位漂亮的神女，調戲了這位神女。神女大怒，往他臉上唾了一口。於是，秦始皇便生了一身惡瘡，久治不癒。他便去向神女叩頭謝罪，神女賜給他溫泉洗臉，瘡才好了。後來秦始皇在驪山上修建了沐浴之處，常以溫泉洗浴。這個神話故事說明秦始皇與驪山的關係是很密切的。

　　北魏地理學家酈道元在《水經注》中說：驪山山南產玉石，山北產黃金，是一個美麗的地方。從古代風水的觀點來看，建墳的地方要背山靠水，墳建在高處，穴要挖得深一些。墳在高處，地勢開闊，明堂清亮。秦始皇陵所在的地方，正符合古人迷信思想的要求。除了地理環境優越外，這裡還是秦王的陵墓區，許多秦國先王和王后都埋在驪山周圍。嬴政即位時年僅十三歲，恐怕自己很難做出選擇陵址的決定，估計這大概是當時執掌國政的太后和呂不韋的主意。

秦始皇修陵前後歷時近三十七年，所動用的勞力比古今中外歷史上修建任何一座帝王陵墓所用的勞力都要多。秦始皇剛統一全國，就將陵墓的修建工程推到了前所未有的階段，規模擴大，從全國各地徵收了七十二萬人前來修陵。這七十二萬的勞役人力主要是集中在秦始皇陵內外，採用分班輪作的方式工作。西元前212年，又將修陵的一半勞動力（三十六萬）人抽去修建阿房宮。當安葬秦始皇時，又將修阿房宮的勞力調回，在短短的八個月內將陵內填上，將陵上的高大封土墳丘築完。

　　秦始皇之所以要修建高大富麗的陵園，與古代葬禮有很大的關係。遠古時埋人，埋到野外，沒有陵丘，在埋人的地方也不種樹，不留什麼紀念物。據說春秋末年孔子在埋葬父母時，在墓上築起四尺高的土丘。他說是因為自己四處奔走，怕回來時找不到父母的墓地，才樹起了這麼個標記。從此以後，墳丘愈築愈大，有的大得像座山，墓上還種了茂密的樹，帝王們則更講究了，把陵墓造得像都市一樣宏大，以顯示帝王的尊榮和權威。

　　秦始皇繼承戰國以來的厚葬風氣，並大大地發展系統化，使秦始皇陵的規模格局成為以後帝王陵墓的藍本。秦始皇陵的範圍，據探測有五十六餘平方公里，在高大的封土週邊，用夯土築起內外兩重城牆，呈南北向的長方形。內外城牆周長分別為三千八百七十公尺和六千二百一十公尺。內城中部還有一道東西向的隔牆，將內城分為南北兩部，南部是陵墓的墳丘，北部正中又有一道夾牆，將北部分為東西兩個區域。在外城的四角，還有警衛的角樓。墳丘北面一百五十公尺的地方，是始皇陵的寢殿建築。

　　考古工作者曾在寢殿遺址發現了四處建築遺跡。從遺跡範圍來看，建築極為宏偉、富麗。僅二號建築遺跡的主體部分，面積

就有六十四平方公尺。牆壁和地面十分堅硬平整，牆上還塗有白粉。房內各室有走道相通，房外有用石片鋪成的路。房頂的木檁上有板瓦，再用筒瓦合蓋在板瓦縫上，椽頭有花紋精美的瓦當。寢殿的附屬建築有便殿，是墓主人靈魂出遊時飲食、休息之處。

秦始皇陵還有苑囿和廄苑，它們本是封建帝王專門飼養珍禽異獸和養馬的地方。考古工作者在苑囿區中，發掘了三排長方形土坑。兩邊的兩排土坑中，埋著陶製的坐俑。陶俑的面前，有陶盆、陶罐等。中間有一排土坑，坑中埋瓦棺，棺中有一堆獸骨和陶鉢、銅環，這表明瓦棺中放的是珍獸，銅環是珍獸的飾品。陶坐俑是飼養這些珍獸的囿人，陶盆、陶罐是他們的用具，這些陶坐俑代替了真人，而瓦棺中當時放的是活生生的動物。

從秦始皇陵的佈局來看，內外城牆、寢殿、飲官官署、珍獸坑、馬廄坑等反映現實生活的設施和用具應有盡有，安排十分嚴密。但令考古工作者不解的是，陵園內並沒有發現皇后陵。有人認為，這是由於秦始皇死後皇后仍健在，秦王朝又很快覆滅，因此皇后未能葬在陵園內。但如果真是這樣的話，在陵園內也應該預留下皇后陵的位置，而始皇陵園內卻無皇后陵的插足之處。也有人推測，這可能是由於秦始皇未成年時，太后專權，與宦官結黨釀成叛亂，秦始皇有鑒於此，在親理朝政後有意降低皇后的身分，不使她拋頭露面，在修築陵園時也是一墓獨尊，不留皇后的墓穴。從古代文獻來看，不見秦始皇的皇后名字，秦始皇皇后究竟是誰？至今還是不解之謎。

秦始皇陵最大的秘密是它的地宮結構。雖然秦始皇陵地宮尚未揭開，但考古工作者及有關科學研究部門卻做了大量的勘探調查工作，我們可以根據歷史文獻和考古材料，對秦陵地宮結構作

出合理的推測。

　　國際上一些著名的自然科學家，對探索秦始皇陵地宮也顯示出濃厚的興趣。位於瑞士日內瓦的歐洲核子研究中心，在丁肇中教授領導下的三名科學家陳明、大衛‧勒基和羅奈爾得‧羅，在1984年的一本雜誌上發表了一封建議信，建議「成立一個多學科的工作隊，不用物理發掘的方法，而是使用現代的非破壞性的技術，勘測和探察位於中國西安驪山的秦始皇陵」。

　　在歷史文獻中，首次記載秦始皇陵地宮情況的是漢代史學家司馬遷著的《史記》，後來各個朝代的一些文獻資料中也提過地宮情況。現代學者們一般認為，在這些文獻中，以司馬遷的《史記》最為可靠。

　　司馬遷是位嚴謹的歷史學家，他的《史記》中所記載的歷史事實，被大量出土文物所證實。司馬遷的祖輩有很多人在秦國做過官，他的父親司馬談又是西漢王朝中掌管國家歷史檔案的太史令。秦始皇陵地宮的結構在當時雖屬機密，但秦王朝宮廷中必有檔案記錄，因此西漢王朝應可掌握地宮構造的情況，而司馬談是有資格接觸這些機密檔案的。司馬遷也曾當過太史令，較可能詳盡地瞭解此類機密，所以，《史記》中對秦始皇陵地宮的記載，其可靠性應該說是很高的。

　　《史記》中有關於秦始皇陵地宮的一段敘述：「穿三泉，下銅而致槨，宮觀百官奇器珍怪徙臧滿之。令匠做機弩矢，有所穿近者輒射之。以水銀為百川江河大海，機相灌輸，上具天文，下具地理。以人魚膏為燭，度不滅者久之。」

　　這段話是什麼意思呢？

　　「穿三泉」是指地宮的深度。地宮的核心部分叫做玄宮，是

盛放秦始皇屍體的棺材所在處，位於地宮的最底部，地宮的深度就是從地表至玄宮的距離。「穿三泉」究竟有多深呢？「三泉」就是指第三層地下水，也就是說挖掘到了第三層地下水。秦始皇陵附近的水文資料表明第一層地下水距地表為十六公尺，第二層和第三層水距地表是多少，目前尚不能肯定。另外，兩千年前的地下水位和今天的水位也不可能完全等同。

據秦陵地區考古調查資料，目前秦始皇陵地宮已鑽探到二十六公尺深，但仍是人工夯築的夯土層，這說明秦始皇陵地宮最淺也在二十六公尺以上。從考古資料來看，戰國時期，中國勞動人民已經掌握了能掘入地下五十公尺的技術，因此，開鑿地宮應是將當時的最高技術水平完全發揮出來。我們據此可以推測秦始皇陵地宮的深度，最少在五十公尺以上，確切的數字，只有在發掘秦始皇陵時才能獲得。

秦始皇陵地宮的形狀如何？從已發掘的春秋戰國時期大型墓葬來看，墓穴都是為倒置的斗形，估計秦始皇陵也可能是這個樣子。據文獻記載，西元前210年，即秦始皇五十歲時，丞相李斯向他報告：我帶子七十二萬人修築驪山（指秦始皇陵），已經挖得很深了，連火也點不著了，鑿時只聽到空空的聲音，好像到了地底一樣，再也挖不下去了。秦始皇聽後，下令他再「旁行三百丈乃止」。「旁行三百丈」是什麼意思呢？有人認為是向四周擴展三十丈，也有人認為是掏挖三十丈的洞室。不管怎樣，如果「旁行三百丈」可信的話，那麼秦始皇陵地宮下部的面積就會大得令人十分震驚。

「宮觀百官」和「奇器珍怪」都是什麼呢？宮觀，是指模擬秦始皇生前主要活動的宮殿台觀，如阿房宮、咸陽宮等。百官是

指在地宮中有三公九卿及文武官員的形象，至於是用什麼質料製作的，現在尚不得而知。奇器是指用珍貴材料製作的精美器物。珍怪的怪一般是指獸類，珍怪可解釋為珍稀的動物。這裡有兩種可能，一種可能是用活的珍稀動物直接埋入地宮之中，另一種可能是用陶土或其他質料塑造的動物。

「令匠做機弩矢，有所穿近者輒射之」是說為了防止有人盜墓，秦始皇令工匠在門口製作了機關暗箭，盜墓之人一接近，便會射出箭來。機弩矢是指用機械控制弩機發射箭。

「以水銀為百川江河大海，機相灌輸」是指將水銀置入相互作用的機械中，讓其循環往復，以表現百川江河大海中的水流動。江是長江，河是黃河，海是秦始皇東巡時曾到過的東海，這無疑是一幅秦代疆域的模擬圖。墓中置入大量水銀，也是為了防止後人盜掘。因為水銀易於揮發，其蒸氣有劇毒，要進入墓穴盜物，水銀蒸氣就會毒死盜墓者。

1981年和1982年，北京的科學工作者將地球科學中勘察汞量的測量技術，應用於秦始皇陵的考古研究，結果在始皇陵墳丘的中心，發現一個面積約十二萬平方公尺範圍的強汞異常區，這裡土壤中的汞含量高於附近其他地方。這說明，始皇陵地宮中注入大量水銀的記載是可信的。

「上具天文」，是指在玄宮的頂部模擬「天文星宿之象」，就是一幅天體圖。秦代的天文知識已經達到了較高的水平，秦都咸陽的擴建就是按照天文星宿位置對應分佈的。有的學者推測這幅天體圖的形象是：正中為斗星，圍繞斗星一周應有二十八宿，還有與之相配的青龍、白虎、朱雀、玄武及扶桑、桂樹、太陽、月亮、金烏和玉兔的形象。「下具地理」是指模擬地理概貌及秦

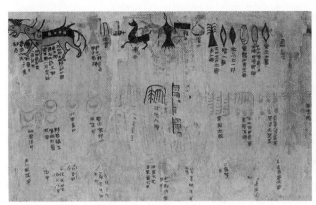

◎圖為西漢時代的雲氣占圖，表明古人對天文知識的瞭解已頗為精深。

統一中國之後的行政區劃，即三十六郡的位置。

「以人魚膏為燭，度不滅者久之」是說用人魚膏製成蠟燭，放在地宮中可以燃燒很長的一段時間。這種做法實際上是一種防腐措施。蠟燭燃燒時需要大量的空氣，當地宮封閉後，裡外隔絕，地宮內的空氣逐漸被蠟燭燃完，形成一個相對穩定的窒息空間，這種方法直到近代還在使用。

人魚膏是什麼東西呢？據文獻記載，人魚就是鯢魚，今俗稱「娃娃魚」，牠發出的聲音像小孩啼叫。也有學者認為人魚是指鯨魚，秦始皇陵地宮中的蠟燭是用鯨魚腦油製成的，並且認為這種蠟燭的能量為每小時燃燒約八克，每立方公尺的鯨油可以燃燒五千天。

總之，秦始皇陵的地宮是按照地下王國構想的，不但規模宏大，而且埋藏品極為豐富。隨著考古工作的進一步深入，秦始皇陵地宮的神秘面紗將會被慢慢揭去，使人們得以窺見廬山真面目。如果有朝一日地宮被發掘，人們就會發現地宮是一座能夠反映秦代科學技術水平和燦爛文化藝術的文物寶庫，那將是人類歷史上無與倫比的、最為壯觀的考古發現。

7.地下百萬兵陣之謎

　　法國總統希拉克在見到秦始皇的兵馬俑時，激動地讚嘆道：「世界上有七大奇蹟，現在秦兵馬俑的發現，可以說是世界第八大奇蹟！」這個轟動世界的地下兵陣，為考古界提出了眾多的課題，比如為什麼要建造兵馬俑？史書中為什麼對此隻字未提？這個地下兵陣是秦始皇的，還是他祖母宣太后的？這些都是還沒有找到答案的謎。

　　兵馬俑坑位於秦始皇陵東側一公里半的西楊村。這裡原是一片柿子林，地上砂石堆積，荒塚累累，地勢南高北低，略呈緩坡狀。兵馬俑原先是有地面建築的，但在後來項羽入關的時候被焚毀了，遺址逐漸被夷為平地，為人們所不知。1974年春夏之交，驪山腳下的一個農民，在陵東一公里的地方鑽井，可是奇怪得很，井水第二天就乾了。一位農民繫著繩子下去查看，發現井壁上站著一位披甲戴盔的武士。原來這裡是兵馬俑陣的一部分，後來人們先後挖出了近八千多個兵馬俑。

　　其實，1974年並不是發現兵馬俑的最早年代。一號俑坑上面有一座西漢時期的墓葬，墓穴正好挖在俑坑的隔牆上。在二號俑坑上面發現了一座東漢初年的夫婦合葬墓，墓穴正好挖在一組陶馬和陶俑身上，陶俑、陶馬被打破和搬動，堆積於墓穴的一角。這說明遠在漢代，這裡已經荒蕪，地下埋藏的情況已不為世人所知，所以才會在上面建墓。

　　到了明末清初及近代，這裡已是一片墓地。一號俑坑東端墓穴密佈，每座墓穴都挖出了陶俑。陶俑的碎片有的堆於墓穴一

角，有的混雜於墓上的封土中。所以，當地村民世代傳說，他們的祖輩在挖墓時就看過當時叫不出名字的怪物——陶俑，稱它爲「瓦瓦爺」。當地一位七十多歲的老人曾講過這樣一個故事：

他十歲左右的時候，父親在此處挖井，在井壁上見到一個跟人一樣高的怪物。本來井底已見了水，水勢很旺，可是沒幾天井水就枯竭了。現在想起來可能是地下有漏水縫隙。當時，他父親卻認爲是怪物在興妖作怪，於是把它吊上來，放在太陽下曬，結果還不見井中出水，竟將陶俑吊在樹上以示懲戒，最後用棒打碎了之。

兵馬俑坑離現在地表一般是五公尺左右，並不很深，挖墓、鑿井很容易遇到。因此，從漢代直到近代，秦俑都曾斷斷續續地出土，不過並未引起當時人的注意罷了。

當考古工作者開始發掘秦俑時，做夢也沒想到俑坑會像後來看到的那樣巨大，他們原本認爲十天半個月就可以發掘完成，根本沒作長期工作的打算。誰知越搞越大，俑的數量越發現越多，至1975年上半年，已發掘九千零六十五平方公尺，把一號兵馬俑坑東端全部揭露出來，共出土身高一百八十公分左右的大型陶俑五百餘個，木質戰車六輛，與眞馬大小相似的陶馬二十四匹，以及大批的青銅兵器和車馬器。透過鑽探，確定了一號兵馬俑坑的範圍，裡面埋藏著陶俑、陶馬約六千件。

秦始皇兵馬俑的發現轟動了全世界。爲了妥善保護遺跡和遺物並便於中外各界人士參觀、研究，中國決定建立一號兵馬俑坑遺址展覽大廳，與此同時，秦俑考古隊繼續對秦始皇陵東側進行勘探。1976年4月，在一號俑坑東端北側，又發現了二號兵馬俑坑；接著，同年5月在一號俑坑的西端北側，發現了三號兵馬俑

坑；在一號俑坑的中部北側二十公尺處，發現了一個未建成的兵馬俑坑，即四號坑。二號坑面積約六千平方公尺，平面為曲尺形，埋藏大型陶俑、陶馬一千三百餘件。三號坑面積為五百二十平方公尺，埋藏戰車一輛和六十八個衛兵俑。一、二、三號兵馬俑坑和未建成的四號坑，本是一個有機的整體，它們象徵著軍隊編列的左、中、右三軍和一個指揮部。目前，一號坑和三號坑已發掘完畢，對遊人開放，二號坑正在發掘之中。

　　一、二、三號兵馬俑坑，都是地下巷道式的土木結構建築，但建築形制、平面佈局各不相同。

　　一號俑坑是一個東西向的長方形坑，東西兩端及南北兩側各有五個斜坡門道，正門在東邊。俑坑內四側有長廊環繞，坑中九條東西向的過洞，過洞的兩頭與俑坑兩端的長廊相通。過洞與過洞之間以夯土牆相隔。這種建築佈局比較規整、簡單，是根據軍陣的佈局而設計的。九個過洞內是戰車與步兵相間排列的龐大軍陣主體，全部面向東方。軍陣前面有前鋒步兵俑，後面有後衛步兵俑，兩側有翼衛步兵俑。二號俑坑平面呈曲尺形，東西兩端各有四個斜坡門道，正門在東邊。

　　二號坑的平面結構，大體可以分為四個單位。第一單位位於東端，放置立式和蹲跪式的弩兵俑，為弩兵的壁壘。第二單位位於坑的右側，排列六十四輛戰車，是車陣的壁壘。第三單位位於坑中部，排列的是戰車、騎兵和步兵，是車、步、騎組成的長方形軍陣的壁壘。第四單位位於坑左側，排列的是騎兵。這四個單位既有相對獨立性，可以自成體系，又彼此密切相連，形成一個地下軍事營壘。

　　三號俑坑平面呈凹字形，面積只有五百二十平方公尺，是秦

俑坑中最小的一個。坑的中部有一輛戰車，車後有四名車兵。坑的南北部對稱佈置長廊、過道和大廳，都有擔任警衛的武士作夾道式的排列。這個坑雖小，陶俑雖少，但地位重要，它是秦俑坑的統帥部，古代叫做軍幕。武士們面對面站著，機警地保衛著統帥部的安全。坑內有鹿角及動物朽骨一堆，這是古代打仗前舉行祭祀天地和祖先的儀式時遺留的跡象，是為祈求神靈保佑，並進行鼓動性誓師，稱之為「禱戰」。奇怪的是，在這個指揮部中沒有發現主將，也就是統帥。古代調兵遣將以虎符為信物，虎符分為兩半，右半留中央，左半在地方將帥手中，國家發兵時，皇帝才把虎符授予所任命的將帥，符合方能發兵。三號坑的這種設計，說明將帥還未任命，虎符掌握在秦陵宮中的秦始皇手中。

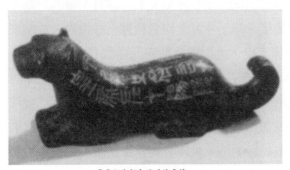

◎秦始皇調動兵隊的虎符。

　　一、二、三號兵馬俑坑，都是土木結構的地下建築，它們的構築方法是：首先根據俑坑的形狀大小挖成土坑，沿著土坑邊緣內側再夯打加固。土坑的底部是夯打堅實的地基，在地基上築成一條條隔牆。在隔牆兩側及土坑的四周密集排列著木立柱，立柱頂端橫架木梁，構成木構立體框架。框架上搭架木板，覆蓋一層蘆席或竹席，席上鋪墊一層膠泥土，厚十到三十公分，最後再覆蓋黃土，形成高出當時地面二至三公尺的坑頂。俑坑的坑底用青磚鋪砌，坑底至坑頂的內部空間高度約為三公尺。把陶俑、陶馬

第一章　皇陵名寢不思議之謎

放進俑坑後，把門用立木封堵，門道用土填實，於是就形成了一座封閉式的地下軍事營壘。

秦俑坑的規模宏偉，其工程量和建材的用量都非常龐大。一、二、三號俑坑和一個未建成的坑，總面積為二萬五千三百八十平方公尺，平均深度五公尺，其挖掘土方量達十二萬六千九百立方公尺。俑坑的鋪地磚達二十五萬六千多塊，所用木材達八千多立方公尺，席子一萬八千多平方公尺。修建俑坑所用木料都是粗大的松柏，直徑在二十至四十公分之間，個別的直徑達六十五公分。由此可見，修建俑坑用工量之巨大，是極其驚人的。

關於秦始皇陵墓的情況，不少歷史文獻中都有明確的記載，但兵馬俑坑卻不見隻字片語。考古工作者根據一些遺物、遺跡來判斷，秦俑坑的修建工程，大約開始於西元前221年秦統一全國後，到西元前209年被迫停工，前後費時約十年。原來計畫建築四個俑坑，現已發現的一號俑坑為右軍，二號俑坑為左軍，三號俑坑為指揮部，惟獨缺個中軍。四號坑就是擬議中的中軍，此坑未建成的原因是秦末農民爆動後，大部分修建秦始皇陵的刑徒被調去應付起義軍，修建工程倉促中止了。一、二、三號俑坑早已塌陷，出土的陶俑、陶馬基本上都已破碎。

種種跡象表明，俑坑在建成不久就遭到自然和人為的破壞。以一號俑坑為例，它受過兩次自然因素和三次人為的破壞。第一次自然破壞是由於俑坑內灌進了大水，俑坑底部的淤泥層中出土大批成束的銅箭頭、弓、弩和弓囊，以及車馬飾件等遺物，這是受水的衝擊散落於淤泥中的，這次的破壞程度較小，陶俑、陶馬未受到很大的損壞。第二次自然破壞使俑坑內的隔牆受水浸泡後塌陷，陶俑和陶馬受坍塌土的擠壓而傾倒，腿多斷折。這次破壞

◎陶馬俑。

與第一次破壞的時間相隔不遠，很可能是接連發生的。

對一號俑坑破壞最大、最嚴重的是三次人為的破壞。第一次是俑坑被焚塌陷前人為的破壞。考古工作者在發掘過程中，發現有的遺物已被移位，例如，有一個過洞本來沒有戰車，但卻有出土車上的銅構件；有一個過洞內的陶馬尾巴和耳朵，在長廊內被發現；有的陶俑被打破成碎片並移位；還有許多銅兵器已被人拿走，這說明在俑坑塌陷前已有人進去過了。第二次是火燒的破壞。俑坑的木結構部分幾乎全部被燒成炭跡或灰燼，陶俑和陶馬身上的彩繪顏色經火烤後大都脫落，有的青灰色陶俑被燒成紅色。俑坑經火焚後全部塌陷，陶俑和陶馬被砸，有的斷成數段，有的成為碎片，完整的很少。這兩次破壞可能是秦亡後項羽進入關中毀壞始皇陵時所為，基本上是同時發生的。第三次是後世的破壞。一號俑坑的上部密佈著近代墓群，時代早的為明末清初，晚的則在1949年前後。

為什麼要在秦始皇陵旁修建如此大規模的兵馬俑坑呢？大多數學者認為它是秦始皇陵的陪葬坑，是陵園建築結構的一個組成部分。它的具體作用，有人認為兵馬俑象徵著駐紮在京城內外的軍隊，可稱之為宿衛軍；有人認為它們是送葬的俑群；也有人認為它們是秦始皇陵園東門大道以北的叢葬坑。更多的學者認為兵馬俑坑一是顯示皇威、表彰軍功、宣揚統一大業之用，它象徵著

秦王朝的軍事力量。

　　秦用武力統一六國，秦始皇充分認識到軍隊的作用，因此，他希望自己死後所進入的地下王國，仍然擁有強大的「秦之銳士」；二是辟邪壓惡，防神驅鬼。從中國俑的發展史來看，春秋戰國時期開始出現俑，到明代俑逐漸消失，俑都是作為陵園的陪葬品出現的，塑造俑都是為了陪葬。一切葬儀制度，都是基於人們對死者有靈魂的認識，認為人死後的鬼神生活和人世間一樣，所以隨葬物要有兵器，要有衛隊。以大批的兵器和兵馬俑陪葬，是合乎中國的葬儀制度，合乎人死後靈魂不滅的中國傳統觀念的。

中國地理不思議之謎

遼國是中國歷史上的一個重要的朝代，在統一北方和民族融合方面有重大貢獻。遼國又稱契丹，它版圖廣闊，強盛一時，以至現在歐洲、阿拉伯、俄羅斯等還用「契丹」來稱呼中國。承德一帶位於遼國兩京之間，是遼國的重要地區，從來沒有受過宋朝的管轄。如果不談遼代，那麼承德的歷史就會出現一大段空白。

在承德附近的灤河之畔有一座太子山，太子山，顧名思義是與太子有關。所謂太子，指預定繼承皇位的皇子，在皇權至高無上的遼國，不可能把一座與太子無關的山，隨隨便便地稱爲太子山。太子山，不大可能是太子的居住之地，也不大可能是太子的封地，最大的可能，便是太子的墓地了。

那麼，是哪個太子的墓地呢？遼國的九位皇帝，共生有三十二位皇子。在三十二位皇子中，除曾被封爲太子並繼承了皇位者沒必要說之外，還有三位並未當過皇帝的太子。與太子山有關係者，必爲其中之一。

這三位太子中，有一個是遼太祖的長子——耶律倍，他十八歲被封爲皇太子，後來投唐，三十八歲時被害於洛陽，後葬於醫巫閭山；還有一個遼道宗的獨子耶律濬也被封爲皇太子，二十歲時被害，葬於玉峰山，這兩位太子顯然與承德境內的雙塔山沾不上邊。

剩下的一位太子，是遼國第三位皇帝世宗的長子，名字叫耶律吼，契丹名叫吼阿不。他是在世宗即位前生的，據《遼史》載，耶律吼「未詳所出」，就是說他的母親是誰沒有記載。世宗

即位後，又生兩子，其中次子耶律賢後來當了皇帝，即景宗。耶律吼「早薨」，「景宗立，親祭於墓，追冊爲皇太子」。顯而易見，在遼國的所有皇太子中，與承德境內的太子山有關的，只能是這位皇太子耶律吼。景宗爲什麼要追封自己早夭的哥哥爲皇太子呢？

其中關係到非常複雜殘酷的宮廷鬥爭，這還要從遼國歷史上兩派皇室之爭說起。遼太祖阿保機在即位當年，立長子耶律倍爲皇太子。但次子耶律德光在對外戰爭中立下戰功，被授爲「天下兵馬大元帥」，並深得在阿保機死後總攝軍國大事的述律太后的喜愛。經過一番鬥爭，927年，耶律德光繼皇帝位，也就是遼太宗。接著，述律太后又冊封其少子耶律李胡爲皇太弟兼「天下兵馬大元帥」，耶律倍處處受排擠，930年投奔中原的後唐。第一場皇位之爭，耶律德光取勝。

耶律倍投唐後，他的長子耶律阮仍留在遼國，太宗南侵後晉，耶律阮隨軍從征。947年太宗攻破後晉都城大梁（今開封）撤兵北返時，病死在河北欒城。太宗死後，大軍群龍無首，耶律阮被諸將擁立爲帝，是爲遼世宗，也就是耶律吼的父親，耶律吼死於父親在位期間，這樣，皇位又轉到了耶律倍一系。951年秋，世宗率軍攻後周，行軍至歸化州祥古山（在今宣化境），耶律察割發動政變，殺死了世宗。世宗四歲的次子耶律賢被一個廚子藏在柴草中，才揀回一條命。平叛後，遼太宗耶律德光的長子在平亂中起了很大作用，得以繼立帝位，是爲遼穆宗，皇權由耶律倍一系又轉到了耶律德光一系。

遼穆宗非常昏庸殘暴，西元969年，近侍和庖人暴動，在黑山下的行宮裡將穆宗殺死。穆宗死後，侍中蕭思溫等人，迎立世

宗次子，也就是耶律吼的弟弟耶律賢繼立帝位，是爲遼景宗，皇位繼承又轉到耶律倍一系來了。917年秋，景宗和皇后在秋獮時專程祭奠了皇兄耶律吼的墓。

景宗要追冊早年夭折的皇兄耶律吼爲皇太子的目的是非常明顯的。他要借此重申皇位繼承的「規矩」：即使是早夭的皇長子，也要有皇太子的名分。長子沒有了，次子才能名正言順地繼承帝位。於是，遼國延續四十多年的皇族兩系之爭，到此劃上句號。此後即皇帝位的，均爲耶律倍一系，也均爲皇長子。

埋葬著耶律吼的山，在耶律吼被追冊爲皇太子和墓號定爲「太子院」之後，自然就是「太子山」了。太子山究竟位於何處呢？在承德境內這不過一、二百里的灤河河道旁尋找太子山，第一選擇只能是雙塔山了。因爲只有雙塔山與遼景宗祭吼墓和遼道宗秋獮的出行路線相符。遼景宗祭吼墓的出行路線，《遼史》的〈本紀〉只籠統地記爲「如秋山」，使人不知何去何從。

不過從契丹人的墓葬習俗來看，雙塔山很可能就是太子的葬身之地。雙塔山北邊的岩柱高約三十五公尺，頂峰的磚砌殘塔高約二公尺；南邊岩柱高約三十公尺，頂峰有磚砌方形塔兩層，根據磚的厚度計算，高五公尺二十公分。這樣建在奇峰絕頂處的奇特墓塔，全國僅此一見。

契丹人崇拜高山，在遼國境內，許多高山被認爲是神山。契丹人認爲人死後，魂歸向神山，他們的祖廟和一些皇陵都建於神山，像雙塔山這樣奇特雄偉的高山，不可能不引起契丹人的崇敬，當一個皇子在其附近早薨時，很有可能選擇它爲皇子墓址。契丹人在未建立自己的國家時，葬俗特別奇特，人死後不掩埋，「但以其屍置於山樹上，經三年後，乃收其骨而焚之。」阿保機

第一章　皇陵名寢不思議之謎

916年創建遼國後，受漢文化影響特別快，葬俗也很快漢化，由原始的、簡陋的天葬與火葬相結合的方式，變為在貴族中流行儀式繁縟、糜費驚人的土葬和火葬。

雙塔山頂上的墓塔，正好介於契丹原始葬俗和漢化葬俗之間，它既非前者，也非後者，既有前者遺風，又是後者雛形，它不是原始的將死屍置於高山之上和高樹之上，但是卻把墓塔修到了常人無法到達的高山上，這是迅速變革中的契丹喪葬制度的生動標本。

墓塔的規模與皇子的身份從雙塔山墓塔的規模看，與皇太子耶律吼的身份相符。雙塔山頂的兩座墓塔都是多層的，因為塔的層數沒有雙數，所以最低應是三層的，也有可能是五層的。這樣的塔，如果產生於遼的中後期，是不足為奇的，而產生於遼早期，又產生在今承德一帶，就難能可貴了。在那個時候，作為遊牧民族的契丹，剛剛建立奴隸制國家，經濟文化還非常落後。據宋朝使者王曾記載，在遼中期，承德一帶的人住的都是「草庵板屋」。那麼，在遼早期人們住的頂多也是「草庵板屋」。在這樣的情況下，在雙塔山絕頂之上聳起兩座高高的磚塔，這絕不會是一般人，甚至不會是一般貴族所為，只有皇家才能做到。

皇太子耶律吼墓為什麼會遠離遼國的皇陵，孤零零地埋葬在這裡？這絲毫沒有什麼可奇怪的。契丹族是一個遊牧民族，而遼國的朝廷則是一個流動的朝廷。遼國雖然建有五京，可皇帝並不在京城裡長住，幾乎是整年遊弋在五京之外。人們都知道清帝每年「木蘭秋獮」，可遼帝是「四時捺鉢」，一年四季都要行獵，並且不固定在一個地點。承德一帶並非遼帝行獵最多的地方，但據可靠的記載，就有平地松林、馬盂山（平泉光頭山）、土河

（老哈河）、柳河（伊遜河）、北安州（隆化）、檀州北山（密雲與灤平交界山），當然還有灤河。更何況在遼早期，遼帝幾乎年年都要穿過承德一帶出外征戰。

遼帝出征或出獵，皇后、皇太后、皇子公主、皇親國戚、文武百官都隨行。《遼史》記載，世宗在位五年期間，起碼有兩次出外征戰是從承德一帶往返的，而出外遊獵因記載太簡略，不知來過否。他途經這裡時，長子耶律吼肯定是跟隨在身邊的，在途中染病或者別的什麼意外而「早薨」。父母尚在，因此談不到歸葬。尚未成年，也無從合葬。世宗在位期間，內外都動盪不安，因此在耶律吼「早薨」的地點就近安葬，是非常合理的事情。皇子葬於偏遠之處，又必須選擇富有特徵的地方。雙塔山上的墓塔，與耶律吼特殊情況完全相符。

從這些情況分析，雙塔山的「小廟」應該就是皇太子耶律吼的墓穴，但是由於缺乏契丹文獻和文物等物證，還是不能蓋棺定論。

9.北宋皇陵為何選址鞏縣？

　　北宋王朝建都開封，為什麼皇陵區卻捨近求遠，建在相距開封數百里的鞏縣（今改名為鞏義市）境內呢？據推測，其主要原因大概是：

　　第一，北宋初年曾有過遷都洛陽的打算，因為開封處於豫東平原中部，四周缺乏關隘憑藉，無險可守，而北宋周圍政權林立，軍閥割據，尤其是都城之地的危險性一直存在；而洛陽周圍則不同，四周關隘天成，作為都城，其自然環境優於開封，故在洛陽附近的鞏縣選擇陵區，也就是情理之中的事情。

　　第二，宋代建造陵墓尤為迷信風水勘輿之術，流行「五音姓利」的說法。當時，風水先生把老百姓的姓氏都按古代音樂中的五音，即宮、商、角、徵、羽分別排列，再按音選定吉利方位、地勢。宋代皇帝姓趙，屬角音，利於丙壬方位。按此，屬角音的人死後應當選擇北方偏西的方位與東南高而西北低的地勢。這種方位、地勢在北宋初年所控制的地域裡很難尋找，一是北宋的疆域有限，二是中國地勢整體趨勢是西高東低。皇陵區在開封附近難以找到，帝王們死後只好在今鞏義境內安葬了。這裡在北宋疆域範圍裡，方位、地勢等皆符合風水先生的要求。

　　第三，當時鞏縣一帶山清水秀，山環水抱，位處「峻極於天」的「山高水來」的吉祥之地。陵區南對嵩山少室，北據黃河天險，東邊群山綿亙，西為伊洛平原，水深土厚，適合深挖墓穴和豐殮厚葬；加上石山林立，便於雕刻石像。這裡「雖有岡阜不甚高，互為形勢，自永安縣（今芝田鎮）西坡上觀（永）安、（永）

中國地理不思議之謎

昌、（永）熙三陵在平川，柏林如織，萬安山來朝，遙揖嵩、少二峰」；這裡地形自東南向西北傾斜，方圓數十里地勢平緩。其優美的環境，既與皇陵區方位、地勢、風水等要求相一致，又能呈現出皇陵的氣派。

◎河南鞏縣的宋陵神路。

但是，需要特別指出的是，宋陵的選址在地形利用上，與歷代皇陵區居高臨下、倚山面河、置陵墓於高阜的制度不同，而是置陵墓於地勢最低處，面山背水，南面入口處高於北面的墓地，諸陵的方向皆面對嵩山的主峰少室。這些顯然是受了當時風水堪輿學說及其對地形要求的影響。

北宋八陵包括宣祖永安陵、太祖永昌陵、太宗永熙陵、真宗永定陵、仁宗永昭陵、英宗永厚陵、神宗永裕陵、哲宗永泰陵。八陵的佈局、建置基本相同，各陵占地面積皆在一百二十畝以上，都是坐北朝南，由上宮、宮城、地宮、下宮四部分組成。上

宮由鵲台、乳門、神道和石刻群組成；宮城四周築有神牆、神門，城內有獻殿、靈台等；地宮是安放靈柩的地下宮殿，位於靈台之下，地宮規模宏大，隨葬品甚多，墓室深達幾十公尺。在北神門以北，有后陵和下宮，下宮包括正殿、影殿和齋殿。正殿是停放皇帝靈柩的地方；影殿在正殿北面，內掛皇帝畫像；齋殿在最後，是祭祀的殿堂。東西兩側原是守陵的官員、衛兵和宮人的住房。

宏偉壯觀的宋陵陵園及其附屬建築，歷經上千餘年的滄桑，屢遭兵火焚毀。現除建築遺址和神道兩旁所剩的石雕三百四十餘件以外，在金兵與蒙古鐵騎進犯中原之時，陵園即被盜掘或犁為廢墟，現僅封土高聳，其他都已夷為平地了。

10.包公為什麼有兩座墓？

　　據考古界報導，包公及其夫人董氏墓、長子夫婦墓、次子夫婦墓、孫子包永年墓，十幾年前都在安徽省合肥市大興鄉雙圩村的黃泥坎挖掘出來了，淝水岸邊的墓誌銘確鑿的記述了包公的生平，補充和修正了一些史實。

　　但是，在河南省鞏縣宋眞宗的永定陵附近，有一座高約五公尺的圓形塚墓，還有一個包公墓，這個陪葬眞宗陵側的包公墓相對更加為世人所熟知。一個包公，為什麼有兩座墓葬？如果合肥包公墓是「眞」的，那麼鞏縣的包公墓是怎麼回事？

　　包公是中國古代傑出的政治家，姓包名拯，字希仁，祖籍廬州（今安徽）合肥。宋仁宗天聖五年（1027年）考取進士甲科，從而走上仕途，由建昌、天長縣令而歷任工部員外郎、樞密副使、朝散大夫，直至封為東海郡開國侯而病逝，終年六十四歲。

　　從《宋史》的記載及一些宋元野史材料來看，包拯其人在出任縣令至樞密副使的一生中，秉性剛毅、處事嚴明、懲惡扶善，重視調查研究，深得下級官吏和百姓的好評。在合肥出土的包拯墓誌銘中，也記載了他以大義為重，不懼貪官豪強，並敢於上書皇帝查辦枉法權貴的事蹟。他策論國事能高瞻遠矚，講究讓百姓「衣食滋殖、黎庶蕃息」，主張「薄賦斂、寬力役、救災患」。在他管轄過的地區，不斷修改地方法制，一方面廢除了一些苛捐雜稅；另一方面加強市場管理、懲辦貪官污吏，以增加國庫收入。他重視執法如山，自身清白廉潔，不謀私利，因而得到人民群眾的尊敬與讚揚。

皇祐二年（1050年），包拯升任天章閣待制，擔任了諫官的職務。包拯在諫官任上披瀝肝膽，冒犯威嚴，不知忌諱，不避怨仇。嘉祐二年（1057年），因爲包拯執法如山，不避權貴，斷案主持公道，明辨是非，朝廷任命包拯爲開封知府。開封知府是一個相當重要的官職，北宋政府往往選派親王、大臣兼任。

今天開封城內西南角，有個地方叫包府坑，這是北宋時期開封府署和包公祠的所在地。因爲在明朝末年，爲了抵抗李自成的起義軍，明軍挖開黃河大堤，淹了開封城，結果開封府署和包公祠也都被沖毀了，只剩下一潭清水。人民爲了紀念包拯，就把這個大水坑叫做包府坑，一直沿襲到現在。

包拯所處的時代，正是北宋王朝由盛轉衰的階段。北方契丹族建立的遼王朝屢次興兵南犯，宋朝統治者卻只求歌舞享樂。後來南北議和，邊境沒有多少戰事了，從中央到地方的官僚地主更加在歌舞昇平中沉淪，毫無富國強兵之念。日趨腐敗的吏治造成了大批冤假錯案，百姓怨聲載道。在這種社會背景下，包公的所作聽爲，必然有口皆碑。合肥包公墓誌爲當時樞密副使吳奎撰寫，稱他「其聲烈表爆天下之耳目，雖外夷亦服其重名。朝廷士大夫達於遠方學者，皆不以其官稱，呼之爲『公』」。這就是包公的由來，可知「包公」是包拯在世時人們對他的敬稱。

真正的包公墓在合肥市東郊，已成定案，這不僅有考古發掘的材料爲確證，而且有宋代慶元年間淮南西路安撫司幹辦公事林至撰寫的《重修孝肅包公墓記》等文獻爲印證。河南鞏縣宋陵中的包公墓雖然塚大碑高，也必然是一個「假」墓。但是，問題並不這樣簡單。

因爲，在合肥包公墓正式考古發掘之前，人們普遍認爲鞏縣

包公墓是「真」墓，不僅有很高的封土和墓碑，而且地方史志均有記載，明代嘉靖三十四年修《鞏縣志》即載包拯墓位於縣西宋陵中，清代順治以後各時期版《河南通志》皆承襲舊說，可見明初就已存在這個包公墓，至少經歷五、六百年。現在，人們不禁要問：鞏縣包公墓究竟修於何時？為什麼要建這個包公墓？裡面到底埋葬著什麼？它和合肥墓是什麼關係？這一系列問題，至今尚難於回答。

鞏縣包公墓修於何時，很難考證。現存關於此墓最早的記錄是明朝嘉靖年間的縣誌，可知修建的時間不晚於明代中葉。元、明兩代史籍對此均無說明。既然如此，為什麼要修這座墓？裡面究竟埋葬著什麼？也就無從得知了。

包公為什麼有兩座墓，是「千古之謎」，而合肥包公墓地出土的材料同時又給歷史學家們提出了許多新的問題，成為「謎中謎」。比如，在墓地中軸線的西南部，有一較大的封土堆，高約四公尺，底徑十公尺，整個外形略大於包拯夫婦遷葬墓。從這個封土堆的地表再往下深挖三公尺，都是一色的生土，可知這個土堆是典型的「疑塚」，包公墓為什麼設此「疑塚」？它是什麼時代修建的？實在耐人尋味。

11.西夏國王為何建造「金字塔」？

　　西夏陵園是寧夏得天獨厚的文化遺產，是西夏王朝的象徵。如果將其復原，在景觀和規模上，絕不比中原帝王陵園遜色。然而，我們今天所能看到的只是一派破敗荒涼的景象，到處是殘垣斷壁，破碑敗瓦。

　　來到陵區，遍地都是瓦礫，殘壁斷垣四處可見，可以感到整個神秘王國歷史的蒼涼。地表上道道溝坎縱橫交錯，這些不大深也不很寬的溝裡，生長著北方所特有的酸棗樹，它們像一條條綠色的絲帶，疏密相間地交織在方圓五十多平方公里的陵區，網著那一座座高大突兀的陵墓。

　　在西夏陵區，大大小小的陵墓約兩百多座，放眼望去，用黃土夯成的大小山包看不到邊，這就是「東方金字塔」、「夢幻裡的中國金字塔」。目前，西夏陵園內最為高大的建築是一座殘高二十三公尺的夯土堆。仔細觀察，它的形制是八角，上有層層殘瓦堆砌，達五層之多。有的專家推測，在它未破壞前是一座八角五層的實心密簷塔。但對這種陵塔為什麼建在陵園內，它有什麼作用，很少有人能說得清楚。至於這座陵墓又為什麼建在陵園的西北角，學術界各執一詞，不見分曉。

　　學術界比較多的一種說法是：高大的陵台擺放在西北端，主要是受黨項人原始宗教思想支配所致。西夏人崇尚佛教，佛塔在陵園內不可缺少。既然佛塔是釋迦牟尼埋骨藏灰之所，肉體凡胎就不能埋在塔中，以表示對佛的景仰。但現實生活中的皇帝為萬民的父母，是上天派遣下來管理老百姓的，是天子，把死後的先

中國地理不思議之謎

王埋在塔下也有不恭。西夏人作了兩全齊美的處理，移陵台於側，皇帝的遺體葬在佛塔的旁邊，也正好在陵區的中軸線上，正好呈現皇帝的權威。

西夏王國不光有雄偉高大的金字塔，還有一個和埃及金字塔旁邊獅身人面像相媲美的精美石雕。1899年秋天，在西夏王陵考古史上規模最大的一次發掘中，一尊人面鳥身、雙臂殘缺的精美石雕像——迦陵頻伽首次出土。考古專家認為，迦陵頻伽可以與古埃及尼羅河畔獅身人面像、古希臘的殘臂維納斯相媲美。

迦陵頻伽是佛教的神物，它在佛教史上享有崇高的地位，僅是在中國文獻上的譯名就有十幾種：歌羅頻

◎這些發掘於西夏的石刻粗獷雄渾，形態各異。

伽、加蘭伽、迦蘭頻伽、羯羅頻伽、迦楞頻伽、迦陵迦、迦尾羅等等。相傳牠是一種長在雪山中的神鳥，能發出美妙的聲音，所以漢文獻中也有譯為好音鳥、或者妙音鳥的。《慧苑音義》中還稱之為美音鳥，說牠在卵中即能鳴叫，其音和雅，聽者無厭。《探玄記》中講牠在卵中未出，發音微妙，勝於其他鳥類。

西夏王陵出土的迦陵頻伽，在世界是獨一無二的，具有重大的研究意義。王陵的神鳥石像，不是一次成形，而是採用分模合製的辦法，其頭部、面部的雕刻比較細膩，達到了相當高的藝術水平。從迦陵頻伽的鼻棱、眉弓等處特徵看，中亞人頭造型十分明顯，比敦煌泥塑具有更多的中亞和西方文化意味。

西夏陵毀於哪個朝代？又毀在何人之手？這是一樁值得搞清楚的疑案。

明代的地方誌記載，在明代西夏王陵僅數塚巍然，已沒有地面建築。安塞王朱秩炅在憑弔遺址後寫了一首《古塚謠》：

賀蘭山下古塚稠，高低有如浮水漚。

道逢父老向我告，雲是昔年王如侯。

明朝的武英殿大學士、禮部尚書金幼孜在《出郊觀獵至賀蘭山》詩中也有「昔年僭偽俱塵土，猶有荒阡在目前」的浩歎，這些都是明代西夏陵區荒涼破敗的現場寫照。而最有可能對西夏王陵大加洗劫的是蒙古軍隊。為什麼這麼說呢？

第一，成吉思汗對西夏的征服戰爭，從西元1205年開始到1227年西夏滅亡，先後進行了六次大規模的戰爭，其中1209年、1217年和1226至1227年的三次進攻，蒙古大軍都進據賀蘭山，包圍了興慶府，而在最後一次攻夏戰爭中，蒙古軍隊佔據賀蘭山東麓，前後有一年之久。蒙古大軍久困興慶府，是在他們橫掃歐亞大陸的各次戰爭中，遇到的最為頑強的抵抗，他們久攻不下，連成吉思汗也染病死在西夏前線，必然會拿在自己控制下的西夏祖墳出氣開刀，以圖打消西夏軍民的士氣。

第二，西夏王陵規模龐大，任何個人或者團體要實施毀滅計畫，既沒有時間，也沒有物力，在條件上是不允許的。只有蒙古軍隊具備這些條件。1987年，寧夏的考古工作者對三號陵東碑亭進行發掘，在碑亭的西、北兩側發現了五個大灶坑，灶口直徑達一百一十八公分，灶壁燒結層厚約十公分左右，這表明曾經有大批人馬在此駐紮了很長一段時間，而在附近的堆積物中還發現了陶瓷器皿、銅鐵器具和棋盤、棋子等生活娛樂用品，這是與蒙古

軍隊的駐守相吻合的。西夏王陵基本上就是毀在蒙古軍隊手裡，時間在西夏滅亡前夕，而此時忽必烈還沒有建立元朝，處在成吉思汗的蒙古汗國時期。

蒙古人毀壞西夏陵園後，迄至清末民初，小型的盜掘活動從來就沒有停止。至今在銀川地區的老年人中還流傳著一句諺語：「大王墓，金銀兩大窟。要得開，且待元人來。」西夏王陵在老百姓的心目中隱藏著數不清的金銀珠寶，是發財的南山捷徑，引誘人們幹起盜墓的營生。像三號陵東碑亭遺址就多次被人盜掘，六號陵地宮也有不同時期的盜洞。那些至今尚未被風沙自然填滿而豁然裸露的大盜坑，似乎在永久地訴說西夏陵曾經經歷過的大劫難，只有那巍然高屹的東方金字塔、形制獨特的闕台等建築物遺址依然在頑強地證明西夏陵昔日的富麗堂皇。

在寧夏回族自治區首府銀川市以西約三十公里的賀蘭山東麓，有一大片古代帝王的陵園。那是西夏王國八代帝王的安息之地，距今已有七百多年到九百多年的歷史了。

西夏王陵的範圍東西寬約四公里，南北長約十公里。在這個約四十平方公里的陵園裡，八座王陵及其附屬的七十多座陪葬墓，按時代先後，依山勢由南向北順序排列，形成了一個整齊的墓葬群。每座王陵占地約十萬平方公尺，一律用夯土築成。原先都有自己的闕門、碑亭、月城、內城、獻殿、內外神牆、角樓等附屬建築。由於年深月久，如今每座陵墓的附屬建築多已毀壞，獨有陵墓的主體仍巍然挺立，向人們顯示著西夏王國的歷史風貌，因而被人們稱為「中國的金字塔群」。

凡是參觀過西夏王陵的遊客，除了充分領略西夏的風格以外，仔細一想，都會覺得有許多問題像謎一樣留存於腦海，難以

求得解答。

問題之一是八座西夏王陵為什麼沒有損壞？王陵的附屬建築都已毀壞了，但以夯土築成的王陵主體卻巍然獨存。根據年代推算，最早的一座王陵距今約九百年，最晚的一座也超過了七百年，如此漫長的歲月，許多磚石結構的建築已經因為風雨的侵蝕而傾毀倒塌了，更何況是夯土建築。有人認為是王陵周圍原有的附屬建築保護了王陵主體，使它免受風雨的侵襲。可是那些附屬建築有的已不存在，很難說它們真有保護王陵主體的作用。有人認為王陵在賀蘭山東麓，西邊的賀蘭山就是王陵的一道天然屏障，為它們擋住了西北風的侵襲。可是王陵主體和附屬建築同樣都在賀蘭山的屏障之下，為什麼附屬建築都已毀壞而王陵主體卻安然無恙呢？

問題之二是王陵上為什麼不長草？賀蘭山東麓是牧草豐美之地，西夏王陵的周圍也多是牧民放牧牛羊的好地方，可是惟獨陵墓上寸草不生。有人說陵墓是夯土築成的，既堅硬又光滑，所以不會長草。可是石頭比泥土更堅硬，只要稍有裂縫，落下草籽，就能長出草來，陵墓難道連一點兒縫隙也沒有嗎？有人說當年建造陵墓時，所有的泥土都是薰蒸過的，失去了使野草得以生長的養分，所以長不出草來。可是薰蒸的作用能持久到將近千年嗎？陵墓上難免有隨風刮來帶有草籽的浮土，這些浮土是未經薰蒸的，為什麼也不長草呢？

問題之三是王陵上為什麼沒有鳥棲息？西北地方人煙比較稀疏，鳥獸比人煙稠密地區相對要多一些，尤其是繁殖力較強的烏鴉和麻雀，遍地皆是。烏鴉落在牛羊背上，落在樹上和各種建築物上。麻雀更是落在一切可以讓牠們歇腳的地方。可是牠們惟獨

不落在王陵上。有人認爲王陵上光禿禿的，沒有什麼可吃的東西，所以不落鳥類。可是有些光禿禿的石頭或枯樹枝上，也沒有什麼可吃的東西，爲什麼常會落下一大群烏鴉和麻雀呢？難道鳥類也知道封建帝王具有權威而不敢隨便冒犯嗎？

　　問題之四是西夏王陵的佈局有些令人不解。王陵按照時間順序或者說帝王的輩分由南向北排列，但是每座王陵的具體位置的安排似乎又在呈現著什麼事先設計好了的規劃。如果從高空俯視，好像是組成了一個什麼圖形。有人說那可能是根據八卦圖形定的方位，也有人說那是根據風水安排的。可是最早一個國王的逝世到最後一個國王的逝世，時間相差近兩百年，怎能按照八卦來定方位呢？誰能事先估計到西夏王國要傳八代王位呢？再說，西夏是黨項人建立的政權，黨項是古羌族的一支，難道他們也崇拜八卦和相信風水嗎？

　　目前我們對西夏王國的歷史文化以及風俗民情等還沒有充分的研究，知道得還不太多。也許在西夏的各種文書之中能夠找得到關於王陵的具體規劃設計，說明爲什麼要這樣安排的理由，也可能在有關的記載中會解答王陵的種種難解之謎。但是很可惜，目前人們還沒有尋找到開啓這些謎團的鑰匙，只好讓王陵守著它的秘密，在沈默中繼續等待。

12.元朝皇陵在哪裡？

著名的成吉思汗陵，坐落在今內蒙古鄂爾多斯高原伊克昭盟伊金霍洛旗阿騰席連鎮東南十五公里的甘德爾敖包上，占地面積達五萬五千多平方公尺。登上敖包，放眼望去，碧草如茵，繁花似錦，是一派草原特有的瑰麗景色，矗立於此的陵墓呈蒙古包式的大殿，巍峨雄偉，雍容大方，成吉思汗和他的三個皇后、兩個胞弟、第四個兒子拖雷和夫人的靈柩都安放在這裡。

據說，成吉思汗西征之前，就在鄂爾多斯這塊肥美草地休整，此間，他舉目遠眺，無垠的草原一望無際，遙遠的天空塗抹著一片色彩斑斕的晚霞，近處是成群的高大戰馬以及由點點蒙古包組合而成的氣勢磅礴的畫卷，使他陶醉在迷人的景色之中。這時，他忽然想到了自己的後事，沉思了很久之後，以無限讚美的口氣說：「這個地方太美了，死後就把我葬在這裡吧！」

果然在成吉思汗西征的第二年（1227年）七月，病死於六盤山南麓清水（今甘肅清水），終年六十五歲，當時，他的遺體就由諸王和那顏（蒙古貴族、官吏）按照他生前的願望，運到這裡安葬，從此，便把這裡稱為「伊金霍洛」，即「主人的陵園」。不過，成吉思汗陵與其他帝王陵寢有別，它不是真正的陵墓，不僅是成吉思汗本人，就是元代所有的帝墓也都一樣。他們究竟葬在何處，至今還是一個難解的謎。

大多數人認為，成吉思汗陵是明正統以後供奉的傳為成吉思汗的靈柩，是找不到葬點的陵園。成吉思汗的屍體，《元史》上載它葬於起輦谷，同元代其他皇帝所葬地皆同。但該地今在何處

中國地理不思議之謎

呢？有人認為，是在今北京西房山；有的說潛埋於歸化城（今呼和浩特）西北的祁連山；有的說在河套外騰格泊西北；有的說在克魯倫河之側。清末民初著名地理學家張相文認為：「諸說皆非，以伊金霍洛為成吉思汗陵；陵墓三十里，四周皆沙砣，近旁為遊泥河，蒙人名曰忽幾爾閣溝，即起輦谷也。」還有人認為起輦谷必在漠北蒙古創業之地等。

為什麼《元史》各帝紀上皆記載說，所有的帝陵都在起輦谷，而其具體位址又如此眾說紛紜呢？其關鍵在於過去蒙古貴族包括皇帝死後都流行深葬不墳的習俗，使葬地無從尋找所造成的。據葉子奇《草木子》一書記載，元朝皇帝死後，不用棺槨，也無殉葬品。只是「用木二片，鑿空其中，類人形大小合為棺，置遺體其中」，挖一深坑埋入，不起墳堆。「葬畢，以萬馬蹂之使平。殺駱駝子在其上，以幹騎守之，來歲草既生，則移帳散去，彌望平衍，人莫知也。欲祭時，則以所殺駱駝之母為導，視其躑躅悲鳴之處，則知葬所矣。」這些說明，蒙古帝王葬後都有滅跡、不留墳堆的習俗。

成吉思汗陵與中原王朝皇帝的陵園不同，埋葬時，地面上不營造任何建築。因此，從地平線上看不見皇陵的標記。但是，也有一點同中原王朝皇陵相似，即指派專職護陵人。當時，成吉思汗的墓地被稱做「也可忽魯黑」，意為「大禁地」。擔負大禁地守衛的是蒙古兀良哈部的一個千戶。成吉思汗死後不久，曾到過蒙古草原的南宋人彭大雅說：「其墓無塚，以馬踐蹂，使如平地，若忒沒眞（成吉思汗）之墓，則插矢以為垣，闊逾三十里，邏騎以為衛。」可見，成吉思汗陵也有一套防衛制度。

在中國歷史上，每一個王朝的各代皇帝一般都有共同的墓

地，但是也存在著開國皇帝和子孫後代皇帝不葬於一處的現象。如明朝太祖朱元璋葬於南京明孝陵，而後代子孫則葬在北京明十三陵。這是由於明代都城前後變遷的緣故，永樂帝並未採取金海陵王將祖上幾位皇帝的靈柩由東北遷至北京大房山的做法，而把明孝陵仍留在南京。

元代也存在前後都城變遷的情況，成吉思汗先於和林（今蒙古北杭愛省鄂爾渾河上游右岸厄爾尼召北）建都，元世祖忽必烈後來定都元大都（今北京）。成吉思汗與繼任的蒙古大汗、元朝歷代皇帝的陵園，既不同於金，也有別於明，不存在遷葬和分葬的問題。我們前面已經說過，成吉思汗選定墓地之後，表示「這是我們最後的歸宿」。他的後代子孫是否遵從其旨意，都來到這裡歸宿了呢？還是讓史實來說明吧！

自元世祖忽必烈在漢地建立元朝之後，無論是他本人或繼任的各代皇帝，死後也都歸葬於遠在漠北的祖陵。《元史》不僅記載元太祖（成吉思汗）、元太宗（窩闊台汗）、元定宗（貴由汗）等「葬起輦谷」之地。而且，明確記載元世祖忽必烈、成宗鐵穆耳、武宗海山、仁宗愛育黎拔力八達、英宗碩德八剌、泰定帝也孫鐵木兒、文宗圖帖睦爾等，都安葬在起輦谷。元順帝（惠宗）妥懽帖睦爾於元亡後死在應昌，《元史・順帝紀》記載：「太尉完者、院使觀音奴奉梓宮北葬。」雖未說具體地點，但看來也是送往起輦谷。元朝制度規定，漢人官員不得隨從前往葬地，靈柩由蒙古貴族送往漠北安葬。這也是傳世的大量元代漢人文集中，有關元朝皇帝葬禮缺載的緣由。

成吉思汗及元代皇帝有專門陵地是不容爭辯的事實，但這個地方在哪兒？諸書的記載大相徑庭，這裡有幾種重要的說法。

一是八白室說。八白室是祭祀成吉思汗的祀堂，並非是他的葬地。據《元史·祭祀志》記載：「至元三年秋九月，始作八室神主，設祔室。冬十月……命平章政事趙璧等集議，制尊謚廟號，定為八室。」蒙古習俗尚白色，所謂八白室，就是由八室演變來的。由於時隔久遠，清人誤把祀堂和葬地混為一談，故將伊克昭盟伊金霍洛旗的祭祀之地稱做「園寢」。當代著名蒙古史專家亦鄰真說：「成吉思汗八白室是從漠北遷來河套地區，最早也不會早於15世紀末，八白室裡並沒有成吉思汗的遺骨。」法國著名歷史語言學家伯希和也曾說過：「所有關於成吉思汗的陵墓在漠南，特別是在鄂爾多斯的傳說，顯然是後來編造的。這都是把陵墓本身同祭祀已故皇帝的宮帳混淆起來的結果，也是這宮帳從漠北遷來河套的結果。」八白室是成吉思汗的祀堂，而非葬地，在目前學術界已成定論。需要指出的是，近年在伊金霍洛旗新建的金頂穹廬式成吉思汗陵，同樣不是成吉思汗遺骨埋藏地，否則這一千古之謎也就不存在了。

二是大鄂托克說。大鄂托克，又作大諤特克，此地為成吉思汗葬地的說法，不僅見於《黃金史綱》，而且羅藏丹津的《黃金史》、《蒙古源流》等書也有記載。但是，這一說法僅出自明清之際幾種相互關聯的著述，此前許多重要史籍中從未出現過。而且，說大鄂托克在「阿爾泰山之陰，肯特山之陽」，所劃定的範圍是一個大而無當的千里空間，換句話說是葬於漠北高原，在蒙古語中，大鄂托克本身就含有大地之意。埋於大地之下的說法很幽默，但卻根本無法求證，於是大鄂托克為成吉思汗葬地的說法被人們所摒棄。

三是瀘溝河畔說。瀘溝河即今克魯倫河，其河發源於今蒙古

國大肯特山脈東坡，屈曲東北流入中國內蒙古呼倫貝爾的呼倫湖，這裡是早年蒙古民族活動的地區之一。徐霆所說，成吉思汗葬於此河畔，並說相傳因這裡是成吉思汗的出生地，所以死後葬在此地。在說了這一番話之後，徐氏又聲明「未知可否？」可見他還是很慎重的。但是，克魯倫河全長一千二百六十四公里，其河畔之說也過於籠統，與大鄂托克類似，使人無從下手。

四是不兒罕合勒敦山說。不兒罕合勒敦山，又稱作不兒罕山，在今天蒙古國大肯特山脈東南部的斡山之必兒喀嶺（必兒喀為不兒罕的音譯），這一地區與成吉思汗家族有著密切的聯繫。通過這個聯繫對我們確定元陵關係重大，因此須稍費筆墨勾畫成吉思汗家族歷史。

唐朝時，蒙古族的祖先原屬於東胡語系室韋的一支，被稱為「蒙兀室韋」。他們最初生活在中國東北部的望建河（今額爾古納河），到了西元七世紀時，在成吉思汗的始祖孛兒貼赤率領下，渡過俱倫泊（今呼倫湖）西遷，來到不兒罕山地區。因為這一地區是怯綠連河（克魯倫河）、斡難河（鄂嫩河）、土兀拉河（土拉河）的發源地，因此史稱「三河之源」，於是這裡成為早期蒙古族活動的中心，成吉思汗當降生在這一帶。

《史集》說：「蒙古有一座名叫不兒罕合勒敦的大山，從這座山的一個坡面流出許多河流，這些河流沿岸有無數樹木和森林，泰亦赤兀惕部就住在這些森林裡。成吉思汗將那裡選做自己的墳葬地，他降旨道：「我和我的兀魯黑的墳葬地就在這裡！」成吉思汗的駐夏和駐冬牧地就在那一帶；他出生在斡難河下游的不魯克孛勒答黑地方，距不兒罕合勒敦有六天路程。」而且，《史集》還詳細描述了從不兒罕合勒敦山坡流下的怯綠連、斡難、

土拉等河流。有史籍明確的記載，加之歸葬世居之地合乎情理。因此，成吉思汗與元代皇帝的葬地在不兒罕合勒敦山順理成章。

五是起輦谷說。既然我們說不兒罕合勒敦山爲元陵，那麼《元史》所記載的起輦谷陵地又如何解釋？它們之間又有何種關係呢？由於《元史》未說起輦谷的具體位置，因而引起後人的種種猜測。近年，這個問題有了突破性的進展。「起輦谷」一名，是《元朝秘史》中的「古連勒古」的譯寫，而古連勒古之地正位於不兒罕合勒敦山南。原來《史集》中的「大禁地」，與《元史》記載的「起輦谷」是同一個地方。這樣一來，成吉思汗與元朝皇帝葬地的方位明晰起來，起輦谷就在今蒙古國大肯特山脈東南部的斡山必兒嶺附近。

元代帝王，自「一代天驕」至他的子子孫孫，鑒於中原各王朝帝陵「墳土未乾，已遭掘燒」的教訓，實行不留陵墓痕跡的葬制，比起中國歷代帝王大修陵寢的舊習，不僅要節約得多，而且至今還未被人盜掘過。

不過，後人懷著對成吉思汗的崇敬，仍爲他建造了一座陵園——「八白室」。據載，「因不能請出金身，遂造長陵共仰庇護，於彼處另立白屋

◎元太祖成吉思汗的陵寢，其原爲蒙古包形式，此乃後人所建。

八間，在阿爾臺山之陰，哈岱山之陽之諤特客地方建立陵寢，號爲索多博克達明成吉思汗，其後遂流傳至今。」

13.朱元璋的祖陵是「吉壤」嗎？

　　明朝開國皇帝朱元璋出身貧寒，少時，其父母相繼去世，鄰居劉繼祖看他可憐，曾給墳地一塊，遂得以安葬親人。從此，他孤無所依，於是入皇覺寺爲僧。後來，紅巾軍起，朱元璋加入郭子興部，不久任左副元帥，逐鹿中原，定鼎南京，位登大寶，國號大明，於是便追尊四代，建仁祖淳皇帝陵於鳳陽，並命皇太子到泗州（今江蘇泗洪）祭告祖考妣。

　　不過，由於年代久遠，祖先當年葬地的確切位置連朱元璋本人也難以確認。因此，皇太子一行就只好站在泗州城上望河憑弔。可是，待至洪

◎圖爲位於安徽鳳陽的明皇陵。

武十七年（1384年）農曆十月十二日，族人朱貴聲稱他已找到朱元璋祖父當年的居地和葬處，並隨之公佈了一個連朱元璋事先也未必知曉的神秘故事：

　　朱元璋的祖父生於宋元之際，爲江蘇句容縣通德鄉朱家村人，因天下大亂，遂攜家渡過淮水，到泗州定居。有一天，他在楊家墩下屋後的一個土坑裡躺著休息，忽然來了師徒兩個道士，那個老道指著熙祖所躺的地方說：「如果葬於此地，一定會出天子。」小道士問道：「何以見得？」老道說：「這個地方地氣暖

和，手氣凝集，不信可以插根枯樹枝試一試，十天內一定會長出葉子來。」接著，便喊熙祖起來。熙祖佯裝熟睡，好一會兒才醒。老道士問他，你剛才有聽到我們說的話嗎？熙祖又佯裝耳聾聽不清別人說的話，於是，師徒兩道士插上樹枝便揚長而去。

十日剛到，熙祖又急急忙忙地趕早去檢驗，果然枯枝發芽生葉，於是巧施掉包計，拔去已生枝葉之木，另換一枝與原來相似的枯枝。過後，待兩個道士趕來，見枯枝未發葉，小道士就問：「為什麼沒有生葉呢？」老道見熙祖又在附近，因此心生疑竇，指著熙祖說：「肯定被此人換去。」熙祖無法隱瞞真相，就不置可否。道士說：「你這樣做洩了兒子的王氣，看來不能傳給兒輩了，只能由孫輩做天子了。」並對他說：「你有福氣，死後葬此，你家一定會出天子。」元泰定四年（1327年），熙祖臨死前把這件事告訴仁祖，後來果真葬在此地，不等封土，即自成墳。這一年末，朱家又遷到鍾離之東的盱眙縣木場裡。一天，朱元璋的母親遇一異人，儒鬚奇貌，頭戴黃冠，身著紅衣，給了她一丸白藥。這藥神光閃閃，待吞下，即身懷有孕。次年，即元天曆元年（1328年）九月生下一子，這就是後來成為明太祖的朱元璋。

朱元璋對這個故事大為贊許，根據朱貴提供的線索，朱元璋命皇太子到泗洪縣建起了高大的陵寢，即明祖陵。朱貴也因認墳或杜撰有功，朱元璋除了恩賜給他田宅、鈔錠、金帶、衣服等物外，還特別授予他一個祖陵奉祀四品官，並詔其子孫世襲管理陵寢事宜。

客觀地看，明祖陵所在地的確算不得風水寶地，其東為洪澤湖，其東南、西部皆為淮河環繞，由於位置正處於淮河入湖的水口處，因此，每當淮水氾濫，祖陵就被淹沒在一片汪洋中。清康

◎明孝陵神道旁的石像。

熙十九年（1680年），祖陵曾淪入洪澤湖，後才被加以保護。這樣的地方，與其說是風水寶地，不如說是窮山惡水。然而，有道是：一人得道，雞犬升天。既然此地的祖宗繁衍出了朱皇帝，人傑自然地也靈。因此，誰還敢說它不是一塊風水寶地！

明崇禎時，禮部侍郎蔣德對祖陵風水做過吹噓，他說：「龍脈西從汴梁而來，由宿虹至雙溝鎮，起伏萬狀，爲九溝十八窪，從西轉北，亥龍入首坐癸向丁。……大約五百里之內，北戒帶河，南戒雜江，而十餘里明堂前後，複有淮、泗、汴河諸水環繞南、東、北，惟龍從西來稍高。陵左肩十里爲掛劍台，又左爲洪澤湖，又左爲龜山，即禹鎖巫支祈處，又左爲老子山。自老子山至清河縣，縣即淮、黃交會處也。陵右肩六十里爲影塔湖，爲九岡十八窪，又右爲柳山，爲朱山，即汴梁虹宿來龍千里結穴。眞帝王萬年吉壤。」

平平常常的一塊地方，被他們把那些相關與不相關的山水拉來一附會，這樣，土墩的龍脈變成了發自中條山，前有渚水成湖，作內明堂；淮河、黃河合襟作外明堂；「天下第一山」成了近案，淮上九峰插天爲遠朝，如此等等，一塊「眞正的帝王萬年吉壤」就這樣被巴結、討好皇帝的官吏與風水師們製造出來了。

14.南明皇帝埋骨何處？

　　爲了追剿南明小朝廷的殘餘勢力，康熙二十年十月，清軍第二次平滇，野園被毀於戰火，只剩廢墟右側的一個土堆，傳爲陳圓圓梳粧檯的舊址。不少文人雅士常來此地懷舊追往，吟詩塡詞，緬懷當年的絕世紅顏。

　　野園除了一個池塘外，早已變成一片瓦礫場，周圍與荒墳相連。但民間另有一說，墳堆狀的梳粧檯遺址，並非平西王的寵姬陳圓圓臨鏡梳妝的廢墟，實際上它乃南明末代皇帝的陵寢。清兵三次平滇後，當地人們懼怕他們平墓滅跡，所以僞稱爲圓圓妝台，此後二百年間，人們也就信以爲眞，將它作爲追懷美人、吟詩賦詞的去處了。這種說法爲廢墟蒙上了一層疑雲。

　　永曆帝名由榔，明神宗之孫，桂恭王常瀛的少子，明崇禎年間被封爲永明王，不久農民軍領袖張獻忠進入衡州，桂王常瀛流落到廣西梧州，常瀛死後，朱由榔又由梧州遷居肇慶。1645年5月，南京失守。隆武帝在福建又建明政權，明代的宗室藩王都假借著恢復名義起兵抗清，想趁機獲得政權。清兵進軍福建時，隆武帝正在延乎（今南平市），急忙出奔汀州（今長汀縣）。8月，在汀州被清軍追上殺死。隆武帝汀州敗亡消息傳到梧州後，兩廣的主要官吏丁魁楚、瞿式耜認爲國不可以無君，經過商討之後，認爲由榔是神宗的親孫，應該繼承帝位，於是在1646年11月18日擁桂王即皇帝位，仍稱隆武二年，以次年爲永曆元年。永曆帝剛在梧州監國，而廣州蘇觀生等又擁立了紹武帝，雙方同室操戈，以至永曆帝在三水大吃敗仗，朝不保夕。

朱由榔是個懦弱無能、貪生怕死的庸材，他既沒有知人之明和圖謀復明的遠見，又不能信賴勇於謀國的瞿式耜、何騰蛟等人來組織強而有力的政府，而只依靠各地軍閥的勢力，圖一時的苟安。永曆十二年（順治十五年）九月，清兵分三路進攻雲南，永曆帝跟蹌逃入緬甸，被緬王接到緬京阿瓦附近的者梗，過著以竹棚草房爲殿的流亡生活。

　　順治十八年（1661年）十一月，清王朝的平西王吳三桂和定西將軍愛星阿，爲了捕殺永曆帝向清廷請功，率十萬兵馬進入緬甸。同年，緬甸發生政變，新緬王爲了討好清朝，把大部分的南明官員都殺死。而朱由榔此時已明白性命攸關，不得不寫信給吳三桂，希望這位「舊朝重鎮，新朝勳臣」，念及「先帝大德」，不要逼人太甚。

　　十二月，清軍迅速攻入緬境，迫於形勢，新緬王執縛永曆帝及其家眷，獻於吳三桂。在如何對待朱由榔的問題上，愛星阿主張送往北京，由朝廷發落，但吳三桂以「道遠不便」，奏請清廷同意，就地處置。他原擬把朱由榔和太子處以斬首，後由於留鎮雲南的滿族將軍卓羅的反對，才吩咐部屬楊坤等，用帛絞死朱氏父子，遺骸運往昆明北郊，草草掩埋。

　　朱由榔遇害後，吳三桂得到晉封親王的賞賜，留鎮雲南，兼管貴州。稍後，就在北郊營建了別宮野園。康熙十二年，清廷要撤回駐邊的平西、平南、靖南三王，吳三桂大爲惱恨，挑起了「三藩之亂」。造反爲了有藉口，因而厚顏無恥地抬出了「復明」的招牌，重修了永曆墓，稱爲「故君陵寢」，並加建享殿，扮演了一齣「祭陵」的鬧劇。

　　1911年10月，雲南辛亥起義，推翻了清王朝的地方政權。在

當時具體歷史條件的影響下，兩百年來默默無聞的南明末代皇帝及其陵寢重新被提了出來。曾有人寫信給雲南都督蔡鍔，指出「永曆故塋，正在城北咫尺，而百年荒翳。……清軍入滇，遺老篤念故主，撤殿培碑，詭為吳逆寵陳圓圓梳粧檯以掩其跡，故清吏不疑。而一之土，遂獲存於腥風血雨之中」。要求崇議追贈，培護墳墓，「並置祭田，長給灑掃」。

都督府順從輿論，把西郊文昌宮改為永曆帝廟。同年12月29日，在永曆墓前進行祭祀活動，把朱由榔和在緬死難的大臣們的神主，送進廟內。次年，又將絞死朱由榔的「逼死坡」改名「昇平坡」，並樹立了「明永曆帝殉國處」的石碑。

近代史學家方國瑜在1941年和友人親登梳粧檯，「斬荊考察土堆」。堆上並無任何建築遺跡，但是在堆腳南面，卻發現「較大規模」的建築遺址。儘管方先生在《庭聞錄·跋》中記下了這件事，認為墳墓被詭稱為陳圓圓梳粧檯的舊說不可信，可也沒有肯定遺址即吳三桂當年為「故君陵寢」建造的享殿，也沒有確認此處乃朱由榔的最後歸宿地。

兩個多世紀以來，朱由榔埋骨昆明北郊何處？由於提及前朝帝王，會引來殺身橫禍，故從未有人明確記載。永曆陵寢究竟是不是南明皇帝的埋骨處？抑或遲暮美人梳妝打扮所在的廢墟？誰也無法說得清楚。

15.雍正皇帝爲何不葬入欽定的皇陵？

　　雍正帝的陵叫泰陵，建在泰寧山主峰之下，位居西陵中心，佔據了至高無上的位置，像其祖父順治皇帝、父親康熙皇帝陵一樣，也修建了大紅門、更衣殿、七孔橋等，而且在大紅門之外居然建了三座石牌坊，比他祖父順治皇帝的孝陵多建了兩座，可見其生前的政治野心在修建陵墓上也表現得不示弱。

　　清東陵是順治皇帝欽定的皇家陵園。康熙二年（1663年）昌瑞山主峰南麓建起的順治皇帝的孝陵，是陵園的第一座皇陵。十幾年後，孝陵東側又建起了第二座皇陵——康熙皇帝的景陵。按照這個順序，本來陵墓可以一個皇帝接著一個皇帝地建下去，可是剛到第三個皇帝清世宗雍正皇帝就改弦易轍，把他自己的陵建在京西易縣的泰寧山下，距離東陵有數百里之遙，這是爲什麼呢？

　　根據當時官方的材料記載，原來雍正皇帝的陵址是選在清東陵界內的九鳳朝陽山，後來有一位大臣向皇帝報告說：「朝陽山萬年吉地，規模雖大而形局未全，穴中之土又帶砂石，實不可用。」於是雍正皇帝廢掉了九鳳朝陽山吉地，命聖祖第十三子怡親王允祥、雲貴總督高其倬帶領精通風水、善曉陰陽的術士重新相度萬年吉地。他們踏遍了鄰近京城省份的山山水水，終於在直隸（河北省）易縣找到了一塊叫泰寧山的地方。

　　允祥和高其倬在向皇帝報告時，說泰寧山這塊地方是「乾坤聚秀之區，陰陽匯合之所。龍穴砂石，無美不收；形勢理氣，諸吉咸備。山脈水法，條理詳明，洵爲上吉之址。」雍正皇帝看中

了泰寧山這個地方，但又怕遠離孝陵、景陵；有違典制，落一個不孝無義的罪名，所以令大臣們會議具奏。

大臣們已經猜透了皇帝的心理和用意，他們旁徵博引，列舉歷史上各朝代遠離祖陵另建陵園的先例，力圖為雍正皇帝遠離祖陵，另闢新陵區尋找藉口和理由。他們最後說：「易州及遵化州地界與京師密邇，同居畿輔，並列神州，其地實未為遠遙。」雍正帝對大臣們的覆奏十分滿意，這時他再也沒有什麼顧忌了，於是決定在易縣泰寧山正式興建陵寢。

有的人對此持有不同看法。他們認為，官方記載必然要隱惡揚善，表面上要說得冠冕堂皇，實際上並非如此。雍正帝篡改了他父親康熙帝的傳位遺詔，殘酷地鎮壓了與他爭奪皇位的眾家兄弟，才爬上了皇帝寶座。據野史講述，康熙死時的遺詔上寫的原文是：「傳位十四阿哥胤禎。」在康熙繼承人方面，最得康熙賞識又眾望所歸的，是皇十四子胤禎。康熙五十七年，胤禎被任命

◎雍正皇帝像。

為撫遠大將軍總領西北各路大軍，代父親征新疆和西藏。康熙親口誇獎胤禎有帶兵才能、是良將，要部下絕對服從胤禎。但在康熙奄奄一息的時候，雍正買通康熙心腹大臣隆科多，將遺詔上的「十四子」改為「于四子」將「胤禎」改為「胤禛」了，這樣才順理成章、如願以償地當上了皇帝。所以，他心虛理虧，不敢死後

葬在他父親的身旁，只得遠離景陵另闢陵區。

　　還有第三種說法。雍正皇帝作爲一代英主，雄心勃勃，從不甘於人下。東陵陵區幅員遼闊，吉穴佳址很多，九風朝陽山即便眞的風水不好，在陵區之內還是可以再找吉址，根本沒有必要遠離祖陵另闢陵區。在當時規定，後代兒孫的陵寢在規制上根本不得超越祖陵。孝陵作爲開國皇帝的陵寢，又是清軍入主中原，統一全國後建立的第一座陵寢，雄踞陵區至高無上的位置，規模宏大，體系完備。雍正皇帝也想把自己的陵寢修建得像孝陵一樣威風，要達到這個目的，在東陵是不可能實現的，只有遠離景陵另闢陵區才能實現。正是出於這個目的，雍正皇帝才置東陵界內諸多吉穴於不用，在京西易縣新闢陵區。

　　這三種猜測都有自己的道理，也都沒有足夠的證據證明，所以，這件事情就成爲一段撲朔迷離的清宮秘史，爲後世人所不得而知了。

16.清代皇陵爲何一東一西？

　　清兵入關以前，滿人有幾個帝王及其祖先的陵墓建在今遼寧省境內，統稱「關外四陵」。順治是入關後的第一個清朝皇帝，而宣統皇帝溥儀是最後一個王朝主人，在清朝二百六十七年的歷史中，共歷十帝，除末代皇帝溥儀死於1968年，爲火化而無陵寢以外，其他九個皇帝的陵墓分別建在河北省遵化縣和易縣，由於二陵東西各距紫禁城百餘公里，故稱「清東陵」和「清西陵」。清代皇陵建制多承明陵舊法，爲什麼又分設二處，尤其是入關後的九帝又各奔「東西」呢？

　　按古代葬制，中國多實行「子隨父葬」的「昭穆之制」，各代帝陵多相對集中於一區，但清帝陵卻一反舊制成了東西兩個陵區。清陵爲何各奔東西呢？

　　據說雍正自覺陪伴祖宗於東陵不便，故西奔而去。雍正乃康熙第四子，傳說他爲了搶班奪權，在康熙病重時，以進人參爲名，暗下毒藥，害死了父皇。後又私改康熙死前放在乾清宮「正大光明」匾額背後小匣子裡的遺詔，因此，既心懷內疚，又怕和康熙葬在一起遭到「報復」，因而尋找各種藉口，另選遠離東陵數百里、位處京城之西的陵址，但其子乾隆皇帝仍選址於東陵，並規定以後父子不葬一地，相間在東西兩陵區選址建陵。後來道光皇帝按制應選址東陵，但因地宮進水，故又拆遷重建於西陵，其子孫又恢復昭穆舊制。至清末，即形成了現存的規模龐大的清東陵與清西陵兩大陵區。

　　提起清代關外陵寢，眾所周知，清代關東三陵，即永陵、福

陵與昭陵。其實三陵之外，還有一未被人們廣泛重視的東京陵。

永陵原名興京陵，位於今遼寧新賓境內，建於明萬曆年間，康乾時多次重修，順治時改稱永陵，陵內葬有清太祖努爾哈赤的遠祖蓋特穆、曾祖福滿、祖父覺昌安、父塔克世等清皇室祖先，其規模較小。

福陵，因在瀋陽市郊東，故又名東陵，它是清太祖努爾哈赤和皇后葉赫那拉氏的陵寢，初建於17世紀20年代末，康乾兩朝增修，面積較大。

昭陵，位於瀋陽市郊北，故又名北陵，它是清太宗皇太極和孝端文皇后博爾濟吉特氏的陵墓。西元1643年皇太極死時即建，歷時九年完工。康熙、嘉慶年間有所增建，為清代關外諸陵中規模最大、保存最完整的一座。

東京陵，位於遼寧遼陽境內，西南距清代所建的東京城僅一公里。努爾哈赤從赫圖阿拉遷都遼陽後，於後金天命九年（1624年）將其遠祖、顯祖及皇伯、皇弟、皇子諸陵墓遷葬於此，故稱東京陵。清順治中期，又複將努爾哈赤祖父與父親等的陵墓遷回赫圖阿拉，現僅存努爾哈赤的胞弟、從弟、長子等人的墓葬。

清初關外四陵，與清東陵、西陵有所不同，雖在陵寢建築上仿效明皇陵建制，但在建築佈局與內容上又具有中國古代東北地區建築藝術的傳統和獨特的地方風格，顯示出不同凡響的藝術價值。同時，它那優美的山陵風光，城堡式的封閉佈局，斷壁殘垣的古蹟風貌，神秘而靜雅的獨特氣氛，多是關內清陵所不多見的。

清初關外四陵的建造，是清兵佔領、統一東北後的產物。清入關後，多承明制，在京城附近先後建起了清東陵與西陵。清東

陵坐落在今河北遵化縣境內的馬蘭峪，位於北京城東一百二十餘公里，是中國現存規模龐大、體系完整的帝后陵墓群之一。清東陵始建於順治末年，現共有陵寢十四處，其中帝陵五座，即順治孝陵、康熙景陵、乾隆裕陵、咸豐定陵、同治惠陵；后陵四座，即孝莊、孝惠、孝貞、孝欽（慈禧）后陵；妃園寢五座，即景妃、景雙妃、裕妃、定妃、惠妃園寢。從時間和人數上看，從1663年葬入第一帝順治起，至1935年葬入同治皇帝的最後一位皇貴妃止，歷時二百七十二年，共葬入帝、后、妃共一百五十七人。而且在原來的風水圍牆之外，還分佈著大量的親王、公主等人的墓葬。

清西陵坐落在今河北易縣境內的泰寧山天平峪。這裡始建於雍正年間，現共有帝陵四座，即雍正泰陵、嘉慶昌陵、道光慕陵、光緒崇陵；后陵五座，即孝聖憲、孝淑睿、孝穆成、孝全成、隆裕后陵；另有王公、公子、妃子園寢等多座，共葬有四個皇帝、九個皇后、二十七個妃子以及其他王公等皇族共七十多人。

清代咸豐皇帝有兩位皇后，在他殯天後，慈安皇太后世稱東太后，慈禧皇太后世稱西太后，兩宮並尊，垂簾聽政，創有清一代之獨例。慈安皇太后生性柔弱，對野心勃勃的慈禧太后處處忍讓，沒多久就撒手西去了，而慈禧太后則活到1908年才停止禍國殃民。

兩位皇太后的陵寢都建在河北省遵化縣的清東陵，坐北朝南，東西並列，中間只相隔一條馬槽溝。兩座太后陵都叫定東陵，因慈安陵位於普祥峪，慈禧陵位於菩陀峪，爲了以示區別，慈安陵稱普祥峪定東陵，慈禧陵稱菩陀峪定東陵。同治十二年二月十日兩陵同時破土動工，光緒五年六月同時完工，兩陵規制、工藝大體相同，並沒有優劣、高低之分。光緒二十一年，西太后以「年久失修」爲藉

◎慈禧太后像。

口，將自己的陵寢三殿拆掉重建，其他建築也進行了大規模的維修和裝飾，工程一直延續到西太后死時才竣工。重修後的慈禧陵用料之名貴，工藝之精美，堪爲清陵之冠。我們現在看到的慈禧陵是重修以後的，當初並非如此。

但是，令人迷惑不解的是，東太后葬到了西邊，西太后卻葬到了東邊。這是怎麼回事？

在民間流傳著兩種說法。一是對弈賭陵，本來東宮太后應葬在東邊，西宮太后葬在西邊，因為東宮太后是由正宮皇后升為太后的，名正言順，天經地義。而西太后因為沾了兒子當皇上的光才由貴妃躍級升為太后，雖然也是皇太后，但在地位、資歷上都比東太后略低一籌，所以西太后的陵墓無論在規制上，還是在風水上都不如東太后的。利慾薰心、心毒手辣的西太后豈能甘居人下，咽下這口氣？於是她精心玩弄了一場「對弈賭陵」的把戲，事先講下，由贏者挑選陵墓。由於西太后蓄謀已久，有了充分準備，所以勝者當然是西太后，她毫不客氣地挑選了東邊的陵寢，把東宮太后的寶地給先占下了。

還有一種說法是，西太后是明占東太后的陵寢。一天她夢見自己死了，在東太后的安排下，把自己埋進了西邊的那座陵內，這場夢給了她很大的啟示。她想，如果東太后死在自己的手裡，那時自己一人垂簾，獨攬朝綱，把慈安皇太后葬在哪邊還不是完全聽我的嗎？於是西太后設計害死了東太后，利用手中的權力，硬是把東太后葬在了西邊，把東邊那座陵墓留為己用。

第三種說法是，慈禧太后並沒有「霸佔」慈安太后的寢陵，東太后就應葬在西邊，西太后葬在東邊。理由之一，東、西太后的名稱，不是由她們的陵墓方位決定的，而是由她們生前居住的方位決定的。慈安皇太后生前居住在紫禁城內的東六宮中的鍾粹宮，所以稱東太后；慈禧太后居住在西六宮中的儲秀宮、長春宮，所以稱西太后，與陵寢的方位毫無關係。

理由之二，按照喪葬制度，凡地位較高、至親者，越應靠近中心的主位。康熙的景陵、乾隆的裕陵、道光的慕陵地宮中，都陪葬了多名后妃，凡原配皇后都在皇帝左側，繼皇后在次左或右

◎慈禧太后與群妃合影。

側，再繼后在再次左或次右，皇貴妃更次之。咸豐皇帝的定陵在西面，地位較高的東太后的陵自然要靠依定陵近些，而西太后陵要相對遠些，這就形成了東太后陵在西，西太后陵在東的格局。

理由之三，清代帝后陵寢的神道都是以次接主，以低接高的。從神道上來看，慈禧陵的神道接到慈安陵的神道上，而慈安陵神道接到定陵的神道上，定陵神道接到孝陵（順治帝）的神道上。由此可以證明慈安地位是高於慈禧的。

到底哪一種說法是符合事實的呢？恐怕只有黃泉之下的慈禧才知道。

第二章

塞外邊陲不思議之謎

米蘭壁畫上的天使是從何處飛來？樊人懸棺如何躍上了萬仞絕壁？遠古巨石由誰建造？漾鼻岩畫因何對月放歌……放眼塞外邊陲，鮮見金碧輝煌的宮殿，卻不乏神秘蹺蹊的奇聞和千古難解的懸案。人們凝視著三峽的八卦陣，遠眺著中國的「百慕達」，其間的玄機妙處實在讓人如墜霧裡，難道是因為這般特殊的地域，才孕育了這般「博大精深」的謎團嗎……。

1.僰人懸棺爲何鑿於萬仞絕壁？

　　金沙江與岷江匯合成長江後，接納的第一條較大支流便是四川宜賓地區的南廣河。南廣河的上游，四川珙縣城南有個叫麻塘壩的地方，這裡的山並不高，但是懸崖峭壁處處可見。地球上的懸崖峭壁多的是，然而這兒的峭壁上卻懸掛著許多的棺材，不能不說是件稀罕的事，人們把這些棺材叫「僰人懸棺」。爲什麼僰人不像中原人民一樣把棺材埋入土裡，而偏要高高地懸掛在空中？在四百年前，在那樣惡劣的自然條件下，這些懸棺是用什麼技術放到萬仞絕壁上的呢？這的確是一個難解的謎。

　　所謂「僰人」是古代生活在中國西南川、滇、黔三省交界地帶的一個少數民族，最早見於《呂氏春秋》記載，春秋戰國時有僰侯國，秦代修築了通往西南地區的五尺道，漢武帝建元六年（西元前135年）更遣唐蒙發動巴蜀人民開鑿山道千兩餘里，征服僰，置爲僰道，當時政區制度以少數民族聚居區設「道」，相當於縣級。新中國成立後，在1957年歸宜賓市管轄。

◎僰人懸棺是如何「飛」上懸崖的？

　　懸棺」一詞最早見於南朝梁、陳之際學者顧野王所記。懸棺葬是一種將死者遺體放入棺內，再置於懸崖上，使之風化的葬法。據《四川通志》記載，珙縣有座棺木山，「昔爲僰蠻所居，嘗於崖端鑿石拯釘，置棺其上，以爲吉」。1974年，四川省博物

館會同珙縣有關單位曾在麻塘壩共同清理過十具棺材，他們從懸棺中發現兩個青花瓷器，經鑑定是明朝正德、嘉靖年間景德鎮的產品。由此推算，其中有些棺材已經在空中足足懸掛四百多年了。鄰近麻塘壩的興文縣蘇麻灣高崖壁立，也佈滿了層層懸棺，約有五十多具，蔚為奇觀。另外，四川境內長江沿岸的黔江市東南官渡峽、奉節縣東的風箱峽也都有懸棺。

這些懸棺都是用質地堅硬的木頭雕鑿而成的，或為船形，或為長方形，其安置方法大致有三種：一是在峭壁上鑿孔，把木椿打入孔內，然後把棺材橫放在木椿上；二是把棺材安放在露天的天然岩洞裡；三是在較淺的山洞（或人工開鑿的淺洞），把棺材的一半插入洞內，一半留在外頭。這些懸棺多半離地面約五十公尺，有的竟高達百公尺以上。

1974年取下的十具木棺都是水平地放置在崖壁的木椿上面。一具木棺一般放在二至三根木椿上，而木椿則是釘在寬度和高度大概為十二公分，深度大概為十七公分的人工開鑿的方孔內。鄧家岩的七具木棺距地面的高度，最高的是二十五公尺，而白馬洞的三具木棺距地面的高度，最高的是四十四公尺。

取下的木棺一般都長二公尺左右，最長的有二公尺二十公分。木棺的一頭大，一頭小，大的一頭高度和寬度都是五十公分左右，小的一頭的高度和寬度都是四十公分左右。木棺棺蓋的形狀有兩種：一種的蓋頂是弧形，一種的蓋頂是兩面斜坡的屋頂形，此外還有的蓋頂形狀介於二者之間。在有的木棺的端頭還釘有一塊木雕裝飾，它的形狀既像手掌又像是火焰。這種裝飾的具體涵義是什麼？我們現在還不太清楚。在有的木棺的端頭橫著釘有兩根木棒，大概是為了抬棺所用。

木棺都是用整塊木頭挖鑿而成，木棺的內外都不修不漆，木紋清晰可見。從木棺上殘存的痕跡來看，顯然在製作木棺時，沒有用過木鋸，而可能是用鐵斧和鐵鑿挖成的。棺蓋和棺身之間有子母榫扣合，目的是為了防止棺蓋脫落，在棺蓋和棺身之間還用鐵抓釘扣緊棺身和棺蓋。木棺的木質堅硬，歷史文獻和民間都傳說是用馬桑木製成，但經過專家的鑑定，用的卻是楠木。這些懸棺中的隨葬物品不多，除了衣服之外，十具懸棺中隨葬的所有物品一共只有四十多件，一具木棺中最多的隨葬物品也只有六件，有的棺內一無所有。這些隨葬物品都是日常的生活用品，種類和質量也差別不大，保存下來的有絲織品、麻織品、陶器、竹木器、瓷器、鐵器、漆器、銅器等等。

　　經過清理的懸棺，在棺蓋和棺身之間都被鳥雀打開了大小不等的孔洞，在棺內築巢棲息。所以，棺內雜草、樹枝、羽毛和泥沙層層相間，填滿了棺內。經過考古學家們的細心清理，小心剔除這些外來雜物，才使得棺內的原物重見天日。經過清理以後，可以看出棺內的人骨架保存基本完好，死者當年是仰身直肢地躺在棺內，左右手平放在身軀的兩側。隨葬的物品都放在棺內，其中絕大部分都放在頭部或者腳部的兩側，還有個別的放在左右手的兩邊。

　　懸棺葬要耗費很大的人力物力，是什麼觀念支配了他們這麼做的？有一種推斷是，僰人居於山水之間，自然環境決定了他們的生活環境和生活習性，也在他們的觀念意識中得到折射。懸棺一般放在靠山臨水的位置，棺形也有作船形的，這表明亡靈對山水的依戀和寄託之情。把棺木放得很高，可以防潮保屍，也可以防止人獸的侵擾，但其中的觀念成分還是主要的。唐代張鷟在其

所著《朝野僉載》中說，五溪蠻父母死後，置棺木「彌高者認以爲至孝」，以致形成爭相高掛棺木的習俗。元代李京《雲南志略》上也說，土僚人死後，懸棺「以先墜爲吉」。

　　當時到底是用什麼手段把這些棺材搬到這麼高的地方的？人們對此猜測紛紜，甚至蒙上了一層神秘色彩，因而也有把懸棺叫「仙人櫃」，把懸棺葬山岩叫「神仙岩」的。最普遍的猜測是棧道說、吊裝說和下懸法。棧道說者認爲，在山崖上鑿口子、鋪設棧道，然後把棺材懸放在半山腰，或推入自然山洞內，葬完後撤去棧道。吊裝論者認爲棺材是由下往上吊裝上去的，很可能使用了某種原始的機械。這兩種說法，既有合理的成分，也有難以服人的地方。

◎聞名遐邇的川、陝古棧道。

　　由於古代懸棺葬盛行於長江以南的丘陵山地，1973年福建武夷山非法盜棺的犯罪行爲也許給懸棺葬方式做了最好的註解。該年9月，有兩個盜棺人買了數百斤粗鐵絲，製成軟梯，上端緊綁在岩頂的大樹根部，一人把風，一人順梯下到岩洞，因岩洞深凹，他運足了氣，盪起鞦韆，把身體晃進「仙洞」，撬開「金棺」取寶，鋸棺三截，然後攀梯而上，結果被依法判刑。僰人也許就像盜棺人的做法一樣，從上垂下幾個「葬禮先行官」，在洞口預先架設數尺棧道，部落人在山頂將裝殮死者的棺材緩緩吊墜而下，先擱在棧道上，再由「先行官」推入洞中，因爲有的洞穴深度不夠，所以有些懸棺的小部分還露在外頭。這種猜測，可以叫「下懸法」，或許是目前最爲合理的解釋。

第二章　塞外邊陲不思議之謎

083

在中國的湖南省洞口縣山門清水村西北方約二公里遠山腰上的一塊凹地處，發現了一處散發著香味的土地，面積僅有五十多平方公尺左右。這是一個群山環抱、人跡罕至的地方，香地上邊是懸崖峭壁，下面是潺潺的小溪，從表面看，這裡平淡無奇，與附近地區沒有任何區別，生長著與其他地方一樣的樹木花草等植物，土壤顏色也與周圍的相同，但它卻能散發出陣陣奇香。這是怎麼回事呢？

香地是這麼被發現的：某天，一位採藥的山民路經此地時，覺得有一種奇妙的香味撲鼻而來，是什麼東西這麼香？這引起了藥農的注意，他反覆查找香味的源頭，查看了這裡所有的花草樹木均不得要領，最後，他突然明白，原來香味來自腳下的土地，是這塊獨特的土地散發出來的。

香地的消息傳開後，人們紛紛來到這裡，享受這一大自然的恩賜。他們發現，這一奇特的香味，僅局限在這五十公尺方圓的範圍內，只要越出這香地一步，香味頃刻間就聞不到了。人們還發現這裡的香味隨氣溫的變化而變化，早晨露水未乾時，香味顯得格外香；太陽似火的中午，則變得微微香；日近黃昏，天陰或雨後天晴時，香味會漸漸變濃。但來到這裡的人們誰也聞不出這香味究竟是屬於哪一種香。人們還發現，這香味還有使人精神舒爽、神志清醒、恢復疲勞的功效。

香地的趣聞，越傳越廣，許多專家也帶著懷疑的態度來到這裡實地考察，當他們聞到了這一香味後，終於打消了疑問。有專

家分析判定後認為，這種香味可能是由這裡地下所存在的某一種微量元素所引起的，當這一微量元素放射出來後，同空氣接觸就會形成一種帶有香味的特殊氣體，香味的時淡時濃，可能與這種放射性元素的強弱和氣溫變化有關。

　　這奇妙的香地究竟是如何形成的？如果說與放射性元素有關，那麼這又是一種什麼樣的元素？為什麼它僅僅存在於這小小的範圍內？人們到現在還很難說得清楚。

3.「地溫異常帶」為何冬暖夏涼？

　　人們知道，自然界的冷暖取決於太陽的光熱，隨著地球的自轉，由於地球和太陽的距離和太陽光照的角度變化，形成了地球的一年四季、春夏秋冬，而某些奇異的土地卻打破了這一自然規律，出現了超自然的現象，它的冷熱不隨外界變化而變化，而有其自身的變化規律。

　　在遼寧省東部山區桓仁縣境內，有一處被人們歎為觀止的「地溫異常帶」，這條「地溫異常帶」一頭位於渾江左岸，沙尖子滿族鎮政府駐地南一公里半處的船營溝裡；另一端位於渾江右岸，寬甸縣境內的牛蹄山麓。整個「地溫異常帶」長約十五公里，面積為十萬六千平方公尺。

　　在這塊土地上，隨著夏天的到來，地下溫度便逐漸開始下降。當氣溫高達三十度的盛夏時，在這裡地下一公尺深處，溫度竟至零下十二度，達到滴水成冰的程度。特別是船營溝任洪福家房後的一道長約一公里、寬約二十公尺的小山崗，則更為明顯。1995年的一個夏天，任洪福的父親任萬順，在堆砌房北頭的護坡時，發現從扒開表土的岩石空隙裡，冒出了刺骨的寒氣，老漢感到相當驚訝，於是就在這裡用石塊壘成了長寬不足二尺、深達二尺半的小洞。夏季裡，這個小洞就變成了一個天然的冰箱，散發出陣陣寒氣，這時人站在距洞口六、七公尺遠時，就會被這寒氣凍得難以忍受；他們將雞蛋放在洞口，雞蛋都被凍破了殼；將一杯糖入洞內，很快就被凍成冰塊。

　　入秋後，這裡的氣溫開始節節上升，到了朔風凜冽、隆冬降

中國地理不思議之謎

臨時，這「地溫異常帶」上卻是熱氣騰騰，這時在地下一公尺深處的溫度可達十七度，任洪福家的「天然大冰箱」這時又變成了「保溫箱」。人們在任家山後的山崗上可以看到，雖然大地已經封凍，但種在這裡的角瓜，卻是蔓壯葉肥，周圍的小草也是綠茵茵的。任家在這裡平整了一小塊地，上面蓋上塑膠棚，在這棚裡種上大蔥、大蒜，大蔥長得翠綠，蒜苗已割了兩茬。

人們經過測定發現在這棚內氣溫可保持十七度，地溫保持十五度。在這小崗上整個冬春始終存不住雪。任洪福老漢充分利用了這一條件，在這道土崗的護坡前蓋了一間房子，利用洞口的冷氣製成了小冷庫。為鄉親和沙尖子鎮飯店、醫院、酒廠、獸醫站等單位儲存魚、肉、疫苗等物品，其冷凍效果十分理想。

這奇異的現象，引起了許多科學研究人員的注意。當外界變暖時它的地下為什麼會是那麼寒冷？外界變冷時，它又是從哪裡獲得的熱源呢？

有人認為，在這種冷熱反常的地帶，它的地下可能有龐大的儲氣構造和特殊的保溫層，大氣對流於這特殊的地質構造之中，才導致了這奇異的現象。另有些人認為，這裡的地下有寒熱兩條儲氣帶同時釋放氣流，遇寒則熱氣顯、遇熱則冷氣顯。還有人認為，這個地下龐大儲氣帶的上面有一特殊的閥門，冬春自動開閉，從而導致這種現象的發生，這種種分析只是推論而已，究竟這地溫異常帶是如何形成的？這裡的地質結構有什麼與眾不同？還有待於科學工作者進一步的考證，才可能解開這一帶「冷熱顛倒」之謎。

　　臺灣島和東亞大陸隔著一條窄窄的海峽，在遙遠的地質年代，它是不是和大陸處於一體的狀態？這個問題涉及到臺灣島的成因，答案現在還沒有確定，但在學術界內共有三種不同的說法，都有自己的道理。

　　一種看法是，臺灣地層與大陸屬於同一結構，在地質年代新生代的第四紀前，即距今一百萬年前後，它本是大陸的一部分，同大陸連接在一起，最多是一個半島，第四紀後因地層變動，局部陸地下沉，出現了臺灣海峽，使臺灣成了海島。持這種看法的人還指出，即使出現了海峽，澎湖列島南部同福建陸地之間，直到五千四百年前，還有一條經過臺灣礁的陸地聯繫著，而澎湖與臺灣的陸地聯繫則一直維持到距今六千二百年前。

　　有人還從研究臺灣的史前文化來證明上述見解的正確性。人們在台東長濱鄉八仙洞發現了舊石器時代的文化遺址，那裡出土的石製品有六千餘件，都與大陸（特別是南部地區）出土的舊石器時代的石製品，無論在製作技術上或基本類型上，都沒有多大的差別。有人發現，從高雄縣鳳鼻頭一帶發掘出的史前時期的彩陶和黑陶，與大陸出土的新石器時代的彩陶和黑陶非常相似，還有人在臺北縣淡水鎮八里鄉八盆坎地方發掘的青銅製成的兩翼式箭頭，經切片化驗，發現它的冶鑄方法是大陸殷商時代的。

　　此外，人們在淡水河流域還發現，那裡出土的赤褐的粗砂陶器與福建金門縣出土的黑色和紅色的陶器在刻紋等方面很相近，可能屬於同一類型。這些自然只能從兩邊曾是以陸相連中來說

明。支持這種看法的人，還從臺灣古代動物化石來證明有人在臺灣西部發現許多大型哺乳類──象、犀牛、野牛、野鹿、劍虎等的化石，說明早在距今一百萬年左右，就有大批動物從大陸別地移到原屬大陸的臺灣。也有考察野生植物後指出，臺地野生植物和大陸上的野生植物相比，多是大同小異的，大多相同相近或近緣。據統計，臺灣洋齒類以上的野生植物達三千八百多種，其中有一千種與大陸完全相同等等。

另一種看法認為，臺灣是東亞島弧中的一個環節，它的形成與東亞島弧的形成、發展，有著密切的關係。所謂東亞島弧即指東亞大陸架與太平洋西部海溝之間的島弧，包括千島群島、日本群島、琉球群島、臺灣及其附近小島、菲律賓群島等。東亞島弧的形成，是以東亞褶皺山系的出現為標誌。而東亞褶皺山系的出現則是由於以下因素造成的：

在地殼運動中，東亞大陸架一方面受到來自大陸方向的強大擠壓力，另一方面又受到巨大而堅硬的太平洋地塊的阻抗，於是在它之前沿形成了一系列按東北──西南方向排列的山脈，那就是東亞褶皺山系，當它露出海面時，便構成了東亞島弧。單就臺灣講，由於地殼運動的結果，產生褶皺、隆升而奠定臺灣地質的基礎。

這大約是在地質年代的中生代的三迭紀事，距今差不多兩億年。此後在很長時間裡，這裡又為海水所淹沒，直到新生代早第三紀的始新世即距今約四千萬年時，地球上最近的一次造山運動即喜馬拉雅運動，使臺灣及其附近小島再受到造山運動的影響，又發生多次的地殼運動，臺灣大部分地區因受擠壓褶皺而上升，大約在新生代晚第三紀的中新世即距今一千到二千萬年時，又重

新被海水淹沒，只有高聳的中央山脈突露出海面，後來長期在山脈的兩側，集起大量的沉積物。

接著在地質年代新生代晚第三紀的上新世即距今二、三百萬年前，造山運動又再度劇烈進行，中央山脈再度被擠壓上升，其兩側也褶皺成山，顯露出海面，那就是玉山山脈、阿里山山脈，終形成了臺灣的現代地形。因為越是靠近太平洋，受到太平洋地塊的阻抗越大，褶皺山脈的山勢越高聳，所以臺灣的地勢比其它內陸的福建等都來得高峻。正因為這樣，臺灣島的東邊比西邊陡峭。

此外還有一種說法，認為在地質年代新生代的第四紀以前臺灣同大陸是分開的，第四紀以後有過合在一起的時候。這主要是因為，第四紀更新世前期即距今一百萬年左右，由於地殼上升的變動和地球上氣候變冷的影響，沿海地區出現了陸地面積擴大的情況，那時候臺灣海峽的海水可能幾乎退乾，成了陸地，於是出現了臺灣同大陸連成一片的局面。後來到了更新世後期，地球上氣候轉暖，海水上升，陸地減少，臺灣海峽又再出現，臺灣同大陸又隔開了。以後又再相連、相隔，如此經過了多次反覆。自然相隔的時間很長，而相連的時間也不很短了。臺地的大型哺乳動物就是在兩地相連時從大陸別地進入臺灣的，而人類史前文化，也是在兩地相連時，一部分人從大陸帶進臺灣的。

這三種說法，到底哪一種正確？也許，這個問題更難回答，因為這三種推斷聽起來都很有道理。

5.「紅岩碑天書」是誰的傑作？

　　貴州有兩大名勝，一個是世界聞名的黃果樹大瀑布，另一個就是神秘古老的紅岩碑。在聞名世界的貴州黃果樹瀑布的「觀瀑亭」的立柱上，有這樣一副楹聯：「白水如棉，不用弓彈花自散；紅岩似火，未得薪助焰長存。」此聯以白水對紅岩，十分恰當地概括了黔中兩大名勝。上聯寫黃果樹瀑布擊浪飛花景致，下聯寫的似火紅岩，即指紅岩碑。

　　紅岩碑位於關嶺縣城東約十五里的晒甲山上，它其實是一面緋紅的石崖，其長約百公尺，高三十餘公尺，遠遠望去，很像是一幅巨大的紅色橫幅懸掛在晒甲山頂上。「紅岩碑」之所以稱為碑，是因在石崖右方寬十公尺、高六公尺的範圍內有數十個奇形怪狀的古文字。

　　這些字非鐫非刻、非陰非陽，當你在近處看時，會發現這些字大如斗，小的幾乎看不清，不像雕，也不像琢的，很難摹拓。而且字跡陸離譎詭不可識，豎不成行、橫不成排，字體像是篆書，又像是隸書。除去當中的一個「虎」字草書是清朝人徐印川加上去的外，其他的字，讓古今中外的學者們費盡了苦心，至今也無法確認，而且連究竟是多少個字，也沒能說清，這便是如今仍喚起眾多遊人興趣的一個神秘之謎。

　　紅岩碑鐫刻於哪一個年代，碑文內容與哪一段史實有聯繫？許多人對此進行過考究。明代嘉靖年間，邵元善寫過〈紅岩詩〉，大旅行家徐霞客遊歷關嶺後，以「白水紅岩」奇觀稱之。此後，考察者越來越多。清光緒時，日本學者德丸作藏和法國學

者柏如雷‧弗海爾也曾慕名前往考釋，但同樣不甚了然，結果還留下一句話，說碑上的文字「含有絕對的神秘性」。

關於這神秘的紅岩碑，歷史上有許多文人墨客玩味過它，並且發表各自的看法。如清人鄭宣輝曾作七絕〈紅岩詩〉，就對「殷碑」一說提出質疑，他寫道：「紅岩果否是殷碑，考據無從應闕疑。風雨飄搖靈跡在，南荒片石竟稱奇。」清人莊善則把字的年代說的更遠：「是孰紅岩字間奇，爲殷爲漢尙猜疑。何因禹跡窮梁跡，晒甲於今竟屬誰？」清人張煥文將碑上的古怪文字稱爲最古老的文字：「聚訟徒紛紛，以惑而解惑。自書契肇興，即留此點墨。」

文人們的筆墨，使紅岩碑的神秘色彩更加濃郁。而在關嶺縣一帶流傳的民謠，更使紅岩碑充滿了傳奇的誘惑。民謠曰：「紅岩對白岩，金銀十八抬，誰人識得破，雷打岩去抬秤來。」意思是說，紅岩碑西向的關索嶺上有一個白岩，在關嶺山下，灞陵河邊，有一懸崖叫雷打岩，岩中藏有一把大秤。如果有誰識破了紅岩碑上的文字，就可以到雷打岩抬走十八擔金銀。

紅岩碑歷經滄桑，雖風雨剝蝕，尙能保有顏色和風采，或許，在其還沒有被大自然的刀斧砍削殆盡的時候，就會有人抬走那儲存多年的十八擔金銀了吧。

總括近百年來對紅岩碑的研究，依舊眾說紛紜，有人認爲它是古夜郎文化的遺跡，有人說它是殷高宗伐鬼方後的紀念刻石。明清時代的文人多把它看做是諸葛亮南征時留下的文字，還有人乾脆說它根本不是什麼碑文，而是岩石風化的自然紋絡。郭沫若生前曾翻閱了大量關於此碑的史料，但也沒有拿出定論。

1983年，貴州民族研究所的專家推斷碑文刻寫於六祖時代，

此碑是彝族的火濟輔佐諸葛武侯南征，在平定西南各族後，結盟修好的紀念碑。而且還試著破解了碑文，內容是：「陋‧侯駐兵地。出兵打古糯，兵多如松且勇猛，虜獲很多婦女和羊群，聯合德餘部族，攻打南邊濮人的城池，佔領濮人的地方。住在各地的彝人和漢人，相互尊重，權利平等，共同在岩下打牛做大齋，很多男女青年，在岩下靜聽講述戰爭的勝利，招待前來慶賀的客人。」

　　以上這一段釋文，可說是迄今為止最完整的一種解釋了，但其同樣不可以作定論觀之。

6.瑪瑙湖奇觀是怎麼形成的？

　　一塊瑪瑙也許並不罕見，但如果說有一個地方，在幾十平方公里，甚至更大的面積內，遍地都是瑪瑙，恐怕就沒多少人敢相信了。然而，在內蒙西部的茫茫戈壁中，就有一個神奇的「瑪瑙湖」。瑪瑙湖的總面積大約四萬多平方公里，僅湖心地區就達幾十平方公里，湖裡不但有瑪瑙，還有蛋白玉、風淩石、水晶石等多種寶石，是一塊名副其實的璀璨寶地，但它地處內蒙西部的茫茫戈壁之中，使得世人很難見到它的真面目。

　　瑪瑙是玉髓的變種，因其顏色美麗多變、透明度不同而呈現出神話般玲瓏剔透的色彩，自古以來就受到世界各地人們的喜愛，被用作裝飾品和實用器具。

◎漂亮的瑪瑙。

　　美索不達米亞是傳說中亞當的花園，也是世界上最早的文化發源地之一。據有關記載，那裡早期的居民沙美里亞人，似乎是最先用瑪瑙來做圖章、信物、戒指、串珠和其他藝術品的人，沙美里亞人製作的，在隆重儀式中使用的瑪瑙斧頭，現在被陳列於美國國家歷史博物館。

　　這裡的瑪瑙是怎樣形成的呢？科學研究人員認為，大約是在一億年以前，這裡的地下岩漿由於地殼的變動而大量噴出，當噴出的熔岩冷卻時，蒸氣和其他氣體形成氣泡，氣泡在岩石固結時被封起來而形成洞穴。很久以後，含有二氧化矽的溶液滲入氣泡，凝結成矽膠，含鐵岩石的可溶成分進入矽膠，最後隨著二氧

化矽結晶成爲瑪瑙。

　　瑪瑙在寶石中的價值並不高，但是其中的珍品卻價值連城，在瑪瑙湖就發現了世界上最爲奇特的「瑪瑙雛雞」。從表面看它似乎就是一個雞蛋形的石頭，然而，當科學研究人員用鐳射照射這塊雞蛋形的石頭時，眼前的奇蹟讓他們簡直不敢相信自己的眼睛，原來，他們發現裡面竟然有一隻小雞，清清楚楚，栩栩如生。一般的動物化石是矽化物，而這隻活靈活現的小雞卻俏皮地身處於億萬年風雨的傑作——瑪瑙之中，這種世間罕見奇觀令人驚歎不止又困惑不已。

　　這隻小雞到底是怎麼回事呢？

　　有人不禁想問：既然這裡的瑪瑙形成於一億多年前，那麼一億多年前的地球正處於從侏羅紀到白堊紀，是恐龍佔據絕對優勢的時代，那時根本就沒有雞類存在。鳥類是在六千萬年前左右，才由某種爬行動物進化而成（目前已知的最早鳥類爲始祖鳥），至於鳥類中出現雞類，可能是幾十萬年前的事，而人類再把野雞馴化成家禽更是四、五千年前的事。那麼，這隻小雞又是怎麼在一億多年前進入這塊奇特的瑪瑙中的呢？儘管人們利用了鐳射等高科技手段對這塊瑪瑙進行觀測和研究，但對這隻瑪瑙裡的小雞卻依然束手無策，沒有任何辦法來解釋。

7.米蘭壁畫上的天使從何處飛來？

　　米蘭是義大利文藝復興的文化中心城市之一，它那燦爛優雅的藝術光芒照耀亞平寧半島。而在中國的新疆，也曾經有個輝煌的米蘭古城，可惜它在沙漠中只留下一些讓人唏噓不已的殘垣斷壁。

　　絲路上的米蘭古城位於今天新疆若羌縣。1970年新年伊始，匈牙利裔英國探險家斯坦因在米蘭遺址驚喜地發現了「從未報導過、完全出乎意外」的精美壁畫，他後來記述說他在去米蘭的路上感到的神秘和荒涼，其神秘就在於它的與世隔絕——數個世紀以來從無人們打擾。更使他感興趣的是，他在米蘭挖掘出一堆沙海古卷——藏文書，這些文書是「從守衛著玄奘和馬可·波羅都走過的，去沙洲的路上的古戍堡裡出土的」。他從一座破壞嚴重的寺院裡，找到了由深堊粉雕塑的頭像，並且還挖掘出西元3世紀以前的貝葉書，他簡直欣喜若狂了。這一口氣挖掘出的一件件稀世珍寶，足以使斯坦因富甲天下了，然而，他做夢也沒有想到，更大的幸運像天使般地向他飛來。

　　一天，他來到了一座凋殘的大佛寺，在長方形的基座走廊上，發現了一個呈穹頂的圓形建築，進而，他意想不到地看見了美麗的壁畫。那天使的頭像，完全是希臘羅馬風格，他認為：「在我看來，壁畫的整個構思和眼睛的表現，純粹是西方式的。殘存的帶有佉盧（印度造字的古人）文的題記的禱文綢帶，高度可信地說明，這裡的寺院廢棄了三至四世紀。」斯坦因認為這些壁畫明顯帶有古羅馬的藝術風格，在他看來，這些帶翼的天使無疑

中國地理不思議之謎

是從歐洲的古羅馬「飛」到東方古國的。這個說法引來中外學者的激烈爭論。

斯坦因特別為「天使」的發現而激動。他寫道：「這真是個偉大的發現！世界上最早的安琪兒（Angil）在這裡找到了，她們大概於二千年前就飛到中國來

◎在古絲路上，新疆米蘭的寺院遺址中發現的「天使」壁畫。

了。」米蘭壁畫是新疆境內保存的最古老的壁畫之一，這裡的「天使」可以說是古羅馬藝術向東方傳播的最遠點。斯坦因的發現，轟動了歐洲文化界和考古界，米蘭從此不再是一個陌生的名字，而成了世人爭睹風采的所在。

在以後的時期裡，新疆考古工作者又在米蘭佛寺遺址發現了兩幅並列的「天使」。天使像為半身白底，以黑線勾鏤輪廓，身體塗紅色。此畫位於回廊圓形建築內壁近底部，上面有一條黑色分欄線，在這條線的右端上部有一黑紅色蓮花座，顯示出回廊內壁繪畫與雕塑的整體裝飾結構，這兩幅並列的「天使」壁畫，參照斯坦因的觀點進行分析，可以看出，它們呈現了希臘羅馬藝術作品的美學追求。羅馬藝術家不使用灰泥塑成主體的塊狀，而是在護牆的內壁上，動用了陰陽明暗對比和渲染手法，使富有立體感的人物形象躍於壁上。壁畫上天使的眼睛是完全睜開的，雙眸明亮，眉毛細長，唇微合，雙翅揚起，表現了追求天國的自信與博愛精神。這種形式迥然不同於佛教繪畫準則，更貼近古羅馬藝

術的美學特點。

反對斯坦因這種說法的人也爲數不少，比如中國學者閻文儒先生對上述觀點就持反對態度，認爲斯坦因「抱有偏見」。閻先生說，斯坦因不僅抱有偏見，調查研究也不深入，他在丹丹烏里克、若羌磨朗寺院遺址中發現的佛教壁畫，太過牽強附會，強拉西方的古代神話於佛教藝術的題材中，以致混淆了許多的觀念。閻先生還認爲，斯坦因對「天使」的解釋是由於抱有偏見所致。閻先生認爲「天使」不是三、四世紀的作品，而是唐代風格，斯坦因將繪畫時代上推，是爲了把這些壁畫題材附會到希臘愛神上去。關於「天使」神像的題材，應從佛教藝術中去尋找，因爲「天使」神像不僅在巴基斯坦、西亞被發現過，在克孜爾、庫木吐拉、森木塞木等早期石窟中，甚至敦煌莫高窟等唐以後的壁畫中，也多有表現。因此，把它說成是希臘羅馬式的美術作品，根本是行不通的。

見仁見智，是很自然的。但是，斯坦因的探險精神可以與科學家追求眞理的精神相媲美，其以越過艱險爲榮，又以準確揭示人類歷史中的眞實細節爲己任，他作出複雜的組織工作並付出巨大的犧牲，其目的在於有足夠的實證提出並解答問題，這正是斯坦因成爲當代著名考古學家的原因。他始終認爲，「正因爲高聳而奇妙的沙丘，才使堪稱人類文化珍寶的古物得以保存下來，從而爲有關遺址的眾多問題，提供有價值的答案。」

8.哈尼梯田是「世外之田」嗎？

　　在那起伏的、高聳入雲的山巒之間，哈尼梯田如同蜿蜒的登上藍天的「天梯」，簡直是天與地之間一幅幅巨大的抽象畫。哈尼梯田堪稱地球上的一大奇蹟。長期以來不爲世人知曉的「世外之田」——哈尼梯田是一個「人與自然」和諧發展的奇觀，是亞洲稻作文化的一個鮮活榜樣。

　　雲南是人類最早的發祥地之一，但在漫長的歲月中，雲南又在封建時代被視爲「偏僻蠻荒之地」。哈尼族是全國人口在百萬以上的十五個少數民族之一，起源之早，比人們想像的更爲遙遠，它和人類早期的遷徙有關。據專家近年的考證，雲南先民是沿著「亞洲的扇子骨水系」走向中國西南和長江中下游，走向東南亞、中亞和亞洲等其他地區的。據史料記載和哈尼族大量的神話、史詩、民間傳說等資料可得知，哈尼族與彝、拉祜等民族同源於古代羌人，原先遊牧於青藏高原，後逐漸南遷於雲南，分兩路途經滇池、洱海遷徙至元江西側的哀牢山和西雙版納、瀾滄江流域及老撾、越南、泰國的北部山區居住。

　　哈尼族很早就進入了農耕定居生活，其種稻治田的歷史非常悠久。哈尼族史詩對其古老的家園，有這樣的描述：「在高高的山上，撒下了三升種。七月的螞蝗上不了高山，十月的寒霜雪降不到壩子裡。高山種地有收穫，壩子種穀已飽滿」。到清代，哈尼族所創造的梯田已經蔚爲壯觀。嘉慶《臨安府志·土司志》記述了當時的梯田壯景：「依山麓平曠處，開鑿田園，層層相間，遠望如畫。至山勢峻極，躡坎而登，有石梯蹬，名曰梯田。水源

高者，通以略約（卷槽），數里不絕」。

遺憾的是，哈尼族沒有文字，他們的歷史文化、農耕經驗和生產技術，都靠口授和示範，全部以家庭教育的方式代代沿襲。在這種傳襲過程中，由於人們豐富的想像力和參與，哈尼族古老的歷史文化和現實生活都帶有濃烈的神秘色彩。

雲南可以說是亞洲稻作文化的起源地之一。先民稻作方式和水源關係密切。雲南位居長江、珠江、紅河、湄公河、薩爾溫江、伊洛瓦底江等江河的上游，可以將雲南稱作「扇子骨」水系的匯集地，「亞洲的水塔」。亞洲古代稻米傳播道路的源頭都匯集於阿薩姆（印度）和雲南，唐宋以來，以梯田稻作耕耘為中軸的哈尼文化，逐漸定型於雲南的紅河水系，在哀牢山、無量山之間得到完善和發展，並傳播到東南亞諸國。

紅河南岸哈尼族山區，是縱貫雲南綿亙千里的哀牢山南部末端。這裡山高谷深，地形複雜，海拔高低懸殊兩千多公尺，從山腳到山頂，熱帶、溫帶、寒帶氣候依次排列，形成雲南亞熱帶山區典型的氣候立體性分佈特徵。哈尼族梯田農業令人驚奇地利用了這種地勢高低、氣候立體的自然環境，使一種新的生態系統出現於天地之間。

在較為寒冷陰濕的高山，保持著茂密的原始森林。由於紅河南岸熱帶山區受南面海洋性季風和海拔高低懸殊的影響，高山雲遮霧罩，降雨充沛，另外，從炎熱河谷和江河湖泊中蒸發升騰的水蒸氣在此化為綿綿霧雨，終年不斷，在林中匯成數不清的水潭和溪流。低山河谷的江流湖泊均發育於此間，這是天然的綠色水庫。因此，哀牢山具有「山有多高，水有多高」的特點。哈尼族對高山森林的保護極為重視，因為這是梯田農業的命根子。

氣候溫和的中半山，是理想的居住地，其冬暖夏涼，氣候適中，有利於人們的生活，且在紅河南岸亞熱帶山高谷深的地理環境中，既可以上山打獵以獲副食，又易於下山種田收取米糧，定居其間是生活的選擇。哈尼族在中半山的向陽坡上建造房屋，形成村落。在村寨周圍、房前屋後開闢菜園，修築道路與各村寨連接。以高山森林爲源泉，引入村中供人畜飲水，永遠用之不竭。哈尼族有一俗話：「要種田在山下，要生娃娃在山腰。」這是千百年來的生活經驗的總結。

從村寨邊至山腳河谷的整個下半山，爲層層梯田。這裡氣溫較高，濕度較大，適於稻穀生長。當地哈尼族依著山勢利用每一寸土地、每個角落，使得梯田每層大小不一，形狀各異，然而卻錯落有致，互相溝通，層層相疊，掛滿群山。梯田間還修有道路，行走方便，易於農作物的運輸。

哈尼族梯田水利工程在世界上是獨一無二的。開挖梯田就是一項絕活，它不僅需要強勁的體魄，還需要豐富的經驗。開挖梯田的最佳時節是每年的陽春三月，這段時間氣候宜人，土質乾燥。開挖時，哪裡滲水，可以即時補漏加固。田埂是用開挖時挖下的大土餅層疊起來的。每疊一層，用腳踩牢夯實。從山腳越往上開田，山勢越見陡峻，因此，越往高處，田埂需越厚。在低山坡，坡度和緩，田埂較低也較薄，僅四、五寸，人走在上面，不是老手絕對無法走穩。高山陡峭，田埂較高，有的高達五、六公尺。高埂十分厚實，兩人並行，毫無問題。另外，疊好的田埂每年要徹底鏟修一次，不讓野草滋生，不讓老鼠打洞。年積月累，田埂越見牢固、美觀。

再來就是高山水田與低山水田的管理又有不同，高山水田長

年保水，負有牢固田埂、積蓄山水的作用；低山水田則每年放水曬田，這樣可以增加地力。這種高田保水與低田曬田的不同方法，是與亞熱帶山區哈尼族梯田農業獨特的水利施肥方式密切相關的。

哈尼族在每座懸掛著梯田的山腰，都挖出數道水溝。平時，道道大溝接住高山森林中流下和滲出的泉水。雨水季節，漫山流淌的山水被水溝截住，順著大溝流入梯田。每道大溝的上源都通進高山森林中的水潭和溪流。有的水溝長達數十里，跨越鄰縣，直接水源，這樣可保農田用水長年不息。從高山順溝而來的水，由上而下注入最高層的梯田，高層梯田水滿，便注入下一塊梯田，再滿再往下流……直至匯入河谷。這樣，每塊梯田都成了「溝渠」，成為水流上下連接的部分。由於山水遙遙而來，夾帶碎石泥沙，為了防止梯田沙化和堆積碎石，於是在溝水入田處挖一坑沉澱沙石，在此清除石沙十分方便。這種獨特於世的山區梯田農業水利工程是哈尼族勤勞智慧及生產經驗的顯著成果。

在整個紅河南岸哀牢山中，興修水溝是所有人的事，而且不僅僅是一村一寨小集體的事。水溝跨州連縣，密如蛛網，灌區內所有的人都視水溝為命根，對水溝有著義不容辭的責任，不僅興修時出力，護養溝渠亦為己任，溝渠稍有破損，誰見誰修，蔚然成風。每年冬季，各村出動，疏通溝渠，砍去雜草，維修一新。這種集體主義風尚是山區梯田農業所決定的，反過來它又促使梯田農業得以保持、發展和完善。

在漫長的歷史歲月和長期的梯田農業實踐中，哈尼族形成了一種不成文的水規。這種水規是根據一股山泉和溝渠的灌溉面積，由這一灌溉面積內的農戶依各自的梯田數量共同協商，規定

其用水量，然後按泉水流經的先後，在溝與田的交接處橫放一塊刻有一定流水量的木槽，水經木槽流入各家梯田。這種約定俗成、代代不逾的水規，為維持梯田農業系統和維繫民族群體的內聚力產生了良好的作用。

哈尼梯田的另一個堪稱奇蹟的地方是它的「活水施肥」法，這與內地平壩農業有顯著的不同。哈尼族梯田的特徵之一是田水長流，以田為渠，長年不息。內地一等田水灌滿，馬上將水封閉在田中，稱為「關田保水」，這有利於所施肥料的保持和稻田用水的保持，而哈尼族的活水種植則是為了便於施肥。梯田用水來自深山老林，高山流水順著溝渠將原始森林中的大量腐殖質不斷地帶進田間，這是一種自然的施肥。這種山水有較高的肥力，長年流過梯田，使稻穀從栽種到採收一直受益。

另一方面則是人為的施肥。一個別出心裁的施肥方法是「沖肥」，沖肥有兩種：一是沖村寨肥塘。在哈尼族各村寨，村中都有一個大水塘，平時家禽牲畜糞便、垃圾灶灰積集於此。栽種時節，引來山水，攪拌肥塘，烏黑惡臭的肥水順溝沖下，流入梯田。如果某家要單獨沖畜肥入田，只要通知別家關閉水口，就可單獨沖肥。二是沖山水肥。每年雨季初臨，正是稻穀拔節抽穗也是追肥之時，在高山森林中積蓄並漚了一年的枯枝敗葉和野放山林的牛馬糞便隨著雨水順山而下，流入山腰水溝。這時候，村村寨寨、男女老少一起出動，稱為「趕溝」。漫山而來的肥料在人們的大力疏導下，迅速注入梯田。由於山高谷深，梯田上下，田水長流，沖肥往往使肥料較多地積於低山梯田中，很顯然，低山梯田肥於高山梯田。所以，哈尼人的施肥一點不比內地的施肥方法落後，他們是聰明地選擇了因地制宜的施肥方法。

在哈尼族山區，梯田養魚是最為絕妙的事，其獨特性在於，它是活水養魚。這是由梯田農業的長年流水決定的。梯田中養殖的多為鯽魚，也有鯉魚。這種在梯田活水中長大的魚有其自身的特點：一是這種魚生長較快，栽秧時放入，收割時便可捕獲；二是肉質鮮嫩，連魚鱗也細軟可食。這裡的家家門口都有一個水塘，平時沒事就到谷底河裡去撈小魚和魚籽，放在水塘裡養，到了栽秧的時候，就把小魚放進梯田，放有小魚的梯田水口要用竹笆隔著，不然魚就跑到別家田裡去了。魚和穀子一起長，魚吃穀花，叫「穀花魚」。

哈尼人將青山綠水視為自己生活的一分子，悉心地加以呵護。哈尼族延續上千年的樸素的自然觀，無形中跟現代的環保觀念倒很契合。他們早就認為人類是屬於自然的，而不是自然是屬於人類的，哈尼族將自然和人類都看做是天補意志的化外物，並將自然規律當作天神意志的具體表現形式。哈尼人的這種敬畏自然的信仰，客觀上保護了森林的生態環境，保護了哈尼梯田的水源。哈尼人很少有「人定勝天」的豪情壯志，倒有「天人合一」的樸素原始觀念，人們沒有「改天換地」的野心、體察天意，由於善待自然，才一直保持了良好的生態環境，創造了「山有多高，水有多高，田有多高」的哈尼梯田。

9.雲南為什麼「一村分兩國」？

　　跨境民族就是居住在毗鄰國家的同一民族。國家的疆界與民族的分佈地域是不一致的。有位哲人說過：「沒有一條國家的分界線是與民族的自然分界線，即語言的分界線相吻合的。」在現今世界上，同一民族生活在若干國家的現象相當普遍。當前國際上的熱門問題，如科索夫、阿富汗內戰等，都與跨境民族有著極為密切的關係。

　　雲南在中國乃至世界都是一個獨特的地區，這不僅由於它和越南、老撾、緬甸三個國家接壤，還在於全省有二十六個民族，其中二十個是跨境民族，即壯、傣、布依、苗、瑤、彝、白、哈尼、景頗、傈僳、拉祜、怒、阿昌、獨龍、藏、回、伍、布朗、德昂、漢等民族。此外，在中國尚未被確認為單一民族的克木人也跨境而居。雲南省少數民族和跨境民族的數目均居於全國首位，因而被認為是進行民族研究的「活化石」地區。許多在內地已經消失了的古老文化，在雲南各民族中仍可以找到蹤跡。

　　「一村分兩國」是雲南邊境特殊的跨境民族現象，稍不留神就出了國。雲南省國境線長四千餘公里，多以山脈、河流作為國界，其間通往境外的大路，還有數不清的小道與鄰國相連，國境線兩側，雞犬之聲相聞，跨境民族之間的關係十分密切。

　　馬叭上寨是一個在一般地圖上找不到的瑤族村寨，近年來卻引起不少人的興趣。1992年中國和老撾兩國勘定邊界時，國界線不偏不倚，正好從西雙版納州猛臘縣馬叭上寨李民忠的家中穿過，將其一分為二，一半屬於中國，一半屬於老撾。此事傳出

後，李忠民收到全國各地的來信，並有上千人次親臨實地觀看。

李民忠那座聞名的「國界房」，由二兒子李二居住。李二家的火塘、廚房安排在老撾一側，客廳、臥室等位於中國一側，全家在老撾做飯，在中國用餐，室內的中柱，成為一根特殊的「界椿」。馬叭上寨共有二十九戶瑤族人家，一百五十餘人，屬中國籍。距此不遠有一馬叭下寨，1992年勘界時劃歸老撾，原來的同胞兄弟從此變成了外國親戚。

像李二這種「一家分兩國」的情況較少見，但雲南邊境兩側全是跨境民族居住。有些地方甚至是「一村分兩國」，即兩國的居民生活在同一個村寨之內，因此，幾乎所有雲南邊境一線的村寨都和境外有親戚關係。邊境地區的居民出國不需要護照和簽證，通常只進行簡單的登記，有時不需任何手續即可出入境。

雲南還有很多跨境的村寨。在雲南省麻栗坡縣的馬崩新街街頭，豎著一塊石碑，上面簡單地記述著這條中越邊民互市街的由來和發展。馬崩距中越邊界線兩公里，過去是一個小村子。一條幾十公尺長的泥濘小道兩邊建有幾十座低矮的草房，還有些用木板搭建的棚子，作為中越兩國邊民交易的場所。邊境兩邊多為苗族居住，每逢趕街日，百分之九十以上的互市者是兩國的苗族邊民，苗語也成了交易中的通用語言。

由於居住毗鄰，語言相通，各國跨境民族之間的往來相當頻繁，邊民互市是跨境民族經常性的交往手段。邊境集市是在跨境民族的不斷往來中形成的，多位於交通便利、人口密集地區，參與互市的邊民大多居住在集市附近十多公里的範圍內。在交通不便的偏遠地區，僅有交易簡單用品的場所，沒有固定的市場設施。當地人稱這種地方為「草皮街」或「露水街」。還有一些邊

遠山區，無法形成集市，通常有外國小販前往出售商品，或邊民採取走村串寨的方式進行物物交換。

　　雲南省和鄰近的南亞、東南亞國家之所以形成眾多民族跨境而居的狀況，是由其特定的地理環境和歷史條件決定的。從自然地理上看，雲南和中南半島可以被視爲一個地理區域。雲南與西藏、緬甸、印度的結合部，同屬印度與歐亞兩大板塊相碰撞的邊緣地帶。紅河、湄公河、薩爾溫江、伊洛瓦底江等著名江河的上游均位於這一區域。在南流注入海洋的過程中，形成一個龐大的扇子骨形的水系網路。

　　從人文地理上看，自甘肅、青海向南經過四川西部、西藏東南部、印度東北部、到雲南西部以及中南半島北部這一狹長地帶，被人類學家稱之爲「民族走廊」。諸多河谷地帶既是從大陸走向海洋的走廊，又是民族遷徙流動的通道。多數古代民族從高原沿著河谷遷往低地地區，並在此過程中逐漸定居下來。從民族遷徙的角度看，移民進入雲南和中南半島這一區域後，大多就地留居。因而可以說，這一區域是古代人類繁衍和遷徙的中心，也是眾多民族活動的舞臺。

　　從歷史上看，移民與人類的歷史是同時開始的。從古代時期直到近現代，不少民族都在不停地自北向南移動，其中部分越過了現在的國界，定居在越南、老撾、緬甸、泰國、印度等國，成爲跨境民族。古代移民的方向與高山峽谷及其中河流的走向大體一致，所以，這些國家的許多民族與中國西南尤其是雲南各民族之間大都存有淵源關係，從而也就形成了人們今天所說的共源文化和文化認同。

10.鬼城地府豐都之謎

　　豐都位於三峽附近，是四川東部長江邊上一個歷史悠久、聞名中外的「鬼城」。

　　在《西遊記》裡，唐太宗入陰司，遇豐都崔命判官保駕；《南遊記》則寫了華光大帝為母三下豐都大鬧陰司；《說岳全傳》寫何立在豐都地獄重見秦檜受罪；《聊齋志異》在「豐都御史」一節中稱豐都為「冥府」；《鍾馗傳》第一回又講鍾馗到豐都收降鬼魔。這些中國古典神話小說對「鬼城幽都」、「陰曹地府」作了形象描繪，再加上歷代封建統治階級與迷信職業者也著意渲染，鬼城豐都的名氣越來越大。「人死魂歸豐都，惡鬼皆下地獄」的傳說越來越神奇。加之每年農曆三月初三的香會（即現在的廟會），四方香客雲集，燭光映天，香煙繚繞，鐘鼓齊鳴，誦經之聲傳播數里之外，更增添了「鬼城」的神氣。豐都真的是「鬼城」嗎？

　　說到「鬼城」，就不得不提到名山。名山，原名平都山，海拔二百八十八公尺，因北宋大文豪蘇軾詩「平都天下古名山」而得名。名山孤峰聳翠，古木參天，直插雲霄；殿堂廟宇，飛簷流丹；下臨長江，煙波浩渺，構成了一幅多彩多姿的山水畫卷。名山又是道家七十二福地之一，所以這裡道觀梵宇，鱗次櫛比。

　　名山由來甚久，傳說頗多。東漢劉向所著《列仙傳》，東晉葛洪所撰《神仙傳》，皆稱平都山（今名山）為陰長生、王方平成仙飛升之地。隨著朝朝代代往來平都山探訪者絡繹不絕，陰、王二仙的故事也廣泛傳揚，後人誤將陰、王傳為「陰王」而說陰

王乃「陰間之王」。陰王既然在豐都名山,「鬼城」、「幽都」自然當是在豐都了。

還有人說,名山是豐都大帝管轄的陰曹。清《玉曆寶鈔》載,「陰曹地府」的最高統治者是「豐都大帝」,他承天庭玉皇大帝的旨令,率閻羅王等坐鎮鬼城,治理鬼國。該書杜撰了豐都「鬼城地府」的機構設置——有十殿及所轄十八層地獄,有枉死城,有奈何橋、血河池、望鄉台等,主要人物首為豐都大帝,他管十殿閻羅、四大判官、十大陰帥、城隍、無常、孟婆、大小鬼差以及各崗位職能、陰法刑律等。

名山經過歷代的演變和發展,至20世紀40年代末期已形成了天子殿、大雄殿、百子殿、玉皇殿、千年殿、九蟒殿等十二殿獄的寺廟和「陰曹地府」近百個鬼神雕塑,在全國別具一格,在東南亞各國享有盛譽。

為什麼古人對豐都的印象是如此陰森可怖的一番景象呢?實在讓人費解。每年前來探究「鬼城」的學者和遊人絡繹不絕。

離名山不遠的地方,還有一座雙峰對峙,雄姿挺拔的雙桂山,位於豐都縣城西北。這裡一派明媚的風光,一掃名山的鬼氣。歷史上,雙桂山曾稱為鹿鳴山。這裡,早在唐代就建立了「鹿鳴寺」,後到明朝天順丁丑年間(1457年),由邑進士官授江西按察司檢事楊大榮捐資擴建。

廟宇雄偉,盛名遠揚,鹿鳴寺分為上、中、下三個大殿,內塑有佛祖、觀音、地藏、十八羅漢等菩薩,兩廊並有歷代名流詞賦和碑林等珍貴文物。鹿鳴寺結構精巧,依山傍水而立的「觀音閣」、「道子堂」,在寺側顯目的位置。寺內還有一口常晶瑩、四時瀝滴的「玉鳴泉」,泉水水質純瑕,潔淨甘甜,素有「老龍

水、還童水、長生水」的美稱。爲紀念蘇軾父子的「坡公祠」始建於明洪武初年（約1470年），後祠將圮，至清同治七年（1865年），縣人再聚資重建，並擴大了規模，改名「蘇公祠」。蘇公祠因風雨摧殘漸傾，豐都知事汪貢之於清光緒二十六年又捐重金作了補修。

「東坡樓」原爲兩層結構，飛簷閣樓，樓中懸鐵鐘一口，由於年久失修，樓坍鐘毀，後又由縣裡紳民集資，於民國24年（1935年）去江西「金山寺」鑄合金鐘一口，名曰：「世界同孝豐都報恩冥陽普俐瑜伽洪鐘」。據稱，此鐘重一千公斤，從慕化製模，冶煉到鑄就運出，歷時十三年，鐘的外層全由文字幅面，鑄有「聞鐘聲，煩惱輕，智慧長，菩提增，離地獄，出火坑，願伏法，度眾生」等佛言讖語。

1988年，豐都人在名山和雙桂山之間建起了鐵索橋，取名「通仙橋」。使兩山的自然景觀、人文景觀渾然一體，水乳交融，如此一來，名山的鬼氣也會漸漸消散了吧？

11.恐龍為何在自貢「集體死亡」？

20世紀70年代初，中國地質部第二地質大隊科技人員黃建國等人在黃昏散步時，在四川自貢大山鋪的公路旁裸露的岩石層中發現了一處生物化石，這就是恐龍化石。從此以後，中國考古專家雲集這片丘陵僻壤，從這塊恐龍化石發現了連綿大片的化石脈，因此認定此地必是化石寶庫。

1977年10月，第一具四十噸重的、完整的恐龍化石展現在目瞪口呆的人們面前。兩年後，一個石油作業隊在附近山坡炸石修建停車場時，「炸」出了一幅讓人驚心動魄的景象：恐龍化石重重疊疊堆積一片……世界奇觀出現了，這是一座巨大的恐龍群族「殉葬地」。

初步發掘後，在大山鋪出土恐龍化石三百多箱、恐龍個體二百多個，比較完整的骨架十八具，極其難得的頭骨四個。這些珍品引起國內外科學家們的濃厚興趣，紛紛趕來進行實地研究，希望能解開恐龍生死存亡的千古之謎。

從被人們比喻為裂石洞口的正門邁入，就像跨進了億萬年前的龍宮群窯。埋藏廳現場展現了半個足球場大的化石發掘地，這僅是約一萬七千平方公尺化石埋藏面積不足六分之一的部分。憑欄俯瞰，交相橫陳的化石堆十分壯觀。恐龍非正常死亡的景象，酷似慘遭殺戮與被活埋的「萬龍坑」。現已從這裡採集到較完整的恐龍骨架三十來具和數以百計的生物化石，近二十個種屬。

據測算，這些恐龍是在一億六千萬年前就被埋藏在地層裡，在缺氧條件下，經泥沙、岩石的固結、充填、置換等石化作用，

而形成現在所見到的化石。那麼，是什麼原因使恐龍集體死亡於此呢？

◎龐大的恐龍為何會集體死亡呢？

有學者認為，大約在一億七千萬年前的白堊紀末期，地球又發生了一次強烈的地殼活動（燕山運動）。四川盆地繼續隆起，淺丘開始出現，水枯林竭。從海水中隆起的四川盆地形成了得天獨厚的自然環境，幸而自貢地區是一個大匯水池，於是恐龍漂集於此，直至死亡。

也有人認為，在白堊紀末期，整個地球發生廣泛性寒冷，日夜溫差增大，季節出現。習慣熱帶環境的恐龍，無法像蛇、蜥那樣進行冬眠，又不能像毛皮動物那樣躲進山洞避寒，因而這些地球霸王們受到了大自然的酷寒「懲處」。

關於恐龍在此「集體死亡」的原因說法甚多，比如有人認為是天外一顆超行星爆炸後，其強光和巨大的宇宙射線引起恐龍的遺傳基因突變而致滅絕。還有一種理論認為，是一顆小行星撞入地球的大海之中，使海水升溫，並掀起五千公尺高的巨浪，使恐龍被埋入泥沙之中。另有專家認為，大山鋪恐龍化石裡砷含量過多，可能是恐龍吃了有毒的植物而暴死並堆積在一起。從大山鋪恐龍化石來看，恐龍並非都是龐然大物，此地當時有長二十公尺、重四十噸的「蜀龍」，也有僅一百四十公分，長七十公分高

的鳥腳龍，牠們無論大小，都不顯得笨重，而且精力旺盛，行動敏捷。

恐龍的智力也比較發達：劍龍類的腦智商平均值爲0.56；角龍類爲0.8左右；屬肉食性的霸王龍和恐爪龍則超過了5，這可能是因爲牠們要捕食素食性恐龍，沒有較高的智力是不行的。儘管恐龍的體溫比現代哺乳動物要低些，調溫機制要差些，但牠們不多眠，沒有羽毛，活動時速超過三英里，所以科學家們認爲牠們是熱血動物，而不是像蛇、蜥蜴一樣的冷血動物。

自貢恐龍化石的發現，在國際上的反響很大。美國地質和古生物學術代表團的專家們，在考察大山鋪恐龍化石群後說：「這是近十年來世界恐龍發掘史上最大的收穫。」他們稱中國是「恐龍財主」。儘管自貢市富有恐龍遺體，卻永遠不會有活恐龍存在了！因爲這裡的山丘，不再有恐龍生存的場所，而只是一個埋葬一億六千萬年前恐龍遺體的墳墓，而其中的奧秘至今還沒有人解得開。

12.「中國的百慕達」之謎

在四川盆地西南的小涼山北坡有個叫黑竹溝的地方，被人們稱之為「魔溝」、「中國的百慕達」。這裡古木參天，箭竹叢生，一道清泉奔瀉而出，一切都那麼寧靜祥和，但是這裡發生的一樁樁奇事令人大惑不解⋯⋯。

傳說，在溝前一個叫關門石的峽口，一聲人語或犬吠，都會驚動山神摩朗吐出陣陣毒霧，把闖進峽谷的人畜捲走。1955年6月，解放軍測繪兵某部的兩名戰士，取道黑竹溝運糧，結果神秘地失蹤了，部隊出動兩個排前往搜索尋找，一無所獲。

1977年7月，四川省林業廳森林勘探設計一大隊來到黑竹溝勘測，宿營於關門石附近。身強力壯的高個子技術員老陳和助手小李主動承擔了闖關門石的任務。第二天，他倆背起測繪包，一人捏著兩個饅頭便朝關門石內走去，可是到了深夜，依然久久不見他倆回歸。從次日開始，尋找失蹤者的隊伍逐漸擴大，川南林業局與鄰近的峨邊縣聯合組成的百餘人的搜尋隊伍也趕來了，人們踏遍青山，找遍幽谷，除了兩張包饅頭用過的紙外，再也沒有發現任何蛛絲馬跡。

九年後的1986年7月，川南林業局和峨邊縣再次聯合組成二類森林資源調查隊進入黑竹溝。因有前車之鑒，調查隊作了充分的物資和精神準備，除必需品之外還裝備了武器和通信聯絡設備。由於森林面積大，調查隊入溝後仍然必須分組定點作業。副隊長任懷帶領著小組一行七人，一直推進到關門石前約兩公里處。這次，他們請來了兩名彝族獵手做嚮導。

當關門石出現在眼前時，兩位獵手不想再往前走。大家好說歹說，隊員郭盛富自告奮勇打頭陣，他倆才勉強繼續前行。及至峽口，他倆便不肯再跨前一步。副隊長任懷不忍心再勉強他們。經過耐心細緻的說服，好容易才達成一個折衷的協定：先將他倆帶來的兩隻獵犬放進溝去試探試探。第一隻靈活得像猴子一樣的獵犬，一縱身就消失在峽谷深處。

　　可半小時過去了，獵犬杳如黃鶴。第二隻黑毛犬前往尋找夥伴，結果也神秘地消失在茫茫峽谷中。兩位彝族同胞急了，不得不違背溝中不能「打啊啊」（高聲吆喝）的祖訓，大聲呼喚他們的愛犬。頓時，遮天蓋地的茫茫大霧不知從何處神話般地湧出，九個人儘管近在咫尺，彼此卻根本無法看見。

　　驚異和恐懼使他們冷汗淋漓，大氣不敢出。副隊長任懷只好一再傳話：「切勿亂走！」大約五、六分種過後，濃霧又奇蹟般地消退了。玉宇澄清，依然古木參天，箭竹婆娑。隊員們如同做了一場噩夢。面對可怕的險象，為了確保安全，隊員們只好返回。

　　黑竹溝，至今仍籠罩在神秘之中，或許只有消失在其間的人才知道它的謎底，但卻無法告訴我們。

13.三峽八卦陣之謎

　　從重慶乘船，沿長江順流而下，在三峽一段航程中，有觀賞不盡的奇絕景色，最著名的如巫山神女峰、兵書寶劍峽、牛肝馬肺峽等，而最令人感到神秘莫測的莫過於「八陣圖」了。八陣圖位於三峽的東端，在奉節與白帝城之間。看上去，不過是離岸邊不遠的一片沙洲。上面有一堆一堆的石跡，外觀上也平庸無奇。但是，關於八陣圖卻有一段玄之又玄的傳說：

　　三國時，諸葛孔明爲了抵禦東吳大將陸遜，使之不敢入蜀，曾在此布下八陣圖。凡入陣者，頓覺雲霧繚繞，天昏地暗，耳間似有千軍萬馬與號角喊殺之聲，使人畏而卻步。

　　千百年來，無數詩人前往憑弔八陣圖遺跡，寫下懷古詩篇，其中最著名者，應屬杜甫的「功蓋三分國，名成八陣圖。江流石不轉，遺恨失吞吳。」

　　從歷史上看，諸葛武侯確曾到過奉節地區。東漢建安十七年（212年）他率軍西上入川，曾經過這裡；十一年後，他又赴白帝城永安宮接受劉玄德托孤的重任。據說他當時在江濱跡壩之上，推演兵法，作八陣圖。此外，他一直受到當地百姓的愛戴與懷念，甚至後來形成每至農曆正月初七，當地百姓傾城而出，「結伴縱遊八陣圖之間，稱爲踏跡。據說，有個姓趙的漁民，在八陣圖的沙跡上拾到一塊其形如枕的石頭，帶回舟中以後，每到天將破曉，便聞石枕中有雞鳴聲。他把石頭破開一看，內有「諸葛雞鳴枕」五字。人們由此更加崇敬諸葛亮朝夕爲國辛勞的「鞠躬盡瘁」精神。

經過史學家和地質學家的研究，八陣圖可能是長江和梅溪河洪水沖下的泥沙淤積而成。該地在枯水季節，跡壩露出水面時，還有鹽鹵從地下石縫中溢出，古時的人們便在此壘石建灶取鹵煮鹽。在春秋戰國時期，巴、楚兩國黎民百姓曾爲爭相取鹽而廝鬥，甚至兩國以兵戎相見。那倒是會有排兵佈陣的場面出現，不過那是遠在三國時代之前的事了。

　　八陣圖的傳說是很動人的，但是，它對長江航運卻爲害不小。近年來，中國當局已在該地挖石取沙，在不損三峽盛景的前提下，既保持主航道暢通，又有了供白帝城建築用的沙子與石塊，可謂一舉數得。

14.客家人圍屋之謎

　　贛南，位於江西省贛江的上游，境內崇山峻嶺遍佈，南嶺、武夷、羅霄三大山脈在境內蜿蜒交匯，餘脈延展蟠結，構成了「八山半水一分田，半分道路和莊園」的地理概貌。贛南的總面積約爲四萬平方公里，與閩西、粵東相互毗鄰，雖然分屬於不同的省份管轄，但卻是地緣相通，史緣相承，人文相同。這裡是客家人聚居的大本營，客家人人數很多，除閩西、粵東外，在贛南現生活著七百四十多萬人口，都是道地的客家人。

　　客家人構築的圍屋，傳承於漢代的塢堡，堪稱是中國建築史上的活化石。在歷史上，圍屋曾遍佈贛南各地。目前所能見到的圍屋，都集中分佈在贛南與廣東相毗鄰的一些地區，即龍南、定南、全南三縣的全境，信豐、安遠兩縣的南部以及尋烏縣的個別地方。鄰近江西省境的廣東省一部分縣市，也有圍屋的分佈。目前，贛南共保存有圍屋六百座左右，其中龍南縣的數量最多，占了將近一半，有三百來座。在該縣九連山麓的武當小盆地之中，至今仍保存有珠園圍、田心圍、永安圍、崗下圍等共計十三座圍屋。中國古代史籍中描述的「塢堡林立」的場景，似乎在這裡得到了再現。

　　東漢時期，由於社會發展的需要。在中國建築歷史上，出現了一種新的建築類型——塢堡。塢堡是封建割據的產物，塢主是雄踞一方的豪強地主，他們所營建的占地面積大、外牆高聳、四角建有碉樓的塢堡，是一種防禦功能極強，又可供一個封建大家族起居之需的「家堡合一」的建築。

發展至兩晉南北朝時期，塢堡這種建築已在中原廣大地區盛行，而恰恰又是在這一時期，中原發生了外族入侵的長期戰亂，於是，中原地區的漢人不得不開始大規模的南遷。在舉族南遷的過程中，他們把中原的傳統文化帶到了南方，同時也把構築塢堡的建築技藝帶到了南方，並且帶到了贛南。宋代以後，由於中國封建社會的統治日臻完善，中央集權得到了空前的加強，而塢堡這種封建割據勢力的伴生物，也就逐漸退出了歷史舞臺。

　　但是，在客家人聚居的地區，情況卻是有所不同。一是由於山高皇帝遠，中央政權鞭長莫及；二是因為客家人對傳統建築文化有著頑強的承繼性；三是客家人生活的山區戰亂較多，客觀上需要這種建築的存在。所以，塢堡這一建築形式便在客家人聚居的地區得以保存下來，而且一直延續到近現代，成為我們今日所能見到的贛南客家圍屋。

　　贛南的客家圍屋，具有十分鮮明的建築特色和文化內涵。圍屋空間體積碩大，平面佈局以方形為主，四角也都建有帶槍眼的碉樓，具有極強的防禦功能。一座圍屋內的居民，不管人口多少，哪怕多達數百人，亦必定是同姓、同宗，而且還是同一個開基祖的直系血緣後代。贛南這種如同壁壘式的客家圍屋，無論是其建築外觀，還是其文化內涵，都與兩千年前的漢代塢堡一脈相承，的確堪稱中國建築史上的活化石。

　　客家，是漢民族共同體的一個分支，是漢民族中一支頗具文化特色的民系。客家先民祖籍中原，自東晉以來，由於戰亂、饑荒等種種原因，迫使中原地區的漢人不斷南遷，其中有很大一部分溯贛江水道而上，陸續進入了贛閩粵三省交界的大山之中。大山，阻斷了與外界的資訊交流，客家先民在與外界相對隔絕的情

態下，經過數百年的開墾拓殖，並通過吸收土著文化後的重新整合，從而形成了既保留有古代的中原漢民族文化傳統，同時又適應在南方山區生活的客家民系。

客家人一直保持著聚族而居的遠古習俗，這種以血緣為紐帶的父系大家庭，少則數十人，多則上百人，他們在宗族力量的凝聚力下，共同生活、共同勞作，歡聚一堂。而那些規模大小不等的一座座圍屋，就是這一個個父系大家庭安居樂業的家。

安遠縣鎮崗鄉的東生圍，現居住有四百多人，是贛南住人最多的一座圍屋。東生圍的平面近似於正方形，長邊八十七公尺，短邊六十五公尺，沿圍屋周邊開挖有二公尺多寬的壕溝，圍屋高三層，四角設有碉樓。儘管它外觀壁壘森嚴，但其內部的主要功能仍然與任何一座圍屋一樣，都是為了滿足一個父系人家的生活需要。

東生圍內闢有三百多間用房，每一個小家庭部分配有從一樓到三樓的各一間用房，成為一個單元。每個小家庭的生活相對獨立，一樓是廚房和客廳，二樓是住房，三樓通常用作儲存糧食；圍屋的中央是帶有大廳的祠堂，重大的公共活動如祭祖、宴請、聚會都在此進行。祠堂兩邊的空地上還建有豬圈、雞舍等雜間。一個大家庭的吃喝拉撒、待客會友、婚娶慶典，都在圍屋之內進行。

東生圍始建於清代嘉慶年間，並於咸豐年間續建，開基祖名陳和進，傳至今日已有九代。目前，東生圍內居住的四百多人，都是陳和進的後裔。偌大一個家庭共同生活在一座圍屋之內，在過去完全是靠宗法制度來維繫的。輩分較高的族長具有絕對的權威，一切重大的公共事務，必須經由族長安排和定奪。族規和祖

訓是家庭成員的行事準則，爲了家庭的利益，每一個成員應無條件地做出犧牲。當發生異姓之間的械鬥時，甚至不惜獻出生命。

　　儘管圍屋的空間體積碩大，但它的容量畢竟是有限的，一旦這個大家族的人口發展到一定的程度，就必然要分家別居。按照宗法制度的原則，長子是不離圍的，因而其餘的兒子就必須外遷。東生圍的情況也是如此，現居住的都是長子的那一支，而次子、三子早已外遷。次子遷到了五百公尺遠的河岸邊，蓋起了一座河壩圍，三子遷到了河對岸的山坡旁，蓋起了一座尊山圍，各自又形成了一個獨立的父系大家庭。

　　客家人生活在山區，其生存環境非常險惡。兵災匪禍常有發生，由於聚族而居，異姓之間的宗族械鬥難以避免。一旦發生戰亂，圍屋就成了族人的避難之所，擔負起保護族人生命和財產安全的重任，據《穎川堂陳氏族譜‧建造東生圍記》載：「……至咸豐二年，謠言四布，時勢大亂。父子重議，要有堅實牆體，方可保人口財產，旋請工師再議。重週邊如城，牆厚四尺五寸，小外門窗均川條石段嵌。竣工後同年五月，李元古造反，鄉鄰皆入我圍。又兩年，長毛賊來亂，皆入我圍躲難，計三千餘人得保平安。」

　　圍屋之所以堅不可摧，首先應歸功於其高大厚實的外牆。圍屋外牆的高度，視圍屋樓層的數量而定，最低的也有兩層樓，高度在六公尺以上，最高的可有四層，屋脊距地面達十四公尺。圍屋外牆的厚度，一般都在半公尺以上，最厚者可達一公尺半，而且是下層厚，越往上層就越薄，這樣做既可以省工省料，又不影響防禦功能。爲了安全，外牆均不開窗戶，僅留有對外射擊的槍眼。

客家人掌握有古老的版築夯土牆技術，因而絕大部分客家建築都是用夯土牆建成的，自然，用夯土牆建築的圍屋亦佔據了多數。就地取材，用黃土來夯築工程量巨大的圍屋，一則可以節省大量的資金，二則夯土牆建築還具有冬暖夏涼的優點。但是，用這種夯土牆構築的圍屋有一個致命的弱點，那就是容易被入侵者用工具挖穿。鑒於此，客家人對夯土牆的原料進行了改進，採用石灰、黃土、桐油糯米漿混合而成的三合土來夯築圍屋，用這種三合土夯築的圍屋外牆，無論是它的硬度還是強度，都不亞於今日的混凝土牆。

　　客家圍屋除了採用夯土牆之外，還採用青磚、天然塊石，甚至是經過加工的條石來砌築牆體。龍南縣桃江鄉的龍光圍，其外牆全部採用規整的條石來砌築，不僅給人以威嚴之感，而且還是名副其實的銅牆鐵壁，不要說古人的長矛火銃對它無可奈何，就是使用現代化的槍炮，要想攻破這座龍光圍，亦不是一件易事。

　　圍屋四角的碉樓，是專門用於防禦的設施，它較圍屋本身更高出一層，視線開闊，以利觀察。碉樓較之圍屋的外牆略向外突出，形成四個外立面，並且每個立面都有數層槍眼，消滅了火力死角，可以有效地殺傷來侵之敵。圍屋最高層的各個房間之間，都開有相互連通的小門，在日常情況下，小門關死，各個小家庭互不相擾。遇有戰亂，小門打開，整個圍屋的最高層就成了一個串通四角碉樓的大回廊，人員可以往來自如，有利於調配兵力，相互支援，這種設計，可謂是匠心獨具。

　　大門是整座圍屋防禦的重點，因而客家圍屋的大門與普通民居的大門也有很大的區別，圍屋雖然很大，但大門卻很小並且極少，一般只有一個，最多也只有兩個，而且對門的防禦功能也考

中國地理不思議之謎

慮得十分周全。

　　建於康熙年間的龍南縣燕翼圍，是贛南圍屋中最高的一座，歷史上曾多次遭受兵災，但都安然無恙。其大門的設計共有三重，第一重是包有鐵甲的木枋門，門框的上方還設有水槽，以備火攻時可以澆水撲滅，戰時可將此門關死，任憑你炮擊火攻都無濟於事；第二重門是木柵門，以作爲第一重門在防禦失效時的補救措施；第三重門是一般的木板門，它是日常生活中使用的門。贛南的客家圍屋，雖與古代的塢堡一脈相承，但它較之塢堡，卻增加了祭祀先人的祖堂，成爲集家、堡、祠三大功能於一體的建築。

　　圍屋，是中國封建社會的產物。現代社會中，宗法制的大家族已難以存在，至此，圍屋也就失去了它生存的土壤，開始走向消亡。1960年，在安遠縣鎮崗鄉的賴塘村，賴姓村民由於受傳統建築方式的影響，曾欲以生產隊的組織形式來興建一座圍屋，名花鼓橋圍，由於此舉與我們的現實生活格格不入，三年之後。不得不以失敗而告終。這座永遠也不會再完工的圍屋爲贛南客家圍屋的建築歷史留下了最後的一筆。

第二章　塞外邊陲不思議之謎

15.龍遊地下石窟之謎

　　1992年6月2日，浙江省龍遊縣石岩村的幾位村民將一個地下洞窟的水抽乾時，發現這洞下竟是一處龐大的地下工程。1998年，在有識之士的一再呼籲下，科學研究人員對此洞作了進一步發掘，才發現原來這是一處規模極大的地下石窟群。

　　據考古人員勘探後初步確定，這片地下石窟群共有石窟將近八十座、共約一百六十萬立方公尺。由於許多石窟內裝滿積水，只能經過水下超音波探測，確認其中最大的石窟面積達一萬平方公尺。從已經發掘出的五座石窟來看，洞身寬敞，洞高約三十多公尺，四面的洞頂是四十五度斜坡，由四根粗壯的石柱支撐著，其中最粗的石柱需要五個人才能合抱。洞內四壁牆面從上到下筆直而平整，洞頂切割得非常精確，鑿痕線條清晰，勻稱細密。遺憾的是，洞內沒有任何文字提供給後人，只是在洞壁上發現了一些奇特的符號和圖騰，如石刻的馬和鳥的圖像。

　　當人們沿著石階走到石窟的底部，再轉過頭來往上看，顯然會被那隱藏在地下的雄偉壯觀的古代遺跡的宏大氣勢所震撼，特別是當上面明媚的陽光從洞頂投射下來，到了洞底竟成了一抹微弱的光線，就像是從另一個遙遠的星球上送來的光明。

　　石窟究竟是誰、在哪個年代、為什麼而造？這些疑問至今沒有定論。根據洞壁上的圖騰和符號，有人認為是古代越人所造，但也有人認為那些符號是甲骨文之前的象形文字，據此判斷石窟是比甲骨文字出現更早的史前時代的產物。然而，這麼巨大的工程，即使是現代工程師，利用現代機械化的工具，要想開鑿出八

中國地理不思議之謎

十座石窟來，其工程難度也可想而知。而早在幾千年前，當初的開鑿者是怎樣解決如此龐大工程的設計、勘探、測量、照明、廢料運輸、地下抽水、排水等等一系列難題，他們又是用什麼工具和設備來切割石窟的洞頂和洞壁的？真是讓人不可思議。

在石窟的洞門一側有個二十多平方公尺的水坑，這也是洞內唯一存水的地方。有關人員在水坑裡裝上了水泵，水面升到一定的高度，水泵會自動開啓，把水排到洞外。但這是現代人的設計，還得完全依靠電力設備來完成，而古代人在開鑿石窟時，是靠什麼方法來把洞內的水排到洞外的呢？

至於說到龍遊石窟的建造原因，有人說是「採石場」，有人說是「帝侯墓穴群」，有人說是「古代宮殿」，也有人說是「官方戰備倉庫」、「道家福地」、「軍事基地」、「巨石文化」。甚至還有人說這是「非常人進行的非常工程」、「非常戰爭來臨之前的秘密工程」等等。但說法雖多，基本上都是一些猜測，很難說有多少可靠的依據。

江浙一帶是中國歷史上開化很早的地區。龍遊周圍亦不乏名山仙洞，如位於建德縣的烏龜洞，中科院古人類研究所在洞內發掘了一枚距今約五萬年的古人類右上犬齒化石，命名為建德人。又如金華縣的雙龍洞洞中有洞，冰壺洞洞中有瀑。但這些都是大自然千百萬年的奇異造化，歷史上也都有記載。而龍遊石窟卻在任何歷史典籍中都沒有記載，有人據此判斷，它早於有歷史記載的年代。那麼，在遙遠的史前時代，龍遊地區到底發生了什麼事呢？真是讓人琢磨不透。

16.桃花源在哪裡？

晉太原中，武陵人，捕魚爲業，緣溪行，忘路之遠近。忽逢桃花林，夾岸數百步，中無雜樹，芳草鮮美，落英繽紛，漁人甚異之。復前行，欲窮其林。林盡水源，便得一山，山有小口，彷彿若有光，便捨船從口入，初極狹，纔通人。復行數十步，豁然開朗，土地平曠，屋舍儼然，有良田美池，桑竹之屬，阡陌交通，雞犬相聞。其中往來種作，男女衣著，悉如外人；黃發垂髫，並怡然自樂⋯⋯。

◎陶淵明像。

上面這段飄逸清新的文字是從東晉詩人陶淵明《桃花源記並序》中節選的。這個自由、安樂的桃花源，激起了無數人的嚮往，正如文中有的人聽說之後立即動身前往尋找，但無功而返。一千多年來，有人指責這桃花源是不存在的「烏托邦」，「桃花源」究竟是純屬虛構，還是有它真實的原型？

有人認爲，湖南桃源縣西南十五公里的水溪是陶淵明筆下的桃花源。這裡俯臨沅水，背倚青山，景色綺麗，松竹垂陰，風光美麗如陶淵明筆下的桃花源。唐代人開始在此建造寺觀，宋代更加興盛，並建造了漁人遇仙的「延請樓」。清代光緒十八年

（1892年），又重修了「淵明祠」，並順著山勢以陶淵明的詩文命名建造了觀、祠、亭、洲，諸如「桃花觀」、「集賢祠」、「躡風亭」、「探月亭」、「水源亭」、「纜船洲」等。

但是，劉自齊先生認為，「《桃花源記》所描繪的那幅沒有壓迫、沒有剝削、人人勞動、平等自由的美好的社會生活圖景，並非作者的憑空虛構，也不是幻想的再創造，而是切切實實、當時居住在武陵地區的苗族社會的寫真」。

據《苗族簡史》，武陵地區的苗族人民開始了「鐵犁牛耕的農業生產方式，出現了自耕農的私有制，創造了父系氏族初期的物質條件。但由於生產力還比較低，所能提供的剩餘生產品極少，因此，還產生不了突出的富戶和顯貴人物」，呈現出了沒有階級壓迫、階級剝削的社會現象。如此世外仙境一般的苗家社會，初當作「異聞」傳播。除了陶淵明有所聞，並見之於他的詩篇外，還有一個東晉文人劉敬叔也在他的《異苑》中記述道：「元嘉初，武陵蠻人射鹿，逐入石穴，才容人。其人入穴，見其旁有梯，因上梯，豁然開朗，桑果蔚然。」這簡直是又一個「桃花源」，所不同的是一位是漁家，一位是獵戶罷了。其他如武陵地區苗族人民素有對桃樹的崇拜以及見客人「便邀還家，設酒殺雞作食」的習俗等等，都能說明陶淵明筆下的桃花源是指武陵地區的苗家社會。

除了桃源縣或苗家寨，被大詩人陶淵明選作《桃花源記並序》原型的現實境界外，還有沒有其他地方呢？

古代海州即今連雲港市地區有兩個武陵的地名：一個是載入《魏書》的「武陵郡」，故城遺跡猶存，在今贛榆縣沙河城子村；一個是雲台山脈的宿城山西麓，至今保留有武陵古邑的地名。清

咸豐元年以前，這裡一直地處五羊湖的東岸，由水路順山麓向南，直至海邊山盡處，有一小徑通往宿城山凹。

江蘇連雲港市的宿城山凹，三面環山，一面向海，除了翻越虎口嶺，與外界無路可通。這樣一個僻在「東海隅」天然巧成的「塢壁」堡壘，中間卻是一片坦蕩美麗的川原，山畔樹枝搖曳，地名大竹園。東面臨海處，有一座半身浮浸於海中的峻峭山巒，狀如大船，故稱船山。山腳轉彎處，也有一條經過拓寬的石峽，透迤通向高公島。這樣的世外樂土，陶淵明在來到鬱洲以前，早就聞名。陶淵明在寫入桃花源的情景時說道：「復前行，欲窮其林，林盡水源，便得一山，山有小口，仿佛若有光，便捨船從口入，初極狹，纔通人。復行數十步，豁然開朗，土地平曠，屋舍儼然，有良田美池，桑竹之屬……。」，這足以使我們產生有趣的聯想了。

更重要的是，詩人陶淵明曾實實在在地親身到過這個地方。他在著名的《飲酒詩》裡唱道：「在昔曾遠遊，直至東海隅。」根據《晉書·地理志》的記載，郁洲山於晉時應稱東海，當時的海州稱臨朐，隸屬於東海郡。所以，陶淵明所說的「直至東海隅」的「遠遊」，正是處於東海一角的宿城高公島之行。

南唐詩人李中早就意識到陶淵明到過宿城山。他在郁洲山之遊以後，寫了《春日書懷寄朐山孫明府》詩，發出過「猶憐陶靖節，詩酒每相親」的感歎。蘇東坡也是知道陶淵明吟詠過鬱洲山的。他在回憶海州朐山之行的詩中摹仿陶淵明「在昔曾遠遊，直至東海隅」的詩意寫出過這樣的詩章：「我昔登朐山（今連雲港市海州錦屏山），出日觀滄涼，欲濟東海縣，恨無石橋樑。」

清末兩江總督陶澍自稱是陶淵明的後裔，也是研究陶淵明的

專家，他曾著有《陶靖節先生年譜考異》一書。並於道光十六年親自向道光帝講述了高公島、宿城一帶「雞犬桑麻」的「太平景象」。道光也認為：「此境與桃花源何異？」這位封建皇上的「金口玉言」引起「海州人士一片騰歡，咸以鬱洲」為「樂郊」。

於是，陶澍在宿城法起寺旁建起了「晉鎮軍參軍陶靖節先生祠堂」，繞以長二十八尺、廣二十尺的西迴廊，長三十二尺、寬二十五尺的東迴廊，以符合《五柳先生傳》的文章，仿陶淵明故居的特點，在門前植五株柳樹，並栽植桃花，使陶祠「倚天照海，朱霞靄霄，雲台倍覺鮮明」。陶澍還為陶祠書額：「羲皇丘人」，對聯是：「此間亦有南山，看雲歸欲夕，鳥倦知還，風景何殊栗裡；在昔曾遊東海，憶芳草緣溪，林花夾岸，煙村別出桃源。一晉鎮軍參軍陶靖節先生祠堂。」隸書刻石的匾額至今尚存。

雖然後人努力尋找和猜測，但桃花源的原型到底是哪裡，恐怕只有陶淵明自己才知道。

17.皇帝們爲何偏愛碣石山？

碣石山只是一個海拔不到九百公尺的山，也沒有太突出的旖旎風光，爲什麼從秦漢至隋唐不到一千年的時間中，先後吸引了七個帝王登臨碣石山？七個帝王中包括了中國封建社會最傑出的四個政治家──秦始皇、漢武帝、魏武帝和唐太宗，另外三個是秦二世、北魏文成帝、北齊文宣帝，如果算上晉宣帝司馬懿和隋煬帝楊廣，就一共有九個帝王登臨或跨越碣石山。這是爲什麼呢？

當然其中有幾次與軍事活動有關，如魏武帝曹操北征烏桓班師途中「東臨碣石有遺篇」；司馬懿是奉命討伐公孫淵「經孤竹，越碣石，次於遼水」；隋煬帝是東征高麗分兵進軍而出「碣石道」；唐太宗則是東征新羅時「旌旗透迤碣石間」。但除這四次外，究竟還有五個帝王登臨碣石與軍事行動無關，如果純粹是爲了觀賞「洪波湧起」的滄海奇觀，那麼海濱有的是比碣石更好的觀海勝地，爲什麼偏偏讓碣石山出盡了風頭？也許碣石山另有神秘誘人之處？

《資治通鑑》卷七秦紀二有這樣一段話：戰國後期「燕人宋毋忌、羨門子高之徒稱有仙道、形解銷化之術，燕齊迂怪之士皆爭傳習之。自齊威王、宣王、燕昭王皆信其言，使人入海求蓬萊、方丈、瀛洲（三神山），云此三神山在勃海中」，「嘗有至者，諸仙人及不死之藥在焉。」燕人宋毋忌、羨門子高是什麼人呢？據說，宋毋忌是《道經》裡的月中仙人，羨門子高是居住在碣石山上的仙人。所以，仙山就吸引著後來中國歷史上最雄才大

中國地理不思議之謎

略而又喜好神仙的兩個皇帝——秦始皇和漢武帝來慕名登山求仙了。

秦始皇癡迷於長生不老，他命令徐福領童男童女數千人入東海求仙人，自己在宮中按捺不住性子，乾脆直接到碣石山，指名訪求羨門、高誓諸仙人。《史記・秦始皇本紀》：「三十二年，始皇之碣石，使燕人盧生求羨門、高誓，刻碣石門」。秦始皇在碣石山找不到仙人，就派方士盧生下海去找，有趣的是當年盧生從海上歸來，居然帶回了仙人賜予的資訊，那就是「亡秦者胡也」的預言，於是就有了派將軍蒙恬統兵三十萬北擊匈奴的壯舉。後來東漢大經學家鄭玄指出，這個「胡」不是指匈奴而是指秦始皇的寶貝兒子胡亥，也就是被趙高指鹿為馬、玩弄於股掌之上的秦二世。

漢武帝也是一個迷戀「仙術」的皇帝。西元前110年，漢武帝去泰山封禪之後打算親自浮海去蓬萊仙山，求得長生不老之藥。結果由於東方朔的勸告，最後沒有去成，不過還是從海上北至碣石山，又是築台，又是祈仙，搞得不亦樂乎，於是便有了流傳至今的「漢武台」。

由於秦皇漢武的碣石求仙，極大地提高了碣石山的知名度，增強了碣石仙山的神秘感，其連鎖反應就是隨後的許多帝王爭相仿效。他們企望在登臨碣石過程中有幸碰見「仙人」或沾上一些「仙」氣，從而達到益壽延年以至長生不死的目的。也許，這就是為什麼那麼多帝王不遠千里，風塵僕僕的朝拜碣石山的謎底吧。

18.遠古時代的巨石是誰建造的？

◎英國威爾斯的哈羅德巨石。

遠古時代的巨石建築和雕刻藝術使人們為之迷惑，蘇格蘭的巨石陣、復活島上的石像像磁石一樣吸引著好奇的人們。可能很少有人知道，在中國也存在著令人費解的巨石建築遺跡，而且中外考古學家半個世紀以來一直對此爭論不休。

這些巨石建築，習稱「石棚」，一般是指用幾塊大石板或石塊立在地上作為壁石，上面覆蓋一塊巨大蓋石的古代建築物。據調查，這種石棚在全世界分佈很廣，從歐洲的丹麥、法國、德國、英國、蘇聯、荷蘭、比利時、葡萄牙、西班牙、義大利、非洲的埃及、阿爾及利亞、突尼斯、摩洛哥、直到亞洲的敘利亞、土耳其、印度、馬來西亞、日本、朝鮮和中國等地。中國的石棚在吉林、遼寧、山東、湖南和四川等省均有發現，而大部分則有趣地集中在遼東半島上。

日本學者鳥居龍藏先生曾對分佈在中國東北的石棚專文介紹，時稱「此等遺跡，殆分佈於全世界中，而中國有無迄今尚無調查報告，實為奇異。中國考古學界，對於史前陶器之研究頗

中國地理不思議之謎

盛，而對巨石文化研究，則尚付闕如，實屬遺憾」。

遼寧省蓋縣石棚山遺址的石棚，蓋石長八公尺多，寬近六公尺，厚近公尺，重達幾十噸，單憑人力把這碩大的石板支架到二公尺左右高的石柱上面去，實在令人驚歎不已。而且，大石棚的壁石與蓋石多經仔細加工磨製，壁石套合也很整齊，有的刻有溝槽，和鋪底石結合在一起，這樣宏大的古代建築，即使在現代農村也不容易再修，更何況在幾千年前的新石器時代。

石棚究竟是做什麼用的？它的性質如何？它究竟產生於什麼時代？它又在什麼時代廢棄？為什麼石棚常三個、四個在一起，甚或成群？這一系列問題，引起一些考古學者半個世紀來的沉思和爭論。

法國《人類學辭典》在19世紀末對石棚的解釋是，在三或四塊巨石之上，支架一塊扁平的巨大天井石，故亦稱「石桌」。德國稱之為「巨人之墓」，比利時

◎法國卡納克村外的石林。

稱為「惡魔之石」，葡萄牙叫做「摩爾人之家」，在法國則有「仙人之家」和「商人之桌」兩種俗名。在中國遼東半島，有石棚的農村多流傳著「姑嫂修石升天」的故事，故習稱「姑嫂石」。而朝鮮半島則流傳著天亡的巨神把石桌移到人間的神話。

目前，有的專家認為這是一種巨石墳墓，意義如同埃及的金字塔；有的學者認為它是一種宗教祭祀建築物；有的人認為它是古代氏族舉行各種活動的公共場所……等等。

　　過去，考古學者把廣泛分佈於世界的石棚、立石樁、環石、列石、石碣和積石墓等古代巨石建築，統稱為「巨石文化」。今天看來，上述建築所在地域廣袤、種類不一、延續時間又很長，有的從新石器時代開始一直到青銅時代，甚至更晚，因而再將世界各地、各個不同時期的巨石建築籠統稱為「巨石文化」似覺不妥。

　　半個世紀過去了，中國的考古事業現正處於「黃金時代」，但是，認真研究「巨石文化」的考古工作者仍寥寥無幾，這一方面是因為古代遺留巨石建築數量較少、分佈不廣；另一方面原因則是這種巨石建築缺乏文獻典籍資料可依，也沒有民族學等材料可循，僅在民間留下了許許多多動聽而莫測的傳說。

19.丹丹烏里克千年圖畫之謎

　　沿著玉龍喀什河行進，在和田東北部塔克拉瑪干沙漠深處，有一座廢棄於唐代的重要佛教遺址梁榭城，後來的名字叫丹丹烏里克。二十世紀初，經英國考古探險家斯坦因向外界披露後，這個遺址立刻引起了國際學術界的矚目。但奇怪的是，自斯坦因在丹丹烏里克考察之後，這個遺址就突然從人們的視野中消失了。無論是「尋寶人」還是後來的專業考察人員，就再也沒有找到這個遺址。直到二十世紀末葉，新疆的文物考古工作者才宣佈，他們在策勒縣北部約九十公里的沙漠中，再度發現了隱匿近百年的丹丹烏里克遺址，引起了世人的巨大興趣。

　　丹丹烏里克遺址散落在低矮的沙丘之間，古老的建築物在沙漠中半露半掩著，殘垣斷壁四處可見，就是被沙丘埋沒的廢墟，仍可從立在沙埋層面上的一排排木樁或房屋框架上分辨出來。

　　斯坦因一行不僅發現了許多浮雕人像，還發現畫在牆壁上的比真人還要大的佛和菩薩像。最使他激動的是陸續發現了一些各種文字的文書，進而在一所建築物中發現了佛教寺院的藏書室，這更使他喜出望外。

　　斯坦因獲得的大量手抄本文書中，有波羅謎文的，也有不少是漢文的。漢文文書有一張是狀告某人借驢不還的內容，上面注明的日期是大曆十六年，即唐德宗建中二年（781年），文末標出寫狀人的地點是「傑謝」，這可能是丹丹烏里克當時的名稱，也可能是城中某個更小的居民區的名稱。除了「傑謝」，漢文文書還涉及到一個名為「護國寺」的佛寺。此外，斯坦因又發現了一

個來自中原的彩繪漆木碗。從上述這些遺存，斯坦因推斷「寺院組織中的最高佛僧首領是漢人，而皈依者顯然都是當地人」。同時，從一些破碎的紙片上還可以看到西元八世紀時這裡的佛教仍很繁盛。於是斯坦因又得出如下的結論：「這些瑣碎內容的漢文文書散落下來不久，沙漠便吞沒了這些小屋子。小紙片不可能抵擋住年復一年的春秋季節風沙對這個地區的沖刷。」

斯坦因在獲得大量浮雕、文書之後，沒想到發生了更使他驚喜的事情：他發現了幾幅價值連城的唐代木板畫和壁畫。這幾幅畫就是後來轟動世界美術界並在解釋上引起爭論的《鼠神圖》、《傳絲公主》、《波斯菩薩》和《龍女圖》。頗為神奇的是，除了《波斯菩薩》之外，其他三幅圖的內容完全與玄奘法師《大唐西域記》的記載符合。但在繪畫風格上，基本上屬於在印度流行的希臘美術風格。斯坦因認為，這些圖畫出現的時間雖然比印度犍陀羅藝術晚了好幾個世紀，「但是希臘風格仍然反映得甚為清楚。」

《鼠神圖》等幾幅畫在木板上的畫，是斯坦因在丹丹烏里克廢墟裡獲得的奇特的遺物，這些木板畫放在神像下，無疑是信徒們的供奉品，其中一塊尺幅較大的木板上，畫著一個鼠頭半身人像，頭戴王冠，背有橢圓形光環，坐在兩個侍者之間。斯坦因解釋說：「在玄奘的于闐記載裡，保存著一則鼠壤墳的故事。據說古代此地對鼠及鼠王俱甚尊敬。某次匈奴大舉入侵于闐，全得鼠群齧斷匈奴馬具，因而敵軍大敗，國得以全云云。」他還證實，在他到和田的路上，有人還指出某地就是玄奘記載的鼠壤墳所在的地方。

《大唐西域記》中有一則奇妙的神話故事《鼠壤墳傳說》，說于闐國都西郊有一座沙包稱鼠壤墳。當地居民說此處有大如剌

蝟的老鼠，其中有毛呈金銀色彩的巨鼠為群鼠首領。有次匈奴數十萬大軍侵犯于闐，就在鼠壤墳旁屯軍駐紮。當時于闐國王只率數萬兵力，難以抵擋和取勝。國王雖然素知沙漠有神鼠，但並無禮拜過。值此大敵當前，君臣驚恐不知所措時，姑且擺設祭品，焚香求救於神鼠之神力。夜裡國王夢見一大鼠說：「敬欲相助，願早治兵，旦日合戰，當必克勝。」國王得知有神鼠靈佑，便命將士天亮前出發，長驅直入襲擊敵人，匈奴軍聞之大驚失色，正想騎馬穿甲迎戰，不料馬鞍、軍服、弓弦、甲鏈和繫帶均被老鼠咬斷，匈奴軍隊失去了戰鬥力，只有束手就擒。于闐軍隊勢如破竹，大捷告終。國王感激神鼠大恩，就建造神祠來祭祀，以求福佑。

　　許多歷史文獻都有「于闐王錦帽金鼠冠」、「西域有鼠國，大者如犬、中者如兔、小者如常」、「于闐西有沙磧，鼠大如蝟，色類金，出入群鼠為從」的記載。這些記載與《大唐西域記》的記載相吻合。因此斯坦因認為《鼠神圖》表現的即是《鼠壤墳傳說》，應該是能夠解釋通的。

　　《傳絲公主》圖的發現，是斯坦因的重要收穫。他說：「更奇的大約要數後來我發現的一塊畫板，上繪一中國公主，據玄奘所記的一個故事，她是將蠶桑業介紹到于闐的第一個人。在玄奘的時候，蠶桑業之盛不亞於今日。相傳這位公主因當時中國嚴禁蠶種出口，固將蠶種藏於帽內，暗自攜出……畫板中央繪一盛妝貴婦居於其間，頭戴高冠，有女郎跪於兩旁，長方形畫板的一端有一籃，其中充滿形同果實之物，又一端有一多面形東西，起初很難解釋，後來我看到左邊的侍女左手指著貴婦人高冠，冠下就是公主藏著從中國私偷來的蠶種，畫板一端的籃中所盛的即是

繭，又一端則是紡絲用的紡車。」

斯坦因的上述看法，又與玄奘的記載相同——「昔者此國未知蠶桑，聞東國有之，命使以求。時東國君秘而不賜，嚴敕關防，無令桑蠶出也。于闐王乃卑辭下禮，求婚東國。國君有懷遠之志，遂允其請。于闐王命使迎婦，而誡曰：『爾致辭東國君女，中國素無絲錦桑蠶之種，可以持來，自爲裳服。』女聞其言，密求其種，以桑蠶之子，置帽絮中，既至關防，主者遍索，惟王女帽不敢以驗。遂入于闐國，止麻射伽藍故地，方備儀禮，奉迎入宮，以桑種留於此地。」當年玄奘在于闐國都東南拜謁了「麻射伽藍」，這是爲紀念東國君女建立的。除《大唐西域記》以外，《于闐國授記》等文獻也有「東國」君女傳絲的類似記載。

《波斯菩薩》畫板是斯坦因在丹丹烏里克一座佛寺的小方屋裡發現的。畫板下面繪有一尊坐姿神像，是一個健壯有力的男子，形體和衣服全然是波斯式的，但顯然畫的是一佛教神祇，臉紅而長，雙目圓睜，臉上黑色的鬍鬚是任何莊嚴的佛像所沒有的。大的卷髭和黑的濃眉，更加強西部的男性風度。他頭戴金色高帽，如同波斯薩珊王朝的王冠。細長的腰身顯示出波斯傳統的男性美。穿一件錦緞外衣，腰繫皮帶，懸掛一柄彎形短劍，足蹬長筒皮靴，交腳而坐。圍巾從頭部垂落，纏繞坐下，正與平常所見中亞的菩薩一樣，四臂以示其神道，除一手扶腿外，其餘三手臂均持法物，一手握短矛，一手持高腳杯，一手舉花朵，有頭光和背光，整個神像威嚴莊重。斯坦因認爲，在這幅《波斯菩薩》畫板的背後，「繪的是印度式三頭魔王」，一身暗藍色肌肉，裸體，腰以下繫虎皮裙，交叉的兩腿下面有昂首俯身的兩頭牛像，「四臂各執法物，這一切都表示同印度密宗的神道相像」。

斯坦因發現的《龍女圖》，被稱爲東方古代繪畫藝術的傑作。這是丹丹烏里克一座佛殿中，一系列彩色壁畫中之一幅，其不落俗套的主題和生動活潑的畫面，立刻吸引了斯坦因的注意力。這幅《龍女圖》的正中是一名裸女，站在蓮花池中，頭梳高髻，飾以紗巾，佩戴項圈、臂釧、手鐲，胯部有飾物，她左手撫乳右手置腹，扭腰出胯呈三道彎姿勢。池中還有一裸身男童，雙手抱住裸女的腿，仰望著她。裸女也回首俯視男童，面帶欣喜和嬌羞之狀。環繞水池的是棋盤格狀圖案，水面飄浮著蓮花。

斯坦因在描述這幅畫時說：「畫面輪廓簡潔，以優美的線條勾畫出了頗具活力的神韻。右手纖指撫著胸口，左臂以曲線彎至腰部，四條繫著小鈴的帶子繫在臀部周圍，酷似早期印度雕塑藝術中的舞女。但奇特的是，描繪得很精緻的葡萄葉子，出現在古典後期藝術品本應繪有無花果的地方，浴女的臉側向她自己的右方，向下看著小男孩……池中蓮花描繪得十分逼眞自然，以各種姿態浮現水面，有的含苞待放，有的半開，色彩也從深藍到暗紫不同，說明這些聖潔的蓮花是畫師長期觀察而非常熟悉的……水池前面還畫有一匹沒有騎者的馬和其他一些人物，使人聯想到它的主題可能是表述一個荒誕的神話，即玄奘所記于闐南邊河流中的龍女，向人間求婚的故事。」

斯坦因在這裡所說玄奘記載的神話，是《大唐西域記》中〈龍女索夫〉的故事。故事說，古代于闐城東南方有一條大河，用以灌溉農田。後來河水斷流，據說是龍的緣故。國王在河邊建祠祭龍，龍女便凌波而至，說她丈夫亡故，使她無所依從，如國王爲她選配一夫，水流即可恢復。後來選中一大臣，穿白衣騎白馬進入河中龍宮，從此河水不斷，造福百姓。如果這幅畫如斯坦因

所說，是玄奘所記龍女索夫故事，那畫中裸女就是龍女，抱她腿的男童可能就是她的新夫——按古代佛教繪畫神大人小的處理慣例，畫面上的人物關係是可以成立的。

這幅藝術傑作集中呈現了于闐繪畫中西合璧的相容性特點。龍女優美的裸體、富有節奏韻律的三道彎姿勢及小巧的裝飾物，呈現出古印度通常的造型手法和犍陀羅藝術觀念；而剛柔兼濟具有高度概括力的線描技術和龍女眉眼的畫法、面帶羞怯的表情和以手遮乳的姿態，則是中原繪畫藝術和觀念的寫照。斯坦因對四幅怪異圖畫的解釋得到許多中外學者的認可。但也有國內學者不同意斯坦因上述觀點，認為應該從佛教故事中尋求繪畫的確切內容，在藝術表現手法上，也不應處處與希臘和印度風格拉在一起。

仁者見仁，智者見智。但無論如何，斯坦因在丹丹烏里克發現的繪畫作品，其意義遠遠超出藝術本身。斯坦因在丹丹烏里克發現的繪畫，為人們打開了古代于闐社會生活的一幅幅畫卷。但最為絕妙的驚人巧合是，斯坦因的發現，用實物證實了玄奘的文字記載。

20.誰能破解漾濞岩畫的秘密？

1994年10月的一天，雲南漾濞縣文化館的一位文化幹部到縣城外不到十公里的河西鄉金牛村辦事，聽村中的醫生說起，山上有一巨石因像個帶帽的人頭，名叫草帽人，在「草帽」下面有許多影子般的小人、小獸在上面，時隱時現，有人說是過去仙人留下的圖畫，有的又說是神鬼的符咒……這位文化幹部立即被吸引住了。憑著多年文化工作的經驗，他隱隱約約的意識到，將會有一個重大發現。他激動起來，請醫生帶他上山看看。於是，漾濞岩畫就這樣被發現了。

◎在絲路的這座小山坡上，有許多過客們留下的岩畫和銘文。

就整個畫面初步統計，現可識別的人像共計一百零七人，動物二十八頭。人像中，高度最大為四十八公分，最小為四公分半。從內容來看，這些圖畫的產生年代應是十分久遠的了，到底產生於什麼時代？出自什麼樣的人或人群之手？它到底反映了什麼樣的生活圖景和文化觀念？還尚待進一步的研究。

岩畫的海拔是二千餘公尺。作爲岩畫載體的那塊叫做「草帽人」的大石頭，遠遠地從側面看去，與其說是像戴草帽的人，不如說是更像一口大壽材，岩畫就在壽材大頭的一側；從正面看，才像一個戴帽子的人頭，伸出來的「帽檐」正好爲下面的畫面擋住了許多風雨霜雪，這無疑是岩畫得以保存至今的重要原因。

從有畫的一側測量，這塊石頭距地面最高處有約九公尺，全長二十三公尺，總面積約一百零八平方公尺，有畫面積約二十一平方公尺半。畫面估計是由赤礦粉拌和動物血做顏料繪製而成的，大多呈赭褐色，少量偏黃；細看不難發現，一些原有模糊的圖像上又覆蓋上了另外的圖畫或幾個手巴掌印，估計是不同時期的「作品」。

可惜左上角已經剝落，中間被雨水沖刷去了一小部分。現在能見到的畫面情形是：右上方是一頭碩大的野牛的側面像，高二公尺多，似奔跑狀，牛頭和牛前腿畫得生動有力，但牛身的後半部卻剝落難辨了。畫面的左下部有一頭被圍欄圈住的野獸，似熊，熊下面有一欄杆似的建築，也像一個被圍住的動物，到底是什麼，尚待進一步的確定。

再下面可以看清楚的人有二十多個，排成五、六排，他們手挽手，就像現今雲南的許多民族過年節一樣，大概是在跳舞唱歌。右下方的部分可算是畫面的主體，這裡的圖畫最精彩，內容最豐富，有圍著一棵結滿果子的樹，或爬在樹上或等在地下採集的人群，有雜在豺狼虎豹當中圍獵的人們，也有在初升的旭日前攜手而歌的人……這一部分可看清的動物有二十六頭，人物七十五個，人像有大有小，動態多種多樣，大都很生動。

山腳下的金牛村和松林村都是彝族居的村寨，只是由於它們

處於博南古道的交通要道上，長期受外來文化的浸染，這裡的居民在很多方面都已漢化了，他們的語言服飾已與漢族人沒有什麼區別。不過，一些老人依然能講述村子裡一代代流傳的關於岩石畫的故事：

很久很久以前的一天，不知從何處來了七位仙人。他們從勸橋河過來，經過平壩，沿著山路慢慢向上登。到了半山，已近日午時分，他們就搬來三塊石頭，架起鍋來煮飯吃，還順手製作了一張大炊凳，坐在上面舒舒服服地吃飯、休息。現在，三鍋卡石和大炊凳都還在，大炊凳是村民們在下山中途歇息的最佳處所，不管天氣怎樣炎熱，累得滿頭大汗的人一坐到大炊凳上，就會感到涼蔭蔭的，愜意極了。

七個仙人吃過午飯，休息一陣，又繼續往前走，不久他們就來到了「草帽人」的大石前，舉目四望，風景極佳，東有漾濞江日夜奔流，南有漾濞壩子鬱鬱蔥蔥，西有石門關險峻無比，北邊依枕著蒼山浮雲，開地玄機孕育其中，仙人們一個個看得出神，迷戀不已，乾脆就留了下來，在「草帽人」上吟詩作畫，撰寫「天書」，並把不遠處的一塊巨石鏟平了當戲臺，在上面編排了一幕幕戲曲，唱戲的景象也映在了石頭上……。

一天，有一位平民上山打柴，帶著砍刀和繩索，來到「草帽石」，見石上有人在下棋，戲臺上有人唱戲，忍不住也爬上大石去觀望，並對下棋人指指點點。這些人嫌他煩，給他吃了一個桃，他很快就呼呼睡著了，等他一覺醒來，仙人們早已無蹤無影。他摸自己身邊的打柴工具，刀把和繩索已經腐爛；不遠處的戲臺已斷成了兩截，只有「草帽人」一側的「天書」和唱戲時留下的影像依然完好……。

這一帶人人都深信這些岩畫是很早以前神仙留下來的，他們說，岩畫上的小人會變化，時有時無，時顯時隱，夜晚有時還會出來活動，甚至可以聽得到唱戲的聲音。因此，天黑以後村民們絕少有人敢到「草帽石」附近去，前不久，漾濞縣文化局為了保護岩畫申請了經費，要在岩畫前做個鐵圍欄，請了民工去幹活。他們第一晚派人留守，都說看見了人影，聽見了唱戲的聲音，嚇壞了這些民工，從此以後再也沒有人敢留守在上面過夜了。

21.懸崖上的巨型足跡是誰留下的？

在四川邦達至昌都的公路邊懸崖峭壁上，印有一左一右兩個一人餘高的巨型神秘腳印。據目測，兩個巨型腳印在離地七、八公尺高的懸崖峭壁上，長約一百四十公分，寬約四十公分，一左一右前寬後窄，絕非人工雕刻。

據當地人介紹，1997年擴建邦達至昌都公路時，施工隊沿途開山炸石。一聲炮響後，一塊巨型岩石從此處落下，人們驚訝地發現被炸開的峭壁橫切面從下至上有一串巨大的腳印！其中下方三個腳印已模糊不清，而最上面兩個腳印卻保存完整。對於這一神秘腳印，有人說是冰山雪人，有人說是外星人遺跡，考古人員認為該神秘腳印可能是距今一億五千萬年前，古脊椎動物活動的遺跡，並在此腳印旁註明了這一考證結果。

當中國《成都商報》報導了西藏發現一億五千萬年前動物腳印的消息後，引起了彭州市新興鎮獅山村村民的共鳴，原來在獅山村獅子山一峭壁由下至上也有一大一小兩行神秘腳印，蜿蜒延續十多公尺。面對這種奇怪的現象，人們不僅會問，這兩個地方的腳印究竟是誰留下的？有沒有什麼內在聯繫？

在獅子山半山腰一峭壁離地十多公尺高處，陡現一大一小蜿蜒而上的兩行腳印。右側一行腳印長約四十公分，狀如人腳形；左側腳印約十公分，碎步難辨。當地村民說，這些神秘腳印是當年二郎神收孽龍時留下的。

據傳，孽龍興風作浪水淹彭州震怒玉帝，二郎神受命收服牠。孽龍聞風而逃，帶著哮天犬緊追的二郎神揮劍斬之，孽龍騰

身閃躲，二郎神一劍把這獅子山腰一巨石劈成兩半。孽龍飛上峭壁，二郎神和哮天犬步步緊逼，遂在峭壁上留下一串腳印。孽龍側身鑽進峭壁左下側，順著山洞逃到都江堰，二郎神費盡周折才在都江堰將孽龍制服，鎮於伏龍觀下。

被「劈開」的裂縫非常平整，內側生有暗紅色苔蘚，相傳這是二郎神劍劈岩石留下的鐵銹。傳說中，孽龍逃竄時所穿過的山洞，其洞口如今已被樹木掩映。據說二十世紀初，當地人組織入洞尋找「通往都江堰」的出口。洞內雖無歧路，但因河沙堵塞，估計有暗河存在，行走艱難。當探險隊點燃第七根蠟燭繼續前行時，突然陰風大作，吹滅了蠟燭，也吹滅了探險隊最後的信心。山洞是否真能通到都江堰？當地人至今仍爭論不休。

關於這兩行神秘的腳印還有這樣一個民間故事：

當年，四處搗亂的孽龍來到關口（現彭州九龍鎮），一時興起就撒了一泡尿，哪知竟使整個彭州陷入一片汪洋大海！正在都江堰治水的李冰立即派兒子李二郎趕來收服孽龍。激戰中，李二郎一劍竟將山腰一塊巨石劈成兩半，四射火星濺在峭壁上頓時化作豔麗金黃的金采花。孽龍逃往都江堰，被李冰布下的天羅地網捕獲，遂將其鎮於伏龍觀下。李二郎騎著戰馬躍上峭壁騰雲而去，神秘腳印從此永留人間。

獅山村村長劉應平稱，他曾在距神秘腳印十里外的深山裡發現一巨大的橢圓形「鐵蛋」。「鐵蛋」色澤奇異，用力摔開後如「千層鍋盔」，一層層剝去後只剩很小的內核，他估計是恐龍蛋化石。獅山村向都江堰方向西行十公里便是磁峰鎮蟠龍村，而該村果真發現過恐龍遺跡！

1981年7月，蟠龍村村民炸山採石時意外發現兩個巨大的神

秘腳印。經省考古隊考證，這竟然是距今兩億多年前的晚三疊紀恐龍腳印。經測量腳印長三十二公分半，最長腳趾達十七公分半，兩腳間距爲九十六公分。估計恐龍體長七公尺，重達數噸。

　　這下更加撲簌迷離了。難道附近眞的是恐龍或者其他古代巨型脊椎動物生活過的地方嗎？它們在什麼情況下在岩石上留下自己的腳印呢？是地殼運動的結果，還是什麼特殊原因？人們不得而知。

22.新疆古鞋印化石之謎

　　1997年3月20日，在新疆烏魯木齊市紅山發現了一塊奇特的化石，化石岩面上有個很像人類鞋印的印跡，印跡跟部有一條小古鱈魚。化石出土於晚古生代二疊紀內陸湖盆的灰岩、葉岩、油葉岩地層中，距今約二億七千萬年。鞋印的印跡全長二十六公分，前端最寬處十公分，跟部寬五公分，前寬後窄，並有雙重縫印，形態酷似人類左腳穿著皮鞋的鞋印。鞋印內有一條頭朝鞋跟部、體長十三公分的古鱈類小魚，標本背面劈開部分，能看到鞋印受外力擠壓後形成的砂土粘連層，前部厚二公分，中部厚一公分半。劈開後的另一塊岩石面上，還有一條大鱈魚，牠與鞋印約成九十度，埋藏於底部。劈開時大鱈魚的頭、腹粘連於鞋印背面，鱈魚背、背鰭、尾部均清晰可見。

　　這塊極端反常化石的發現，不僅引起人們極大的興趣，也使人們陷入不解和困惑之中。古代鱈魚的出現使地層鑄上了二疊紀鮮明的烙印，說明它形成於約二億七千萬年前。考古人員反覆研究這塊奇特的化石，眼前仿佛再現了二億七千萬年前發生這起事件的一幕：那是在二疊紀早期，這裡是氣候濕潤的浩瀚湖區，水中魚蝦成群，水龜出沒，恐龍的祖先——原始爬行動物在岸上探頭探腦，一條調皮的大鱈魚趁湖水上漲游到岸邊戲耍，當湖水退去時，牠已經無法游回，便靜靜地躺在細軟的潮泥裡永遠地睡去了。又經過了很多很多年，大鱈魚成了化石。當湖泥還濕潤具有彈性時，一隻穿著皮鞋的腳踏在了距離鱈魚尾巴只有半步遠的地方，留下一個註定要在二億七千萬年後被人類發現的不尋常的印

跡。湖水又一次上漲時，一條只有十三公分長的小鱈魚又再一次重蹈覆轍，隨著湖水游到岸邊，不幸的是小鱈魚偏偏鑽進了鞋印裡。當水流退去後，小鱈魚也被永遠留了下來，鞋印成了牠最合適的墓穴。這塊吞噬了兩條生命的泥地隨著不斷的沉積，經過了漫長的二億七千萬萬年，鞋印連同鱈魚形成了這塊奇特的化石。

從印跡的形態及尺寸上看，它是一隻左腳的鞋印，鞋底上的雙重縫印跡清晰。岩面上凹陷處，兩端深中間淺，其受力前大後小，與人類走路時腳尖著力大，腳弓著力小的原理一致。更加令人不可思議的是，這枚化石與在美國發現的皮鞋印化石非常相似，其雙重縫印的痕跡如出一轍。以至於有人戲言，二者就像是穿著同一雙鞋子的腳踩出來的。

早在十九世紀末，在美國肯塔基州傑克遜縣昆布蘭山修公路時，就曾在這個大約有三億年歷史的石炭紀岩層內發現了兩個「闊大的人類腳印，而且腳趾分明，異常清晰」。1927年，在美國內華達州菲夏峽谷的三疊紀地層中，發現了雙重縫製的皮底鞋印，所用的線比1927年美國街頭修鞋匠慣用的線更為精細。1975年，在美國奧克拉荷馬州黑臺地發現了許多人類遺跡化石，而化石的沉積地層，是中生代白堊紀砂岩層。白堊紀正是恐龍統治地球的時代，人類根本還沒有出現。此後，在美國玫瑰谷發現的和恐龍在一起的人類腳印，和在羚羊泉發現的踩著三葉蟲的皮鞋印，更是引起了舉世震驚。

根據古生物學理論，在我們居住的地球上，三十億年前，最初的生命——單細胞生物出現在海洋之中。經過漫長年代的進化，出現了多細胞的生物。到了距今四億年左右，有了最早的脊椎動物——魚類。距今兩億多年前，巨大的爬行類動物恐龍曾經

統治世界，但到白堊紀結束時，恐龍滅絕了。此後是哺乳動物的時代，到二百萬年前至三百萬年前，原始人類在地球上出現。這是科學界公認的地球生物進化過程。據此，任何背離了這一進化過程的事物，科學界都認為是違反了自然規律而不可置信的。然而隨著反常的古生物化石不斷地發現，現代的科學界面臨著前所未有的巨大挑戰。如果化石表明，人類是和恐龍共處同一時代，我們以前的進化理論又如何解釋呢？

這塊珍貴的化石，給科學家們帶來了一個巨大的疑問。根據現有的研究結果，即使是從最原始的人類算起，人類出現在地球上的時間也只有三百多萬年，人類的文明史只有六千多年，而人類穿鞋帶帽的歷史不超過四千年。

那麼該怎樣理解這個二億七千萬年前的謎呢？難道二億七千萬年前就曾存在過類似人類的高級生命，穿著精製的皮鞋悠閒地來湖邊遊玩？如果是，那麼他們是誰？是來自太空的「外星人」，還是曾經在地球上發展出高度文明後來又毀滅的，在我們之前出現的史前智慧生物？這個令科學家感到困惑的不解之謎，很可能是破解地球智慧生命演化之謎的一把不同尋常的鑰匙。人類何時能用這把鑰匙打開「生命演化」的這把鎖呢？

第三章
古都城郭不思議之謎

　　追憶世界四大古文明，華夏文明成了唯一傳承至今的奇葩……當我
們懷著虔敬的心情瞻仰古人的文明碩果時，才發現歲月的風霜、烽煙的
洗禮，已把昔日富麗的宮殿變成了斷壁殘垣，已給昔日輝煌的史話，蒙
上了一層神秘的面紗……我們不明白祖先們為何鑿崖而居，我們不知道
景山建築為何恰似打坐的道士，我們找不到赤壁古戰場今在何方，我們
對石頭會浸出血水匪夷所思……。

1.北京古城牆為何獨缺一角？

　　1972年和1975年，美國發射了兩顆地球資源衛星，對北京上空九百多公里的高空進行了拍攝。從高空拍攝的照片來看，最為清晰的是明朝修建的內城城牆的影像，它的位置在現今的德勝門、安定門、朝陽門、崇文門、宣武門、阜成門、西直門一帶。儘管絕大多數的城牆、城樓已蕩然無存，或被公路所取代，但由於舊城牆原址具有非常堅實的地基和衛星攜有多波段掃描器，因而使照片上的影像十分清晰。但引人注目的是，四面城牆並沒有組成矩形，它的東北、東南、西南角都為整齊的直角，卻惟有西北角成了抹角，四角缺了一角。這是什麼原因造成的呢？

　　在探索這個問題之前，先讓我們瞭解一下北京這個世界聞名的古都面貌是怎麼發展變化的。

　　中國的首都北京，有三千多年的歷史。據北魏酈道元《水經注‧灤水篇》記載，昔日周武王封堯的後代於薊，現在城內有個薊丘，因丘名邑。西周時期的燕侯封於此，春秋戰國時代的燕國，也以薊城為國都。根據《水經注》記載和近年來的考古發掘材料，薊城的舊址，約在今北京廣安門以北和白雲觀以南一帶。秦始皇統一中國後，薊城為廣陽郡的治所。

　　從秦漢到唐代，北京是北方的重鎮，地名更改多次，但城址位置基本上沒有大的變化。遼代稱北京為南京，又稱燕京，作為遼朝的陪都。金滅遼之後約三十年，西元1153年從會寧府（今黑龍江阿城）遷都到北京，改名為中都。這是北京城從歷史上的軍事重鎮走向全國政治中心的轉捩點。此後，元、明、清三朝均以

北京爲首都。金朝在遼的舊都基礎上進行了大規模的擴建。中都城在今北京城的西南部，略呈正方形，城周圍有十五餘公里，四面各有城門三座，還在東北郊建了大寧宮。

　　據考證，現存的北京舊城牆始建於元代，定形於明代。西元1215年，蒙古軍佔領中都城，燒毀了宮城，郊外的大寧宮則保存了下來。忽必烈至元四年（1267年）以大寧宮爲中心，用了四年時間，建成了一座規模宏大的新城，名爲大都。元大都的興建，是中國城市建築史上非常壯觀的一頁。在全城設計上呈現了中國傳統的「前朝後市，左祖右社」的建都原則。大都的宮城位於太液池（今北海、中海）東岸。宮城的中心恰好佈置在全城的中軸線上。在太液池西岸，分別建立了隆福宮、興聖宮。在三組宮殿的周圍加築了一道城牆，即後來的皇城。整個皇城構成「前朝」。

　　皇城後面（今鐘樓、鼓樓一帶）是商業中心。積水潭是當時商人雲集的地方，就是「後市」。元大都規模宏大、宮殿壯麗，人口繁多，商業發達，是當時世界著名的大城市之一，它的建成爲明清北京城奠定了基礎。明時，成祖朱棣爲遷都北京，從永樂二年（1404年）到十八年（1420年）對元大都進行了改建。最重要的變動是把全城的中心線向東移約一百五十公尺，新建的宮城紫禁城稍向南移。改建的北京城，城牆全部用磚砌，周圍長二十公里。清代的北京城，基本上保持了明代的原狀，大部分建築活動是在明代的基礎上進行重建或改建，主要是增建了許多祭祀性建築物和更改一些城門名稱。清代北京城在建築上的突出成就，是在造園方面，如城內的三海（北海、中海、南海）和城外的二園（頤和園、圓明園），新中國成立後，政府又對舊北京城進行

了擴建和改建，令其面貌煥然一新。

至於四角城牆為什麼缺了一角，學術界眾說紛紜。

傳說，在明朝初年，燕王修建北京城時，命令手下的兩個軍師劉伯溫和姚廣孝設計北京城的圖樣。他們倆在設計的時候，不知何故眼前都出現了八臂哪吒的模樣，於是兩個人就都各自照著畫了。姚廣孝畫到最後，正好吹來了一陣風，把哪吒的衣襟掀起了一塊，他也就隨手畫了下來。到後來建城的時候，燕王下令說：東城按照劉伯溫畫的圖建，西城則照姚廣孝畫的圖建。而姚廣孝畫的被風吹起的衣襟，正好是城西北角從德勝門到西直門往裡斜的那一塊，因而至今那裡還缺著一角。當然，不少學者指出，這畢竟只是傳說而已，不足信。

有的認為這和明朝的創建者朱元璋有關。朱元璋自從接受「高築牆，廣積糧，緩稱王」的建議統一中國後，深感「非深溝高壘、內儲外備不能為安」。於是即令謀臣劉基、姚廣孝主持設計城池圖樣，以頒示天下如式修造。劉、姚二人反覆商討、多次修改，最後按照傳統規矩畫成了矩形圖案上交朝廷。朱元璋看後覺得不妥，他說：「自古築城雖有一定規矩，但根據我的經驗，凡事切莫墨守成規，《禮記》云：『規矩城設，不可欺以方圓。』我看還是改動一下為好。」說罷，就提筆將矩形圖案的一角抹去。隨後，由皇帝改動的城池圖正式詔示天下，使明代所建之城大都遵照此式：四角缺一角。因此，北京城四面城牆也未能組成矩形，它的東北、東南、西南角是整齊的直角，而西北角從德勝門至西直門一線卻成了抹角。

有的歷史學家、考古工作者研究後認為：元時大都的北城牆，在現今德勝門和安定門以北五里處，至今遺跡還在。令人注

目的是，它的西北角並無異常，是呈直角的。明代重修北京城時，為了便於防守，遂放棄了北部城區，在原城牆南五里處另築新牆。新築的北城牆西段穿過舊日積水潭最狹窄的地方，然後轉向西南，把積水潭的西端隔在城外，於是西北角就成了一個斜角。明初時，積水潭的水遠比現在要深得多，面積也大得多。為了城牆的堅固和建築的需要，城牆依地形而呈抹角是合乎情理的。所以，這種觀點被大多數人所接受。

近年，一些地質工作者提出了不同的看法。他們在研究衛星照片時發現，緊貼著城牆西北角的外側，正巧有一條斷層平行於城牆通過，他們稱這條斷裂為車公莊，即德勝門斷層。另外，在抹角的外側，衛星照片上隱約可見到直角的影像，這可能就是古老牆基的影像。據此，一些地質工作者提出了這樣一種設想：城牆西北角最初修築時很可能也是建成直角的，但這樣一來，城牆西北角正好斜跨斷層。由於地基建在斷層帶上，而斷層很可能還有一些微弱的活動性，城牆的堅固性就大大減弱了。也許是因為多次倒塌，後來才改建成現在這種抹角式的城牆。這樣，城牆也就巧妙地避開了斷層帶而能峙立長久了。

由於古籍、史書上沒有這方面的確切記載，專家還不能肯定哪一種是符合事實的。不過，這個「三缺一」的城牆帶給了人們許多快樂的遐想，讓人更加感到北京這個古都深厚的歷史底蘊。

2.北京著名古建築之謎

　　北京是歷史悠久的古都，珍貴的文物數不勝數，說它的古建築是這座城市最有價值的不動產，應該沒有人反對。長城、故宮、天壇、十三陵是北京最知名的古代建築，在那裡人們可以瞻仰往日皇家的威儀。但是，一些不太被人注意的古建築，也包含了這座城市的很多故事，讓人回味不已。

◎明永樂十八年竣工的紫禁城，以其規模之大、構造之精稱雄於世界建築史冊。

　　在天壇裡，有一處「小皇宮」往往被人忽略。這座「小皇宮」就是位於天壇西側的「齋宮」。天壇是明清兩代皇帝祭天的地方，每年冬至，皇帝都要到天壇祭天，祈禱五穀豐登。按古禮，皇帝須在祭天的前三天，到齋宮進行齋戒。這三天裡，不吃葷、不飲酒、不近女色、不聽音樂、不理刑事等等，對於一向錦衣玉

食、縱情聲色的皇帝來說，這當然無異於囚禁。於是，在雍正以後，又在紫禁城內興建了一所齋宮，每逢祭天，就先在宮中「致內齋」，到舉行祭禮的前兩三個時辰，才前往天壇的齋宮「致外齋」。由此看來，天壇的齋宮倒成了皇帝祭天前的休息之地。

天壇的齋宮在祈年殿西南，圜丘西北，三處成鼎足之勢。紫禁城有兩道城牆——皇城與紫禁城；天壇的齋宮也有兩道城牆：外有磚城，內有禁牆。環繞紫禁城的有護城河，內有筒子河；環繞天壇齋宮的，在磚城與禁牆外也各有一條護城河。橫架在兩條河上各有三座漢白玉橋。而且，在磚城四角各有駐軍的房屋五間，也與紫禁城四座角樓相似。足見其建制同於紫禁城，只是規模小得多。

走進天壇齋宮兩道宮門後，坐西朝東有五間大殿，綠琉璃瓦，重簷斗拱，雕樑畫棟，整個建築莊嚴華麗，這是齋宮的正殿。殿前左邊石亭中，供有銅人一個，據說是唐太宗的宰相魏徵，他手捧寫有「齋戒」二字的牌子，提醒皇帝勿忘齋戒。右邊的石亭中放著時辰牌子，告誡皇帝按時辰齋戒、祭天，切莫錯過時間。

按明、清兩代的制度，皇帝所居一律坐北朝南，且全部宮殿門廊都用黃琉璃瓦，何以天壇的齋宮卻坐西朝東？原來這些皇帝自命為奉天承運的「天子」，既然是「天」之「子」到天壇來祭天，不啻是兒子來祭父親，當然不能妄自尊大，所以齋宮只能坐西朝東，而且要用綠琉璃瓦了。

再說說囚禁光緒皇帝的瀛台。光緒皇帝推行變法、力圖振興，結果在瀛台被囚十年之久，可謂為當時最高級的囚徒，實在是悲劇人物。人們或許要問：瀛台何在？何以竟能成為堂堂皇帝

的囚籠？

　　瀛台在北京城中，在中南海的南海裡，它四面環水，實爲一小島，北部有一木橋與陸地相連。中心建築爲涵元殿，並有許多亭臺樓閣和奇石古木。它初建於明代，命名爲南台，清順治年間修葺擴建後，改名爲瀛台，當年康熙和乾隆曾多次在此聽政、賜宴。

　　戊戌政變以後，慈禧太后盛怒之下把光緒囚禁於涵元殿。涵元殿爲瀛台正殿，坐北面南。北有涵元門與翔鸞閣相對，南有香宸殿與迎熏亭相望，隔海便爲新華門。建築規模雖不如紫禁城，卻也富麗堂皇。但是，自從光緒被囚於涵元殿，此地便被淒涼、慘澹的氣氛所籠罩。光緒除了每天清晨被拉去陪慈禧上早朝外，其餘時間便被囚禁在此，嚴禁外出。侍奉光緒的太監，均經慈禧的心腹李蓮英親自挑選，對光緒名爲服侍實爲監視。據說某年的冬季，南海水面已經結冰，一天，光緒微服出行，孰知剛走不遠，便被守門人發現，即「跪阻」返回。事後，慈禧太后聞知此事，居然命人把水面的冰鑿開，以防光緒逃走。

　　光緒皇帝在瀛台的囚禁生活中，度過了他生命的最後歲月。直到光緒三十四年十月二十一日，光緒早慈禧太后一天死於涵元殿東室，結束了他的一生。由於他的死與慈禧太后僅相差一天，因而有人懷疑是慈禧把他害死，也有人說是袁世凱用毒藥把他毒死。這都只能是歷史疑案了。

　　現在，北京充斥著所謂的現代建築，許多老建築也面臨著「拆」的命運。在拆拆建建當中，北京人都快想不起老城牆是什麼樣子了。北京城牆大都已拆掉，惟保留了三座門樓：正陽門、東便門和德勝門。

北京有句老話：先有德勝門，後有北京城。此話道出了德勝門的來龍去脈。元朝末年，大將軍徐達率領軍隊攻破了元朝的大都城（即北京），元順帝急忙從大都城的北門建德門逃走了，元朝從此滅亡。徐達便把建德門改成德勝門，也叫得勝門，可能是紀念明軍取得勝利之意，這是洪武元年（1368年）的事。到了永樂十八年（1420年）修北京城時，就把大都城的城牆南移兩公里，另外修了城門和甕城，還叫德勝門。由此看德勝門的命名早於北京城五十二年。

北京城建成了，共有九個城門，各有各的用途。在封建王朝時代，皇帝專門喝玉泉山的泉水，為皇帝運水的水車，從西直門出入；給宮廷運煤的煤車出入於阜成門；正陽門出入皇帝祭祀天地的車輦；朝陽門走糧車，東直門通柴車，崇文門進酒車，宣武門出刑車，安定門出戰車。出兵打仗，得勝還朝，要進德勝門。據說，清朝士兵們進德勝門時還要高唱「得勝歌」。

北京內城有九門，這九門都有城樓和箭樓。可是，德勝門的箭樓卻有點與眾不同。拿正陽門來說，箭樓下有門洞和城門，而德勝門的箭樓卻沒有門洞和城門，也是北京獨一無二的沒有門洞和城門的箭樓。

德勝門已經有五百年的歷史了，在明朝嘉靖年間和清朝康熙年間都曾經重修過，民國初年也修繕過，後來因為財力不足，只修了半個城台就停工了。民國十三年，北洋政府索性將城樓拆掉，賣了木料，用這筆錢發薪金給政府官員。

人們由故宮神武門進入御花園時，每每為回環園內的石子通路所吸引而流連忘返。故宮御花園裡的花石子路又稱石子畫，是由五色勻稱的石子綴成一幅幅生動的畫面，其中有花卉、人物、

博古、建築、飛禽走獸及吉祥圖案等七百多幅，色彩斑斕，豐富多彩。

石子畫是用磚雕成花紋，或以瓦條組成花紋，然後中間塡鑲石子，鋪綴各種圖案，如七巧圖、什樣錦、博古等。七巧圖是用長方、正方、菱形、梯形、矩形等爲輪廓，中間鑲以花鳥植物圖案，有荷花鴛鴦、雙鳳花卉、鷺鷥蓮花、三松友鶴、鳴鳳在竹等，千姿百態，錯雜其中。什樣錦以石榴、蘋果、佛手、瓜、蝙蝠、古磬等爲輪廓，畫面有二老觀棋、五子奪蓮、漁樵耕讀、犀牛望月、紅日出海、獅子滾繡球、漁家樂等，人物形象生動，極富情趣。博古是在多種形式的多寶格裡，鋪綴上花瓶、盆景、花觚、卷書、山子等古玩陳設，造型古樸，雕琢精細。

當年的能工巧匠構思十分神巧，如以正在啼鳴的公雞和牡丹表現「功名富貴」，以荔枝、桂圓、核桃寓意爲「連中三元」，以一個裂開的石榴表示「多子多孫」，以五隻蝙蝠環繞一個「壽」字組成團花圖案象徵著「五福臨門」等。

御花園裡的石子路縱橫花園南北，五顏六色，光潤華麗，結構精巧，優美別緻。在電影《火燒圓明園》裡曾有一個特寫鏡頭，雖只暫短的一瞥，卻引起人們美好的回憶。如到御花園觀光，可千萬注意足下，不要錯過欣賞石子畫的機會。

在頤和園的昆明湖東岸，十七孔橋邊，是一座銅鑄的如眞牛大小的牛，臥著，昂首凝視遠山近水。據說它是二百多年前，乾隆皇帝重修頤和園時鑄造的。

中國古代就有把銅比爲金的說法。因此，不少人把這個銅牛叫做金牛。乾隆皇帝還命人在牛身上刻上了一首「金牛銘」。據說當年八國聯軍侵入北京後，大肆劫掠。有些洋人聽說昆明湖邊

有金牛，就進園搜索，可是這頭牛又大又重，砍不動，搬不走，仔細看乃是黃銅鑄成，就亂砍幾刀，連呼晦氣悻悻而去。

爲什麼要在昆明湖邊鑄造這頭牛呢？大體有幾種說法：

一是「五鎮」說。傳說北京城有金、木、水、火、土五大鎮物。大鐘寺有「鐘王」之稱的大鐘是金鎮，景山是土鎮，昆明湖則爲水鎮。湖邊的銅牛是爲了鎮水。

二是「洪水標誌」說。北京的地勢是西北高，東南低，昆明湖在北京的西北，比紫禁城的地基高約十公尺，到了多雨季節，仔細觀察昆明湖水位與銅牛地基的距離，可據以做好城裡的防洪工作。

三是「牛郎織女」說。在昆明湖西堤的玉帶橋附近，有一個栽著不少桑樹的「耕織園」村。二百年前，那裡的人們採桑養蠶，煞是熱鬧。而昆明湖東岸又有一頭銅牛，於是把前者比作織女，後者象徵牛郎了。

老北京的故事太多了，可惜現在知道的人越來越少，這可能是城市現代化的必然結果，也許人們應該反思一下這個問題了。

3.誰是古崖居的主人？

　　北京的歷史不僅悠久，而且非常複雜，可以說交匯了眾多朝代和眾多民族的活動。在北京延慶縣西北部的張山營鄉的山崖峭壁上，佈滿了大大小小像蜂窩一樣的人工刻鑿的石室。這些石室被今人稱爲「古崖居」，它是哪個時代，哪個民族的人鑿建的？至今還是一個令人困惑的謎。

　　石室分佈在前後兩個溝內，共計一百一十七個。其形狀多種，有長方形、方形、三角形及圓形。這些石室均鑿在離地面四、五十公尺高的石壁上。石室的面積大小不等，小的不過三、四平方公尺，大的約有十多平方公尺。有單間的，有裡外套間的，還有三室相通的。有平行相連的，也有上下兩層的。上層多數是住人，下層大多是飼養牲畜或是用來貯藏東西的地方。有的爲了便於對牲畜的管理，裡間用來住人，外間用來關牲畜。

　　通往上下層石室多有石蹬可供人使用。有的是借用梯子上下攀登。石室內有石炕和做飯、取暖用的石灶設備。由於時間久遠，原本蓋在炕上的石板早已不知去向，只有彎彎曲曲的炕道露在外面，這種炕道與今天北方農村的火炕設計幾乎別無兩樣，可見火炕的設計歷史也相當悠久了。這裡炕沿下是灶，灶與炕是直接連在一起的。冬天，一邊做飯，一邊就可取暖，且有煙道通向室外，這種較爲科學的設計至今在農村還被廣泛地利用。所不同的是今天農村的土炕比較寬長，至少可睡四、五個人，而石炕一般只能容納兩人。用來做廚房的石室內牆壁上，還有存放佐料或炊具的壁櫥，以及放置油燈的燈檯。石室內不僅有通風孔，在石

室的前簷處還有能通到室外的水溜，它是用來接引雨水，供人畜飲用的。

在前後溝之間距地面十多公尺的地方，有一個宮殿式的石室。這個石室也分上下兩層，但刻鑿得比其他石室更為精細，也比較講究，它是經過精心策劃、設計、鑿刻而成的。石室的正中央有一個約三尺高的石台，台的四周有四根頂立的圓石柱，當地人稱這個石室為「官堂子」，說是當時官員們開會、商量大事的地方，有的說它是氏族首領召集全體氏族成員開重要會議的場所。或是同他族、部落進行戰爭時，首領發佈命令、做戰前動員的地方，有的還說是氏族成員進行祭祀的地方。總之，它的建造比較特殊，除四根圓圓的柱子外，還是重簷結構。如果不是親眼所見，很難想像它是花崗石刻鑿的。在「官堂子」的上層，還是二室和三室相連通的石室。

據分析，當時居住在這裡的居民是已經發展到一定社會階段的少數民族。他們飼養的牲畜多數是善於登高爬山、身材比較矮小的馬。飼養室裡至今還有餵馬吃草用的石槽和栓馬用的石孔存在，它們皆是利用花崗石天然狀況刻鑿而成。不過這些石室究竟是何人刻鑿？又是何人在這裡居住？延慶縣的縣、州志都沒有記載，以至於目前還沒有較準確的答案。

在石室內曾發現唐代的陶片，還發現遼代的一個銅勺。因此一些人推斷石室可能鑿於唐以後，或上限至唐代，下限可至遼代。他們推測說是北方部落奚人建造的。

五代時期，契丹民族在阿保機統治時強盛起來。居住於北方的室韋、奚等族皆降服於契丹。奚人遭受了契丹人的殘酷壓榨，後來不堪虐待，於是逃到了遠方的嬀州，而唐、五代時延慶正是

歸屬嬀州。從此，奚人靠採北山麝香、人參來賄賂當時鎮守幽州的劉守光以求自保。後來，奚人自己又鬧起了分裂，分為東、西兩部。嬀州恰恰是西部奚人活動居住的地方，他們到洞溝定居是完全可能的。更何況，嬀州盆地有山有水，在山林中可狩獵、採集，在山林草地內可放牧，在平原地區可以從事種植。有文獻曾記載，奚人是一個善於適應各種生活環境的民族，他們利用嬀州這得天獨厚的自然環境，造石室過定居生活也是不足為奇的。也有人說，它是唐代奚人酋長夏季避暑的地方。

有人根據古崖居的佈局和鑿刻的水平，推測說時間距離現在不會太遠，不可能是遠古時代，不是為居民所居住，或許是古代屯兵的地方。但石室是由單間、二室、三室構成，因而屯兵的可能性又很小。有的人還認為是當時人們為躲避戰亂或洪水，在這隱蔽的深山溝裡刻鑿石室而居。不過，這種可能性似乎極小。如果為躲戰亂或洪水，人們就不會鑿刻得這樣精細，並且，從它的規模看，並非為一日之功，倉促間更不會去建什麼祭祀台或會議室。

關於石室開鑿的起止時間和什麼人在這裡居住的問題，眾說紛紜。不能僅僅根據一點文獻記載，或憑所發現的唐代陶片及一件遼代實物就判斷是某某族在這裡居住過。在沒有更多的考古資料作出較為確切的論證前，是很難判斷它是由什麼人在何時所為。我們暫且把它歸為未解之謎的行列吧！

中國地理不思議之謎

4.景山平面圖爲何酷似打坐的人像？

景山在紫禁城北門神武門對面，元代本是大都城內的一座土丘，名叫青山。明永樂十四年營建宮殿時，把拆除元代舊城和挖掘紫禁城護城河的泥土，堆在這裡，取名萬歲山，意在鎮壓元朝的王氣，所以又叫鎮山。傳說皇宮在這裡堆存煤炭，又俗稱煤山。崇禎十七年（1644年）三月十九日拂曉，李自成率起義軍攻進北京，崇禎帝朱由檢逃出宮城，在煤山東麓的一棵槐樹上自縊。清順治十二年（1655年）改名景山。

1987年1月在北京地區航空遙感成果展覽會上，爆出了一個驚人的消息：遙感拍攝的北京景山公園平面園林圖，酷似一尊盤腿打坐的人像，被稱之爲「景山坐像」。這不是杜撰，而是透過精密的遙感技術測定的，在園林北部壽皇殿建築群是「坐像」的頭部，大殿和宮門組成眼、鼻、口，眼睛眯著，面帶笑容；鬍鬚是松柏；肩、胸、手、腿是南部那座山。「景山坐像」引起了科技界和考古界的廣泛興趣，幾年來，專業人員爲此作了大量的研究考證，但收穫均微，至今還是一個沒有解開的謎。

後來，關於「景山坐像」又有了一個新說法。武當山拳法研究人員譚大江經過精心研究分析，認爲北京「景山坐像」與武當山「紫霄坐像」均爲道家養生圖示，「景山坐像」乃道教之神，是因爲「坐像」頭上戴冠，面有鬍鬚，雙手合併放在腹前，特別符合道教之神的貌態，與真武大帝像相似。而「景山坐像」建於明朝永樂年間。明成祖朱棣打進南京，奪了皇位，也解釋爲得到了真武神的幫助，因此即位後即建宮觀報答真武神。

若干年前，譚大江與有關人員在對武當山古建築群研究中就發現，武當山紫霄宮建築群與其周圍山勢地形是根據人體形象妙意安排的，酷似一尊人像，所以稱為「紫霄坐像」，與「景山坐像」有異曲同工之趣，所以說兩者都是道家練功養生的示意圖。

這個推斷很讓人迷惑，道家為什麼要將建築設計為養生圖示而卻又讓人不易發覺呢？

譚大江認為，道教的經典道藏雖包含十分龐雜，但始終貫穿一個願望——「長生不老」。道家按照「天人合一」的道義修性煉真，並力圖把這種奧秘告知世人。但是，道家最講究的是「沖虛」、「恬淡」，在清高脫塵的心理和觀念的支配下，他們又不願將「天機」廉價地送給「俗人」，所以他們便煞費苦心地在建築佈局上「暗示」眾人，通過這種玄妙的方式來啟示他們。說「景山坐像」是道家練功圖示，還在於北京景山公園的建築佈局、方位以及建築景點的名稱都符合於道家內功修煉的術語要求，而道家修煉功的術語從來都是以隱語出現的。

這座建築到底要告訴人們什麼呢？在五百年後的今天，「景山坐像」所引起的爭論至今還沒有蓋棺定論。

5.避暑山莊爲何鍾情青磚灰瓦？

在河北承德，保存著中國最後一個封建王朝的皇家宮邸——避暑山莊。承德地處古北口外，其地理位置在清代很受統治者重視，順治帝曾來圍場縣北部察看地形。自康熙四十一年（1702年）開始，從北京到承德至圍場沿途中修建了八處行宮，到乾隆中葉，已有十四處行宮。避暑山莊和北京故宮同是清代皇家宮邸，但是避暑山莊裡的所有建築卻不像故宮那樣金碧輝煌，而全部罩以灰瓦，這是爲什麼呢？

避暑山莊是按照康熙皇帝的意思建造的。康熙在中國歷史上可算是一位遠見卓識、文武兼備的明君，他對當時社會經濟的恢復和發展，反對外來殖民勢力的侵略和顛覆，維護國家的統一和國內各民族的團結都作出了傑出貢獻。康熙一生南征北戰，學貫中西、知識淵博，在數學、天文、地理、醫學、書法、詩畫等方面都有研究。他更提倡節儉，常以「勤儉可以興邦，奢侈可以亡國」的道理來勉勵自己。正因爲如此，西元1703年，康熙在修建承德離宮時，提倡以樸素淡雅爲主要建築格調，遂下令這裡的所有建築全部以灰瓦罩頂。

最能呈現他這一思想的，便是避暑山莊的正殿「澹泊敬誠」殿。當年，清帝過生日、正式接見文武大臣、國內少數民族王公貴族以及外國使節等「大典」，都在此殿舉行。此殿全部爲楠木結構，俗稱「楠木殿」。殿頂爲灰瓦，天花板及門窗全部爲楠木雕刻。殿內「寶座」上方高懸「澹泊敬誠」匾額，這四字的意思，就是康熙嚴以律己的節儉思想。他從諸葛亮的《誡子書》中

得到啓發。諸葛亮在寫給兒子諸葛瞻的信中曾有這樣兩句話，即「非澹泊無以明志，非寧靜無以致遠」，意在告誡其子應該如何修身、立志、治學的道理。康熙對此十分讚賞，於是按此意把避暑山莊的正殿取名爲「澹泊敬誠」殿。這樣，「澹泊」二字可解釋爲恬淡寡欲，沒有奢望，而「敬誠」二字便可引申爲只有在寧靜之中才能修身、養德，達到遠大的目標。

　　既然避暑山莊外罩灰瓦，可建在離宮旁邊的外八廟爲何卻又金碧輝煌呢？康熙和乾隆經常在承德接待漠北、漠南、青海、新疆的蒙古族、維吾爾族、哈薩克族和西藏、四川等地的藏族、苗族等少數民族上層人物。鄰國的使節也來避暑山莊覲見皇帝。爲尊重各民族的宗教信仰，避暑山莊周圍建起了漢、蒙、藏不同風格的寺廟，俗稱「外八廟」。清政府在這裡進行了一系列政治活動，緩和民族矛盾，調節外交關係。

　　外八廟位於離宮東面和北面的山麓間，其實共有十二座（現存九座）。這些寺廟是按照清朝統治者的意圖，實行「佛法兩施」的政策建造的宗教建築，不僅形狀高大巍峨，而且裝飾華貴，更以金碧輝煌取勝。屋頂除有金漆、彩畫、琉璃瓦外，有的寺廟還用上了金瓦，大大超過了皇宮的規制。這與離宮的灰瓦相比，恰恰成了十分鮮明的強烈對比。原來，皇帝這麼做是爲了懷柔的需要，這一切都表現了清帝「尊崇黃教、綏服遠藩」的政治需要。

　　因此，承德不僅是清帝與后妃們避暑的勝地，也成爲北京以外的第二個政治中心，對鞏固國內統一和防禦外來侵略具有重要意義。

6.慈禧爲何痛恨「蓮葉托桃」？

眾所周知，慈禧生活驕奢淫逸，性格專橫跋扈，這在她下令建造的保定行宮裡一覽無遺。

慈禧行宮在保定古蓮池畔。在蓮池北塘正東有一端莊秀麗的水東樓，樓分上下兩層，構造獨特，下層寬展，上層內縮，空出豁敞的樓臺，邊沿有雙層欄杆保護。憑欄四顧，可飽覽蓮池勝景。奇怪的是，此樓殿堂屋脊上有一「蓮葉托桃」的石雕，其他殿堂上也多見「蓮葉托桃」的造型。當年的建築師在設計上爲何如此別出心裁呢？

◎慈禧出行圖。

提起「蓮葉托桃」石雕的來歷，有一段有趣的故事，這是由當年慈禧西逃引起的。

1900年8月間，八國聯軍攻佔北京，慈禧嚇得魂不附體，遂挾光緒等人慌忙出逃。他們裝扮成老百姓模樣，晝夜兼程，從北京一直跑到西安。同年十一月，英、法、德、意軍隊侵入保定，蓮池寶物被洗劫一空，亭台樓榭被摧毀殆盡。翌年，慈禧從西安經保定返京，提前幾個月便通知要經過的州城府縣，爲她建造行宮。

負責這項工程的是新上任的代理直隸總督兼北洋大臣李鴻章。李鴻章爲討慈禧歡心，便到處選調能工巧匠，強拉民夫，不分晝夜地強迫人們趕修行宮，並修建蓮池爲「御苑」，爲剛遭洗劫的保定民眾帶來極大災難，全城百姓怨聲載道。被召來的工匠們更是氣憤和痛心，爲了出氣，大夥兒一合計，便在宮殿屋脊上雕塑了一個大荷葉，荷葉上托著一隻大仙桃。荷葉又名蓮葉，「蓮葉托桃」諧音爲「連夜脫逃」，意在影射慈禧一夥連夜逃出北京的醜態。

　　當時，大太監李蓮英看出了破綻，稟告了慈禧。慈禧惱羞成怒，下令殺害了工匠們，石雕也同時被毀掉了。後來，人們爲了紀念被殺害的工匠，讓後人永記慈禧的這段歷史，又在蓮池的其他亭子脊上，重新建造了「蓮葉托桃」的石雕。

7.血跡為何從石頭中滲出？

明太祖朱元璋稱帝的時候定都南京，當時叫應天。他在應天為明王朝建造了第一座皇宮，可惜的是現在僅存遺址，位於南京市城東中山門內。在這裡，最引人注目的是一塊名曰「血跡石」的石頭。在青灰色的石面上，夾雜著一團團絳褐色的斑紋，猶如血跡滲透到了石頭中去。這到底是怎麼回事呢？

有的人說，這塊血跡石還保存有五百八十年前方孝孺留下的血跡。方孝孺，浙江寧海人，世稱正學先生。他不僅是封建社會裡以愚忠著稱的名臣，也是明初最有學問的大儒。

1402年，燕王朱棣率軍南下，攻破南京，建文帝亡，朱棣自立為王，就是明成祖。明成祖想利用方孝孺的聲望，籠絡讀書人，於是便命令他起草即位詔書。方孝孺堅決不從，且哭且罵道：「死即死耳，詔不可草。」悲慟的哭聲，響徹整個大殿。朱棣以「滅九族」相脅，方孝孺毫不示弱，說「十族何妨？」最後，方孝孺真的被滅了十族，其中包括他的朋友和門生，先後誅連落難的達八百七十多人。民間相傳，血跡石裡的血跡就是方孝孺當年頭撞階石所留下的。

有獨無偶，在蘇州虎丘也有一塊滲血的石頭，叫千人石，千人石是虎丘著名的石景之一。自古以來，在蘇州的民間傳說著：千人石的下面即是吳王闔閭的墳墓。吳王修好自己的墳墓後，怕工匠們洩露內情，使自己死後不得安寧，在造好墳墓後，便斬草除根，把所有的工匠和知情人都捆綁起來，砍死在千人石上。這樣，千人石每到滂沱大雨之後，都會從岩石中滲出「血水」。人

們說，那是工匠的血當年浸透了千人石之故，一下雨，就滲出來了。淡淡的「血水」，使人想起那些能工巧匠的悲慘命運和吳王的殘暴行徑。

難道血跡石裡真的有血嗎？據科學家的研究，血跡石是屬於外力作用形成的沈積岩，是由沈積岩中常見的石灰岩構成的。這種血跡石是在海底形成的，距今約三億多年。當時海水中一些具有鈣質硬殼骨骼的海生生物的遺體，參與了沉積。在這期間，牠們又與海水中的氧化鐵和氧化錳成分相作用便出現了絳褐色的團塊和條紋，經過成岩作用便形成了血跡石。以後，海底的血跡石隨著地殼運動而抬升，不少血跡石也就成了隆起的山脈的一部分了。

可能是當朱元璋命令工匠建造皇宮時，這些石頭被人們從山上採下，並加工成為我們如今所見到的模樣。而蘇州虎丘一帶在一億幾千萬年前，是火山噴出的火山角礫，火山灰掉落的山間水盆地。所以，血染之石，實際上是紫紅色流紋質熔結凝灰岩。

8.「東方瑞士」之謎

　　位於山東半島的青島市風光旖旎，景色秀麗，氣候宜人，冬夏如春，爲馳名中外的療養、避暑和遊覽勝地。國內有「花園城市」雅稱，外國人則譽爲「東方瑞士」。可是，青島這個城市的名稱是怎樣來的，至今學術界仍無一致的說法。

　　有的人認爲，青島是由海上一小島「小青島」而得名。小青島位於青島灣內，與青島市隔海相對。在德國侵佔膠州灣後，在小青島上建立燈塔，於是便用這個島的名字來命名整個市區。而在這個島的原名上加上一個「小」字，稱爲小青島。

　　說「青島」是由海上一小島「小青島」而得名，這種說法是缺乏文字記載的。道光《膠州志》、同治《即墨縣誌》均未明確兩者的關係。從字義上說，凡帶「島」字的都是由島命名也不確切，如青島附近的薛家島、顧家島等村，都是陸地，並非海島，這就不能說帶「島」的地名全爲海島。

　　魯海又引證了青島原是一海口漁村名稱，明萬曆年間開航爲海上貿易港口。清同治二年（1863年）建立海關分關。光緒十七年（1891年）開始成爲一個市鎮，也稱青島口。1898年至1929年，間整個地區稱「膠澳」，青島是「膠澳」的一個市區名稱。1929年後，青島是指整個地區的名稱。因此，青島在不同歷史時期有著不同含義。青島自古以來的南北航線有深水航線與沿岸線，沿岸航線中膠州灣爲必經之途，海岸線上的陰島及麥島以岩褐色深爲著，黃島以嶺赭土黃爲標誌，而青島樹木蔥郁，鬱鬱青青，可能由此而得名。

還有人認爲青島是由青島村發展而來的。青島在清朝末年已經是一個市鎮的名稱。1886年（清光緒十二年）道員劉倉芬在《查勘膠州灣條陳》中說：「……膠州澳澳口東青島，高四十七、八丈，有市有關，地屬即墨。」文中所說「高四十七、八丈」，實指青島山，在陸上而不在島中；「有市有關」，更非在島。所以清末青島已是陸上一地區名，再後成爲城市名。

現青島市區屬即墨所轄，清末屬仁化鄉範圍，原有十個村莊，即青島村、顧家村等，青島村就位於青島的對岸。按中國地名命名的特點，應該說青島村以青島得名。據《膠澳志》：「青島電報局始設於光緒十九年（1893年），初爲報房。」又說：「中國於1890年春設郵局於青島，兼轄青萊沂膠境內二十二分局。」青島應是具有一定規模的較大市鎮。據日文《膠州灣》所載：1899年10月12日，德國皇帝威廉二世命名「膠州保護地的新市區爲青島」，這是青島作爲城市最早出現的名稱。

還有一種說法認爲青島是來源於前海的一個小島名，即膠州灣入海口北面的青島。清同治《即墨縣誌》：「青島，縣西南百里」，在〈山川脈絡圖〉中標有這個島嶼，《海程》一卷中說：「青島西圈，可容船十餘隻。」道光《膠州志》的〈廣輪分率開方總圖〉中也畫有青島。乾隆十六年手抄本《靈山衛志》：「小青島在淮子口（膠州灣海口名）對岸，入海者必由此道。」《萊州府志》有「萬曆間叫『青島海口』」的記載。明萬曆六年（1578年）任即墨知縣的許鋌在〈地方事宜議・海防〉一文記有「青島」，這是有關青島的最早記載。

究竟哪種說法較接近事實，我們還不知道。但是，從上面兩種不同的說法可以看出，青島的發展歷史還是十分有意思的。

9.《紅樓夢》中的大觀園在哪裡？

說起《紅樓夢》，就離不開大觀園。大觀園裡悲歡離合的故事，讓人內心久久不能平靜。人們常在掩卷之後，不禁要問，這大觀園究竟在什麼地方？人間有沒有這樣的園林？這個問題不但是紅學家研究的重要課題，也常為《紅樓夢》愛好者所關注。

早在《紅樓夢》傳世不久，就有人提出了大觀園的所在地問題。乾隆時滿洲人明義在《綠煙瑣窗集》中寫有《題紅樓夢》詩二十首，其中一首就談到大觀園：「佳園結構類天成，快綠怡紅別樣名。長檻曲欄隨處有，春風秋月總關情。」原詩有小序：「曹子雪芹出所撰《紅樓夢》一部，備記風月繁華之盛。蓋其先人為江寧織造，其所謂大觀園者，即今隨園故址。惜其書未傳，世鮮知者，餘見其鈔本焉。」

袁枚《隨園詩話》卷二也有同樣的說法：「康熙間，曹練（楝）亭為江寧織造，……其子雪芹撰《紅摟夢》一部，備記風月繁華之盛。中有所謂大觀園者，即餘之隨園也。」儘管這種說法出現得最早，說的人也是曹雪芹的同時代人，但並不可信。這種說法很快就被大多數人所拋棄。

到了清代道光年間，胡大鏞的《七寶樓詩集》卷二十七，有五律《雨後得古香北地書柬書尾》三首。小序云：「來書云：訪古，得《紅樓夢》中大觀園故址，晤老衲，為賴大耳孫，是眞聞所未聞。」古香是胡大鏞的朋友，在北京寫信給胡。為我們留下了迄今所見的最早，肯定大觀園園址在北京的資料。除此之外，稍後還有一些相同的說法，更具體而微。謝道隆《紅樓夢分詠絕

句題詞》：「汊海方塘十畝寬，枯荷瘦柳蘸波寒。落花無主燕歸去，猶說荒園古大觀。」原注：「十汊海，或謂即大觀園遺址，有白石大花盤尚存。」

在《燕市貞明錄》中進一步指出：「地安門外，鐘鼓樓西，有絕大之池沼，曰十剎海，橫斷分前海、後海。夏植蓮花遍滿；冬日結冰，遊行其上，又別是一境。後海，清醇親王府焉；前海垂楊夾道，錯落有致，或曰是《石頭記》之大觀園。」

芸子在《舊京閒話》中也指出：「後門外什刹海，世傳爲小說《紅樓夢》之大觀園。」近人徐珂所編《清稗類鈔》中提到：「京師後城之西北，有大觀園舊址，樹石池水，猶隱約可辨。」

這些說法代表了清代中後期一些文人學士對《紅樓夢》中大觀園園址的探求。它們成爲後來紅學家們研究大觀園的起點。「五四」以後，隨著新文化運動的興起，對《紅樓夢》的研究也進入了新的階段，大觀園園址這個謎，也成爲熱烈探索的內容之一。談論它的學者既多，論述也更精密詳盡，但論調仍是難以統一。

胡適的《紅樓夢考證》（1921年）主張大觀園即隨園，直接重述了袁枚的說法，並未加以考證。俞平伯的《紅樓夢研究》（1952年）認爲大觀園在北京，但又說大觀園的描寫中摻有江南風光。曹聚仁在20世紀60年代曾談到蘇州的拙政園也曾被傳爲大觀園。除了這幾種說法外，近五十年來，紅學研究在大觀園地點問題上取得了很大成績，形成三種主要說法：綜合說、江寧織造署西花園說和恭王府說。

吳伯簫在20世紀30年代即提出了綜合說。他指出：「《紅樓夢》一書是曹雪芹假北京景物追寫烘托曹家當日在江寧（南京、

金陵、石頭城）的榮華富貴的盛況。」曹聚仁在《小說新語》（1964年）中也指出：「總之，大觀園是拿曹家的院落作底子，而曹家的府院，有北京的芷園，南京、揚州、蘇州的織造府，都是大觀園的藍本。同時，曹雪芹生前所到過的園林，都可以嵌入這一空中樓閣中去，所謂『大觀』也不妨說是『集大成』之意。不能看得太老實，卻也並非虛無縹緲的。」

到20世紀70年代，戴志昂認為，大觀園是吸收了園林建築的素材而創造出來的藝術形象。香港文人宋淇在《論大觀園》中指出曹雪芹利用了他所知道的園林藝術加上想像，揉合成洋洋大觀的園林。臺灣學者袁維冠在《紅樓夢探討》中持同樣的觀點。綜合說不但探討大觀園的真實地點，同時還對大觀園本身的藝術和科學價值作研究。但他們肯定大觀園是有現實生活中的園林——特別是皇家園林作依據的。

江寧織造署西花園說可追溯到與曹雪芹同時代的脂硯齋主人。《紅樓夢》第二回寫賈雨村對冷子興講到南京的榮、寧二府及其花園：「隔著圍牆一望，裡面廳殿樓閣，也還都崢嶸軒峻；就是後一帶花園子裡面樹木山石，也還都有蓊蔚煙潤之氣」。脂硯齋在這一段上批道：「後字何不直用『西』字。恐先生墮淚，故不取用『西』字。」這段脂批，暗示大觀園即是江寧織造署的西花園，曹家曾在此迎接康熙皇帝大駕的。

從20世紀60年代起，臺灣學者趙岡對江寧織造署西花園說的考證，用力甚勤。他在《紅樓夢考證拾遺》和《紅樓夢新探》中都認為江寧織造署行宮西花園即是大觀園。1980年臺北《聯合報》發表趙岡的《再談大觀園》。他從《紅樓夢》所描寫的大觀園建築的邏輯進行推論，與南京行宮圖相對照。最後提出：「這個榮

府西花園，也就是南京行宮的西花園，現在已改爲大行宮小學，西臨碑亭巷，北臨漢府街。據研究南京歷史的專家告訴我，在修建大行宮小學時，在園之西北角上亭子中發現一塊碑石，上面書『紅樓一角』，據說碑亭巷就是由此得名。」但余英時的《江寧織造曹家檔案中的『西花園』考》根據檔案，徹底否定了江寧織造署西花園說。

南京的吳新雷在1979年寫了《南京曹家史跡考察記》，考出大行宮小學的操場一角即是當年西花園的西堂。他用《脂硯齋重評石頭記》第二十八回的脂批，說明曹雪芹曾把西堂的曹家故事吸取爲《紅樓夢》的文學素材。馮其庸把它攝入了《曹雪芹家世、紅樓夢文物圖錄》（1983年）。到1984年8月，就在這塊地方發掘出了完整的假山石基和原來的水池，這就是記載上有名的西花園西池。這是近年紅學文物研究的重大發現。西池的發現，揭示了淹沒已近百年的西花園規模。這爲主張大觀園即是西花園的說法提供了實物依據。

早在20世紀50年代，部分紅學家印證清人記載，主張北京後海恭王府即是大觀園，即恭王府說。這一說由周汝昌的《紅樓夢新證》（1953年）首先提出。吳柳的《京華何處大觀園》（1962年）對恭王府作了詳細介紹，指出了恭王府和大觀園之間的相似之處。文中引用古建築學家單士元的話：認爲恭王府是大觀園遺址，完全有可能。陳從周在1978年發表《關於恭王府的通信》，從建築的角度肯定了恭王府在清初已存在。信中寫道：「正房爲『錫晉齋』，院宇宏大、廊廡周接，排場大，有格局，傳爲賈母所居也。……府後爲花園，東有院，以短垣作圍，翠竹叢生，而廊空室靜，簾隱几淨，多雅淡之趣。……此即所謂『瀟湘館』。最

後互於北牆下，以山作屏者爲『福廳』，三間抱廈廳突出，自早至暮，皆有日照，北京惟此一例而已，傳爲『怡紅院』」。

周汝昌經過多年研究，寫成《芳園築向帝城西》，對恭王府作了詳盡的考證。他從地理環境、景物遺存、建築佈局、府第沿革、文獻印證等方面，結合《紅樓夢》書中對大觀園的描寫加以考證。雖然無直接的證據，但恭王府與大觀園有一種內在的聯繫則是清楚的。這篇文章在充實圖片及文字資料後，在1980年12月以《恭王府考》爲題出版，字數超過十一萬，是近年來在大觀園地點考證方面的較大的收穫。該書結尾部分特別指出：也許在將來整理清代內務府滿文檔時會得到恭王府是否原屬於曹家的答案。當年，恭王府說曾得到周恩來總理的支持。周總理親自參觀了恭王府，並發表了意見：「不要輕率地肯定它就是《紅樓夢》的大觀園，但也不要輕率地否定它就不是。」

儘管如此，也有人不同意恭王府說。顧平旦在《從「大觀」到「萃錦」》（1980年）一文中，認爲恭王府的萃錦園規模和大部分建築都是同治以後才有的。恭親王奕訢，也許就是個《紅樓夢》迷，把自己的府園仿照「大觀園」建造。這個說法也就否定了恭王府說。

《紅樓夢》中大觀園的原型究竟在哪裡，爭論仍舊在繼續。

10.「香港」之名從何而來？

　　關於「香港」一名的由來，歷史上有各式各樣的傳說和記載，至少有十種之多，若要說出哪個最準確，還真不容易。

　　這首先要從香港之別名「香江」說起。

　　據說早年在香港島東南部的石排灣，有一條島上最大的溪澗，流注入海，島上居民和過往船隻常在此汲水，因其水質清甜甘香，聞名遐邇，故有「香江」之美稱。於是，香江流注入海的港口也就成為「香港」了。

　　有的學者還考證認為：古時新安八景中之「鼇洋甘瀑」即為此處，稱鼇洋當是獨鼇洋，位於現在香港海面。《新安縣誌》卷之十八云：「鼇洋甘瀑在七都大洋中，有石高十丈，四面鹹潮，中有甘泉飛瀑，若自天而下。」但有些學者則不同意此說，認為今香港地區之萬宜水庫所在才是「鼇洋甘瀑」舊址。更有人指出，「鼇洋甘瀑」既不在港島，也與香港得名無關。孰是孰非，仍有待考證。不過，至今人們仍樂於稱香港為香江，如「香江八景」、「香江夜話」之類。

　　另有一種說法卻是與海盜有關。相傳，古時候有個叫香姑的女海盜，其武藝高強，貌美如花，佔據本島，落草為生。因此，該島便名為香姑島，簡稱為香島，「香港」一名即由此演變而來。不過，此說似不足信。且不說人們是否樂於接受海盜名為地名，僅是香港地區有籍可查之海盜歷史，「香姑」這個海盜，既非最早，也非最大，影響也僅僅一般。早在南宋慶元三年（1197年），今香港地區的大嶼山一帶，便有鹽民「不堪鹽法苛擾，入

海起事」。此後，歷代均有「海盜」活動。僅以《新安縣誌》所載，明代著名盜魁，嘉靖年間就有許折桂、溫宗善、何亞八；隆慶年間有曾一本；崇禎年間則有李魁奇、劉香等。而清代海盜活動更爲甚之，其中尤以嘉慶年間的張保仔爲著，成爲南海一帶屈指可數的盜魁，其規模與影響遠比香姑爲大。

然而，香姑的傳說卻亦非全屬無稽之談，這大概是從劉香的故事演變而來的。據《新安縣誌》等史籍所載，明末崇禎六年至八年（1633－1635年），有一股勢力頗大的海盜以香港島一帶爲基地，賊船竟有兩百餘艘之多，四處劫掠，並曾先後攻入南頭、新會、江門等地，其盜魁就是劉香。後經數年圍剿，才爲鄭成功之父鄭芝龍所鎮壓。

此外，民間還流傳著這樣的一個神奇故事：相傳古時候有一個紅香爐從海上漂流到海邊天后廟前，當地居民以爲這是天后顯聖，便把它供在廟裡，因而把這個地方稱爲「紅香爐港」，簡稱「香港」，這當然只是傳說而已。不過，每年的天后誕辰日，至今仍是香港地區最爲隆重的節日之一，對於漁民來說更是如此，他們認爲天后是漁民的守護神，因此，天后廟前常年香火不絕，尤以大廟灣佛堂門的一間爲著。目前，全港的天后廟不下二十四間，據說信眾多達二十五萬，影響可謂不小。另據史籍記載，在康熙、雍正年間，清政府就曾派兵在這一帶駐守，設立「紅香爐汛」，這倒是事實。

不過，「香港」一名的由來，目前多數人還是傾於「莞香」說。

「莞香」就是廣東省東莞縣所產的一種香料（自唐肅宗至德二年至明神宗萬曆元年，香港地區隸屬於廣州東莞縣）。從植物

學的分類而言，此「香」屬瑞香科植物，即所謂的「土沉香」。古稱蜜香樹，常綠喬木，產於中國南部，歷史上廣東之東莞、香山、德慶、海南島等地均有分佈。另一種「沉香」，也稱為「伽南香」、「奇南香」，產於印度、泰國、越南以及臺灣等地。中醫學上用含有棕黑色樹脂的樹根或樹幹經乾燥後加工而成，用途頗廣，古時又以其作為製作其他多種香製品的重要原料，且是歲時供神、上貢的佳品。

至於香港地區的種香製香業始於何年？目前很難定論。不過，據人估計，大致在唐、宋時期，好像就已經有了。唐劉恂《嶺表錄異》卷中，雖未言及東莞，但對其時廣東南路已多植香木則已有記述。至明清之際，東莞之香業更是盛極一時，量多質優，遠銷江浙，飲譽全國，故有「莞香」之稱，許多人因為經營製香業而發跡。

據部份史家研究，當年的莞香貿易，已頗具規模，其產品多數先運至九龍尖沙嘴，用船渡海而集中於港島東南部的石排灣，然後換載大眼雞船運往廣州，再度嶺而北，遠銷江浙一帶。因此，尖沙嘴古時也稱「香涉頭」，而石排灣這個轉運香料的港口也就被稱為「香港」，港口附近的村莊也就稱為「香港村」了，只是清初以後，歷經戰亂、遷界，老樹被毀，新苗不繼，一度頗負盛名的東莞種香製香業才漸漸地成了歷史的陳跡。至於以「香港」一名來稱呼全島的，那還是很久以後的事情。現在，廣義上的「香港」，更是指香港島、九龍和新界在內的整個香港地區了。

11.銀川的名字是怎麼來的？

「銀川」是個聽起來非常特別的名字，它的發音和意境讓人聯想到神秘的風情。銀川是和北宋同時代的國家──西夏的都城，其西倚賀蘭山，東臨黃河，有「塞上江南」之稱。這個美麗的名字是從何而來的呢？說法不一，目前仍無定論。

有一種流傳很廣泛的說法是，寧夏土質鹼性最重，地面常呈白色，故寧夏古名「銀川」。因為在這一塊葫蘆形的地帶中，常常像銀子撒滿了一地。在一些地理著作中，把銀川市郊過去因排水系統混亂，而導致窪地積水、湖沼成串、土壤鹽鹼化嚴重、地面一片銀白的情況，指為銀川命名的由來。

「銀川」並不像有些人所猜想的，是什麼反映冰封大河或雪蓋平川，人們對它的命名有可能是出於對它風光的讚美。起初，官僚文人在詩詞中以「銀川」形容白浪滾滾的黃河，形容賀蘭山與黃河之間那些流水洋洋的灌溉渠道，以後又泛指那渠溝縱橫、水漾晴光、田園密佈、江南水鄉般的引黃灌溉平原。例如，康熙年間寧夏人解震泰在《遊賀蘭山》詩中，就有「連山似奔浪，黃河一帶寬。城廓渺如舫，銀川亦寥廓」。後三句就是對銀川附近自然風光的鳥瞰寫真。銀川在元明以後因一直被稱為寧夏城，所以人們往往簡稱「夏城」。清初，民間就以「銀川」作為寧夏城的別名，因而又衍生出「銀城」、「銀郡」等說法，這些都可算是銀川城的雅號。

實際上，「銀川」一名至遲在明末清初就已開始使用。至清乾隆年間，「銀川」已演變成為寧夏府的別名，或指寧夏縣附近

灌區的雅號。此後，「銀川」這一地名，不僅在詩文碑記及史書中屢見不鮮，還出現在許多地方。例如，乾隆十九年（1754年）所建寧夏最高學府，即名「銀川書院」；二十年成書的《寧夏府志》，亦名《銀川小史》；後來寧夏城裡出現以銀川命名的「銀川舞臺」、「銀川書局」、「銀川飯店」等。

第三種說法是和龔提出的。他在《銀川地名考》一文中，主張「銀川地名東來說」，其根據史籍有關銀川地名的記載，從歷史地理的角度論證今銀川與隋唐寧夏之銀川本為同源。隨著西夏國統治中心及黨項民族的西遷，銀川地名也就被帶到了今天的銀川，這就是「銀川地名東來說」的論點。銀州、銀川郡是西夏國的發祥地，也是西夏國開國皇帝的出生地，銀州還是李繼遷初建西夏政權的所在地。

至於為何歷代史書不稱今之銀川，而稱其為懷遠、興州、興慶、中興府、寧夏等名？

因為興慶、中興等名，均取興盛宏富之義。如在其國家文獻中直稱其都為「銀川」豈不有失國體？更何況西夏史籍無幾。西夏人稱「興州」、「興慶」、「中興」為銀川，也只限於民間口頭。因此，依史籍材料「銀川地名東來說」是建立在「同源地名的遷徙」這一根基上，是合乎情況、言之成理的。所以，今天的「銀川」，在歷史上不僅稱過懷遠、興州、興慶、中興、寧夏等名，而且西夏建都以來也一直被當地人稱為「銀川」。

「銀川地名東來說」是一種新說法，也不無道理，但是否真正揭示了銀川名稱的原義，恐怕還難以下這個結論。

12.明清官窯遺址之謎

江西景德鎮市中心，有一高崗，周圍分出五條小丘陵，如五龍朝珠，因此稱爲珠山，清代後期，在山頂建一磚木結構樓閣，取名「龍珠閣」。明清時期的珠山，是御器廠的所在地，名重一時。皇室爲什麼要把御用的官窯選在景德鎮呢？

景德鎮位於江西東北部，它處在青山蔥綠、碧水環繞之地，鐘靈毓秀的山水孕育了這座繁榮昌盛的城市。景德鎮附近的瓷土資源極其豐富，爲發展瓷業生產提供了原料基地。城郊的高嶺瓷土礦區還留存有不少古礦洞和淘洗坑。從漢代至清代久盛不衰的陶瓷業生產，使景德鎮逐步發展、繁榮，最終榮獲了「瓷都」的譽稱。

1982年11月，在文獻記載中的明代御器廠故址，考古工作者發現明代瓷器殘片數千片，殘窯一座。經研究，這是一批明永樂到宣德時期的官窯瓷器。這一重大考古發現，證實了文獻記載中的官窯的確在景德鎮珠山，揭開了官窯考古的序幕。此後，對官窯的考古工作從未間斷過，出土了無數的歷代官窯瓷片，重達幾十噸，重要的發現有：

◎明正德青花阿拉伯文尊。

1983年秋，爲配合景德鎮市龍珠閣改建工程，江西省文物考古研究所對閣基進行了考古發掘，發現了一批清代官窯瓷片。1985年，考古工作者又在龍珠閣清代基址下發現了明代瓷片，多數爲永樂、宣德時期的產品，宣德瓷器製作規整，紋飾

精美，器型有盤、碗、高足杯、鳥食罐、蟋蟀罐、蓋缽、扁壺、梅瓶等，有祭紅、寶石藍、嬌黃、甜白、青花、青花斗彩、天青以及礬紅等釉色，絕大多數有「大明宣德年製」、「宣德年製」字款，其中礬紅款和青花四字篆書款，屬首次發現的官窯款。

1987—1988年，在珠山東麓，發現了大批成化官窯斗彩瓷片，可修復者在一萬件以上，多數有記年款，研究表明，成化斗彩創燒於成化十七年左右。

1988年，在珠山北麓，發現了一批元代卵白、青花瓷，找到了文獻記載的元代浮梁瓷局和官窯所在地。同年還在珠山東司嶺明御器廠故址發現了瓷窯五座，遺跡分三層，上層、下層分別出土成化、宣德紀年瓷片，中間為無紀年的青花大龍缸瓷片，與《明實錄》中關於正統六年命景德鎮燒製「青龍白瓷缸」的記載暗合，為「空白期」瓷器的研究提供了標準器。

1993年，在明御器廠故址東門附近發現了一批宣德瓷片。青花試料盤的發現，證明國產青料的使用始於宣德年間，大量青花五爪龍紋蟋蟀罐的出土，是宣德皇帝酷愛鬥蟋蟀的極好物證。1994年，在明御器廠東院故址出土了大量明洪武官窯青花、釉裡紅瓷片，以實物否定了「洪武無瓷」的傳統觀點，為洪武瓷的研究提供了權威的地層證據和標準器。

如此之多的官窯瓷器被大量埋藏在珠山，是什麼原因呢？

景德鎮陶瓷考古研究所專家研究發現，在同一埋藏單位內出土的瓷片，均可復原，大部分製作精美，但這些瓷器又或多或少存在一點小毛病，有的是燒變形了，有的是釉色不太好，有的是紋飾不夠美觀，有的是紋樣畫法不對。如有一件明代龍紋盤，製作精美，釉色純正，惟龍紋一趾僅繪了四爪，與大明律規定皇帝

用五爪龍，庶民用三、四爪龍的規定不符，犯了大禁，因此遭受被砸碎的厄運。出土實物也許說明，明代御器廠的確有一套極為嚴格的挑選制度，御窯瓷器如有質量問題，一經發現，即被砸碎，就地掩埋，絕不允許流入民間。

據《江西通志》記載，明初有窯二十座，是專門負責燒製皇宮專用瓷器的官窯，規模最大時，有官窯五、六十座。可是，御器廠早在清末就衰弱了，成為一片廢墟，現在的珠山只是一個小山頭。顯赫一時的御器廠在哪裡呢？

歷年的考古發掘表明，珠山並不是天然的山體，而是歷代瓷片、窯渣等窯業垃圾堆積而成的山頭，最上層是清代的瓷片，最下層是元末明初的瓷片，所謂歷代官窯，當分佈在珠山周圍。歷年的考古發掘，已找到了元代，明洪武、永樂、宣德、正統、成化、弘治、正德等歷朝官窯瓷片，出土了一批絕世之作，有一部分還是海內孤品，從而大大拓展了我們對元、明、清各代官窯瓷器的認識。

「瓷都」的形成經歷了漫長的歷史進程，根據《浮梁縣誌》上「新平冶陶，始於漢世」的記載，時間最早可以追溯到兩千年前的漢代。唐代，景德鎮的製瓷工藝已頗為發達，有「霍窯」、「陶窯」等名窯，燒造的瓷器色澤素潤，瑩縝如玉，被譽為「假玉器」，產品遍銷全國，遠銷海外。宋代，這裡窯場密佈，瓷業極為興盛，當時的名產影青瓷器，胎質細膩，造型秀美，紋飾繁富，釉色清雅，素以瓷質精良而冠絕群窯，成為最能代表高度發展的宋代製瓷水平的典型產品。這一時期生產影青瓷器的窯場多，產量高，其影響所及，遠遠超過長江地區而到達黃河流域，以至遼河地區。

元代將全國唯一的管理製瓷的專門機構浮梁瓷局設於景德鎮，改宋監鎮官爲提領，駐鎮徵稅，兼管奉命燒瓷；當時建有專燒御器的樞府窯，民窯也隨之增多，瓷窯林立，產量劇增。這一時代，景德鎮製瓷工藝成就十分突出，已能燒造出清新高雅的青花瓷器和雍容華貴的釉裡紅瓷器，以及各種光潔美妙的高溫色釉瓷器。明代皇室在景德鎮珠山設立御窯廠，燒製大量精美瓷器供歷朝帝王御用，景德鎮的瓷業在元代的基礎上有了突飛猛進的發展，窯場林立，出現「工匠來八方，器成天下走」的局面，成爲全國瓷業的中心，所產瓷器數量大、品種多、質量高、銷路廣，以成化斗彩爲代表的彩瓷，是中國陶瓷史上的空前傑作。

清代景德鎮瓷器燒造技術更趨嫻熟精湛，品種豐富多樣，生產的斗彩、古彩、粉彩、琺瑯彩等富麗的釉上裝飾瓷，成爲舉世矚目的珍品，製瓷工藝進入到百花齊放、爭奇鬥豔的新階段。

自漢代至清代經久不衰的陶瓷生產，爲景德鎮留下了許多古代窯址和大面積的古瓷片、古窯具堆積層；位於鎮東南約五千公尺處的湖田窯址便是典型的一處。其中心區域現存面積約二十六萬平方公尺，有七百多年燒瓷的歷史，保存有大批宋元時代的瓷器碎片和窯爐、古井、作坊等遺跡。

13.赤壁古戰場今在何方？

　　赤壁之戰是東漢建安十三年（208年）七、八月間，發生在赤壁、烏林、江陵等地的一場著名戰役。是役，孫（權）劉（備）聯軍大敗北方勁敵曹操，不但創造了以少勝多的戰例，而且奠定了日後魏、蜀、吳三足鼎立的局面。

　　當時曹操有北方軍隊十五、六萬，加上荊州降兵七、八萬，號稱八十萬大軍，占絕對優勢，但曹軍中北方士兵不習水戰，而識水的荊州兵又軍心不穩，是其弱點。西元208年，孫權的輔臣魯肅向孫權建議與劉備聯合，劉備用魯肅計策，進駐鄂縣的樊口。曹操將從江陵率軍順江東下，諸葛亮到柴桑去見孫權，共謀合力抗曹。孫權在魯肅和周瑜的堅決支持下，發三萬精兵，交周瑜前往樊口，準備破曹。周瑜進軍，與曹操在赤壁相遇。當時曹操軍中已有疫病，初戰不利，暫駐江北。周瑜在南岸，部將黃蓋說：「曹操將戰船用鐵鏈連在一起，首尾相接，可以用火燒。」於是用十艘船矇充鬥艦，裝上乾燥的蘆荻和枯柴，浸透油，裏上帷幕，上面樹起旌旗。船尾繫上快船。先送信給曹操，假裝投降。當時東南風急，黃蓋以十艘鬥艦置於最前面，到江中舉帆，其餘船隻依次前進。離曹軍二里多時，同時發火，火烈風猛，船行如箭，燒盡曹船，火勢一直蔓延到岸上軍營。周瑜等人又率輕銳部隊從後殺來，曹軍大敗。曹操引兵從華容道逃走，道路泥濘，死傷很多。劉備、周瑜水陸並進，一直追到南郡。這時曹操軍隊又因饑餓和疫病，死了一大半，只得北歸。

　　赤壁是東漢末年曹操和孫權、劉備鏖戰之地，赤壁之戰孫劉

在略上以少擊眾，戰術上智取強敵，戰爭結局奠定了三國鼎立的局面，影響深遠。後代文人雅士常以赤壁爲題，托物詠志，發思古之幽情，從唐代李白始，迄元朝吳師道止，僅唐、宋、金、元四代，有文章記載的詠史作者就有十四人之多，所作詩、詞、曲、賦中，頗不乏名篇傳世。雖然如此，對於赤壁古戰場的地理位置究竟在哪裡，詩人們似乎也不甚了然。

◎蘇軾的前赤壁賦局部。

北宋蘇東坡在黃州（今黃岡縣）所作的膾炙人口的《念奴嬌·赤壁懷古》也只是說「故壘西邊，人道是，三國周郎赤壁」，對於黃岡城外之赤鼻磯，是否就是赤壁古戰場，並沒有明確說明。而「人道是」，所指之「人」，實際上就是唐代詩人杜牧，他的「折戟沉沙鐵未銷，自將磨洗認前朝。東風不與周郎便，銅雀春深鎖二喬」的《赤壁》絕句，就是視黃岡城外之赤鼻磯爲古戰場的。

然而，赤鼻磯的地理位置既不在樊口上游，又不在大江之南，與史書所載明顯不合，並非眞正的赤壁古戰場。可見，不是杜牧搞錯了地方，定是文人借題發揮，因而以訛傳訛，使大文豪蘇東坡也墜入五里霧中。

那麼，對於古戰場赤壁的位置，近代的看法如何呢？同樣是撲朔迷離的。一般認爲在現在湖北省嘉魚縣東北，長江南岸，可是有一種說法卻是在蒲圻縣西北的赤壁公社所在地。兩種說法，

莫衷一是。有時在同一本書上，關於赤壁古戰場的地理位置，也出現了互相矛盾的現象。

由於《三國志》的生動記載，加上《三國演義》的動人情節，赤壁之戰早已為中國乃至日本、朝鮮以及東南亞各國人民所熟知。但是，赤壁於今究竟在何地？長期以來是學術界感興趣的問題。由於對文獻記載理解不同，有如下一些觀點：

一說即今湖北蒲圻縣西北赤壁山，北對洪湖縣龍口烏林磯。唐李吉甫《元和郡縣誌》中說：「赤壁山，在蒲圻縣西八十里，一名石頭關。北臨大江，其北岸即烏林，與赤壁相對，即周瑜用黃蓋策焚曹操舟船敗走處」。

另有人認為，應在湖北黃岡縣城西北江濱，一名赤鼻磯。山形截然如鼻，而有赤色，故名。因為宋時蘇東坡遊此，作有前、後《赤壁賦》和《赤壁懷古‧念奴嬌》一詞，誤以為赤壁之戰在此處。

不過，今天大多數學者認為，赤壁之戰的赤壁，應是《元和郡縣誌》所說的赤壁，也就是位於今湖北蒲圻縣西北三十六公里，長江南岸的赤壁山，隔江與烏林相望。赤壁山又名石頭山，相傳由於赤壁之戰時，孫權劉備聯軍，在此用火攻，大破曹操戰船，當時火光沖天，照得江岸崖壁一片彤紅，「赤壁」由此得名。

由於蒲圻赤壁在中國軍事史上十分重要，詠吟赤壁的詩句相當多。例如，大詩人李白就曾有〈赤壁歌〉一首：「二龍爭戰決雌雄，赤壁樓船掃地空。烈火張天照雲海，周瑜於此破曹公。」晚唐詩人杜牧的〈赤壁〉更是人所共知，或許兩位詩人都曾親臨赤壁山。

其實，不管李白、杜牧是否到過赤壁，杜牧是否眞的撿拾過「折戟」，今天在蒲圻赤壁之地確實常有鐵製的兵器出土，如刀、劍、戟、箭鏃等，累計數量竟逾千件之多。赤壁山、南屏山、金鸞山一帶，往下深挖一公尺，往往也有這一類文物出土。相反地，在別的所謂「赤壁」的地方卻極少有這類古兵器出土，進一步佐證蒲圻赤壁應該是赤壁之戰的赤壁。

在赤壁磯頭的石壁上，刻有各種文字、印記、詩賦和畫像。僅鐫刻「赤壁」二字的題榜即有四處之多，其中字體最大的「赤壁」題榜爲楷書，字徑達一公分半，氣勢雄健、遒勁蒼古，相傳乃周瑜親筆所題。南朝宋時詩人謝疊山乘船經此時，亦曾見石壁有這兩字。據說赤壁之戰大獲全勝的周瑜，爲紀念此次大戰，揮毫題寫「赤壁」二字於石岩。因爲是巨手神筆，力蓋千鈞，字跡竟透過石岩到了另一邊，以致在山後映出了反體的「赤壁」二字。歷年漲水，即使洪峰漫天，這「赤壁」石刻卻從不受淹。這個傳說，確實神奇。

在今湖北黃岡縣的西北角赤鼻山下，於大江之濱，也有一個赤壁，它是與蒲圻赤壁齊名的「東坡赤壁」，又名黃州赤壁。《黃州府志》載：「岩石屹立如壁，其色赤，亦稱赤壁」。黃州赤壁形態酷似一隻赤色的鼻子伸入江面，所以又有「赤鼻磯」之稱。

在江漢之間，共有五處赤壁，分別在蒲圻、武昌、漢陽、漢川、黃州（唐以後治所即今黃岡縣）五地。其中，正如前文所述，蒲圻赤壁是「赤壁之戰」的赤壁，這已爲大多學者所贊同。爲了區別於蒲圻的三國赤壁，早在清代，畫家郭朝祚在此特意書寫了「東坡赤壁」四個大字。

「東坡赤壁」因蘇東坡而得名。北宋元豐二年（1079年），蘇軾被貶至黃州，任團練副使。因政治上的失落，自號「東坡居士」。他在黃州生活了四年又三個月，多次遊覽赤鼻磯，有感而作，寫出了《念奴嬌·赤壁懷古》和前、後《赤壁賦》，致使黃州赤壁一時名列「湖北五赤壁之冠」了。

14.「二十四橋」之謎

　　揚州二十四橋是唐朝江南的勝景之一，是昔日揚州禁苑繁華、風流盛世的象徵。晚唐著名詩人杜牧，在〈寄揚州韓綽判官〉詩中寫道：「青山隱隱水迢迢，秋盡江南草未凋。二十四橋明月夜，玉人何處教吹簫？」這首詩的問世，使二十四橋一舉成名。唐人詩中除杜牧提及二十四橋外，還有韋莊的〈過揚州〉，該詩最後兩句是：「二十四橋空寂寂，綠楊摧折舊官河。」此外在其他詩文中，再也找不到二十四橋的蹤跡。

　　五代時，由於戰亂，揚州淪爲一片廢墟，而作爲揚州繁華的結晶——二十四橋，也爲人們所淡忘。再後來，「二十四橋在什麼地方」也就成了一宗疑案。南宋的王象之在《輿地記勝》中說：「二十四橋，隋置，並以城門坊市爲名。後韓令坤省築州城，分佈阡陌，別立橋樑。所謂二十四橋者，或存或亡，不可得而考。」

　　宋代科學家沈括曾經對二十四橋循著名字一一查找，在《補筆談》中寫道：「最西濁河茶園橋，次東大明橋，入西水門有九典橋，次東正當帥牙南門，有下馬橋，又東作坊橋。橋東河轉向南，有洗馬橋，次南橋，又南阿師橋，周家橋，小市橋，廣濟橋，新橋，開明橋，顧家橋，通泗橋，太平橋，利國橋。出南水門有萬歲橋，青園橋。自驛橋北河流東出，有參佐橋，次東水門東出有山光橋，又自牙門下馬橋直南……」沈括在上面所列橋的名湊成二十四橋之數，但是下馬橋明顯重複，濁河下無『橋』字，亦難定爲橋名，這不能不算是沈括的疏忽。

二十四橋是二十四座橋，還是一座橋呢？人們在這個問題上也存在爭論。

姜白石在淳熙三年（1176年）冬至日來揚州，寫下了千古絕唱〈揚州慢〉，詞中有云：「二十四橋仍在，波心蕩，冷月無聲。念橋邊紅藥，年年知爲誰生？」若以姜詞的具體語言環境來看，似乎是指一座橋。

清順治十年（1653年）七月，談遷遊畢蜀崗司徒廟，向人詢問二十四橋，當地人說從此向南一里多路即是。他特地去二十四橋懷古，並作〈二十四橋〉絕句一首：「斜陽古道接輪蹄，明月扶疏萬柳西。橋上行人橋下水，落花尙自怨香泥。」從此詩中可見二十四橋是一座橋。

二十四橋是一座橋這種觀點，在清代吳綺《揚州鼓吹詞，序》中也得到附和。序中提到：「出西郭二里許有小橋，朱欄碧，題曰『煙花夜月』，相傳爲二十四橋舊址。蓋本一橋，會集二十四美人於此，故名。」

清代李斗在《揚州畫舫錄》中寫道：「二十四橋即吳家磚橋，一名紅藥橋，在熙春台後。……橋跨西門街東西兩岸，磚牆庋版，圍以紅欄。直西通新校場，北折人金匱山。橋西吳家瓦屋圩牆上石刻『煙花夜月』四字，不著書者姓名。」但是，李斗在書中沒有肯定此處即爲「古之二十四橋」。

清道光二十六年（1846年），梁章爲訪尋二十四橋，在《浪跡叢談》中記下：「二十四橋只是一橋，即今孟玉生山人毓森所居宅旁。玉生嘗導餘步行往觀，橋榜上有陶文毅公題『二十四橋』大字，詢之左近建隆寺、雙樹庵僧人，俱未敢以爲信。」由此可知，難定此橋即古之二十四橋。所以梁章鉅在孟玉生所繪二十四

橋畫卷上題云：「我居揚州不識路，二十四橋定何處？」

　　還有人認為二十四橋是子虛烏有的東西，實際上並不存在，它只是唐代揚州橋樑的總稱。沈括只強調算度的精確，把二十四橋逐一落實，而忽略了詩歌只是文藝作品，不必這樣對號入座。

　　唐代的揚州是個水鄉之城，其橋樑設施，不應由二十四座所侷限。北宋時，揚州城區南移至蜀岡南麓的平地上，原在蜀岡上的唐城早成廢墟，沈括只看到以宋城區為中心的橋樑，而唐城區及其西北郊一帶的橋樑大多已無蹤跡。唐人李頎所作〈送劉昱〉中有一聯：「鸕鶿山頭宿雨晴，揚州郭裡見潮生。」可見城內有漕河橫貫其間，與運河相通，江潮且能人郭。而城西北郊有五塘，自西至東為陳公塘、句城塘、小新塘、上下雷塘。此地「車馬少於船」，到了夜間是一派「夜橋燈火連星漢」的景象。由此可想像得出唐代的揚州何止僅二十四座橋！

　　二十四橋是不是編碼為二十四號的一座橋呢？

　　在詩歌中以序號稱橋的不乏其例，杜甫詩句「不識南塘路，今知第五橋」，姜白石詩句「曲終過盡松陵路，回首煙波十四橋」即是。就唐代揚州而言，對於橋的編碼亦有案可稽。施肩吾〈戲贈李主簿〉詩有「不知暗數春遊處，偏憶揚州第幾橋」之句。張喬〈寄揚州故人〉詩說：「月明記得相尋處，城鎖東風十五橋。」可見二十四橋或乃編碼稱謂。因該橋可能是最富有藝術特色的橋樑，亦或是在遊覽中心，名氣大，所以深為杜牧思念。

　　二十四橋的來歷，民間還有一個非常有趣的說法。

　　據明代齊東野人所撰《隋煬帝豔史》載：在一個月中天的夜晚，隋煬帝偕同蕭后及十六院夫人等，至新造的一座橋樑上賞月，命朱貴兒吹紫竹簫，簫聲飄飄有雲之響，當時橋尚未定名，

中國地理不思議之謎

蕭后請煬帝命名，因同遊者二十四人，故名二十四橋。這種趣談常為人所樂道，其實是作者從杜牧詩中的明月、玉人、吹簫等字面牽強附會出來的，並不足為信。

二十四橋到底是一座橋，還是二十四座橋，至今仍見仁見智，無以定論。

15.光頭人和獨目人之謎

　　阿爾泰山地區，是上古時代阿勒泰文化的發源地，中西史學家的筆觸都曾在此交匯，他們共同記載下來的歷史狀況之相似，令人吃驚。

　　《莊子・逍遙遊》中，記載有一極北之國，名曰「窮髮」，就是光頭人。在阿爾泰山南北，都曾發現過光頭石人，反映了這地區居民有剪髮的習俗。在希羅多德的《歷史》中，也寫到禿頭人：「直到這些斯基泰人所居住的地區，上面所說到的全部土地都是平原，而土層也是很厚的；但是從這裡開始，則是粗糙的和多岩石的地帶了。過去很長的一段粗糙地帶，則有人居住在高山的山腳之下，這些人不分男女據說生下來便都是禿頭的。他們是一個長著獅子鼻和巨大下顎的民族。他們講著他們自己特有的語言，穿著斯泰基的衣服，他們是以樹木的果實維生的。」一種看法認為，這些禿頭人是指居住在阿爾泰山之南、天山之北的突厥種。禿頭人與新疆阿勒泰地區薩木特石人很接近，具有非常寬的鼻翼和寬圓的下顎，他們也應屬於鬼國人，是鬼國人的一支，因此史籍記載的光頭人，應指居住在阿爾泰山以南、天山以北的突厥種人，也即鬼國（匈奴）人的一支。

　　《淮南子・地形訓》云：「北方曰積冰，曰委羽。」高誘注：「委羽，山名也，在北極之陰，不見日也。」而希羅多德的《歷史》寫道：「人們說，斯泰基上方居民的北邊，由於有羽毛白天降下的緣故，沒有人能夠看到那裡和進入那裡，大地和天空到處都是這種羽毛。……我的看法是這樣，在那個地方以北，雪是

經常下的，雖然是在夏天，不用說雪是下得比冬天少的。凡是在自己身邊看過下大雪的人，他自然是會瞭解我這話的意思的，因為雪和羽毛是相像的。而這一大陸北方之所以荒漠無人，便是由於我所說的，這樣嚴寒的冬天。因此，我以為斯泰基人和他們的鄰人在談到羽毛時，不過是用它來比喻雪而已。以上我所說的，就是那些據說是最遙遠的地方。」而普林尼《博物志》中也記載：「有烈風之山和終年飛雪如羽毛而被稱為羽毛之區；那是被自然判了罪的世界之一角，埋在陰沈黑暗中，毫無生氣，只有冰冷的北風肆虐。」這與《淮南子》所說的「委羽之山」是多麼吻合呀！至於「烈風之山」，實際上也就是《山海經‧西山經》中的「不周之山」，是西伯利亞寒流的發源地。

　　普林尼在談到烈風之山和羽毛之區時，指出其附近住著獨目人：「距北風出發之處和名為北風之穴的洞——其地號稱Ges Clinthron（「世界的門閂」，即世界邊緣）——不遠的地方，據說有獨目人，以前額當中有一目著名。他們為了寶貴的礦藏跟格立芬人不斷的進行鬥爭。」麥伽斯提尼《印度志》也說：「獨目人，狗耳，一隻眼長在額正中，頭髮直立，胸部毛氄氄。」獨目人，也就是《淮南子‧地形訓》中的「一目民」、《山海經》中的「一目國」。《山海經‧海外北經》稱：「鍾山之神，名曰燭陰，視為晝，瞑為夜，吹為冬，呼為夏，不飲，不食，不息，息為風，身長千里。其為物，人面、蛇身、赤色，居鍾山下。」鍾山就是金山，也就是阿爾泰山，即普林尼所說的烈風之山與羽毛之區。

　　關於獨目人，這是東西方史學家最熱門的話題之一。希羅多德寫道：「在伊賽多涅斯人的那面，住著獨眼人種阿里瑪斯波伊

人，在阿里瑪斯波伊人的那面住著看守黃金的格律普斯，而在這些人的那面則又是領地一直伸張到大海的極北居民。……在斯泰基語當中，『阿里瑪』是一，而『斯波』是眼睛的意思。以上所提到的一切地方都是極其寒冷的，一年當中有八個月都是不可忍耐的嚴寒；而且在這些地方，除去點火之外，你甚至是無法用水和泥的。」據研究，這阿里瑪斯波伊人就是匈奴。

在《山海經》中，明確地指出一目國就是鬼國。如《海內北經》云：「鬼國在貳負之屍北，為物，人面而一目。」《大荒北經》云：「有人一目，當面中生，一曰是威姓。」袁珂指出：「鬼、威音近，又同在北方，同為一目，疑亦此國。」言之成理，所謂鬼國，也就是我們在上面考證過的匈奴。

希羅多德不是西方最早記述獨眼人的歷史學家，比希羅多德早兩百多年的普羅柯尼蘇人亞里斯底阿斯早就有一本《獨目人》專門描述這個東方傳奇部落的故事，可惜這部長詩在西元前4世紀即已亡佚。西元12世紀拜占廷的《千行卷匯編》中還保存了幾句，大意是：「以長髮自豪的伊塞頓人說，他們的北風方向那邊的鄰人，是人多勢眾的勇猛戰士，富有馬匹，羊和牲畜成群。每個人只在前額當中長著一隻眼。他們毛髮毿毿，強悍無比。」

孫培良先生對中西文獻中有關獨目人的記載進行了對照，他指出：「這裡的一目國、一目民、人面而一目的鬼國，當然是從西北傳入的傳說，與阿里馬斯普相當，只是沒有和看守金子的格立芬相應的怪獸。」但是他忽略了《山海經‧西次三經》中「崑崙之丘，實惟帝之下都，神陸吾司之。其神狀虎身而九尾，人面而虎爪。是神也，司天之九部，及帝之囿時」；還有《海內西經》中「開明獸身大類虎而九首，皆人面，東向立崑崙上」。如果我

們把崑崙山認定爲今天的阿爾泰山，則西方神話中的看守黃金的怪獸就是陸吾或開明無疑。

從米努辛斯克石人的雕刻來看，所謂獨目人只是在額中多畫了一個圓圈，作爲太陽圖騰的標誌，實際上是三隻眼。《山海經・海外西經》將「三目」與「一目」連敘：「一臂國在其北，一臂一目一鼻孔。有黃馬虎文，一目而一手。奇肱之國在其北，其人一臂三目，有陰有陽，乘文馬。」

古代神話中的大神往往有威力無比的第三隻眼。古希臘大神宙斯在某些地方性神祠都被刻畫爲三隻眼；古印度的大神濕婆第三隻眼能噴火滅妖；藏族英雄格薩爾「身高九丈三個眼」；蒙古族的英雄烏恩是「長著三隻眼的紅臉大漢」；漢族英雄二郎神也是三隻眼，哪吒三頭六臂，每頭三眼，故爲九眼。這些第三隻眼都能噴火，說明其原型都是由太陽圖騰演變而來的。有人把這第三隻眼追源於印度，但考古事實告訴我們，應該追溯到米努辛斯克的夏人太陽崇拜才是。

這種風俗在印度的影響表現爲在額頭點以朱砂痣，這可能與古代阿勒泰種族入侵印度有關。據衛聚賢介紹，直到近代，在西藏及不丹尚有在額頭雕刻第三隻眼的人。「在光緒三十年左右，成都有人看見有二十幾個三隻眼的人從西藏到北京去朝貢，路過成都，被人圍觀。詳察正中額上的一隻眼，非真的眼睛，乃於幼時以刀刻畫其額爲一小直孔，含以黑珠，長大了珠含肉內，肉縫裂開，恰似豎立的一隻眼。」如此，我們推論遠古時代的米努辛斯克盆地的居民，也可能做出類似的舉動，在額頭上刻以十字，十字是太陽的標記，故鬼族的「鬼」，在甲骨文中便成了上面是人頭，下面是人腿，面有太陽記號。

但這種特異的標記使周圍別的民族感到可怕，於是「鬼」字便成了「魔怪」的同義詞。在荷馬史詩中，記載了一個吃人的獨目巨人庫克洛佩斯的著名傳說。故事說，庫克洛佩斯是巨人的統稱，這一名字的意思是「圓眼」，因爲他們僅有一隻長在前額正中的眼睛。他們住在洞裡，以島上的野生物和他們豢養的羊群爲食。他們不習耕作，不信神祇，沒有管轄和法規。有人認爲，庫克洛佩斯不是中國神話中的「一目國」，因爲一目國是「縱目」，而庫克洛佩斯是「圓眼」。事實上，一目就是圓目，米努辛斯克石人像中，額中一目確是圓而又圓的，是太陽的形狀。據赫西俄德《神譜》描述，庫克洛佩斯是天神烏拉諾斯和地神蓋亞之子，兄弟三人：布戎忒斯（Brontes，意爲「雷神」）、斯忒羅佩斯（Steropes，意爲「電神」）和阿耳革斯（Arges，意爲「霹靂神」），其含義都與太陽一樣，屬於天象一類的神。所以，庫克洛佩斯神話應與米努辛斯克獨目人，也就是夏人的太陽圖騰有關。

　　類似於希臘獨眼巨人的神話在塞爾維亞、羅馬尼亞、愛沙尼亞、俄羅斯、芬蘭都廣泛流傳，故事大意都是：有個妖怪，只有一隻眼睛，每天都要吃人，後來有人弄瞎了它的眼睛，然後逃走了。這與中國人把「一目國」稱爲「鬼國」，亦是相通的。

第四章

雄關寶刹不思議之謎

　　萬夫莫開的雄關，晨鐘暮鼓的寶刹，宛如一尊尊矗立在歷史長河中的巨塑，把華夏千年文明雕鏤得分外生動鮮活……讓我們把探索的目光化爲仙塵，輕輕揮去時光的風霜，洞開雄關寶刹的千古謎團：千佛碑上的巨大腳印是誰踩的？小雁塔爲何忽離忽合？嘉峪關爲什麼叫做「咽喉要衝」，護珠塔爲何斜而不倒……。

1.不倒的萬里雄關長城之謎

◎舉世聞名的萬里長城，東起渤海，西至祁連山下，蜿蜒於崇山峻嶺之巔。

中國的萬里長城在世界上是鼎鼎有名的，它是中原漢族統治階級抵禦北方遊牧民族的巨大屏障，只要北方的遊牧民族攻破了這道強大的關口，越過長城，那麼中原、包括長江以南的江山就難保不被吞併。所以，長城從戰國時期一直修到明朝，說到修建的時間之長，工程之巨，世界上幾乎沒有任何建築能與之相比。

長城的用途主要是防禦北方遊牧民族的侵擾。因為當時遊牧民族沒有固定的居處，相對中原王朝來說還處於生產力相當低下的階段，有的部族經常劫掠外族，侵犯內地，對中原的農業生產和社會安定造成很大的威脅。在古代作戰主要靠騎兵和步兵的條

件下，高大的城牆便成爲安全的屏障，有軍隊把守就更難逾越。長城的修建，還有利於開發屯田、保護屯田，促進邊遠地區生產的發展，保障通訊和商旅往還的安全，方便了文書的傳遞、使節和商旅來往。

早在戰國時候，七雄之一的燕國就修建了易水長城，其位置在燕國南部邊界，大致相當於今河北易縣西南，向東到文安縣，長約五百餘里。修這道長城的起因，是燕國受到北面相鄰的東胡山戎的威脅。燕國曾把一位著名的將軍秦開作爲人質送給東胡，以求一時安定。東胡人對秦開很信任，後來秦開回燕國，發兵大攻東胡，把東胡趕出一千多里以外，此後燕便築起北界長城以防東胡的騷擾。當時也有其他國家修築長城，後來秦始皇修長城時，就把一段段的六國長城連接了起來，這才有了「萬里長城」的名稱。

這條秦長城，在今天的長城以北很遠的地方。據史料記載，秦統一六國後，秦始皇派蒙恬帶三十萬人北伐匈奴。蒙恬斥逐匈奴後，沿黃河、陰山設立亭障要塞，北面和東面連趙、燕的舊長城，西面利用秦昭王的舊長城，連接起來，西起臨洮（今甘肅省南部洮河邊），東到遼東，綿延萬餘里。秦始皇修萬里長城，對於防止匈奴的騷擾，保障北部十二郡的開發，保護中原地區經濟文化的發展，是有積極意義的，但是役使民力太多，人民活不下去，就起來造反。於是秦朝成了中國歷史上早夭的朝代之一。

秦始皇修長城時，民間就流傳著一首《長城歌》：「生男慎勿舉，生女哺用脯。不見長城下，屍骸相支拄？」歌詞意思是說：生了男孩千萬不要養活，生了女兒就好好地用肉乾餵養她。因爲男孩長大就要被抓去修長城，再也不會回來。你沒看見那長

城腳下的屍骨都堆積成山了嗎？這首詩反映了秦始皇修長城爲勞動人民所帶來的深重災難。

　　長城本身沒有什麼錯，但統治者因爲修築長城而替老百姓帶來的痛苦是不應原諒的。孟姜女哭倒長城的故事至今在民間廣爲流傳，山海關上還建有姜女廟。據修廟的主事人張棟在他的《貞女祠記》中說：孟姜女姓許，陝西同官人。丈夫范杞梁被秦始皇抓到北方修長城，姜女做寒衣萬里尋夫，迢迢遠道找到長城腳下時，丈夫已死，埋在長城之內了。她痛哭了幾天，終於哭倒了長城。

　　孟姜女哭長城的故事，最早是從杞梁妻的故事演變過來的。相傳春秋時齊大夫杞梁戰死，他的妻子放聲大哭，說：「上則無父，中則無夫，下則無子，人生之苦至矣！」杞城終於被她滂沱的淚水哭倒。唐朝僧人貫休寫了一首〈杞梁妻〉，把她和秦始皇築長城的事聯繫了起來。詩裡說：「秦之無道兮四海苦，築長城兮遮北胡。築人築土一萬里，杞梁貞婦啼嗚嗚。上無父兮中無夫，下無子兮孤復孤。一號城崩塞色苦，再號杞梁骨出土……」從此孟姜女尋夫哭倒長城的故事就傳開了。從這些詩歌和傳說中可以看出，長城這一偉大的建築，確是中國古代勞動人民用他們的屍骨和土石建造起來的。

　　我們目前所見到的完整的長城是明朝修築的，而秦長城則廢棄在風沙肆虐的荒野，所以，對大多數普通人來說，秦長城，或者說早期的長城是什麼樣子，就成了一個未知之謎。從現在臨洮北邊秦長城遺址可以看出，最下一層是生土，生土上有一層壓得非常堅實的黃土，黃土上築有夯土層的城牆，夯土層爲黃色粘土夾碎石。兩千多年前的人們就是用這樣簡陋的夯築辦法創造了人

類建築史上的奇蹟。

　　漢代因北方匈奴經常入侵，從漢文帝、漢景帝開始，就繼續修繕秦長城。漢武帝時，國力強盛，西元前121年霍去病將軍擊破匈奴，匈奴昆邪王率四萬人來降，武帝以河西地置武威、酒泉兩郡，開始築外長城（即河西長城），前後不到十年，便建成了兩千多里長的河西長城，與秦長城相加，從敦煌到遼東一萬一千五百多里。漢武帝還改進了長城的佈局，在相隔一定距離時，選擇險要地形，修築列城、城障，用烽火相連。武帝以後，昭帝、宣帝繼續築城，發民屯墾。最後修成一條全長近二萬里的長城，城堡相連，烽火相望的長城防線。在修築長城的同時，漢朝大力推行屯田的政策，把人民遷移到長城地帶，開墾荒地，興修水利，使西部邊疆得到迅速的開發，這才有了以後絲綢之路的繁榮。

　　從南北朝到元代，中間有很多王朝都修過長城，但規模都不如秦漢時代。而明朝二百多年中，幾乎沒有停止過長城的修築和鞏固長城的防務。朱元璋從開國建國號的第一年（1368），就派大將軍徐達修築北京北面居庸關等處的長城。洪武十四年（1381）又修築山海關等處長城，此後共計大規模修長城達十八次之多，到弘治十三年（1500）基本完工，全長一萬二千七百餘里，東起鴨綠江，西達嘉峪關。

　　明長城的特點是：在重要的關隘地方，特別是在居庸關、山海關、雁門關一帶修築了好幾重城牆，多的達到二十幾重。並在長城南北設了許多城堡、烽火臺，用來瞭望敵情，傳遞警報。長城對明朝的意義在哪裡呢？明朝建立以後，原來的統治者元蒙貴族逃回蒙古，不斷南下騷擾掠奪，東北又有女真族興起，所以明王朝十分重視北方防務。朱元璋在即將打下江山的時候，採納了

朱升「高築牆、廣積糧、緩稱王」的建議，對修築各地城牆很下功夫。全國務州府縣的城牆都用磚包砌，修得十分牢固，長城的工程當然就更爲浩大。

長城的建築主要是利用地形，就地取材，有山的地方，儘量利用陡險的山脊，外側峭直，內側平緩。並開山取石，鑿成整齊的條石，內塡灰土和石灰，非常堅實。黃土地帶主要用土夯築。沙漠地帶用蘆葦和紅柳枝條層層鋪沙粒小石子，像玉門關一帶的漢長城就是如此，保存下來的城牆，沙粒石子已經壓實，不易破壞，有些沙石與葦枝粘結在一起，相當堅固。望樓的階梯則用幾十層纖維粘疊而成。明朝的長城在重要地段用磚石壘砌，就地開窯廠燒磚瓦，採石燒石灰。

許多人雖然到過明長城，名正言順地成了「好漢」，但他們未必瞭解明長城的建築結構。明長城的建築與軍事防禦體系是相配合的。例如明代在長城沿線設有軍事管理區，叫做鎮，由總兵和鎮守指揮本鎮所轄長城沿線的兵馬。有的鎮下面還設「路」，駐守在重要的關城地點，路的頭目叫「守備」，如山海關路，守備駐守在山海關城裡，管附近十幾處關隘。關隘即關塞和隘口，是長城線上的重要據點，一般都在險阻的地方。兩山之間的狹窄通道稱爲隘口，在隘口築城設險堵塞通道，就稱爲關塞。重要關口由守備把守，次要關口設千總把守。沿長城還有城、堡、障等防禦建築。

「城」是與長城緊密相聯的防禦性城，它不同於州城和縣城，面積不大，相距幾十里不等。「障」是比城更小的小城，主要住兵，也可有居民。「堡」是駐防的守兵住所，設「百總」或「把總」看守，守兵數目由幾十人到上百人不等。有些堡內有烽火

臺。長城兩邊還有烽火臺（又稱煙墩或墩台），有的緊靠長城兩側，也有在長城以外向遠處伸展的。臺上有少數守兵，白天燃煙，夜間放火。烽火臺是一個獨立的高臺子，臺上有守望房屋和燃煙放火的設備，台下有兵士住的房子和羊馬圈、倉房等建築，大約十里一個烽火臺。漢朝的烽火臺在臺上豎一個高架子，上面掛個籠子，裡邊裝乾柴枯草，夜間放火，叫做「烽」。臺上堆著許多燃煙的柴草，白天點煙，叫做「燧」。唐代則在臺上安火炬，各離二十五步，每台四個土筒，各高一丈五尺，點火煙時，一個爐筒一人開閉，稱一炬，根據敵兵多少決定放幾炬，不滿千人放兩炬，三千以上放三炬，一萬以上放四炬。明朝又有改進，除了放烽煙以外，還加上硫磺、硝石來助燃。

　　長城的城牆隨地形決定高低，地勢陡則矮一些，地勢緩就高一些。牆身內側隔不多遠就有一個圓形拱門，門裡有磚石梯通到城牆頂，供守城士兵上下。牆頂外側砌成垛口，古代叫雉堞，上有瞭望口和射眼。城牆上每隔一定距離還有一個突出牆外的臺子，叫做牆台。牆台是平時守城士卒放哨的地方，裡邊可住守城士卒，儲存武器。這種牆台是明代名將戚繼光發明的。

　　這麼巨大的工程需要耗費天文數字的人力物力，的確不是一個朝代就能完成的。在遙遠的古代，生產和安全條件如此艱苦，那些修長城的勞力不知運用什麼技術手段完成了這一世界奇蹟建築。我們通過史料得知，修長城的勞力主要是戍防軍隊，其次是強征的民夫，第三是發配充軍的犯人。秦漢時有一種刑罰叫「城旦」，就是罰去修長城的人，白天看守巡邏，夜裡修築長城，十分辛苦，這種刑罰一般為期四年。

　　明代修長城時沒有施工和運輸的機械，主要是靠人力搬運，

大條石一塊就有二十多斤，大城磚一塊也有三十多斤，內含沙石子，非常堅硬，石刻不動。搬運方法主要是排成長隊傳遞，也採用了手推小車、滾木、撬棍、絞盤等簡單的工具。有時還利用畜力替代人力，傳說八達嶺在修建過程中，曾讓毛驢馱著裝滿石灰的筐，在山羊角上繫了城磚「挑」上山去，代替人力運輸。但大量的工作，主要還是靠人力完成的。說長城凝聚了中華民族千年的智慧和血淚，是一點也不為過的。

2.九塞尊崇第一關雁門關之謎

在金庸先生的《天龍八部》中，有這麼一段描寫：

阿朱忽道：「蕭大爺，江湖上刀頭上的生涯，想來你也過得厭了，不如便到雁門關外去打獵放牧，中原武林的恩怨榮辱，從此再也別理會了。」

蕭峰歎了口氣，說道：「這些刀頭上挣命的勾當，我的確過得厭了。在塞外草原中馳馬放鷹，縱犬逐兔，從此無牽無掛，當真開心得多。」

蕭峰企盼到雁門關外打獵放牧，和阿朱廝守終生，因爲雁門關外便是遼闊無邊、令人自由舒暢的大草原，這足以使他忘卻發生在中原的傷心往事。雁門關處於中原和蒙古高原的交接地帶，歷史上，漢族農業文化和遊牧族草原部落文化在這個地帶相互撞擊，相互融合，因此，它也是歷代各族統治階級激烈角逐的戰略要地。

單從「雁門關」的名字，就可以想像它有多麼險峻了。雁門關處於地勢高峻的雙峰之間，只有大雁才能飛過。雁門關在山西代縣西北二十公里勾注山上。由代縣徒步循城東的關內河上溯，可直達雁門關上。雁門關城樓約有一公里，城垣高七公尺，不愧爲塞外雄關。城門有兩個，東門樓稱「雁樓」，匾額上書寫著「天險」二字，門外建李牧廟；西門樓稱「楊六郎廟」，匾額上書寫著「地利」；另有一南北石門，匾額上是「堰門關」，磚聯是「三關衝要無雙地，九塞尊崇第一關」。關外長城曲折蜿蜒，一派雄壯巍峨的景象。置身其間，令人心潮澎湃，回味無窮。然而，

這座當地的名勝、海內外遊子所歸趨憑弔的古關,卻是宋代的關址和明代的遺存。

其實,雁門關在此之前早已有之,根據史料記載,雁門關至今已有二千四百五十六年,至少也有二千三百零二年的歷史了。漢魏時代已經稱為雁門塞,《魏書》上面記載:「(漢)熹平六年(177)……匈奴中郎將藏晏與南單于出雁門塞」。所以,雁門關的歷史年齡應予重新認識,恐怕山西代縣的雁門關並不是最早的雁門關。

近年來,考古學家在雁門關外發現了防禦契丹騎兵的宋代鐵蒺藜,那麼當今雁門關應該是始建於宋、重建於明的雁門關。那麼,古雁門關在今天的什麼地方呢?

在當今雁門關西南約五公里處,有一個當地習稱「鐵裏門」的山口,很可能這裡就是古雁門關遺址。鐵裏門是一個頂寬三十公尺、底寬五公尺、谷深二十公尺、東西長五十公尺的巨大壑口。鐵裏門南面山嶺上,延伸二百公尺為人工修治過的平臺,有戰國和漢以來的諸多遺物。

鐵裏門南面有一人工圓錐形堆積物,上面一片狼藉。附近村中老人說,這圓錐形「祖先傳說叫古墳,埋了死人,裡面有寶貝。鐵裏門是孔子時代修的,走過車,叫車道渠」。鐵裏門兩邊山勢最陡,只能通過一輛車,故穿鑿以度。由鐵裏門遠眺,四方盡收眼底,軍事地形非常有利。不遠處,戰國趙長城的頹垣依稀,也許,古關和古長城便是古代防衛體系裡的一對搭檔吧!

3.天下第一關山海關之謎

長城的第一關是山海關，在秦皇島市東北十五公里，處於渤海灣盡頭。明洪武十四年（1381）魏國公徐達在此創建關城，設立衛所，因關城處於山海之間，始名山海關。這裡是華北和東北之間的咽喉要衝，地勢險要，歷來為兵家必爭之地。

山海關城是四方形的，共有四座關門。東城門就是所謂的「天下第一關」。關口是一座高十二公尺的長方形城台，東西向，東邊即關外，西邊為關內，南北連接長城。城台中間有一座巨大的磚砌拱門，有關門可以開閉。城臺上築樓，高十三公尺，寬二十公尺，深十一公尺。上層額枋前懸有「天下第一關」的巨幅匾額，樓下是山海關的東城門。

「天下第一關」每個字高約一公尺半，筆力雄渾，過去訛傳為嚴嵩所書，其實是明成化八年（1472）的進士，本地人蕭顯所書，原匾藏在樓下，樓上收藏光緒八年摹刻的匾，樓外懸掛的是1929年摹刻的。抗戰時，日本人想把原匾偷走，當時百姓設法將匾藏在西大街文廟大成殿內，才保存下來。

說到山海關，就不能不說說吳三桂。明末李自成將明朝山海關總兵吳三桂官兵逼到山海關西羅城下，當時已有一支明朝守關軍隊起義，山海關眼看久攻不下，可是關鍵時刻，吳三桂投降了清朝，迎接多爾袞入關。明軍與清軍合力攻打農民起義軍，迫使李自成撤退，於是，清軍從洞開的關門馳入中原，明王朝就此滅亡。

吳三桂既不是尋常所見貪生怕死之人，也不是如詩人所言的

「沖冠一怒爲紅顏」才叛變。

　　吳三桂的一生幾乎全都是在馬背上度過。前半生（從一歲到三十二歲）在明末，是「舊朝之重臣」；後半生（三十三至六十七歲）在清初，是「新朝之勳臣」。這個人，事明背明，降清叛清，可謂「裡外不是人」。

　　作爲「明末悍將」，吳三桂出身遼東豪族、武功世家，不但弓馬嫻熟，還世受皇恩，幼承庭訓，滿腦子全是忠孝節義（他十六歲時曾闖圍救父，有忠孝之名）。手下的子弟兵也是明軍中的王牌，戰鬥力最強。可是當明清鼎革之際，官軍同流寇交攻，外患與內憂俱來，他所處環境太微妙。當時明、闖、滿成三角之勢，螳螂捕蟬，雀在其後，他非聯闖不足以抗清，非聯清不足以平闖。況以兵力計，闖兵號稱百萬，滿兵也有十萬，三桂之兵則僅四萬，無論與誰聯合，都勢必受制於人。三桂置身其間，實無兩全之策。再者，從名節講，他投闖則背主，降清則負明，也是橫豎當不成好人。

　　在歷史的緊要關頭，吳三桂別無選擇又必須選擇。事實上，凡人能想到的他都一一試過。最初，闖圍京師，崇禎決定棄寧遠而召吳救援，他卷甲赴關，但明朝已然滅亡，他想救也遲了。接著，他也考慮過投降李自成，但農民軍入城後抓捕拷打明降官，瘋狂搶掠金帛女人，令他望而卻步。當他得知老父遭刑訊，愛妾被霸佔，親屬備受凌辱之後，只好斷此念頭。然後，死他也想過，但被眾將吏勸阻。對道學家來講，自殺不但是保存名節之上策，還兼有正氣浩然的美感，但對一個統率三軍的將帥來說，卻往往是最不負責的表現。只有在所有的路都走不通，並且面臨李自成大軍叩關的千鈞一髮之際，他才決定接引清兵。

情況更複雜的是，據學者考證，即使吳三桂接引清兵，在當初也並不是降清而只是聯清。其實，他在威遠台與滿人盟誓，完全是效申包胥救楚，實際上只是以明不能有的京畿地區換取清出兵平闖，達成分河而治的南北朝局面。這與南明弘光政權的立場其實完全一致。也是「階級仇」超過「民族恨」，「安內」勝於「攘外」。因此以王朝的正統觀念來看，非但無可指責，還受到普遍讚揚。

吳三桂早就是滿人物色已久、必欲得之的將材。在此之前，他的舅父、姨父、兄弟、朋友，很多人早已降清，皇太極本人和他的親友曾去信勸降，許以高官厚祿，他都沒有降。後來闖陷京師，他寧肯考慮降闖，也沒有打算降清。細想之，這中間固有利害之權衡，但也不乏名節的考慮。因為他的家屬，包括老父、繼母、弟妹共三十餘人，俱困北京，於明朝、於闖王都是人質，如果當初棄明降清，不但全家遇害，還得落個「不忠不孝」。

但是現在情況是：和闖王聯手已經不可能，明朝中央政權也已崩潰，吳三桂明知降清代價很大，也不惜揮淚作書，與父訣別，忍看全家被闖王殺死，但至少名節無虧。然而吳三桂的悲劇在於，雖然從願望上講，他本人想假借清軍延續明朝勢力，但多爾袞卻不想這樣做。滿人奪取北京後並沒有打算就此罷手，而是長驅直入，席捲天下。多爾袞的主意很清楚：你吳三桂不是想報「君父大仇」嗎？好，我就讓你去報。正好讓他「為王前驅」。吳三桂既然選定了這條險道，當然也就身不由己，從剃髮為號到拒見南使，從追殺李闖王到進軍西南，終於一步步變成最大的漢族降臣。闖王是平了，仇是報了，但明也滅了。

對明朝的滅亡，吳三桂當然起了關鍵作用。但我們與其說它

亡於清，不如說它亡於闖；與其說它亡於闖，不如說它亡於己。明朝上下，從廷吏到邊將，從流寇到遺臣，叛服無定，內訌不已，乃自取滅亡。吳三桂本想救明卻導致覆明，正說明了它的不可救藥。

歷史的血雨腥風都隨著歲月煙消雲散了，今天，我們登上山海關城樓，可以看到長城從角山盤旋而上，伸向渤海之中的壯觀景色，一種恍若隔世之感，油然而生。

4.塞外雄關玉門關之謎

一提到玉門關，人們便會聯想起大漠孤煙、繚繞烽火和離愁哀怨的畫面，這在很大程度上是由於唐代詩人王之渙那句「春風不度玉門關」給我們的印象太深刻了。

其實，一千多年前，玉門關是一個繁華的邊關。那裡萬里晴空鴻雁高飛，茫茫曠野駝鈴急促，商隊絡繹不絕，旅客川流不息。沿著這條道路，中國把美麗的絲綢，精緻的瓷器，特產的茶葉，獨到的中草藥，率先發明的火藥、造紙和印刷術通過這條「絲綢之路」運到世界各地。同時，中國又從「絲綢之路」上學習和輸入了不少有用的東西，例如苜蓿、菠菜、葡萄、石榴、胡麻、胡蘿蔔、大蒜、無花果等等原來沒有的作物，漸漸從西域到內地落地生根。漢朝時，從伊黎河流域引進烏孫馬，從大宛引進汗血馬。從絲綢之路還傳來了西域各地和國外的音樂、舞蹈和宗教，使中華文化藝術吸取了新的養料。

玉門關地處「絲綢之路」的咽喉要道，控制這河西走廊迤西的北線。翻開地圖，在甘肅西部邊陲地區不難找到「玉門關」。然而，這是現代的玉門關市，它與歷史上的玉門關名同實異。現在的玉門關市，是祖國大西北的一座石油城。

在較為詳細的地圖上，還可找到玉門關市郊的一個「玉門關鎮」，然而，這是唐代的玉門關舊地，還不是漢代始建的玉門關城。玉門關在哪裡呢？歲月滄桑又把它打扮成了什麼模樣？近百年來，中外熱衷「絲綢之路」歷史學家和考古學家，紛紛馳騁於大漠之中，對這千古之謎進行了不懈的探索。

根據古籍記載，玉門關在敦煌西北約八十公里的地方，人們在這一帶的荒漠之中，發現了一個名叫小方盤的土城堡，它曾經被認為是漢代玉門關遺址。登上古堡遠眺，它的北面，有北山橫亙天際，山前有疏勒河流過。殘存的漢長城由北向南，連貫陽關。在這裡還發現過寫著「玉門都尉」的木簡。看起來像是「鐵證如山」，小方盤定是玉門關無疑。

　　然而，對這座裡面僅有幾間土房，大小與北京的四合院相差無幾的古堡，今天也有人提出了質疑：難道當年設有重兵守備的、通往西域的重要交通孔道，竟是這樣的一個小據點？

　　雖然，人們對於漢代玉門關的故址莫衷一是，但是，人們寧願把這僅存的古堡視為玉門關的遺跡。千百年來，多少人千里迢迢來到這裡瞻拜，登上古堡，遙望大漠，追憶祖先的光輝業績。在古炮臺上，人們會思念起漢朝大將李廣利揮麾旌旗、浴血奮戰的壯烈場面，可以「聽到」唐朝詩人王昌齡『黃沙百戰穿金甲，不破樓蘭終不還』的豪邁歌聲。

5.明長城咽喉嘉峪關之謎

　　嘉峪關是明代萬里長城西端的起點，也是明代邊塞中建築最雄偉、保存最完整的關隘之一，故有「天下第一雄關」之美稱。

　　相傳明朝初年，征虜大將軍馮勝率兵攻取河西，大破元軍於甘州、亦集乃等地，佔領了整個河西走廊。為長期設防，馮勝仔細考察河西的地形，想找到一個理想設關點。一天，他騎馬出酒泉城四十里，涉過「九眼泉」，登上了嘉峪山（也稱嘉峪原），見南面祁連山白雪皚皚，北面馬鬃山連綿不斷，東面泉水淙淙、綠洲片片，西面則是一望無際的大漠戈壁，嘉峪原上地勢平坦，是建關設防的好地方。馮將軍欣然贊道：「此咽喉之地，令關踞其中，當固若金湯。」眾將領也異口同聲表示贊同。於是，馮勝將建關表章上奏，得到明太祖的嘉許，便於洪武五年（1372年）建關城於嘉峪山西麓，關以山名，故名嘉峪關。

　　嘉峪關歷經百餘年的擴建、整修，邊關的防衛工程才全部完成，形成我們目前看到的由內城、外城、甕城、羅城、樓閣等幾大部分組成的「天下雄關」。

　　嘉峪關關城平面呈梯形，西寬東窄，內城夯土牆基厚約六公尺半，上闊二公尺，高九公尺，週六百四十公尺，總面積二萬五千平方公尺。城頭垛口林立，磚砌垛牆高一公尺七十公分。東西城垣各開一門，東曰「光化門」，西曰「柔遠門」，城門頂上建有對稱的兩座高達十七公尺的歇山頂三層三間城樓，東為「光化樓」，西為「柔遠樓」。城樓紅漆明柱，雕樑畫棟，斗拱層疊，飛簷翹翼，氣勢巍然。東樓三層分別懸掛「氣壯山河」、「天地

正氣」、「長城主宰」三塊巨匾。兩門內之北側均有馬道可通城頂。

　　城四隅各有一座角樓，南北城牆中部各建敵樓一座，一層三間帶前廊。城內有遊擊將軍府、官井等建築。在關城東西二門外均有甕城回護，它們像兩頭雄獅，日夜守衛在關城門外，使關防更為鞏固。甕城同關城形制相同，以黃土夯築，各闢南門，門上各有一座閣樓，東門楣刻「朝宗」，西門楣刻「會極」。在西甕城外，建有羅城，中間闢西門，為嘉峪關正門，門額上刻「嘉峪關」三個大字。明弘治八年（1495年），於羅城上修嘉峪關樓，與東西二樓形制相同，並在一條中軸線上。清同治十二年（1873年）左宗棠駐節肅州時，曾整修關牆與關樓，並親筆題寫了「天下第一雄關」的匾額懸在樓上。

　　1842年10月，林則徐謫戍新疆伊犁，途經嘉峪關的時候，為雄關的氣勢所折服，揮筆賦詩曰：

> 嚴關百尺界天西，萬里征人駐馬蹄。
> 飛閣遙連秦樹直，繚垣斜壓隴雲低。
> 天山峰削摩肩立，瀚海蒼茫入望迷。
> 誰道崤函千古險，回首只見一丸泥。
> 東西尉候往來通，博望星槎笑鑿空。
> 塞下傳笳歌敕勒，樓頭倚劍接崆峒。
> 長城飲馬寒宵月，古戍盤雕大漠風。
> 除是盧龍山海險，東南誰比此關雄！

　　1931年關樓被西北軍馬仲英拆毀，匾額也隨之丟失。現在的嘉峪關樓是1988年按原樣重修的。羅城牆與內城牆同高，全部用磚包砌，南北兩端皆有一座箭樓，作為警戒哨所。羅城內南側有

◎這些殘舊的沙河橋墩已經矗立了兩千年了。

馬道可達城頂，頂部有垛口一百三十三個，垛牆高一公尺半，並有隙望孔、燈槽、射擊孔等防禦設施。

羅城兩端連接著南、北、東三面的土築圍牆，形成了環形外城，周長一千一百公尺。外城門位於城東北，稱「東閘門」，為棚架式建築，門頂建有門樓。外城廣場內建有街道、驛站、店鋪、飯館、車馬店、廟宇等，現僅存文昌閣、戲樓、關帝廟、牌樓、墩台等。外城又與南北延伸的長城相連接，南面城牆如同蜿蜒的巨龍，穿過平沙戈壁，橫斷走廊，直奔討賴河畔「萬里長城第一墩」；北面的城牆又稱「暗壁」沿嘉峪山內側向北伸展，直至黑山山腰的峭壁之上。南北兩面的長城就像嘉峪關城延伸出的兩把巨大的鐵鉗，鎖控著河西走廊的東西通道，故有「河西第一隘口」和「邊陲鎖鑰」的譽稱。

歷經戰亂和歷史的滄桑，嘉峪關巍峨依舊，任何一個站在它面前的人，都會肅然起敬，盪氣迴腸。

6. 千佛碑的腳印是誰踩的？

在中國，以千佛命名的山、崖、洞、塔、殿，比比皆是，而以千佛命名的碑碣卻比較罕見。四川省新都縣寶光寺內的千佛碑刻造於南北朝梁武帝大同六年，距今已有一千四百多年。因此，寶光寺千佛碑堪稱國內稀有而珍貴的佛教之物。最奇的是，這個寺廟裡有一個巨大的腳印，誰也不知道這個腳印的來歷。

寶光寺千佛碑的佛像高約五公分，雙手合十，坐於蓮台，縱橫有序地排列在高一百七十五公分，寬六十五公分，厚十四公分的碑身四面，足有一千之數。碑正中有一穹窿狀龕窟，內刻有一佛（釋迦牟尼）二菩薩（文殊、普賢），佛祖正襟危坐，菩薩侍立兩旁。

千佛碑的碑下楞端為東、南、西、北四大天王，天王手執法器，勇武威嚴。碑額中心為接引佛，佛座下方刻有二力士，佛左右則刻有「雙龍盤綴」，兩條舞龍形體矯健，首尾相接，別有神韻。

就在千佛碑碑額的接引佛下，刻有一隻腳印，足有十七公分長，如按碑上佛像的比例折算，算是相當大的。刻製佛的大腳印，在中國並不多見。據成都昭覺寺清康熙年間石刻的「釋迦雙跡靈相圖」題記所述，釋迦牟尼在逝世前，曾站在大石上對弟子阿難說：我現在即將涅槃了，特別留下這雙腳印，百年之後，將有無憂王（即西元前三世紀統一印度的阿育王）到這裡來弘揚佛法。

可見，許多佛教勝地刻製釋迦牟尼雙腳印的目的，是希望佛

教教義廣被天下，世代相傳。但是，寶光寺內千佛碑上刻的是單腳印。就單腳印而言，國內其他地方尚未見到，據中國東晉高僧法顯在其所著的《佛國記》中說：現今斯里蘭卡中南部的聖腳山山頂，有一隻長約一公尺的腳印，乃是釋迦牟尼來此說法時留下的，這是一隻左腳印，而千佛碑上刻的卻是隻右腳印，這是偶然的巧合，還是有別的含義和來歷，這個謎一直沒有人解開。

7.小雁塔為何乍離乍合？

　　小雁塔是西安的著名旅遊勝地，但不少旅遊者卻沒不知道小雁塔曾經四離三合。

　　西安市的小雁塔位於西安城南三華里處，在原唐城內安仁坊所在地的薦福寺內，至今已有一千多年的歷史了，該塔採用密瞻式磚結構建築，形狀秀麗，蔚為壯觀。初建為十五級，現有十三級，高四十五公尺。小雁塔底層北門楣有明嘉靖三十年「王鶴刻石」的刻石題字，上面這樣寫道：「薦福寺塔肇自唐，歷宋、元兩代，明成化末長安地震，塔自頂至足中裂尺許，明撤如窗戶，行人往往見之。正德末地再震，塔一夕如故，若有神合比之者。……」這是明確記載小雁塔的第一次自裂自合。原來，小雁塔是由於一次地震裂開的，不過又在另一次地震中自己將裂縫合上了，真是奇怪之極。

　　清初名學者賈漢復、趙王士禎等人記述小雁塔的另一次裂合：「薦福寺塔……十五級，嘉靖乙卯（1551年）地震裂為二，癸亥（1563年）地震復合無痕，亦一奇也。」這第二次的裂開，距王鶴刻字所記不到五年，經過了八年又第二次自然復合起來了。清道光十八年（1838年），錢詠在共著作《履園叢話》中又有這樣的記載：「西安府南十里有雁塔，嘉靖乙卯地震，塔裂為二，癸亥複震，塔合無痕。康熙辛未（1691年）塔又裂，辛丑（1722年）復合，不知其理」。後面記載的是前一次磚塔復合一百二十八年後，小雁塔又一次裂開，再經三十年後自然復合的第三次裂合事實。一個磚塔經過六次地震不倒塌，反而自然復合起

來，確是一件令人難解的奇事。

第四次裂開雖無具體時間記載，卻是解放後許多人共睹的事實，自頂至足有一尺多寬的裂口，後經西安市人民政府進行加固和整修，才恢復了原來的舊貌。

小雁塔的自裂自合共有三次，這到底是怎樣形成的呢？近年來有人推測：

小雁塔的離合和西安地區地面裂縫的發展和消亡的機理是一樣的，是地殼運動在不同物體上的不同表現，屬於一種「同質異相」，即地裂、塔裂、地合、塔合。一般裂開時要快速猛烈一些，容易被人們注意到。而合攏起來時則要緩慢得多，地殼在均衡和調整應力的作用下，會自動緩緩的合攏。由於合攏的速度小，所以一般不為人們注意到。

這種以地殼運動引起小雁塔的離合之說，還不能完全令人信服。因為除了小雁塔之外，西安地區在同小雁塔離合的三次地震中，並沒有其他自動離合的例子出現，為什麼獨獨小雁塔會四離三合呢？也許當科學更發達的時候，小雁塔離合之謎就會被揭開了。

8.名山佛燈為何忽閃忽滅？

在峨眉山、青城山、廬山，共同有一種奇特的自然現象——佛燈或稱聖燈、神燈。千百年來，閃爍變幻的佛燈、神燈作為一種罕見的自然奇觀，使這幾座風景名山更為邇邇聞名，吸引了無數人前往覽勝探謎。

至今，青城山上清宮旁還有神燈亭，所謂的神燈就出現在對面的大面山。如果登臨峨眉山金頂，幸運的人能看到捨身崖下的聖燈；廬山觀佛燈的地點在大天池旁的文殊台。這些地方偶遇月隱之夜，山下黑漆漆的幽谷間，會倏然湧現熒熒亮光。亮光時大時小，時聚時散，忽明忽滅，忽左忽右，或近或遠，好像一盞盞燈籠。「燈」的顏色是白色或青色，有的時候微帶綠色。僧道們都說這是過路的神佛手提燈籠穿行在天地之間。

古今有很多人對佛燈作出了自己的解釋和猜測。范成大《青城行記》：「夜有燈出四山，以千百數，謂之聖燈。聖燈所至，多有說者，不能堅決。或雲占人所藏丹藥之光，或謂草木之靈者有光，或又以謂龍神山鬼所作，其深信者，則以為仙聖之所設化也。」有人說佛燈是丹藥發出的，有人說是草木搞的鬼，有人說是鬼神所為，總之沒有確定究竟是什麼造成的。

清朝蔣超親眼看過佛燈之奇，還特地在《峨眉山志》中撰寫了一篇《佛燈辨》：「若佛燈一事，或云是古木葉也，或云是千歲積雪精瑩凝結也。于疑之，而未敢遽信。……愛是暝鐘初息，沙彌來報燈現。于急趨頂上，乍見一二熒熒處，猶然諸說橫據胸中。未幾，如千朵蓮花，照耀巖前，有從林出者，有從雲出者，

有由遠漸近，冉冉而至者，殆不可數計。始歎耳聞不如目睹也。」
當蔣超看到美妙絕倫的佛燈時，以前聽到的各種解釋都浮現在腦
海中，究竟該信哪個，恐怕他自己也沒有了主意。

1961年秋，著名氣象學家竺可楨在遊廬山時，曾將佛燈作為
廬山大自然的三大謎題之一（另外兩個謎，一是廬山雲霧為何有
聲音，一是廬山雨為何自下往上跑），向廬山有關研究所提出
來，希望科學工作者能予以研究。

近人的解釋也是五花八門：有的說這是山下燈光的折射，有
的說是星光在水田裡的反射，有的說是一群大螢火蟲在飛舞，還
有的說是山中蘊藏著能發出螢光的礦石。最佔上風的說法是磷火
說，認為佛燈即民間聽說的「鬼火」，系山中千百年來死去的動
物骨骼中所含的磷質，或含磷地層釋放出來的磷質，在空氣中自
燃所造成的。

但有的研究者認為，磷火說的破綻也不少。一是磷火多貼近
地面緩緩遊動，不可能上升很高，更不會「高者天半」或「有從
雲出者」；二是磷火的光很弱，而廬山文殊台和青城山神燈亭的
海拔值在千公尺以上，峨眉金頂更超過三千公尺，不可能看得那
麼清晰。

20世紀80年代初，有一位當過海軍航空兵的郭憲玉又提出一
個別出心裁的看法，認為佛燈是「天上的星星反射在雲上的一種
現象」。他說，夜間無月亮時，駕駛飛機在雲上飛行，鋪天蓋地
的雲層就像一面鏡子，從上向下看，不易看到雲影，只看到雲反
射的無數星星。飛行員在這種情況下易產生「倒飛錯覺」，就是
感到天地不分，甚至感到是在頭朝下飛行。他聯想到在月黑星燦
的夜晚，若有雲層飄浮在廬山大天池文殊台下，天上的星星反射

在雲上，就有可能出現佛燈現象了。由於半空中的雲層高低不一，飄移不定，所以它反射的熒熒星光也不是固定的。也許在這個角度反射這一片，在那個角度就反射另外一片，從而造成閃爍離合、變化無窮的現象。

然而，爲什麼在其他山區就不能見到這種雲反射星光的現象呢？而且就是在廬山、峨眉山和青城山上，也只有特定地點才能一窺佛燈、神燈的風采，可見這種說法尙不足以定論。加之佛燈不常出現，就是居住在山上幾十年的人，也難得看見一次，因而這一千古疑案至今懸而未決。

9.麻浩佛像之謎

　　麻浩岩墓博物館藏身於樂山凌雲山南麓。所謂岩墓，就是鑿山爲室，整座墓穴就像一件巨大的石雕。麻浩佛像就在一號墓中，這座一號墓寬十一公尺，高三公尺，深達二十九公尺。在墓道門枋上，有一尊浮雕佛像，佛像寬三十公分，高四十公分，結跏趺坐，高肉髻，佩頂光，線條流暢，造型古拙。經鑑定，屬於原雕，也就是說這尊佛像也雕刻於東漢時期，距今已有1800多年了。

　　佛像貌不驚人，但其久遠的歷史，卻包含著一個難解的謎：樂山地區的早期佛教究竟來自何方？

◎雲岡石窟始建於1500多年前，爲中國最大石窟群之一。

　　佛教傳入中國，一般公認是東漢明帝永平年間（58—75年），稱爲「釋教之源」的洛陽白馬寺就建造於那個時期。中國開始有佛教造像，是在漢獻帝初平年間（190—193年），這比麻浩岩墓的佛像起碼要晚了近三十年。中國著名的佛教造像，均晚於麻浩佛像：雲岡石窟晚了三百年，龍門石窟晚了三百多年。一般公認佛教是沿著「絲綢之路」自西向東傳入中原的，可是，位於「絲綢之路」必經之地的敦煌莫高窟也比麻浩佛像晚了二百年。那麼麻浩佛像何以起始這樣早呢？

樂山地處四川西南，在秦漢時期屬於邊陲地帶。然而，恰恰在這裡發現了中國早期的佛教造像，並且不只一尊；據說在眾多的東漢岩墓中，已發現了六、七尊，這不能不使人從另外的途徑探尋樂山地區佛教的傳入渠道。

據歷史記載，東漢光武帝劉秀的兒子楚王劉英崇奉浮屠，因此有人推測，佛教傳入中國可能還另有一條途徑，即從古印度經海路傳到中國的吳楚。巴蜀和楚地被長江一水相連，巴蜀文化受楚影響很大，那麼，樂山地區早期的佛教是不是從這條渠道傳入的呢？

還有人根據張騫出使西域的歷史記載，推測遠古時期有一條從印度經中國雲南直通蜀地的「身毒道」。張騫從西域歸來，說在大夏（今阿富汗境內）見到了蜀布和邛竹杖，得知是從身毒（古印度）買來的，又得知身毒在大夏東南數千里，在邛西兩千里。為此，漢武帝派出十餘批人去尋求通往身毒之路，但都因洱海附近的昆明部族的阻攔而沒有成功。這是西元前122年的事。

據說，現在已有人論證了遠古身毒道的存在，它比著名的「絲綢之路」還要早一百多年。那麼，樂山地區早期的佛教是不是從這條渠道傳入的呢？

在麻浩岩墓中有浮雕《荊軻刺秦王圖》、《挽馬圖》、《宴樂圖》等等，顯示出樂山地區受中原文化的深刻影響。而岩墓中的早期佛像，又表明了樂山地區很早就已進行著中外文化的融合。

麻浩岩墓已在大渡河邊靜靜地沉睡了將近兩千個年頭。門枋上那神奇的佛像，平視著每個前來觀瞻的遊人，好像在發問：大千世界，奧秘無窮，你們誰來揭開這個謎？

10.中國的「比薩斜塔」之謎

世界上最著名的斜塔毫無疑問是比薩斜塔，但在其他國家或地區也有斜塔，只不過沒有比薩斜塔那麼有名罷了。在中國上海南面的天馬山上，就有一座斜而不倒的塔——護珠塔。現在護珠塔向東南傾斜，有人認為它比世界著名的義大利比薩斜塔傾斜得還要厲害，是世界第一斜塔。當然，這個說法沒有被世界公認，但說它是中國第一斜塔，恐怕沒有人反對。

當你登臨天馬山顛，環顧四野，阡陌縱橫，河流如帶，村鎮星羅棋佈，遠山皆在腳下，令人心曠神怡。近看護珠塔，只見塔的底層已有三分之一的塊磚沒有了，整個斜塔僅靠三分之二不到的底層磚牆支撐著。塔的頂部早已沒有，各層腰簷木結構的痕跡，還是隱約可見。塔旁寫著危險的警告牌。走進塔內，空無一物，抬頭仰望，極目蒼天，加上山頂風大，好像危塔馬上就要從頭頂倒下來似的，令人膽寒。

護珠塔又名寶光塔，建於北宋元豐二年（1079年），是一座七層八角形的磚木結構的樓閣式寶塔，現高約三十多公尺。在清朝乾隆五十三年（1788年），山上因作佛事，燃放爆竹，引起火災，燒毀了塔心木和各層木結構，引起塔身傾斜。護珠塔至今已有九百多年的歷史，南宋年間重修過，到乾隆年間又被大火焚燒。二百年來，塔雖傾斜，卻始終屹立於天馬山巔，斜而不倒，究其原因，眾說紛紜：

第一種是當地傳說，塔是向東南傾側的，而在塔的東南面有一株古銀杏樹，它是「松郡九峰」之一辰山仙人彭素雲在五百年

前種植的，樹的枝葉皆西向，後來樹雖枯死，但它依靠神力，對護珠塔遙向支撐，所以使塔不倒。這是一個美麗的神話，僅是人們的良好願望，當然不足為信。

第二種說法是根據地質構造來分析的，據有關專家考察，天馬山護珠塔是建造在沉陷不勻的地基上，東南方向土質較弱，西北方向土質較強。塔於是向東南方向傾斜。但浙江一帶多東南風，護珠塔造在天馬山頂，四周空曠，所受風力更強，在塔的傾斜力與風力相平衡時，護珠塔能迎風挺立，斜而不倒。

第三種意見是根據古代建築技術來解釋的，認為是古代造塔技術的高超所致。古代用糯米汁拌以桐油石灰來粘合磚塊。這種粘合劑的強度不亞於現代的水泥砂漿，據說用這種粘合劑來建築時，時間愈久愈堅固。在考古發掘中，常發現古代的墳墓，是用糯米汁拌以石灰等作為粘合劑的，現在發掘古墓時，還要花很大的力量才能把它拆除。護珠塔用這種優良的粘合劑，加上古代砌磚技藝的精湛，使護珠塔能夠渾然一體，塔磚不至於一塊塊塌落下來。

為了搶救這一座珍貴的千年古塔，1984年5月開始，上海市文物管理委員會積極組織力量，對斜塔進行全面搶修，組織專家制訂方案，貫徹「外貌不變，斜而不倒」的原則。在搶修時，發現塔身上部雖已傾斜，但埋入地下的塔基，卻沒有動，所以形成了斜而不倒的獨特現象，這是第四種看法。

傳說古代造塔時，磚縫裡填有銅錢，一方面為了使磚層平整，寶塔堅固，另一方面，出於迷信，認為可以鎮妖避邪。因而後來不斷有人在塔磚中尋找銅錢，把塔磚拆掉，致使塔的底部毀壞更甚，逐漸傾側。

從乾隆至今的二百多年中，無數次的狂風暴雨，把山下的房屋都吹掀了。1954年刮起十二級颱風，吹倒了塔下的大殿。1984年黃海地震，上海市區的房屋也受到搖擺震動，但是護珠塔突兀地挺立在天馬山巔，猶如一把利劍，直刺青天，迎風屹立，巋然不動。看來，護珠塔的確不同凡響。

11.如來舍利眞藏在法門寺嗎？

據文獻記載，中國境內曾有四大名刹供奉釋迦牟尼眞身舍利。岱州五台及終南五台之舍利，在唐武宗會昌年間（841年－846年）滅法時奉朝廷命令被毀壞；泗州普王寺也於清康熙十九年（1680年）沉入洪澤湖中，此三寺的眞身舍利已無法見到；惟有法門寺地宮是目前國內得以保存釋迦牟尼眞身舍利的地宮。地宮於唐懿宗咸通十五年（874年）封閉直至這次發掘，1113年間從未被移動過，裡面藏有無數價值連城的珍寶。

舍利是梵文garlra的音譯，原意爲佛之身骨。以後也指德行高尚的僧人涅槃後，經火化結成的珠狀物。佛塔中除了佛骨舍利之外，凡佛的「牙齒髮爪之屬，頂蓋目睛之流，衣鉢瓶杖之具，坐處足蹈之跡」，佛教信徒均視爲聖物、聖跡，皆可起塔供養，因此，舍利塔中還有佛髮塔、佛衣塔、佛鉢塔、佛牙塔等，佛骨舍利是佛教徒崇信佛的一種象徵。

舍利源於印度。據中國佛經記載，西元前486年（東南亞佛教徒一般認爲是西元前545年，與中國相差59年），佛陀率領眾弟子離開毗舍離城時已身懷重病，最後到達末羅國的都城拘屍那迦，在一條河邊洗了澡，並在一處四方各有兩棵娑羅樹的中間安置了繩床，枕著右手側身臥著。後來所有的臥佛像（即佛槃像）都是這樣的姿勢。當晚佛陀接受了最後一個佛弟子，即婆羅門學者須跋陀羅之後，佛陀涅槃。佛陀的弟子們按當時的習俗將佛陀的遺體火化。摩揭陀國和釋迦族等八國把佛陀的舍利分爲八份，各在他們的本土上建塔安奉，其中摩揭陀國安奉在菩提伽耶的一

份，到西元前3世紀，被阿育王取出。

法門寺是中國著名的古剎，位於陝西省扶風縣城以北約十公里的法門鎮。寺內原有明代萬曆十三年（1585年）重建、民國二十八年（1939年）修葺的十三層八角磚塔一座，1981年8月因霪雨等原因該塔倒塌。

法門寺始建何時傳說頗多，北魏、北周時名叫阿育王塔，傳說是印度阿育王所建的八萬四千塔之一。

阿育王是孔雀王朝第三代國王，西元前271年即位，一生征戰，攻伐羯陵迦國一戰就屠殺敵方十萬餘人，血流成河。晚年放下屠刀，皈依佛教，對傳播佛教作出重要貢獻。據佛典記載，他曾使諸鬼神分取佛舍利，於一日內建起八萬四千塔。中國僧人曾將中國境內多座佛塔歸入阿育王所起塔之列，法門寺塔即其中之一。

其實佛教傳入中國約在東漢明帝時，與阿育王起塔的傳說相距三個世紀，顯然是中國僧人牽強附會之說。

法門寺及「眞身寶塔」建於何時？

根據文獻記載來看，有春秋末年、東漢末年和北周三種說法。不過，根據現存法門寺的北魏千佛碑分析，法門寺、塔當修建於北魏孝文帝太和年間（477—499年）。那時提名爲「阿育王寺」、「阿育王塔」，因藏有佛指舍利，遂成爲中國四大佛教聖地之一。北周武帝毀佛，法門寺、塔慘遭摧毀。隋文帝楊堅仁壽元年（601年），令天下三十一州立佛舍利塔，法門寺亦在其中。唐太宗貞觀五年（631年）開啓地宮和修葺寺塔，揭開了法門寺走向興盛的序幕。唐高宗顯慶五年（660年），一座石砌塔基的四級木塔建成，唐代皇帝迎奉佛骨的活動也開始出現，法門寺進入鼎

盛時期。唐中宗於景龍四年（710年），曾下詔改法門寺爲「聖朝無憂王寺」，題舍利塔爲「大聖眞身寶塔」，從此，眞身寶塔之名一直沿用至今。

　　爲了重建法門寺塔，考古隊於1987年2月28日至11月30日進行了發掘。這次考古發掘最主要的收穫是發現和清理了法門寺地宮。地宮位於塔基的正中部，南端超出塔基範圍，由踏步漫道、平臺、隧道、前室、中室、肩室及後室秘龕組成，略呈長「甲」字形，總長約二十一公尺，各段寬二公尺至二公尺半不等。整座地宮結構複雜，用材講究，雕飾精美，在目前全國已發掘的塔基地宮中是獨一無二的。這種三室制的地宮，顯然是模擬人間埋葬皇帝的最高規格的墓室構築的。

◎唐法門寺地宮出土的佛骨舍利。

法門寺塔地宮出土的遺物可分爲兩大類：一是，四枚佛指舍利；二是爲供奉舍利而奉獻的物品。奉獻的物品有金銀銅鐵器、瓷器、玻璃器、珠寶玉器、漆木器、雜器以及大量的紡織品和貨幣。這些佛教聖物，除有石碑立於隧道後部外，其餘均出於前、中、後室，以貯藏佛指舍利的阿育王塔（前室）、靈帳（中室內）及八重寶函（後室內）爲中心，放置頗有規律。由於都是唐代皇室貢奉的物品，所以數量大、等級高，爲稀世珍品。

這次發掘共發現佛指舍利四枚。據佛教經典記載，釋迦牟尼佛指舍利是古印度摩羯陀國孔雀王朝時，阿育王爲了弘揚佛教，建塔重瘞釋迦牟尼舍利時傳入中國的。這次發現的佛指舍利，共有四枚，一枚爲「眞骨」，三枚爲「影骨」。「影骨」是佛家爲了保護眞身和供入供養而特製的影射之骨，其作用同眞骨是同樣的。四枚佛指舍利均爲唐代帝王迎奉的原物，也是世界上僅存的佛指舍利。

從現在已發掘的幾十座塔基地宮資料來看，在北魏時盛放舍利的容器是玻璃瓶、鉢等，置於石函之中。那時還未發現有地宮建築，而是直接埋入塔基夯土之中。隋代時，一般仍採用瓶罐等盛放舍利，但是有些屬隋文帝敕封建立的舍利塔，則有專爲盛放舍利而製作的塗金蠱頂銅盒，外面是石函，石函上雕刻四天王力士和佛弟子等，已有簡單的地宮。

到了唐代，在舍利埋藏制度上有了劃時代的變化，形同墓室的地宮正式出現，還使用了金棺銀槨盛放舍利，完成了民族化形式的轉變，這一變化最遲在武則天時已經完成，而且與法門寺有關。據唐釋道宣《集神州塔寺三寶藏通錄》記載，顯慶五年（660年）春三月，敕取法門寺舍利往洛陽宮中供養，「皇后（武則天）舍所寢衣帳直絹一千匹，爲舍利造金棺銀槨，數九重，雕鏤窮奇」。關於法門寺塔舍利的迎奉情況，在地宮出土的《大唐咸通啓送岐陽眞身志文》中有簡要敘述，有關佛典也有記載。扼要舉例如下：

北魏時，岐守拓跋育「初啓塔基申供養」。

隋文帝仁壽元年（601年），令全國三十一州立佛舍利塔，岐州鳳泉寺（即法門寺）亦在其中，並有感應事蹟。

唐太宗貞觀五年（631年），岐州刺史張德亮奏請建殿以覆塔基，太宗詔許之，開啟地宮出佛舍利。

高宗顯慶四年（659年），僧人智琮、慧辨請出舍利，帝許之。寺塔所出舍利，形狀如上指初骨，長可二寸。

顯慶五年（660年）三月，敕請舍利往東都洛陽入內供養。皇后（武則天）為舍利造金棺銀槨。至龍朔二年（662年）送還本塔。

肅宗至德二年（757年），複請舍利至禁中，奉於內殿。

德宗貞元六年（790年）春，詔出無憂王寺（即法門寺，無憂王即阿育王）佛指骨，迎置禁中。複送諸寺示眾，傾都瞻禮，施財巨萬。二月遣使送還，複葬故處。

憲宗元和十三年（818年）十一月，功德使上言，請迎鳳翔法門寺塔佛指骨。十二月遣使迎之。次年正月，迎佛指骨至京，於禁中供養三日，又歷送諸寺，王公士庶爭先舍施。

懿宗咸通十二年（871年）八月，得舍利於法門寺塔下，咸通十四年（873年）三月，敕使詣法門寺迎佛骨。四月八日抵京，入禁中供養三日，出置安國、崇化寺，宰相以下競施金帛，不可勝記。咸通十四年十二月，送佛骨還法門寺。僖宗乾符元年（874年）正月，佛骨及諸供養物安置於塔下地宮。

從以上情況可以看出，僅在唐代迎送法門寺塔舍利就達七、八次之多。而且都是皇帝親自參與其事，每次迎送，上至帝王、下至庶人都競相施捨。所以法門寺塔地宮中集中了一批當代最高工藝水平的物品，有許多是前所未見的稀世珍品。

法門寺佛事興旺，帝王在此迎奉佛骨多達七次，每次迎佛都賜予寺院一筆豐厚的財物，從而促進了寺院建設的發展。經過多

中國地理不思議之謎

次修築增建，唐代的法門寺，規模達到全盛，形成著名的「二十四院」，寺中僧徒也達五千之多。寺域廣闊，殿堂輝煌，眞身寶塔宏偉壯麗，成爲關中乃至全國的著名大型佛教道場，也是少見的國家級的宗教寺院。尤其是它與長安統治中心政治、經濟、文化、宗教密不可分的關係，使它得以在唐代社會生活中產生舉足輕重的影響。

第五章

古文明遺址不思議之謎

　　當晨曦把第一縷霞光照射在這片土地上時，當晨露把第一滴甘泉滋潤在這片土地上時，黃河母親哼唱著動聽的歌謠，放飛了新生的華夏文明……華夏人從刀耕火種到鑽木取火，在風霜雪雨中飽嘗了締造文明、弘揚文明、發展文明的艱辛與輝煌……河姆渡是他們前進的腳步，半坡是他們創新的豐碑，遼河紅山是他們辛勤的汗水，甲骨文是他們孜孜不息的宣言……。

1.雲南古人類之謎

　　李白說「蜀道難，難於上青天」，實際上，滇道之難更在蜀道之上。由於雲南山高林密，谷深流急，古人往往誤認爲雲南是「荒無人煙」的「瘴煙之鄉」，聽來令人毛骨悚然。雖然雲南地處邊鄙，路艱途遠，但它並不是「不毛之地」，這裡不僅早在寒武紀就有動物存在，而且，也是人類重要發祥地之一，具有悠久的歷史、古老的文明。

　　科學家們發現，埃及古猿是已知人類和類人猿最古老的祖先，生活在距今約三千萬年前的漸新世，也是當時地球上最高級的動物。埃及古猿後分兩支演進：一支經過森林古猿逐步演化爲現代類人猿，另一支可能是非洲現存黑猩猩屬的祖先。

　　1932年，美國人路易斯在印度西瓦立克山區的哈里塔良格爾的地層中，發現了生活於距今約一千三百萬年至八百萬年之間的古猿化石，他以印度神臘瑪的名字把它命名爲「臘瑪古猿」。目前，世界上發現臘瑪古猿化石標本的國家有中國、巴基斯坦、印度、土耳其、希臘、匈牙利、肯亞和尼泊爾八個國家。經過國際古人類學家的深入研究，認爲不同地區、不同類型的臘瑪古猿特徵雖然存在著較大差異，但都具有從猿進化到人的許多特徵，很可能屬於人的系統，人類的誕生地很可能就在亞洲，其中，中國是臘瑪古猿化石標本最集中、數量最多，也是唯一發現頭骨的國家，而在中國又主要集中在雲南，雲南又主要集中在滇中高原的開遠市、祿豐縣、元謀縣等地。

　　世界上像這樣長期相對穩定地位於古太平洋和古印度洋的古

陸是罕見的。正是由於這個原因，康滇古陸便成了古生代後期（約三億年前）水生動物征服陸地、陸生動物連續演化發展不可少的舞臺。這為後來更高等的動、植物的產生及發展提供了庇護所。世界上不少動、植物的起源又都在雲南地區找到了它們的根。大量的古猿、古人類化石的發現，顯示了一個重要的資訊：在雲南尋找人類的遠古祖先是大有希望的。

果然，1956年2月和1957年秋天，科學工作者就先後在雲南開遠市小龍潭煤礦的第三紀煤系中發現了十枚臼齒化石，並將其定為早上新世「森林古猿開遠種」。開遠古猿化石的出土，第一次透露了雲南古人類發展的資訊。1980年和1982年，雲南省博物館又在小龍潭煤礦褐煤中發現含十二枚牙齒的上頜骨和三枚下齒。迄今為止，在開遠市小龍潭煤礦中共發現二十五枚古猿牙齒化石。經過與其他地點的眾多古猿化石材料進行對比研究，科學家初步得出下面的結論：在約一千二百萬年前，開遠是茂密的森林地帶，生活著臘瑪古猿及小河豬、麂、古猿等等古動物群。

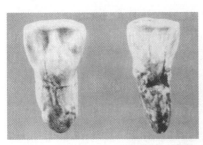

◎元謀猿人的門齒化石。

1965年5月1日，幾位來自北京的地質工作者在元謀縣上那蚌村西北八百公尺處的褐色粘土層中找到了稀奇的寶貝，不過，它並非金銀，而是兩顆已成化石的古人類牙齒。牙齒為淺灰色，石化程度甚深。牙齒有數處裂紋，為褐色土所填充。兩顆牙齒一為左上內側門齒，一為右上內側門齒，同屬於一個成年個體。這個化石就是雲南古人類──元謀人的骨骼變來的。

從門齒碩大等形態觀察，爲一青年男性。元謀人的門齒與北京人的相比較，在大小、粗壯程度、構造的複雜性等方面有相似之處，但兩者也有明顯的差異，如元謀人牙齒的齒冠末端擴展、較寬，基部比較收縮，略呈三角形，而北京人的齒冠略呈長方形。研究者由此確認，元謀人應該爲直立人種的一個新亞種，而且是中國早期類型直立人的代表。因此，被定名爲直立人元謀新亞種，簡稱元謀直立人，俗稱元謀人。經過對兩顆門齒深入的研究發現，元謀人具有發達的鏟形舌窩，是現代蒙古人種的特點。

在滇中高原連續出土如此豐富的古猿化石，與雲南在遠古時代的自然環境有著直接關係。滇中高原在遠古時代，是在康滇古陸的基礎上演變而來的，從距今十億至六億年的震旦紀以來，就屹立在大海中的一個南北向窄長的古陸。由於海水的進退，範圍有增有減，甚至在海水大進中，古陸仍然殘存相當於現今的雲南祿豐、武定、牟定、元謀、東川等地爲骨架的陸地。約在兩億年前，雲南大部分已變爲陸地，此時，康滇古陸已不復存在，隨著時間的推移逐步演變爲現今的滇中高原及其鄰區。

◎大河村遺址。

科學家們認爲，地球史上的第四紀（系）是人類產生和發展時期。原始群時期大致處在第四紀的早更新世、中更新世兩個階段。這一時期相

當於古人類學的南方古猿和早期猿人、晚期猿人、直立人階段，也就是考古學上的舊石器時代初期。

考古學將原始社會稱爲石器時代，從人類出現直到青銅時代（銅器時代）開始爲止，共經歷二、三百萬年，以石器爲主要勞動工具。根據不同的發展階段，又可劃分爲舊石器時代、中石器時代和新石器時代。中國把以磨製石器爲主要特徵的石器稱爲新石器，使用新石器的時期爲新石器時代，而考古學上稱打製石器爲舊石器，稱使用舊石器的時期爲舊石器時代，居於新舊石器時代之間的一個階段爲中石器時代。

在人類歷史的長河中，使用打製石器進行生產的時間最長，分爲初、中、晚期。當時，人類使用比較粗糙的打製石器，過著採集和漁獵生活。相當於人類歷史上從原始群到母系氏族公社出現的階段。舊石器時代初期的古人類稱爲直立人，俗稱猿人；中期的古人類稱爲早期智人，俗稱古人；晚期的古人類叫晚期智人，俗稱新人。

雲南擁有各個不同體質發展階段上的古人類化石：直立人有元謀人；早期智人有昭通人；晚期智人有麗江人、西疇人、昆明人。但是，僅從舊石器時代人類化石的材料，還無法肯定他們的族屬及其與現代民族的承繼關係。不過，有一點值得肯定的是，這些豐富的考古發掘材料說明，雲南是人類的搖籃之一。從遙遠的年代起，這塊土地上就有人類繁衍生息，這些遠古人類是雲南地區最早的居民，也是勇敢的開拓先驅，而其中的佼佼者就是元謀人。

元謀人的石製工具，是中國已發現與人類化石伴生的、最早的石器。元謀人的石器雖然發現很少，但已足夠說明一百七十萬

年前，元謀人就已經會使用石製工具。尤其值得注意的是，所發現的舊石器俱用礫石打製，這一發現將中國西南地區礫石工具傳統提前到一百七十萬年以前，從而否定了一些西方學者所持的亞洲礫石工具是由非洲傳入的觀點。與此同時，也可能還有尖木棒之類的木質工具，只是由於木質易於腐爛而難以保存下來。

元謀人遺址的炭屑多分佈在粘土、粉砂質粘土中，少量夾在礫石透鏡體內。炭屑分佈的上、下界約三公尺，共三層，每層相間半公尺左右。分佈不均，有的地方很集中，呈雞窩狀；有的地方很分散，呈星點狀。後來，又在探溝底部找到兩件顏色發黑的動物化石，經鑑定可能為燒骨。從炭屑和燒骨的發現分析，這可能是元謀人用火的遺跡，說明元謀人可能已經開始使用火。

根據古地磁法測定，元謀人牙齒屬於早更新世，距今約一百七十加減十萬年，簡稱一百七十萬年。當新華社將這一重大發現公諸於世後，引起了國內外極大的關注。從此，元謀人作為目前中國和亞洲所發現的最早原始人而被載入了史冊。

元謀人後來的結局如何呢？目前眾說紛紜。一些學者認為，元謀人並沒有在現代人形成的時期就滅絕，而是延續到新石器時代，並形成了一個高峰期，然後逐漸衰落。由於華夏民族經夏、商、周三代的蓬勃發展，從黃河流域向南擴展，元謀人早已融合於華夏文化之中了。

2.北京古人類頭骨化石之謎

在北京西南郊五十公里的地方，有一個小村鎮叫周口店，就在其龍骨山北坡的一個大岩洞裡發現了舉世矚目的北京人頭骨化石，以及粗糙古樸的生產工具和大量吃剩拋棄的各種獸骨。

從地理上說，周口店正好處在山區和平原銜接的過渡地帶，它的東南面是一望無際、微向東南傾斜的華北大平原，西、北兩面是山巒重疊、連綿起伏的北京西山——磁行山山脈的一部分。周口店周圍的地層出露狀況很好，特別是上新世和更新世的堆積物相當齊全，這裡的石灰岩一般很厚，且多被帶酸性的水所融解，特別是在褶曲發育、斷裂很多的地方，更容易為地下水所穿通，因而形成了許多天然洞穴和裂隙，常常會成為埋藏動物化石的巨大倉庫和人類生活的理想場所。

周口店北京人遺址的發現是非常偶然的。1914年初，瑞典著名地質學家安特生接受中國政府的聘請，來華擔任礦政顧問。安特生興趣廣泛，學識淵博，不但是一位享有盛名的學者，還是一位出色的探險家。他來華後，非常關心中國各地的「龍骨」（即動物骨骼的化石）。1918年2月，他偶然聽說周口店附近一個叫龍骨山的地方有「龍骨」和石灰岩洞穴，於是隻身前往，對一小塊遭到破壞的含化石的堆積物進行了小規模發掘，僅找到兩種齧齒類和一種肉食類的化石，收穫不大。此後的1921年和1923年由外國學者單方面對另一地點又作了兩次小規模的調查和試掘，發現了更多種動物化石，但沒有達到尋找人類遠古祖先遺骸的預期目的。

直到1926年夏，外國學者在整理那一批化石標本時認出了一顆明確的人牙後，才再次引起了中外學者的廣泛興趣。1927年，由代表中外雙方的中國地質調查研究所和北京協和醫學院共同簽署了系統發掘周口店的協定，經費由洛克菲勒基金會提供。在當時的特定條件下，這一協議既維護了國家權益原則，又尊重了外國學者的學術專長，使合作專案得以順利進行。

1927年，在周口店第一地點中段進行了系統的大規模的發掘，挖掘深度近二十公尺，挖出的堆積物約三千立方公尺，獲得動物化石標本五百箱，特別是找到了一顆保存完好的人牙化石。接著1928年的工作隊增加了中國學者楊鍾健和裴文中，發掘面選在前一年的東部，發掘的堆積物二千八百立方公尺，得材料五百七十五箱，又發現了一件少女右下頜骨和一件成年人的保存有三顆完整臼齒的下頜骨，使1927年根據一個單牙建立起來的「北京人」這個新屬得到了更加充分的證據。

1929年，一顆沉睡地下幾十萬年的完整的北京人頭蓋骨終於重見天日，這個消息震驚了全世界。事情發生在1929年12月2日下午四點多，當時已經日落西山，北風又不斷吹來，人人都感到寒意，但考古發掘工作仍在一個洞穴中緊張地進行著，忽然有人大聲叫了起來：「這是什麼？人頭！」話音剛剛出口，許多人就圍攏過來。這是大家盼望已久的東西，今天終於被找到了。主持發掘的裴文中先生考慮良久，最後決定當天晚上親手把它取出來。一時間，這個消息成了當時的爆炸性新聞，成了北京城裡街頭巷尾談論的話題。

以後的發掘取得了更為豐碩的成果。除了發現用火的證據、大量的石器和動物化石外，還發掘到了更多的人類化石材料，僅

1936年11月間，賈蘭坡就發現了相當完整的三個北京人頭蓋骨，再次引起廣泛的轟動。

周口店北京人遺址發現的化石，包括人類化石和一些靈長類化石，出土後一直保存在北京協和醫院底層的保險櫃內。1941年，由於日美關係日趨緊張，在北京的美國僑民紛紛回國，從北京人化石的安全考慮，有關單位在11月初準備將其運往美國。化石分裝在兩個木箱內，於12月5日用專用列車從北京運往秦皇島，打算送往預定於12月8日抵達秦皇島的美國定期航輪哈里遜總統號。但由於日軍迅速佔領了美國機構，專用列車在秦皇島被截，哈里遜總統號也未能抵達。從此，包括頭蓋骨在內的北京人化石下落不明。

曾經有許多人為尋找北京人化石的下落而四處奔波。1972年，有一位名叫詹姆斯的美國商人懸賞五千美元給能提供北京人化石下落的人。當時紐約有位老太太聲稱其丈夫從中國帶回一箱化石，並索價五十萬美元，但從她提供的實物照片看，它們並不是北京人化石。這些無價的北京人化石究竟在哪裡？至今仍下落不明。

3.半坡遺址之謎

陝西省渭河兩岸氣候溫和，土地肥沃，密佈的河網水系爲古代人類的交流提供了極爲便利的條件。半坡遺址就位於渭河支流產河下游的二級黃土臺地上，背靠白鹿原，面向河，與現代的河床相距八百公尺。

在半坡遺址，考古人員發掘了面積近一萬平方公尺，發現房基三十六座，墓葬一百七十四座，出土可復原陶器近一千件，生產工具六百多件，這些寶貴的文物背後隱含著那個時代的什麼秘密呢？

◎仰韶文化時期的人形陶罐。

據出土文物及遺跡研究，半坡遺址在考古學上屬於新石器時代中期的仰韶文化，距今約六千多年，處於母系氏族公社階段。這時，伴隨著生產力的提高，由農業和狩獵得來的食物日漸豐富，人口也日益增多。半坡人在原始農業的基礎上，手工業也開始從農業中分離出來，能建造地面建築，過著定居的生活。

從遺址的復原圖上，我們看到一幅由家庭、家族到氏族的完整生活場景：人們過著定居的農耕生活，居住區位於聚落的中心，四周有保護壕，村北是公共墓地，村東是燒製陶器的窯場。村內的房屋大小基本相等，圍繞村中部的大房子而建，貯藏東西的窖穴成排分佈，墓地的隨葬品沒有差

別，人們過著集體、平等而有組織的氏族生活，消費品歸集體而非個人所有，還沒有產生貧富分化，處在人人平等的母系氏族社會階段。

　　爲了防止雨季造成的河流暴漲暴落給生活帶來的不便和洪水的威脅，半坡人精心地選擇了臨近河流而又較爲乾爽的二級黃土臺地作爲營建自己家園的地點。爲了保衛整個村子的安全，避免毒蛇、猛獸之類的侵襲，有效地控制出入村莊的道路，防止敵對村莊的進攻，半坡人在村莊不臨河的三面挖築了一條巨大的壕溝。壕溝全長三百餘公尺，深五、六公尺，寬約六至八公尺，上寬下窄。壕溝的工程量相當巨大，根據初步計算，大約共需移動土方一萬一千七百立方公尺。如果以每人每天挖二立方公尺半計，需要一百人挖一年又三個月。

　　半坡村寨的精心設計還表現在村子中有了明顯的功能區分：壕溝以內是人們日常生活的居住區，生產陶器的陶窯則在壕溝東邊的外側，公共墓地在壕溝的北側。

　　走進半坡村寨，首先看到的是村子中部一個巨大的中心廣場，這是半坡人日常生活和聚會的地方。一條橫貫東西的大路，把整個村子一分爲二。半坡村的規劃採用的是一種較爲典型的向心式佈局，即村莊中間是村寨居民公共活動的廣場，房屋分佈在廣場四周，屋門都朝向廣場，這種佈局是爲了保障整個村莊的凝聚力和總體佈置的需要。房屋的周圍並不十分空曠，圍繞著這些大大小小房子的是眾多的窖穴和垃圾坑。窖穴一般用來貯藏糧食、器物，形狀多爲口底等寬的直筒形和口小底大的袋形。爲了防潮，這些窖穴的內壁經過抹泥加工，口部原來可能也有用植物莖幹編成的蓋子。

半坡人的房屋，從平面分，有圓形和方形兩種；從立面分，有半地穴式和地面式兩種。地面房屋的建築有較為固定的方法，首先是在地面上挖出方形或圓形的牆基槽，使建築的房屋更加堅固；然後是在基槽中栽埋木柱，這些柱子是房屋牆體的骨架，柱子洞裡早期只是把挖出的土回填，並沒有其他的特殊處理。房屋牆體用草木、植物纖維和細泥土混合貼在木柱兩側成形。房頂由室內栽埋的較粗大的明柱支撐，並且根據房屋平面形狀，分別做成方形或圓形的頂棚。頂棚用樹木枝幹為骨架，其上用植物莖葉覆蓋，表面塗抹了一層細泥土作為保護層，以增加房屋的重量，減輕大風和暴雨對房頂的破壞。房屋建成後，平整地面，然後用調製好的泥漿粉刷牆體，用火燒烤地面，以增加地面的乾爽、堅固程度。

◎仰韶文化遺址的陶罐。

　　距今六千多年前，生活在黃河和長江流域的祖先們已經普遍地發明了原始農業，黃河流域的旱地農業在世界上最早培養出了粟，長江則是稻作農業的搖籃。半坡人發展了多種經濟生產方式，他們年復一年地用自己勤勞的雙手種出粟，成為維持生活的主要糧食來源。

　　半坡人的文化藝術以彩陶為代表，線條單調，圖形質樸，以紅底黑花為主，也有黃底紅花或加白衣飾黑紅兩色花的。圖案紋樣種類豐富，造型奇特，具有很強的象徵意味。彩紋的構圖有四種形式：一是對稱組合，二是不對稱組合，三是同一母題的花紋連續組合，四是不同母題的花紋連續組成一組花紋，其中有主飾

也有附飾。花紋及所飾部位與器物造型配合相宜，構成較完美的藝術整體，例如，寬幅的紋飾多在直口圓底鉢的口沿和卷唇折腹盆的肩部，橫長形的花紋飾於低矮的器物上，人面紋在卷唇圓底盆的器內近底部，網紋和斜方格紋飾於近口沿的內外壁，均達到了最佳的裝飾效果。這些圖案大體上可分成幾何形和肖形兩類。幾何形紋樣以三角形和折線紋作爲基本的創作母體，利用虛實、正反和粗細的線條變化進行組圖，爲人們留下了一個個變化萬千的抽象世界。

古人類學家猜測，在半坡人的眼中，這些動物的紋樣或許並不僅僅是對客觀世界的描述，他們用彩筆反復地再現魚、蛙一類繁殖能力極強的動物，也許正是祈求冥冥中的神靈給予佑福，渴望多子多孫，萬世永續。魚兒所具有的多產能力使這種動物在半坡人的心目中成了通靈的神物，於是魚和人結合在一起，美麗的人面魚紋盆向人們訴說的，正是與氏族中巫師共同出現的這種人格化的魚。晚期的魚紋走向抽象化，極其誇張而且變形，用寥寥數筆勾畫出的幾何圖形說明，此時的魚已經不再是具體的生物了，其變成了一種概念化的標誌物。

半坡遺址的發掘與研究，確立了仰韶文化的一個新類型——半坡類型，爲關中地區的史前考古工作確立了時代尺規。半坡遺址是一處典型的原始社會氏族公社聚落遺址，它的發現與發掘，爲正確探討原始社會氏族制度與社會生產生活提供了寶貴資料。

4.河姆渡遺址之謎

在姚江之畔現今浙江省余姚市文亭區羅江鄉,有一個鮮爲人知的小小村落叫河姆渡,它的西、南兩面緊臨姚江,過江不遠處就是綿延起伏的四明山脈,東面、北面則是風光明媚的平原,村落在丘陵向平原緩慢傾斜的過渡地帶。河姆渡遺址以其悠久的歷史、複雜的內涵、鮮明的特徵、豐富的實物、罕見的珍品聞名於世,它被人們譽爲「七千年前的魚米之鄉」。

1973年,余姚縣羅江公社爲使境內地勢低窪的稻田旱澇保收、穩產高產,決定在河姆渡村北隅進行農田水利基本建設。六月,建造翻水站的工程正式動工,當挖到地下三公尺多深的地方時,發現了一批夾炭黑陶片、建築木構件,並伴隨有大量的古動物骨骼。聽到當地人們的會報,文物主管部門即刻派出專人前往察看調查,確認是一處古文化遺址,並迅速組織力量對遺址進行了搶救性試掘。

首次試掘,發現文化堆積十分深厚、文化內涵非常豐富,獲得了一批石器、骨器、陶器、木構件和動物骨骼等。這一批烏黑古樸的陶片、斧痕累累的木構件、斑駁破碎的獸骨,向人們透露出令人振奮的資訊:這是浙江境內已知的、最早的新石器時代文化遺址,具有十分重要的科學研究價值。同時爲弄清遺址的分佈範圍,考古工作者不辭辛苦,對遺址做了全面探查。結果發現在河姆渡村及其周圍地面上和水稻田下,都有文化堆積層或零星陶片出土。特別是在姚江岸邊靠小山包一帶,有被姚江水沖塌而暴露出的文化堆積,可見遺址面積比現在還大。經測算分佈範圍達

四萬平方公尺，這在浙江歷史上還是首例。河姆渡的先民們是怎樣生活的呢？要解開這個謎，就要深入研究其出土的遺物。

不可思議的是，這次發現的大量稻穀、稻稈葉和許多植物莖葉、果實，很多出土時顏色鮮明，保存良好。這是因為地下水位常年較高、文化層深埋地下、文化遺物長期浸泡水中，處於一種相對穩定飽和的隔離狀態，而文化層土壤中所夾雜的腐殖質，使地下水含有弱酸性成分，對它們具有良好的防腐效果，才使大量的文化遺物和動植物得以保存良好。讓人激動的是，透過遺址第四文化層採集的九個標本的科學測定，最古老的是約七千年，最年輕的為六千六百年。因此可以認定第四文化層的上限已達七千年之久，這是當時發現的東南沿海地區新石器時代最早的文化。

在河姆渡遺址兩期大規模的考古發掘中，第四文化層都有大量的水稻遺存出土，尤以上部堆積最為豐富。在首次發掘的四百多平方公尺範圍內，普遍發現一層乃至多層以蘆葦類莖葉、稻草、秕穀、穀殼、木屑碎渣及禾本科植物與少量動物遺骸交互混雜的棕褐色堆積層，厚度從十至四十公分不等，最厚處達八十公分。出土時稻稈、稻葉、稻穀與秕穀色澤如新，外形完整，有的連稻穀穎殼上的隆脈、稃毛都清晰可辨。

遺址出土的稻穀遺存都已炭化，然大多還保留有完整的穀粒外形，顆粒大小已接近於現代栽培稻，粒重更遠遠超過了野生稻。經過農學家鑑定，認為屬於栽培稻的秈亞種中晚稻型的水稻，這在20世紀七十年代被認為是亞洲最古老的稻作遺存。

河姆渡遺址發達的稻作農業是和先進的耦耕形態相對應的。出土的農具主要有骨耜、木耜、木鋤、長方形雙孔石刀等。骨耜是最為典型且數量最多的一種農業工具，兩次發掘共出土二百件

左右。它多取材於大型偶蹄類哺乳動物的肩胛骨，少數爲胯骨，長二十公分左右。平面略呈梯形，上端（肩臼部）爲柄，厚且窄；下端作刃，薄而寬。肩臼寬厚處多橫鑿長方形扁孔，輕薄處多修磨成半月形，正面中部多鑿有兩個長方孔。這種骨耜往往裝有直向木柄，其末端緊貼骨板淺槽，正面方孔和橫方孔可穿纏藤條綁緊柄末，頂端做成提手，操作既方便靈活又節省體力，非常適合於河姆渡附近平原沼澤地帶使用。河姆渡稻作農業的耕作形態，堪稱當時世界上最爲先進的耜耕農業。

農業水平的普遍提高必然導致相關的家畜飼養業達到一定的規模，豬狗兩種家畜遺骨在遺址中到處發現。據統計，豬骨標本百分之五十四是一、二歲的幼小個體，百分之三十六是二、三歲的成年個體，老年個體僅占百分之十，由此可知豬在幼年和成年時便被宰殺，與自然死亡有別，應該屬於家豬之列。另還出土有一件陶塑小豬和兩件豬紋陶器，陶豬四肢粗短，腹部明顯下垂，身體肥胖，與現代家豬相近。狗是人類最早馴化的動物，是人類捕獵活動的得力助手，遺址中狗標本與狼明顯不同。水牛的骨骼數量也較多，河姆渡遺址的水牛可初步認爲是中國目前所知馴養最早的水牛。

儘管河姆渡人已有了栽培農業和家畜飼養業，但遺址中發現的大量植物果實和野生動物骨骼說明，採集、漁獵、捕撈仍是不可缺少的重要經濟部門。河姆渡人採集的果實有橡子、菱角、酸棗、桃子、芡實、薏仁米、戎蘆、菌類、藻類等。野生動物中的哺乳類、鳥類、爬行類、魚類、軟體類的四十多個種屬也成了他們漁獵的對象。

河姆渡遺址兩次大規模發掘中，第二、三、四層都發現有木

構建築遺跡，尤以第四文化層保存最爲完好，最爲豐富多彩。建築構件諸如柱礎、圓柱、方柱、排樁、板樁、地龍骨、橫樑、木板之類，星羅棋佈，縱橫交錯。許多木構件上都留下了形式多樣、結構複雜、科學受力的榫頭和卯孔。雙層榫頭、燕尾榫、企口板、垂直雙卯孔轉角柱的發明、梢釘的出現，都說明河姆渡人的木作工藝技術達到了相當高的水平。特別是首次發掘第四文化層發現的排列有序的十三排樁木構成的一組建築，代表了他們的傑出成就。

這組建築遺跡正好有意識地選擇在陵阜與沼澤的過渡地帶。十三排木樁基本走向是西北一東南，縱軸沿等高線排列，分析估計原來至少有三棟以上的長屋，長度在二十三公尺以上，其中一棟長屋的進深約七公尺左右，臨水一側有寬一公尺三十公分的外廊。由於建築坐落於湖沼邊緣，必然需要抬高居住面，而建築遺址內未見居住面，卻在室內部位發現了大量植物、動物遺骨、殘破陶器組成的生活垃圾，堆積厚度也不同。所發現的建築遺跡，主要爲排列成行、打入泥土中的樁木和樁頭上同榫卯銜接的地樑及散亂的樑、柱、厚板，而沒有地面建築所見的草盤泥和紅燒土之類。由此說明，這是一種以樁木架空居住面基座，上面立柱安樑構屋架的杆欄式建築，爲迄今爲止中國發現最早的木結構杆欄式建築。

木構水井的發明是河姆渡人高超的木構建築技術的又一呈現。遺址第二層發現的這口水井，是中國迄今所見最早的木構水井遺跡。它由二百餘根樁木、長圓木等組成，分內外兩部分。裡面井口方形，邊長約二公尺，每邊豎靠坑壁打下幾十根排樁。排樁內支頂一個由榫卯套接而成的方木框，以防排樁傾倒。排樁上

平臥十六根長圓木，構成井口的框架。週邊有一圈呈圓形分佈的二十八根柵欄樁，井內見有輻射狀的小長圓木構件和葦席殘片。據此說明水井上當蓋有簡單的井亭。水井的開鑿和利用，擴大了人類的生產和生活空間，改善了水質，方便了定居生活，爲社會發展作出了很大貢獻。

伴隨著發達的稻作農業和長期的定居生活，河姆渡人的手工業得到了前所未有的發展，分工細緻，門類眾多。在遺址包含的多種器物群中，特徵鮮明的陶質器皿相當程度上顯示了河姆渡文化的面貌。四個文化層中除分別有數量不等的泥質陶外，均有一種夾炭黑陶，胎含大量炭晶粒，是用植物莖葉碎末、穀殼等有機質爲料，在火候低和缺氧的還原焰中燒成，胎質疏鬆、硬度較低。從第四層到第一層夾炭黑陶逐漸減少，夾砂陶則逐漸增加，並佔據了絕對優勢。陶器類早期比較簡單，主要有釜、罐、缽、盤、支座，晚期器類多樣，新出現了釜形鼎、垂囊式盉等。釜始終是河姆渡文化最主要的炊器，不但數量多，而且造型富於變化，是文化分期的標準器。

利用動物的各種骨骼和角爲原料，加工製成生產工具、生活用具、裝飾藝術品是河姆渡文化的又一顯著特徵。第一期考古發掘出土的八百二十九件生產工具中，骨角製的達六百二十一件，占百分之七十五。第二期發掘出土文物總數四千七百多件，僅骨器就占二千二百七十件，達約百分之四十八。可見骨角器佔有多麼重要的位置，而河姆渡村落周圍生活的各類動物，則爲骨角器的加工製作提供了永不枯竭的源泉。

此外，在河姆渡遺址第三、四文化層中普遍發現有葦席殘片，總數達上百件之多，還見幾段粗細不等的繩索，可見編織業

◎仰韶文化遺址發現的刻有蟬蛹的陶罐。

已出現並具有一定的熟練程度。紡織品雖未發現，但出土文物中屢有編織紋裝飾圖案和珍貴的紡織工具，說明紡織業已經存在。而漆碗的確認，把中國使用生漆的歷史提早到了七千年前，從而證明中國是世界上最早使用天然塗料「漆」的國家。

在長期的生產生活過程中，河姆渡人逐漸形成相當水準的審美意識和藝術追求，創造了豐富多彩、高雅古樸的精神文化。遺址出土的原始藝術品中，絕大多數屬於裝飾藝術，即在日常應用的生活用具表面裝飾花紋或雕刻圖像，既實用又美觀。

紋飾最普遍的是繩紋和幾何紋，其餘有鳥紋、太陽紋、魚紋、禾葉紋、蠶紋、稻穗紋、豬紋等，設計精巧、繁簡得當，形象逼真，寓意深奧。考古工作者發現的雙鳥朝陽象牙雕刻、鳥形象牙圓雕、木雕魚形器柄、圓雕木魚、雙頭連體鳥紋骨匕、編織紋骨匕、短線刻畫骨笄、陶塑魚豬、陶塑人頭像、狗形器鈕、刻畫豬紋的陶器等，都是罕見的藝術珍品。同時遺址中還出土了一些玉和螢石質的璜、塊、管、珠、環、餅、丸等人體佩帶的裝飾品，有些質地呈半透明狀，玲瓏剔透，晶瑩潤澤。另有一些以獸類的獠牙或犬牙、鹿類的尖角和魚類的脊椎骨製成的裝飾品，多鑽有小孔，可貫穿起來組成串飾，佩戴在胸前或掛在脖子上。

河姆渡文化玉器的出現，表明中國長江流域用玉歷史的悠久。這一傳統在後來的良渚文化中得到繼續發展，並創造了中國新石器時代輝煌燦爛的玉文化。

5.遼河紅山文化之謎

以往我們認為中國文明的起源主要是在黃河流域，或者說是黃河、長江流域，對其他地區的文化發展的水平估計不足。以壇、廟、塚為代表的紅山文化，其內涵之豐富，發展水平之高，均出乎我們的預料之外，而這些巨型建築的發現，使我們的認識有了一個新的躍進。它說明，中華文明的起源並不是一元的，相反，它是多元化一體的，遼河流域同樣是文明的起源地之一。

◎紅山文化出土的女神像。

牛河梁位於遼寧西部凌源、建平兩縣交界處，因牡牛河出山梁東麓而得名。發現於1983年的女神廟就位於牛河梁主樑北山丘頂，處於這一帶紅山文化地點分佈的中心位置。女神廟由一個多室和一個單室兩組建築構成，多室在北，為主體建築，單室在南，為附屬建築。主體建築既有中心主室，又向外分出多室，以中軸線左右對稱，另配有附屬建築，形成一個有中心、多單元對稱的古代殿堂。另外，出土的建築構件中有彩繪的牆壁面殘塊，繪有赭紅間黃白色交錯三角紋幾何圖案，是中國目前發現最早的壁畫。

在女神廟西側發現的泥塑造像殘塊中，人物像最多，有頭、肩、臂、乳房、手等殘塊。這些人像殘塊，分屬六個個體，她們

的形體有大有小，年齡有老有少，或張臂伸手，或曲肘握拳，均為盤膝坐式，組成形神兼備、栩栩如生的女神像群。這些形象有的可能象徵當時社會上的權勢者，有的或許就是受到崇敬的祖先。根據群像之間大小和體態的差別判斷，似已形成有中心、有層次的「神統」。尤其是出土了一尊有真人大小的彩塑女神像，肢體雖已殘碎，但頭部完好，雙眼中均嵌淡青色圓餅形玉片為睛，炯炯有神，極富生命力和神聖化。這尊女神像，使億萬炎黃子孫第一次看到用黃土塑造成的五千年前祖先的形象。而且，這並不單單是一尊孤立的女神頭像，而是矗立於蒼翠群山之上，女神成群排列於其內的雕塑寶庫中的一件珍品。如果說，秦始皇兵馬俑是封建社會的第一個藝術高峰，那麼，牛河梁女神群像可以看作中國文明黎明時期的藝術高峰。

在發現的動物塑像中，有豬龍和禽爪殘塊。雖然說豬龍的頭頂及身體大部殘碎缺失，僅遺留頭、耳、吻及前身、下肢部分，但仍能顯現其昔日的風采。豬龍神的出現，意味著原始崇拜超越了自然崇拜階段，而禽類神與之伴出，尚帶有圖騰崇拜的遺痕。

1983－1985年在牛河梁遺址的調查發掘中，發現了四座積石塚，其規模之大也是罕見的，它們的特點都是以石壘牆，以石築墓，以石封頂。墓內排列的石墓，既是迄今為止發現最早的石棺墓群，也是探討東北亞地區石棺墓形制起源的重要資料。1986－1988年，牛河梁遺址的發掘，不斷有重要的發現。其中的架子山頂一號塚中心大墓，墓中發現一具完整的男性骨架，頭的兩側有兩個大耳環，胸部有勾雲形玉佩，雙手各握一對雌雄玉龜，身上及手腕處還有玉鐲。這樣的墓主人生前不僅是一位富有者，更應是當時的部族領袖。

尤為讓人振奮的，便是轉山「金字塔」式大型紅山文化建築遺址的發現。這座金字塔建築的範圍大約有近萬平方公尺，結構為夯土石砌圓形臺階式，規模宏大，基部直徑百餘公尺，殘存高度約二十餘公尺，頂部堆積大量坩鍋片，中央夯土內埋有骨架。這座龐大的遺址與「女神廟」相距約四公里，可南望「豬山」。龐大的巨型建築，僅夯土就達十萬平方公尺，還有難以計算的巨石，很難想像當時的人們是怎樣從遠山搬運來的。以至於美國、法國、日本和印度的一些學者，在實地考察後，皆驚歎紅山文化是足可與埃及金字塔、印度河摩亨佐‧達羅古文化相比的世界性發現。

牛河梁紅山文化遺址不僅以女神廟和積石塚而聞名遐邇，這裡出土的精美玉雕和龍的發現，同樣贏得了世人不斷的喝彩聲。其中，有豬龍形玉飾、玉箍形飾、勾雲形玉飾、玉璧、玉環等。從考古資料來看，玉豬龍形飾並非僅在牛河梁遺址中發現。早在1971年，在內蒙古自治區三星他拉村紅山文化遺址中就出土過一件大型的碧玉龍，龍體呈C字形，高二十六公分，吻部前伸，向上彎曲，嘴緊閉，鼻端截平，上端邊起銳利的棱線，端面近橢圓形，有對稱的雙圓洞為鼻孔，具有豬首的特徵。

◎碧玉龍。

過去對龍的形成，學術界根據文獻記載說法不一，有蜥蜴

說、鱷魚說、以蛇爲主體的多種動物組合說等。紅山文化的玉器，從發現的實物看，似乎是豬首蛇身的結合體。紅山文化玉豬龍的發現，才使人們把豬和龍的形像聯繫在一起。有專家認爲，紅山文化中的玉豬龍、獸形玉和勾雲形玉佩等，是當時社會某種等級、權力觀念的象徵，已具有「禮」的雛形。

以玉豬龍、勾雲形玉飾、玉箍形飾、雙龍首玉璜等爲代表的紅山文化玉器，過去曾作爲傳世品著錄或在博物館中收藏，根據其特點和工藝水平，人們將其定爲商周時器。而透過東山嘴、牛河梁等重要遺址的發掘來看，這些玉器要比商代玉器早兩千年。這些玉器，有相當一部分與原始宗教禮儀有關，至少有一部分可以確定其已經具備了禮器的性質，這對探討玉禮器的起源，具有重要的參考價值。可以說，紅山文化玉器是燕山地區古代文明中最爲輝煌的一部分。

除了牛河梁女神廟和積石塚的發現，考古工作者還對位於遼寧喀左縣東山嘴紅山文化遺址連續進行大規模的發掘，發現了距今五千年前的祭壇遺址，這也是中國目前發現的最早的一處宗教遺存。遺址坐落在一山梁正中緩平突起的臺地上，長約六十公尺，寬約四十公尺，四周爲開闊的平川地，一望無際。

遺址的中心部分爲一座大型方形台基，東西長近十二公尺，南北寬九公尺半。基址內上部堆積有黑灰土夾碎石片層，下部爲黃土堆積，底部爲平整的黃硬土面，間有大片的紅燒土面。前端部分的圓形基址，直徑二公尺半，是在黃土堆積的上部用石塊鋪砌而成，周圍以石片鑲邊，石圈內鋪一層大小相近的河卵石，是特意從山下河川中揀選的。從總體上看，這組石建築基址在石料加工、砌築技術上相當講究，佈局上按南北軸線分佈，注意對

稱，有中心和兩翼之分，南北方圓對應，具有中國建築的傳統特色。

東山嘴祭壇遺址不僅以其獨具特色的石砌建築在中國新石器時代考古中佔有重要地位，而且在基址內及其周圍，還出土了大量的器物。其中，陶器占絕大多數。但這些陶器不是出土在人們的居住遺址中，也不是在墓葬中發現，而是在祭祀活動的遺址中發現的，說明這些陶器都與祭祀活動有關。

當然，除了陶器之外，還發現有雙首橫形玉飾和鴞形綠松石飾等，最突出的則是發現了陶塑女像。在發現的二十餘件女像殘塊中，多為人的肢體部分，未見頭部，皆為泥質紅陶。能辨認出形體的有兩類。一類是小型孕婦塑像，有兩件為裸體立像，頭及右臂殘缺，腹部突出，臀部肥大。另一類是大型人物坐像，塑造得逼真自然，富有動感，而且符合人體結構比例，其大小相當於真人的一半。同時還發現有人體塑像腰部的衣帶裝飾。從大大小小的塑像殘塊可以看出，這裡為一個形態各異的陶塑人像群。雖然說在新石器時代考古中，也曾發現過單個的陶塑人像頭或刻畫的人像，但是像東山嘴的陶塑人像群則是前所未見的。

關於祭祀遺址的性質，有的人認為是祭地母神、農神和生育神的場所，也有人認為是祭祀山川的祭壇。不管怎樣，東山嘴祭祀遺址的發現，為中國史前時期的宗教研究擴大了視野，開創了新的領域。專用於祭祀的東山嘴建築群址的存在，標誌著它所屬的紅山文化已達到相當高的水平。從祭壇建築的規模來看，其規模之大是罕見的，所用石材之多也是驚人的，這絕不是一個氏族或個別部落所能為之，而應該是若干個部落聯合營建的。從牛河梁女神廟和積石塚的發現和東山嘴紅山文化祭壇遺址的發現來

看，我們能夠感覺到燕山地區史前文化的發展水平很不同凡響，它的發展水平，即便是與黃河、長江流域相比，也毫不遜色。

在紅山文化壇、廟、塚發現以後，壇廟塚大型禮儀性建築的發現，以及以玉龍、陶塑女像、特異形陶器等為代表的大量器物的出土，以無可辯駁的事實證明了中華文明的起源是多元的。以遼河為中心的地區，同樣是中國文明起源地之一。

6.古國于闐是何時建國的？

　　「于闐」是絲路上的古國，它的得名和建國的歷史撲朔迷離，是歷史研究領域最迷人的課題之一。由於于闐建國的信史和考古實物非常難覓，所以于闐建國的歷史蒙上一團厚厚的迷霧。

　　唐玄奘在《大唐西域記》記敘了于闐的「建國傳說」。相傳遠古時于闐地方荒無人煙，只有毗沙門天神在此居住。印度無憂王的太子遭後母陷害，被挖去雙眼。無憂王得知後大怒，把負責保護太子的輔臣僚佐及他們的家屬放逐到雪山以北的荒山谷地居住。後來這批人逐水草遷至于闐的西界，推舉他們當中的頭目為王，在于闐的河邊過起了定居生活。恰巧在這時，東方一個國家的太子也因獲罪被流放到于闐東界，太子手下的人們向他勸進，他便自稱為王，與部眾在于闐以東定居下來。

　　歲月匆匆，雙方各自為政，互不來往。不料在一次打獵的時候，雙方人馬在一處荒澤不期而遇，他們互相詢問對方的來歷，都要以主人自居，便發生了爭執，言詞相激，眼看就要動武了。這時有人出來勸道：「今天何必這麼著急呢？用打獵的人馬決戰，未必盡顯出兵鋒軍威。還是先回去各自治兵演練，約定一個時間再來交戰。」於是雙方便回馬收兵，各歸其國，操練兵馬，鼓舞士氣。

　　到了約定的時間，雙方會兵於一地，旗鼓相望。經過交鋒，西方的兵馬敗北，國王被殺。東方的國王乘勝而進，招撫了對方失散的人眾，接著就把于闐都城遷到東、西之間的中部地帶，籌劃建築城郭。國王擔心沒有適合的建城土地，就四處張貼告示，

中國地理不思議之謎

徵求瞭解這邊地理的有識之士。這時有個臉上塗抹著黑灰的外道之人，背著一個裝滿了水的大葫蘆，來到國王面前說：「我知道這裡的地理。」接著就把葫蘆裡的水倒在地上，水彎彎曲曲地流動起來，周而復始地環繞了一個大圈，那葫蘆裡的水仿佛無窮無盡，還在不停地迴圈。這時那個外道之人突然起身離去，瞬間沒了蹤跡。人們就順著水流的痕跡，築成了城的地基，建起了一座城池，這就成了于闐國的王都。

于闐國王修築都城，建立國家，安定了民眾，已是功成名就。但到晚年，他卻沒有兒子，惟恐斷絕了國家的後繼者。為了祈求子嗣，就到于闐國的保護神毗沙門天神廟祈禱，祈求賜給後代。此時毗沙門天神的額頭裂開縫隙，生出一個男嬰。國王抱著天神賜的孩子回到宮中，國人都來慶賀。不料，這個神童不食人奶，國王怕孩子養不活，就又去廟中乞求養育之法。神像前面的地這時忽然隆起，其狀如女人的乳房，神童於是就去吸吮。就這樣靠著地上的乳汁，孩子長大成人，他的勇敢和智慧超過前人，國內的風範教化也傳播開來。國王的繼位者因食地乳長大，所以于闐國也以「地乳」為國號。

除了《大唐西域記》外，古藏文的《于闐國授記》、《于闐教法史》及一些佛典，也有形形色色有關于闐建國的記載。古藏文《于闐教法史》中記載于闐建國者為阿育王的王子。相傳當初天竺國阿育王得一小王子，阿育王在巡地遊方時遇到占卜相士，相士尊王命為王子看相。相士見王子相貌端莊，就說：「王子將來的權勢要超過大王呢。」國王聽後心生妒忌，就將王子扔在當初出生之地，就是于闐國北門之內。被拋棄後的王子，在北方天王和吉祥仙女用地乳養育下，才得以存活，所以取名「地乳」。

北方天王把王子地乳獻給漢王作子，地乳在漢地生活長大後，重回于闐。這位來自天竺、由漢地撫養成人的王子，與當地居民在于闐共築一城，建立國家。

《大唐西域記》、《于闐國授記》、《于闐教法史》等文獻的記載，出現在于闐建國約十個世紀之後，且依據的是神話傳說，很難令人置信。《大唐西域記》說無憂王的太子和東方來的太子到于闐之前，「此國虛曠無人」。其實，早在殷商時代，商王武丁之妻婦好墓中就出土過數百件來自于闐的玉石加工的器具和裝飾品，說明于闐人這時已與中原有了許多交往，怎麼會「虛曠無人」呢？

不過，上述一些傳說有一個共同點，都說于闐國在西元前數個世紀就建立了。這一資訊被後來的考古發現所證實，西元初這裡使用的鑄幣，正面印著漢文，背面印著佉盧文。《北史‧于闐傳》也有相關的記載：「自高昌以西，諸國等人，深目高鼻。惟此一國，貌不甚胡，頗類華夏。」

于闐建國肯定不會晚於西元前2世紀，張騫通西域時就知道了于闐這一名稱。但這之前沒有文獻記載過闐，也沒有關於于闐的資訊傳到中原。《穆天子傳》記載了崑崙山一帶的部族，還記載了與西王母瑤池相會的故事，卻沒有提到于闐這一稱謂。《山海經‧海內東經》記載了「流沙中」、「崑崙虛東南」，有「埠端」國名。有學者認為「埠端」即「于闐」、「和闐」的不同譯音，但此說沒有相關的史料和考古實物佐證，所以缺乏說服力和可信性。

第六章

沙漠戈壁不思議之謎

　　枯涸的河床，漫捲的黃沙，殘敗的土垣……有人說這裡是荒涼、乾燥的世界，是恐怖與死寂的舞臺。但倘若你穿過時空隧道，就會驚奇地發現，佇立在你面前的竟會是一位風情萬種、神秘妖嬈的女郎……你一定會驚歎繁華的尼雅爲何會湮滅在歲月的盡頭；一定會迷惑「古堡幽靈」爲何會成爲劫擄生靈的元兇；一定會好奇絲綢之路的興衰；一定會追尋坎兒井謎團的答案……。

1.尼雅之謎

　　尼雅遺址位於今新疆和田地區民豐縣北一百三十公里的沙漠深處。在遙遠的唐代，玄奘高僧赴印度取經路過此地時，這裡還是一片人畜興旺的綠洲。這片曾經繁榮非常的國土存在了多少年？它的文明發展到了什麼程度？從什麼時候起沉入茫茫沙海中呢？這是什麼原因導致的呢？這個夢幻般的地方引起了全世界相關人士的關注，誰能破解這些環環相扣的謎，誰就能洞悉古代西域千古興衰的奧秘。

　　20世紀初，英國探險家斯坦因曾三次深入尼雅地區，收集七百多件佉盧木簡文書和五十多件漢文書等各種遺物，輝煌的古文化立刻使尼雅一夜之間轟動了世界，成為世界探險家、考古學家和生態學家嚮往的考察熱點。

　　尼雅位於古西域三十六國所在的絲綢之路，佛教、伊斯蘭教從這裡傳入東方的中國，它比古樓蘭還要神秘，這座規模龐大、保存完好廢墟的古代文明遺址，其磅礡氣勢堪與著名的古羅馬龐貝城相媲美。尼雅古遺址東西寬約七公里，南北長約二十六公里的廣闊領域裡，以佛塔為中心擁有七十多處住居遺跡和幾處墳墓，許多畜舍、庭院、城牆、古河道、湖塘、澇壩池、農田、渠道、枯樹林木等自然和人文遺跡。

　　今天的尼雅遺址，著實令人觸目驚心。遠遠看去，在那連綿的沙丘包圍中，一片的木樁裸露地面，木樁是當年房屋的構架和門框，有的木樁上還有橫樑架著，房屋建築一半都被沙土埋沒。黃沙中到處可見殘骨累累，眾多破碎的紅、黑夾砂粗陶片散落地

面，一場大風沙過後還會在遺址附近撿到玻璃串珠等五顏六色的裝飾品，以及由地下暴露出地面比較完整的陶罐、缸、木蓋等器皿，在墓地常有暴露的獨木棺材和木乃伊乾屍及絲綢棉麻等衣織物殘片。即使是一片荒蕪的廢墟，人們也可以從中感受到當年它高度發展的經濟水平和生活水平。

尼雅遺址建築的一大特點就是保持著當年廢棄時的完好面貌，從房屋的輪廓看出，哪裡是走廊、大廳、居室，哪裡是廚房、儲藏間和畜廄。有的房門半開著，房中有精美的壁爐，在一千年前的畜廄裡面，至今還墊著厚厚的一層羊糞、駝糞等。這番情境好像是主人才剛離開不久，引起人們不盡的遐思。

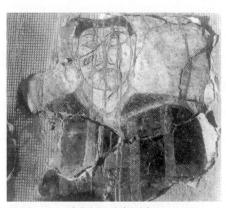

◎尼雅出土的佛像壁畫。

尼雅地處絲綢之路的要衝，是佛教、伊斯蘭教傳入中國的必經之路，因此佛塔便成了尼雅遺址的標誌和中心部位的建築。保留下來的這座佛塔為三層建築，下面二層呈正方形，上層呈圓桶形。整個塔身用土坯加泥砌成，外抹泥層。整個塔身南部已坍塌，壓縫砌築的土坯清晰地裸露在外面。尼雅的佛塔與中國內地的眾多佛塔大不相同，是倒缽式的浮屠塔，與印度佛塔風格相一致。照常例，在佛塔周圍應該有大片寺院的建築，但在這裡，佛塔附近至今還未找到更多配套的建築遺跡，究竟是為什麼呢？也許這是尼雅眾多的古謎中最難解的一個謎。

在尼雅考古發掘中，最重要的是收集到大量佉盧文的木簡殘片，還發現了風沙掩埋中的古代居民木乃伊乾屍和陪葬物品。說起佉盧文，它最具有考古價值。佉盧

◎尼雅遺址上的佛塔。

文起源於西元前四世紀，是印度西北部的土著民族的一種文字，後來為貴霜帝國使用，西元二世紀至四世紀曾流行於新疆和田、若羌、樓蘭一帶。這種文字的字與字之間無間隔，也不用標點，字體彎曲，從右至左橫書，至今已絕跡一千六百餘年，當今世界上只有中國、德國、英國的極少數研究者能讀懂它。上面的文字表明，其內容多是各種命令。那麼發出命令的王宮又在何方？又如何確定它的具體年代呢？這又是千古尼雅謎海中，十分重要的一個謎案。

在尼雅遺址的古墓中，經常發現乾屍，成為尼雅遺址的一大特色。在科學不發達的古代，人們認為人的靈魂附在人的軀體中，靈魂要是離開了軀體，那就意味著死亡的來臨。過去的帝王，生前常吃靈丹妙藥，幻想長生不死；無法長生則千方百計地保存屍體，他們認為，只要屍體不爛，靈魂即可永存。在遼代墓葬發掘中，有時可以發現水銀（汞）和朱砂，可能與保存屍體有關。然而尼雅遺址發現的乾屍，則與此不同，屍體沒有經過任何防腐的處理，完全是靠自然條件形成的。

在尼雅地區經常發現乾屍，當地人習以為常，然而外地來的專家學者卻極為重視。尼雅為什麼有這麼多乾屍，乾屍的保存為什麼有好有壞，都是科學研究的重要課題。屍體的腐爛，也同食物的腐爛一樣，是細菌微生物作用的結果。細菌微生物的存在和活動，必須具備一定的溫度、濕度和空氣。在常溫下，細菌微生物都能夠生存，但是，特別乾燥的地方和沒有空氣的地方，細菌微生物也難以生存。湖南長沙馬王堆西漢墓中的女屍，是一具濕屍，其之所以經歷了兩千一百多年不腐爛，是因為墓室深，封閉嚴，斷絕了空氣的結果。尼雅地區古代乾屍的存在，是塔克拉瑪干沙漠中乾燥的氣候所造成的。

由於塔克拉瑪干沙漠異常乾燥，屍體在烈風、強光、高溫的作用下，迅速脫水。於是屍體都呈現乾瘦的狀態，體瘦如柴、皮層收縮、緊貼骨架就是屍體脫水的結果。在細菌微生物沒有產生以前，屍體即完全脫水，使細菌微生物失去了生存的條件，於是，屍體變成乾屍保存了下來。除屍體以外，尼雅地區其他的文物能夠完整地保存到今天，都是與極端乾燥的氣候有關。

尼雅墓葬中的乾屍，是屍體中的一部分，還有一部分屍體完全腐爛掉，只剩下白骨和黑髮。同在尼雅地區，為什麼會有此不同呢？這其中還有許多的原因。

塔克拉瑪干沙漠，整體而言是氣候非常乾燥，降雨量很少。但是，每年的降雨量並不完全相同，有的年份降雨量多一些，有的年份降雨量卻非常少。據現代氣象學家的考察研究，塔克拉瑪干沙漠中的年平均降雨量，只有25至50毫米，然而有的年份一天之中的降雨量卻達25.2毫米，最多時竟達到73.5毫米。在降雨量少的年份，埋葬的屍體即容易變成乾屍；降雨量多的年份，埋葬的

屍體就容易爛掉。在一年之中，是乾季埋葬還是濕季埋葬，對於屍體的保存，也有不同的影響。

就每具屍體的具體情況而言，也不完全相同。有的人肥胖，體內含水量就比較高；有的人乾瘦，體內的含水量就比較低。在相同的氣候條件下，含水量多的屍體就容易腐爛，含水量少的屍體就不容易腐爛，便於保存。在墓地現場觀察的結果表明，同一具屍體的不同部位，保存的結果也有很大的不同。有的屍體胸腔、腹腔完全爛掉，而頭顱和四肢卻保存較好。這是因為胸腔和腹腔中的含水量比頭顱、四肢要多的緣故。古代埃及在製作「木乃伊」時，都要除掉內臟，即是由於這個緣故。即使在科學高度發達的現代，為了長久地保存偉人的屍體，也需要摘除內臟。

由於上述種種原因，使古代尼雅墓葬中的屍體，也就出現了千差萬別。有一部分屍體變成了乾屍，有的屍體完全爛掉，有的屍體是半具乾屍，並不是所有的屍體都變成了乾屍。

從尼雅遺址和考古發掘所得，我們可以看出，兩千年的沙漠風塵，也掩擋不住古城當年的輝煌。至少可以表明兩千年前，在尼雅河下游沙漠腹地的三角洲上，曾是林木茂盛的綠洲，三角洲上水道眾多，湖塘羅布，尼雅人在這裡逐水草而居。到底在什麼時候，尼雅從地球上消失的呢？

據推斷，在距今一千五百年前，人類的活動對生態環境造成了極大的破壞，不斷增加的人口破壞了植被和水資源，民族和宗教戰爭頻繁爆發，生產方式粗放落後，特別是水源的枯竭，使尼雅被黃沙所蠶噬，最終沉睡在沙漠中，留下一堆廢墟，從此尼雅蒙上了一層厚厚的神秘面紗，給後人留下了不盡的懸念和千古的謎團。

2.長了「腿」的「死亡之海」之謎

1980年，中國著名科學家彭加木赴羅布泊考察地質，隻身外出找水，不幸迷失於沙漠之中。事後，數萬軍民在飛機的引導下從敦煌、若羌和庫爾勒三個方向進入羅布泊尋找，結果一無所獲。20世紀90年代，中華探險家于純順單身一人橫穿羅布沙漠，壯志未酬，卻魂斷沙漠。古人的描述、今人的遭遇將羅布泊蒙上了一層神秘的面紗。羅布泊，到底是一個什麼樣的地方呢？

羅布泊位於新疆維吾爾自治區塔里木盆地東部，面積約三千平方公里，湖面海拔七百六十八公尺，是中國僅次於青海湖的第二鹹水湖。由於河流改道和入湖水量變化，湖面逐漸縮小，沿岸鹽灘廣布。該湖周圍雖是荒漠地帶，但卻是古代通往西方的「絲綢之路」通道。關於羅布泊，當今最大的疑問是──羅布泊是否遊移不定，是不是經常「搬家」的問題。

千百年來，羅布泊對人們來說一直是個謎，它的名稱和它的位置一樣多變。羅布泊在《史記‧大宛傳》中稱鹽澤，在《漢書‧地理志》中稱蒲昌海。魏晉以後稱牢蘭海、輔日海、縛納陂、洛普池、羅布池等。至清代稱羅布淖爾，蒙語意為「匯入多水之湖」，近代以來始稱羅布泊。

有的人認為，羅布泊自古以來是個有名的遊移湖，從羅布泊的形成時期起，其位置和形態隨著水量的變化而南北變動著，有時偏北，有時偏南，有時水量盈盈，有時水量則很少，乃至乾涸。最早持這種看法的是俄國人普熱瓦爾斯基，後來還有著名的瑞典探險家斯文‧赫定。

早在19世紀70年代，俄國人普熱瓦爾斯基在到塔里木河下游進行考察後，說在羅布泊西南有一個湖泊，這個湖泊是羅布泊遊移到西南的結果。從此羅布泊就被冠上「遊移湖」的稱號。瑞典人斯文·赫定也多次到該地區考察，1928年再度來時，看到原本乾涸的羅布泊變成一片汪洋，便認為是湖水北遷，得出羅布泊是遊移湖的結論。解放後，由於前蘇聯學者B.M.西尼發表了《羅布諾爾窪地及羅布泊的地質史》一文，說「羅布泊是一個遊移湖的水泊，並受盆地基地地塊狀變位的影響。」於是，這種觀點就在中國地理學界流行開了。

但也有人反對上述看法，他們認為羅布泊從來就不是個遊移湖。盧雲亭先生在《羅布泊是遊移湖嗎？》一文中認為，羅布泊由於受湖盆內部新構造運動和入湖水量變化的影響，在歷史上常出現積水輪廓的大小變動，此種變動本來是一種自然的歷史演變過程，卻被誤解為是時而向東，時而向西，時而遷走的遊移湖或交替湖。

根據中國科學院新疆綜合考察隊地貌組對羅布泊進行實地調查資料和衛星照片分析，證明羅布泊不是什麼遊移湖或交替湖。從第四紀以來，羅布泊就始終沒有離開過羅布泊窪地，只有在自己的「故鄉」內進行漲縮變化。至隋唐時期，由於高山冰雪補給的河水徑流增大，進入羅布泊的水量也相應增多。到了元代，隨著中國西北氣候變乾，塔里木河的水量變得更少，這時羅布泊的面積縮小到最小的程度。據有關資料顯示，在最乾旱時期，羅布泊的水面很小，形如一顆雞心，但羅布泊在漫長的歷史演變中，始終是在湖盆內變動，湖水從未超出湖盆範圍以外湖面。其漲縮變化的原因，除了和古代水文條件的改變有關外，還有一個重要

原因，就是最新斷塊運動。

羅布泊在水面漲縮變化過程中，除了最重要的結構因素、古水文因素，還有人為因素。幾千年來，史籍對羅布泊的情況和位置變遷都有記載，從未稱它為遊移湖。直至近代始有「漂泊湖」等名稱出現，不少地理書不僅冠以「遊移湖」名稱，還說是世界上「典型的遊移湖」。而且，根據中科院實地調查分析，羅布泊兩岸線較穩定，而湖泊東岸則遺留有一圈圈古湖岸痕跡。可以斷定在這片窪地裡，歷史上曾散佈著許多湖泊和沼澤，當徑流豐富時，它們可以造成較大的湖，乾旱時又重新分散或消失。

這說明什麼問題呢？也許問題應該涉及到社會的因素。除地質時代的地質變動外，進入階級社會，一些河道的改道總是以人的因素為主，特別是乾旱少雨的塔里木河、孔雀河下游的改道，如果不與社會聯結起來，從人與自然的相處上面尋找原因，是難以找到正確的答案的。

從目前已出版的書籍和發表的文章看，以上兩種說法似乎各占其半，勢均力敵，不管這個謎底究竟是什麼，我們都應該好好思考，如何不要讓短期的人為行動破壞自然的規律，怎樣做才是對自己、對自然、對子孫負責的行為。

3.圓沙古城之謎

在繼尼雅考古取得重大成果之後，考古學家們又在沙漠的中心地帶，發現一座兩千多年前的古城。它位於世界第二大流動沙漠塔克拉瑪干沙漠腹地，南距于田縣二百餘公里處，座標為東經81度31分，北緯38度至52度。這個點恰好在沙漠中央。

維吾爾族人稱這裡「九木拉克庫木」，意思是「圓沙丘」。這裡的沙山的確都是圓的，這座古城的確堪稱「圓沙古城」。這是新疆目前發現的最早古城，其下限早於西漢。為什麼要在沙漠中心地帶築一座規模如此大的城？有城就有國，這是一個什麼樣的國家？為什麼這樣一座規模空前的沙漠之城，竟然不見於任何記載，難道他們與外界沒有任何聯繫？

至今，塔克拉瑪干沙漠中發現的所有古城，比如樓蘭、尼雅、丹丹烏里克等，都在中國典籍中有著記載，且很大程度上是靠著典籍指引找到的。但沙漠中心的這座古城，卻不見於任何史書。而新疆在此之前發現的古城，幾乎毫無例外地被外國探險家如斯文・赫定、斯坦因、伯希和、普爾熱瓦斯等捷足先登發掘過，但這座古城卻從未有人涉足過。

斯文・赫定、斯坦因以及中國考古學家黃文弼先生，都到過距離圓沙古城不遠的喀拉墩遺址。喀拉墩遺址在于田縣北的沙漠中，與于田縣的直線距離約一百九十公里。這個遺址的年代大約在魏晉時期，比新發現的古城要晚得多。也許他們認為這裡便是人類在沙漠中的最後據點了，沒想到一個更大、更古老、也更神秘的古城，正在四十公里外的沙海裡默默地等著他們。

◎北庭故城遺址是古代中國屯田制度的史證。

1994年，一支由許多富有經驗的考古學家和探險家組成的中法考古隊在沙山、沙梁、沙壟間穿行。一路上，他們不斷發現人類活動的蹤跡，一根骨骼，一塊陶片……它們像是古人故意留下的路標，引導著他們一步步走向沙漠更深處。當他們極度疲憊的時候，遠方紅色的夕陽裡突然出現一團濃重的黑色。濃重的黑塊在眼中逐漸清晰、擴大，連綿成一條若隱若現的帶狀——是城牆！

城牆頂部寬約三、四公尺，殘存高度也約三、四公尺。以兩排豎植的胡楊木棍夾以層層紅柳枝當牆體骨架，牆外用胡楊枝、蘆葦類淤泥，畜糞堆積成護坡。牆的拐角處有一些直角的「土坏」。法國考古專家經仔細考察後認為，這並不是真正的土坏，因為它不是經過人工和泥模拓製的，而是將河道中的淤泥切割成塊，直接砌到殘牆上的。城牆殘存四百七十三公尺，城周長約一公里，呈不規則的圓形，頗像一顆桃子，南北最長處距離為三百三十公尺，東西最寬處距離為二百七十公尺。

城內有六處建築遺跡暴露在流沙之外，是因風蝕僅存不足半公尺的立柱基部。地表散佈著一些陶片、鋼鐵小件、石器、米珠以及數量不少的動物骨骼。城有東、南兩門，城門關閉著，長長的門栓仍在門後沒有栓上。根據對城牆中的木炭進行的碳十四測

定，年代距今約爲二千二百年。這是新疆目前發現的最早古城，其下限早於西漢。圓沙古城中沒有發現西漢以後的文物，與測定的年代相對照，這座古城應該在西漢以後便廢棄了。

考古學家們說，這種古城一般見於人類早期，此後都以方城爲主。考古學家們懷著一種虔敬的心情輕輕地走進城去，突然看到一個紅色的夾砂陶罐，靜靜地立在沙丘之上。流沙已基本上覆蓋了古城，而這只陶罐卻沒有被掩埋，像是主人剛剛將它放在這裡，而它在靜靜地等待著主人歸來。這個陶罐是考古學者第一次走入古城時在流沙上發現的，在夕陽的光彩中，陶罐顯得異常美麗而神秘。

一切都湮沒在流沙裡。一座城不僅沒有留下自己的歷史，連個名字也沒留下。入夜，久久難以成眠的考古學家們望著這座神秘的古城，興奮地說：爲它取個名字吧！維吾爾族人稱這裡爲「九木拉克庫木」，意思是「圓沙丘」。這裡的沙山的確都是圓的，就叫「圓沙古城」吧！

圓沙古城最大的神秘之處在於，當時人爲什麼要在沙漠中心地帶築一座規模如此大的城？有城就有國，這是一個什麼樣的國家？有邦就有王，誰是這裡的統治者？築城爲禦敵，誰能穿越無盡的沙山，入侵這個沙漠深處的城池？棄城爲求生，古城的居民到底遭受了什麼樣的危險以致不得不遠走他鄉？這樣一座規模空前的沙漠之城，竟然不見於任何記載。難道他們與外部世界沒有任何聯繫？古城的文化沉積層厚達一百二十公分，這也肯定是經過漫長的歲月累積而成的。在這樣漫長的時間裡，難道他們可以做到不讓外面得知他們的任何資訊？

1996年10至11月，中法考古專家對圓沙古城及其周圍發現的

六個墓地的二十座墓進行了部分發掘，結果不僅沒有使古城的面目更加清晰，反而加重了它的神秘色彩。

古城周圍縱橫交錯的渠道依稀可辨，其中一條渠道的遺跡寬達一公尺左右，說明這裡有著發達的灌溉農業。這些渠道也成為新疆目前最早的古渠道遺存；城內發現煉渣，說明這裡有冶煉業；城中散佈數量很多的動物骨骼，羊、駱駝量較多，其次為牛、馬、驢、狗，還有少量的豬、鹿、兔、魚、鳥骨等，說明畜牧漁獵在該城經濟生活中都有重要地位。

考古學家發現的二十多座古墓葬，大都因風吹沙走暴露於地面，葬具、人骨已朽酥，個別保存較好的還可以約略看出圓沙人的一些特徵。他們內穿粗、細毛布衣，上皮衣，有的還有帽飾和腰帶。毛布分平紋和斜紋，織有幾何形圖案，有的色澤鮮豔如新。頭髮是棕色的，男的頭髮繞成髮辮，有的還飾以假髮。高鼻深目，不屬黃皮膚的蒙古人種，應為白皮膚的歐羅巴人種。考古學家發掘到一個帶柄銅鏡，這種銅鏡是古希臘羅馬文化中獨有的。

◎樓蘭遺址出土的樓蘭女屍。

在圓沙古城中，考古學家們發現了許多神秘的圓洞，尤以城南的圓洞最為密集，數量最多，有大約十六個。大大小小的袋狀圓洞密密麻麻地排列在沙漠上，黑洞洞地朝向天空，像一雙雙深

陷的眼睛，似乎大有深意。誰能解讀這穿越兩千年時空，從遠古射過來的神秘「目光」呢？也許在挖掉座座沙山，對圓沙古城進行更完整的發掘、更詳細的研究之後，可以揭開這個謎底。

這樣一座頗見規模的城池，是如何消失在流沙之中，再也看不到炊煙升起，再也聽不到人聲喧囂的？是戰爭洗劫了這座城池嗎？儘管考古學家們在城中發掘到了一些銅鏃，但卻沒有找到更多與戰爭有關的殺伐痕跡。

唐代高僧玄奘在《大唐西域記》中，講述過一個失蹤在沙漠之中的曷勞落迦城的故事。該城的居民由於不敬神招致神怒，神降下七天七夜的風暴毀滅了這座城，從此，無論誰企圖接近這裡，都會「猛風暴發，煙雲四合，道路迷失」。

不管圓沙古城是不是傳說中的曷勞落迦城，考古學家們推測，圓沙古城的消失可能與「風暴」——即環境惡化有關。圓沙古城坐落在一條古河道的東岸。圓沙古城的西城牆被水衝垮了多處，許多地方水漬嚴重，說明當年這裡的水很大。如果沒有充足的水源，圓沙古城也就不會有灌溉農業，寬達一公尺的古渠遺存已經證明這裡的農業曾經有相當大的規模。

根據衛星照片顯示，這裡曾是克里雅河的一個古老三角洲。克里雅河發源於崑崙山中段，從南向北流入塔克拉瑪干沙漠。這條河流在出崑崙山的山口處滋潤了現在的于田縣綠洲，在沙漠深入二百公里處消失在茫茫沙漠中。中科院新疆分院生物土壤研究所周興佳研究員考察證實，克里雅河在古代就像現在的和田河一樣，從南到北貫穿沙漠，匯入沙漠北緣的塔里木河。據說，克里雅河最後一次注入塔里木河大約在一千年前，其三角洲和老河道完全沙化，經歷了漫長的歷史演變。

這就是說，圓沙人生活的那個時代正處在克里雅河三角洲和河道的沙化時期。圓沙古城的沙化是一個漸進的過程。城中一百二十公分的土層中，最底下是淤泥蘆葦，然後漸漸有了細沙，越往上沙化越嚴重。克里雅河現在消失的地方距北邊的塔里木河已有二百多公里，其間是一望無垠的黃沙。河流在一步步向後退縮，人類也在漸漸從沙漠腹地向外遷移。

環境的惡化從植物身上也獲得了充分的說明，胡楊是生命力極強的樹種，被人形容為「生千年不死，死千年不倒，倒千年不朽」。然而在圓沙古城幾公里的範圍內，考古學家們沒找到一棵胡楊。與此同時，圓沙人幾乎所有的生產、生活用品都取自胡楊：築城牆，做城門，造房子；木桶、木碗、木梳；做飯，冶煉等等。從這個現象所得出的結論只有一個，過量的採伐導致——起碼是加劇了圓沙綠洲生態環境的惡化。

我們現在已經很難知道圓沙古城消失的真正原因了，但我們可以想像最後一批圓沙人告別這座千年古城時，那淒然、無奈、令人心碎的目光。這些深目高鼻棕髮的圓沙人流浪到何處去了？如果他們還生活在這個世界的某個角落，他們的血液裡、歌謠中、習俗間是否還殘存著失去家園的巨大痛苦？

圓沙古城仿佛是一個寓言，它講述了人類痛失家園的心酸經歷，但願現代人能夠從中獲得警世和教訓，善待生活的環境。

4.瑪箚塔格古堡之謎

新疆和田河畔的瑪箚塔格山，由紅、白二山組成，兩座山峰如兩位披掛盔甲、長鬚飛翹的武士，頭對著頭，靜靜地仰臥在塔克拉瑪干沙漠腹地，莊重安詳，栩栩如生。紅、白兩山並立，又像一條雙頭巨龍，頭在和田河戲水，尾巴延伸一百多公里。瑪箚塔格山是塔里木地塊內部斷裂錯動構造，形成南北兩個山頭，南山頭由紅沙岩泥構成，俗稱紅山嘴；北山頭由白雲岩構成，故俗稱白山嘴。

當年，英籍匈牙利考古探險家斯坦因從和田城出發，跨過喀拉喀什河（墨玉河），沿著春季枯水的和田河濕漉漉的河床，徑直來到瑪箚塔格山下。瑪箚塔格山坐落在和田河下游中段的西岸，拔地而起的紅、白兩個山頭見證著和田河的漲落盈虧、榮盛枯涸。每當洪水季節，河中形成眾多的島嶼與沙洲，因而形成了塔克拉瑪干大沙漠腹地的一條綠色走廊。

有一個難解之謎是關於這座山的名字。「瑪箚塔格」維吾爾語意為「墳山」，因山上安葬著「聖戰」中的伊斯蘭殉教者而得名。山頭上屹立著漢代的古城堡、唐代的佛寺，唐代文獻稱此山為「神山」；《宋史·于闐志》則把它叫作「通聖山」，可它孤懸於茫茫塔克拉瑪干沙漠中間，它能「通」向何處？「聖」又指的是什麼？莫非還有一個神秘的地方，可以從這座山通達到那裡？這是一個令人不解的疑團。

瑪箚塔格山頭聳立的漢代古堡和烽燧，歷經一千多年仍巍然屹立。這裡是絲綢之路上的古國──于闐重要的軍事要塞和驛

站，蘊藏著神秘的歷史玄機。長方形的古堡順山勢而建，城門、城牆、望台歷經千年滄桑，仍在山頭巍然屹立。城堡建置分內外三重，占地面積約一千多平方公尺。這些建築就地取材，用棕色砂岩抹泥巴壘成，並在其中夾築胡楊、紅柳樹枝，所以非常堅固。西牆有馬面，可供巡邏瞭望；北邊為緩坡，有牆兩道防守；東牆開城門，直通山前的和田河；惟有南邊是懸崖，憑險不築牆。不過，斷崖上有洞窟，洞中石板上刻有梵、漢文字。

　　城堡兩邊的烽火臺是最早的建築，在第一重城堡範圍內。這裡可能是「塞上亭守烽者」的亭，作為最初報警人員守望烽火臺的亭——住宿之所。《史記》載曰：「烽見敵則舉，燧有難則焚，烽主畫，燧主夜。」是為通報敵情警號而設。後來隨著需要不斷拓展，增建了第二重和第三重城堡，從而具備了報警和衛戍的雙重作用。

　　據考證，戍堡和烽火臺建築的時間不晚於東漢，廢棄時間不早於晚唐五代，可能在兩宋之間。因于闐李氏王朝的統治延續至宋，其王李聖天自稱唐之宗屬，宋太祖冊封李聖天為于闐大寶國王，李氏家族虔奉佛教，戍堡佛寺自然會受到保護。由此可以推斷，戍堡佛寺建築可能毀於伊斯蘭教與佛教的宗教戰爭中。「瑪箚塔格」——「墳山」上的墳墓，是一個重要佐證。據說于闐佛教徒瑪江汗，在「聖戰」威重時給伊斯蘭教軍隊暗送情報，被自己人處死。伊斯蘭教勢力佔據于闐後，為了紀念瑪江汗，將其屍體葬於紅山之巔，建柵欄、樹墓標供人憑弔。

　　這裡的遺跡遺存隨處都是。黃文弼先生1927年4月溯和田河而上，途中考察了瑪箚塔格古堡，其收穫簡要記錄在《塔里木盆地考古記》中。他在古堡南側斷崖上發現一處洞穴，洞穴石板上

有梵文和漢文題記。他說：「在臨河邊峻城下之石隙中有洞穴爲浮沙所掩。疑爲古人居住遺址……石室頂部刻梵文、漢字甚多。」後來，沙土遊積洞中很厚，已看不見當年黃文弼所見的文字了。

　　據考察，山下洞穴不止這一處，說明當時來往於于闐河古道上的人們，都選在這裡投宿，這裡應是旅人聚集的重要棲息地。當年于闐河河水充沛，河中有眾多島嶼和沙洲，胡楊、檉柳、沙棘、甘草等植物生長茂盛，各種動物在這裡出沒，是一個理想的生存環境。

　　《漢書》早有記載：「姑墨（今阿克蘇一帶）南至于闐馬行十五日。」這表明漢至

◎絲綢之路上被遺棄的古城。

北魏于闐與姑墨、龜茲都是直通的。到了唐代，沿于闐河已形成南北交通的綠色走廊，唐代僧人就走過此道。18世紀以來，和田河綠色走廊又成爲一條軍事要道。在大小和田叛亂時，和田四城被陷，清朝官兵二千人由阿克蘇河沿和田河急行軍，至和田大敗叛軍，光復舊土。民國初年，新疆督辦楊增新經營此道，指令和田縣知事每七十里設一驛站，兩驛站設一馬站，每站蓋住房、畜圈並開挖井水。1949年12月，中國人民解放軍二軍五師十五團沿著此路，經過十五天急行軍，進駐古城和田。這條綠色通道，雖然旅途艱難，但自古至今沒有斷過行人。

　　從瑪箚塔格古堡遺址往東，把克里雅河、尼雅河、安迪爾河

下游三角洲上的遺址連接起來，就顯示出一條橫向的古代交通線。順著瑪箚塔格南麓西行，沿和田河、葉爾羌河、喀什噶爾河至和田、莎車、疏勒等地，這又是一條溝通喀什至帕米爾山路的古代交通線。瑪箚塔格正因爲瀕臨和田河，才成爲這兩條古代交通要道上的重要驛站和戍所。

斯坦因在1903年4月和1913年11月兩次到達瑪箚塔格，考察發掘了古堡遺址。他雇了一些當地的民工，獲得的文物有木弓箭、木筆、木梳、木鑰匙、木鎖、木栓、木紡輪等；毛製品有紅紫黃棕各色羊毛衣物和鞋襪，染色氈片、羊毛線團等；還有陶器、鐵片、銅扣、銅戒指、皮革製品、魚網、草鞋、氈靴等。

1903年，斯坦因第一次來到瑪箚塔格時，因爲疏忽而沒有發現古堡對面的佛寺遺址。雖然在古堡挖掘出了硬紅土做成的坐佛浮雕模子，在城牆西端垃圾物中發現了古藏文木簡、紙文書和漢文、古于闐文、古維吾爾文、阿拉伯文及佉盧文的文書，還有一本奇異的僧侶漢文帳本，但都沒有滿足他對瑪箚塔格發掘的更大願望。

當他第二次來到和田時，一個名叫阿希木的人告訴他，自他1903年離開後，這裡的村民一直在瑪箚塔格挖寶，並拿給他一些木製器具和古藏文及波羅密文文書，最使他感興趣的是一件供奉用的飾板，上面有一個坐佛和一個小佛塔，非常精巧生動。他深信這裡有佛寺，所以才第二次重訪瑪箚塔格。這次，佛寺終於被他找到了。

經過挖掘清理，佛寺內出現了半圓形塑像泥基座和台基，建築樣式與他在丹丹烏里克發現的神龕建築一樣。他還發掘到了精緻的圓球形和複缽形相結合的尖頂雕刻飾物，以及從浮雕上掉下

來的石膏殘片、從彩色壁畫上掉下來的牆皮，還有圖案十分精美的裝飾木板。斯坦因認為，這個佛寺和古堡，在西元8－9世紀被吐蕃人佔領期間仍然存在。他寫道：「這些遺跡說明了一個事實，即為當地世代相傳的禮拜風俗提供了直接的考古證據。這個地方和中亞其他地方經常見到的一樣，人們把佛教聖地變為穆罕默德瑪箚崇拜。」他指的是在「通聖山」上，後來竟建起了伊斯蘭教的「瑪箚」——墳墓。

在斯坦因得到的文書中，有一件是中國官員在唐貞元二年（786年）簽發的官方證件。還有的文書中提到中國高級將領的名字，提到安西、龜茲以及安西都護府的地位等等。有的文書是用兩種文字寫成的，一面是古于闐文，一面是漢文或古藏文。斯坦因說：「這表明，在行政事務中同時使用地方語和官方語是必要的」，這就進一步說明，「毫無疑問，這屬於中國行政在那裡的統治」。

特別有趣和令人費解的是，斯坦因在古堡中得到的那個漢文書寫的僧侶帳本，其捲成一個書卷，裝在一個綢袋裡。帳本記載了寺院和尚在上一年最後三個月和下半年第一個月的日常開支。遺憾的是上面沒有年號，有學者認為這個帳本屬於7－8世紀之物。這個奇怪的帳本還出現關於買酒買菜和給軍隊護衛總秘書買水果及給中國駐軍高級軍官的葬禮送禮品的記載。斯坦因由此提出這樣的疑問：「在瑪箚塔格這個沙漠地區，這種支出難以想像。這個奇怪的帳本，或許是從某一個地方流傳到這裡來的。」這其中究竟藏匿著什麼秘密，至今尚沒有被解開。

5.塔克拉瑪干沙漠之謎

如果將沙漠比作人，那麼它的天氣就是人的表情，塔克拉瑪干沙漠的表情是神秘莫測的。許多學者認為，塔克拉瑪干是

◎漫天的黃沙與年輪的輾軋，已使統萬城凋謝殘缺，韶華不在。

「乾旱之極」，沒有降水，濕度基本為零。幾千年來，沒有過關於塔克拉瑪干氣候的正規記錄，而一些「親臨」的人，因為時間、條件所限，所見又十分局部，所傳達的資訊自然難以準確，所以塔克拉瑪干沙漠的天氣始終是一個謎。

沙漠氣候，不是乾、熱兩個字所能簡單概括的，是由複雜的天氣要素組成的。

地球上最熱的地方，不是在赤道，而是在沙漠地區。目前世界上氣溫的最高記錄是攝氏57.8度，那是1922年9月和1933年8月，分別在利比亞的阿濟濟亞和墨西哥的聖路易測得的。前者在地中海南岸，其南為舉世聞名的撒哈拉大沙漠；後者在墨西哥中部，位臨北美沙漠。中國氣溫最高的地方，是在新疆吐魯番盆地吐魯番市原東坎機場氣象哨測得的，溫度值為攝氏48.9度，正規氣象記錄則為攝氏47.6度，也是在吐魯番市氣象站測得的，時間

是在1942年、1953年、1956年的7月24日。沙漠地區氣溫之高，是因為這裡空氣極端乾燥，上空很少有水氣，也就很少有雲彩，陽光能直接照射到地面，而沙漠地區地面植物少，儲藏熱量的能力很低，近地層氣溫上升很快，形成了高溫天氣。

根據上面的分析，塔克拉瑪於沙漠腹地理應是塔里木的高溫中心，但實際卻並非如此。在塔克拉瑪干有三個高溫區，一個在麻紮塔格山之南，一個在若羌縣之東，一個在偏北的滿西之北。這三個地方7月份的平均氣溫均超過長江三大火爐。而真正作為沙漠中心的塔中地區，氣溫卻低於上述三處。按絕對最高溫而言，沙漠中超過40度的日子並不多，極值也不過42.7度。這種現象的出現，主要是沙漠的廣袤，使其具有很強的散熱能力。至於人們在沙漠中覺得酷熱難熬，原因是沙漠中沒有遮蔽之處，一直暴曬於烈日之下，加上極度的乾旱，增強了炎熱的感覺。

唐代高僧玄奘由印度取經回國，經和田東行來到媲摩城，即漢代圤彌國，在現在的克里雅一帶。在那裡，他聽人們講了一個故事，後來他將這個故事記在《大唐西域記》一書中。這個故事講述了曷勞落迦城被沙埋的經過。

曷勞落迦城在媲摩城北，原是一個十分富庶的城鎮。但是，這個城鎮中的居民不敬神佛，欺凌過往的僧侶，用土塊投擲他們。最後惹怒了神佛，在七天之後，一場突發的風暴將全城埋沒。全城居民中，只有一戶因接濟過僧侶，他們家人被提前告知，築地道逃了出來，其餘的居民則全部喪命。而這個被淹沒的城市中有許多的珍寶，吸引了許多人前往發掘。然而，不論是誰，只要接近曷勞落迦城，就會「猛風暴發，煙雲四合，道路迷失」，從無一成功者，全都「進得去出不來」了。

玄奘記錄這個故事雖然有神秘色彩，但是它也說明，塔克拉瑪干沙漠的風暴，是湮埋這一地區古代文明的重要原因。

其實，塔克拉瑪干沙漠腹地大風並不多，並且在高大沙丘區，沙丘的移動十分緩慢，一年移動距離不足一公尺。所以，人們常說的歷史時期以來，塔克拉瑪干沙漠向南移動了八十至一百公里的說法是不對的。歷史時期以來，塔克拉瑪干新增沙漠化土地不過三萬多平方公里，即使全部攤到塔克拉瑪干南緣，也不過平均四公里的距離。這是因為原來就在沙漠中的城鎮、絲路在廢棄後被沙埋所造成的沙漠大規模向南移的假像，實際上，這些遺址南面原先也是沙漠，它們的廢棄造成了南北沙漠合二為一的結果。

但是，我們也不能忽視大風所帶來的危害。在沙漠週邊地區，由於風力活動，會使一些低矮的沙丘每年移動幾十公尺至上百公尺，對綠洲造成嚴重危害。而且，由於塔克拉瑪干沙漠的沙粒十分微細，在很小的風力下就會起動。別的地方起沙風達到每秒六公尺，而在塔克拉瑪干在風力每秒四公尺時就能起沙，使塔克拉瑪干成為中國西北地方沙塵暴一個重要發源地。

沙塵暴是塔克拉瑪干沙漠地區一種常見天氣現象，在塔中和滿西，每年的沙塵暴日分別達到六十五天和六十天，一舉掠取新疆的冠、亞軍稱號。沙塵暴影響範圍，少則幾百公尺，多則達上百公里；時間短則幾分鐘，長則在一畫夜以上，能見度差時真是伸手不見五指，大有黑雲壓城城欲摧之勢。

在塔克拉瑪干沙漠中，天氣現象也是豐富多彩的。除了日升、日落、朝霞、夕陽，煦煦和風、狂烈風暴等特色外，也可以見到被認為是濕潤地區特有的霧、雹、露、霜、雪等種種現象。

霧是因水氣凝結而生，但在被視爲乾燥絕頂的塔克拉瑪干，一樣有大霧天出現，在沙漠中，一年中的霧日就有三天半。一些學者從理論上探討過，冰雹在極端乾旱的沙漠區絕不可能出現，可實際上卻眞有出現。冰雹大者如蠶豆大小，打在頭上也很疼痛。在沙漠腹地，一年中有近十天的雷暴日，有長達一百四十到二百三十天的霜日，甚至有兩天降雪日，積雪深一至五公分。看到一望無際的大漠一派銀妝素裏，人們眞要驚歎大自然的造化神功了。至於因氣候原因形成的自然景觀，如沙漠海市蜃樓、塵捲風等，自然更是魅力無窮了。

　　現在，讓我們來瞭解一下塔克拉瑪干氣候變遷的來龍去脈。根據氣候學家的推論，在古生代的前半期，大約距今四至六億年，地球赤道曾經經過新疆或接近新疆，塔里木又處於海水浸沒之中，此時的塔克拉瑪干是處於炎熱而潮濕的熱帶海洋氣候。到古生代後期，從距今兩億多年石炭紀晚期，海水從塔里木大規模後退，塔克拉瑪干從濕熱轉向乾熱，開始了向乾旱的轉化。到了中生代，塔克拉瑪干的氣候，儘管還是以暖濕爲主流，但較之古生代，溫度、濕度都有明顯的降低，從熱帶氣候轉向亞熱帶氣候，趨向乾旱已成定局。

　　對塔克拉瑪干現代天氣和氣候至關影響的是在新生代，特別是新生代中距今二百多萬年的第二個紀——第四紀。在這一時期，塔克拉瑪干的氣候雖然也存在暖乾、冷乾的交替，但總的趨勢由熱向溫轉化、由濕向乾轉化，形成暖溫帶乾旱氣候，塔克拉瑪干沙漠也於這一時期正式形成。

　　塔克拉瑪干氣候經歷了幾億年的變遷，其中的成因和過程是十分複雜的。我們只需要知道，沙漠是乾旱氣候的產物，它的活

動性受氣候變化，特別是其中乾濕變化控制，這是一個經歷了上千萬年變化的過程。

關於塔克拉瑪干沙漠的年齡，有過許多的說法。中國權威的沙漠學家、前中國科學院蘭州沙漠研究所所長朱震達研究員認為，塔克拉瑪干沙漠是第四紀中更新世以來形成和發育的，也就是說只有十四萬年的歷史。這種認識有很長一段時間被絕大多數學者所接受和認同。而20世紀80年代以來，一些石油地質學家和古生物學家卻提出了不同的意見，他們認為塔克拉瑪干沙漠在第三紀中新世或上新世即已形成，將沙漠年齡一下提高到一百至二千五百萬年。不過，也有少數人認為，塔克拉瑪干沙漠是在第四紀晚更新世末，甚至全新世時才形成的，沙漠年齡不過一、二萬年。

這幾種說法所判斷的塔克拉瑪干沙漠的年齡，從一萬年到二千多萬年，相差了兩千多倍，誰的說法更準確一些呢？

沙漠環境的形成、演化與沙漠地貌所處的發育階段是有區別的。前者的年代可以很早，而後者則因地貌發育階段不同，年齡差異可以很大。例如，塔克拉瑪干沙漠中的絲路、城鎮，當年都是處於沙漠環境之中，但它們的所在地還不能稱為沙漠，否則就不會在那裡建設城鎮了。而廢棄後，許多已為風沙湮埋，淪為真正的沙漠，其形成、發育史也就不過區區幾百年至上千年。此外，由於形成原因不同，即使在同一個地區，也可能有多次的沙漠發育史，但是，此沙漠已非彼沙漠。塔克拉瑪干沙漠的兩個大的發育期，就是兩個性質完全不同的沙漠，在沙漠的基質、外貌上都有很大的不同。

董光榮先生提出的上限，延伸到了中生代最後一個紀——白

堊紀的晚期，距今九千七百五十到六千五百萬年，此時在塔里木盆地的河岸、湖岸、海濱，已有零星沙漠的分佈，在進入新生代第三紀後，沙漠進一步擴展、活化。進入第四紀後，沙漠反而開始縮小，直到距今十四萬年的中更新世以後，風成亞砂土廣泛發育，沙漠隨之進一步擴大。

爲了清晰說明塔克拉瑪干沙漠的變遷史，董光榮將塔克拉瑪干沙漠的形成發育分爲前第四紀時期和第四紀時期。前第四紀通俗地說就是第四紀以前的一段時期，包括了中生代白堊紀晚期和新生代第三紀，時間跨度爲九千五百萬年。第四紀時期的時間跨度則爲二百五十萬年。

在前第四紀時期，出現了全球性氣溫下降，塔克拉瑪干地區由亞熱帶、熱帶環境轉爲亞熱帶——暖溫帶環境，氣候進一步乾旱，植被也逐漸由稀樹草原轉變爲荒漠草原，沙漠也逐步形成，性質上是已固定、半固定的草原型沙漠，由於沉積物多爲紫紅或棕紅的富含石膏、芒硝和鈣結核的物質，使沙漠外觀以紅色爲基調，故稱爲紅色沙漠期。

隨著氣溫的進一步下降，進入第四紀以後，塔克拉瑪干氣候轉爲溫帶環境，隨冰期的波動，變化於暖溫帶至寒溫帶間，乾旱的趨勢進一步發展，形成暖乾與冷乾的氣候組合，以「乾」爲基本特色，與地球其他地區，如季風區的暖濕、冷乾組合，西風區的冷濕、暖乾組合迥然不同，表明了本區的乾旱特色。此時的沙漠，由草原型轉化爲荒漠型，流沙逐漸增多，規模也不斷擴大。由於提供沉積的風成沙和原生風成亞砂土色澤棕黃，使沙漠呈現了黃色的主體色調，所以又稱爲黃色沙漠期。

認爲塔克拉瑪干沙漠是全新世以來形成的觀點，也不是完全

沒有道理的。據對塔克拉瑪干沙漠腹地流動沙丘下伏地層採集的石英砂的年代測定，證明在全新世早期，在沙漠腹地出現過大範圍的河湖相沉積，此時的沙漠應處於收縮和向固定化轉化的階段。到全新世中期以後，隨風力活動的加強，風沙堆積進入旺盛時期，現代的高大流動沙丘也就是在這一時期形成的，距今也就是四、五千年。在塔里木河故道上的大片沙丘，甚至只有五百年的形成歷史。

據此我們可以認為，就沙漠形成的歷史來說，塔克拉瑪干沙漠是古老的，具有近億年的歷史；而就現代沙丘的形成來說，塔克拉瑪干沙漠又是年輕的了。

6.沙漠甘泉藏在哪裡？

在沙漠中，人要是斷了水是十分可怕的。法顯、玄奘、馬可·波羅等在塔克拉瑪干中見到的、作為行路「標誌」的許多遺骸，都是因斷水而喪生的。1895年斯文·赫定在塔克拉瑪干的死亡之旅，也是缺水造成的，倘若不是他爬到了和田河邊，我們也就看不到他後來所寫的許多故事了。

◎一望無際的大沙漠。

從尼雅發掘的大量佉盧文木簡中，我們看到了許多因水的分配、使用而打官司的故事。從沙漠中的許多遺址，我們也看到了人們因斷水而忍痛撤離家園的慘景。在塔克拉瑪干，幾千年來的事實是，有土地你有可能仍是窮光蛋一個，擁有水你就成了「老大」。

在沙漠中進行勘探和開發，關鍵還是要找到水。那麼，沙漠裡的水藏在哪裡呢？在沙漠中旅行的人時時被告誡：吃剩的瓜皮，切不可亂扔任其很快曬乾，而是要將內皮朝下用沙子埋起來，讓水分多保存一段時間，也許，這一塊瓜皮就可以救一條命。在沙漠探險中，如果攜帶的礦泉水有剩餘時，那些探險經驗豐富的人都知道，不要把它們帶出沙漠，同樣埋在沙漠中，並做出標記，讓後來的探險者能獲取到生命之水。

在塔克拉瑪干沙漠腹地進行油氣勘探前期，水完全是靠飛機、沙漠車從沙漠外面運進去的，一公斤水的成本高達二十元。不過無奈的沙漠物探隊職工，往往在無意中卻找到了水。物探隊營地常常選擇沙漠中沙丘間的低地紮營，這些低地中常見的一灘蘆葦，引起他們的聯想：植物也是一種生命，生命是離不開水的，於是，他們也掘地三尺找水。挖了幾處坑，除了深處坑壁沙層稍濕外，也未見水，使他們有些失望，只有回到宿營車繼續喝嶗山礦泉。不料，到了第二天，挖過的坑都汪上了一池清水，雖然帶有鹹味，但有水就有辦法，他們調進了帶有淨化設備的沙漠車，終於解決了水的問題。有了水，勘探職工不僅不再為了省水而不洗臉，而且還可以舒舒服服的洗個澡。有了水，可以澆注直升機的停機坪，不用僅靠沙漠車長距、緩慢地運輸了，有了傷病員，馬上就可以送出去，職工也少了後顧之憂。於是，每到一處新營地，勘探隊的第一件事就是用推土機推出一個深三公尺深，長十餘公尺的大水坑，勘探期間再也沒有缺水之憂了。

但是，沙漠中有多少水？這些水能用多久？這些問題，人們心裡還是沒有底。後來，經過國內一流專家的調查，結果顯示，在二十二萬五千平方公里的塔克拉瑪干沙漠腹地，地下水儲藏量達到八萬億立方公尺以上，相當於八條長江的流量。如果將這些水全部抽上來，可以在這二十二萬五千平方公里沙漠鋪上三十六公尺厚的水層，幾乎接近撒哈拉沙漠的三倍。說這裡是一個地下海，是一點也不過分的。

這麼多的水，是從哪裡來的呢？

塔里木盆地常年有水的河流共十四條，大部分都是流程短、水量小的河流。其中每年流量在五到十億立方公尺的河流有提茲

那甫河、庫山河、蓋孜河、台蘭河、卡木斯浪河、車爾臣河、克里雅河等七條，年徑流量大於十億立方公尺的河流有葉爾羌河、開都河、托什干河、玉龍喀什河、喀拉喀什河、克孜河、昆馬力克河、木紮提河等八條。盆地內河流總徑流量達三百九十二億立方公尺。

這些河流，在工農業生產和生活引水、沿程蒸發和植物蒸騰耗水後，都以塔克拉瑪干沙漠為歸宿。據統計，在塔克拉瑪干週邊，地下水靠山前側滲、降水、灌溉、水庫等人滲的天然補給量接近四十一億立方公尺，由地面水轉化補給量為一百五十九億立方公尺，總補給資源量近二百億立方公尺，可開採資源量近一百二十六億立方公尺。

在沙漠內部，流入沙漠的地下水側向補給量約一億九千萬立方公尺，側向排泄量力一億一千萬立方公尺。仍有一億五千萬立方公尺的水留了下來，並且，和田河、里雅河在沙漠內入滲補給量超過四億五千萬立方公尺，遠超過沙漠總的側向補給量，儘管有植物蒸騰和地面蒸發的巨大消耗，但還是會有相當的水量在沙漠中積存下來。此外，塔南平原區地下水的天然補給和轉化補給總量達到近四十七億立方公尺，可開採資源量為近三十億立方公尺，通過合理調節，利用地下水的動儲量滿足沙漠油區的開發應該是綽綽有餘的。

沙漠地下水的豐富，也與沙漠的環境分不開。塔克拉瑪干巨厚的沙層，成為貯存地下水的良好條件，河水的入滲、地下水的流入形成豐富的潛水，埋藏也不會很深。而且，鬆散的沙層沒有什麼堅硬的結構，不具有毛細管作用，滲下去的水，不會再因蒸發而散失，因此，形成水位淺、含水層厚、分佈面積大的水文地

中國地理不思議之謎

質條件，為開發利用創造了良好的條件。從水質條件看，因為對沿途鹽分的溶解，礦化度相對較高，每升含鹽量大部分在三到十克之間，但還屬於可淨化的水，只是在沙漠北面、東面，水的礦化度很高，每升含鹽量可達到數十克甚至百克以上，現有的淨化方法很難使它們淡化。這些地方，應該說是沙漠真正的缺水區。但這種「缺水」，不是沒有水，而是沒有可以利用的水。

在塔克拉瑪干地區，也有淡水的存在，主要在沙漠中季節過水河床的兩側，由於有淡水的定期補給，使潛水被淡化，稱為「沖淡型潛水」。但是，河水入滲的寬度是有限的，一般在二百至五百公尺之間，而在河流轉彎處的凹岸，沖淡影響的寬度自然大一些，有時可達數公里。這些淡水聚集成紡錘狀，在水文地質上稱為「淡水透鏡體」，但這種淡水透鏡體厚度不會很大，一般小於三十公尺，找到這些淡水透鏡體，在沙漠的開發中的意義十分重大。前幾年，新疆水文地質部門在塔中油田附近找到一處淡水，引起新聞媒體長篇累牘的報導。實際上，這處「淡水」是礦化度每升一克左右的微鹹水，按現行飲用水標準屬於下限，但對油田應該是如獲至寶了。不過，這處淡水形成的原因還不十分清楚。

沙漠中有豐富的地下水，並不說明沙漠處處有地下水。因此，在歷史上從沒有河水經過的地方、與河流相距過遠的地方、因地質條件地下水不能流通的地方，還是屬於缺水區。例如，斯文‧赫定1895年的沙漠橫渡，先是選擇在麻紮塔格山之北進行，但那裡的水文地質條件很差，難以有地下潛水的存在，他又選了一個正在迅速升溫、需水量大的季節行進。如果備水量不足，走上死亡之旅幾乎是必然的。

7.沙子爲何有豐富的顏色？

沙漠雖然不像濕潤地區那樣絢麗多彩，但也不是完全單調劃一的。在不同的沙漠，有不同的色彩。例如，在艾比湖南岸的沙丘與沙丘之間，粗糙黝黑的沙子，仿佛在沙漠中鋪出了一條寬廣的「柏油路」；而在烏倫古湖岸的沙丘，猶如食鹽堆積而成，白花花地耀人眼目。而接近將軍戈壁的沙丘，則在灰棕之中，透出了紅壤的土色。加上不同地區、不同季節生長和開花的各種植物，更爲沙漠披上了彩色的外衣。

世界上，有許多沙漠就是以它的顏色來命名的。例如，中亞的卡拉庫姆沙漠（黑沙漠）礦物成分複雜，達四十多種，多種礦物的混雜，使它色彩很深，故有「卡拉」（黑色）之稱，而中亞的克孜爾庫姆沙漠（紅沙漠）是以崩裂的岩屑和沉積紅壤的殘餘物質爲主，也就姓了「克孜爾」（紅色）；新疆準噶爾東部的阿克庫姆

◎從這些放大了一百三十倍的沙粒中，你能解開各色沙子的奧祕嗎？

沙漠則因沙子顆粒細、色彩淡、多石英而呈「阿克」（白色）。

構成沙漠基本色調的還是沙子本身的顏色，而沙子的顏色除了有灰棕色爲主外，紅橙黃綠青藍紫，各種顏色的顆粒應有盡

中國地理不思議之謎

有。太陽的光芒照射在含有雲母顆粒的沙地上時，還會反射出閃閃的耀眼光輝！沙子為什麼會有這樣豐富的顏色呢？

　　沙漠裡的沙，有兩個來源，一個是河流、湖泊的沖積、沉積物；另一個是當地基岩的風化物質。前者也主要是由山區的岩石風化、崩裂形成的。沙子組成的成分，百分之九十以上是石英和長石，它們的比重較小，被稱為輕礦物；剩下的部分是重礦物，它的含量雖少，但種類很多。

　　沙子中的重礦物一般有十多種，多的可達四十種以上。在中國的沙漠中，重礦物以角閃石、綠簾石、金屬礦物、石榴石等為主。不同礦物的顏色，賦予了沙子特殊的色彩。例如，從綠簾石、石榴石、藍晶石、金紅石、黑雲母、白雲母等礦物的名字，就可以使我們想像出它們的色彩。在塔克拉瑪干沙漠，雲母的含量幾乎占重礦物總量的五分之一，而在中國其他沙漠，雲母含量一般僅占到重礦物總量的百分之三以內，所以，塔克拉瑪干可說是「閃光的沙漠」。

　　沙漠的色彩雖然不如森林那麼絢麗多彩，但茫茫天地之間，其壯觀的景象也是十分迷人的。

8.沙漠絲路在哪裡？

提起絲綢之路，我們心中就會浮現這樣一幅浪漫的畫面：一個難見首尾的駝隊，駄著成捆的絲綢，伴著叮噹作響的駝鈴聲，艱難緩慢地跋涉於大漠之中。

在古代，中國人自己並不把它稱為「絲綢之路」，它只不過是一條普普通通的商路，從西安直抵嘉峪關，並西行至新疆的這一段被稱

◎提莫枯城普是絲綢之路上的一個古鎮，如今只剩下幾段殘牆與佛塔了。

為「皇家驛道」。而在新疆境內的路段則稱為「天山南路」，因為這條路最早的兩道——北道和南道，都位於天山以南。而這條路上，除了運送絲綢之外，重要的商品還有玉石、茶葉，甚至黃金等。不過，絲綢的運量是大宗的，對追求穿著的歐洲人來說，來自中國的絲綢在他們的生活中十分重要。

西元前53年，古羅馬三執政之一的克拉蘇率軍與安息人大戰，在卡爾萊一役，遭遇前所未有的慘敗，克拉蘇也殉身沙場。據說羅馬人的敗陣原因，除了長途奔波的疲憊外，就是臨戰時安息人突然展開了鮮豔奪目、五光十色的軍旗，使羅馬人徹底喪失

了鬥志。這些軍旗就是用羅馬人從未見過的中國絲綢製作的，這說明中國絲綢早就販售到了安息。而在卡爾萊戰敗後不到十年，羅馬人透過戰爭也獲得了第一批絲綢織物。很快，羅馬人即以穿著絲綢為時髦，以至羅馬元老院不得不詔令男性臣民不得穿著絲綢，婦女穿著也受到一定限制，以保存他們的「國粹」。

但是，愛美之心人皆有之。對美的追求是禁止不了的，絲綢終於在羅馬、歐洲流行開來。在追求絲綢的同時，他們也渴望對產絲綢之國的瞭解，在早於羅馬獲得絲綢的希臘，有一個作家在他的作品中寫道，絲綢產自於一個無人涉足過的遙遠民族，這個民族就叫「賽里斯」，即「絲國」。

「絲綢之路」的稱呼，首次出現於德國著名的地理學家——李希霍芬教授於1887年出版的三卷本專著《中國——我的旅行志研究》中。另一位知名學者赫爾曼教授率先接受了「絲綢之路」的提法，他在1910年出版的一部極有價值的著作，就以絲路為名，題為《中國和敘利亞間的古代絲路》。從那時以來，各國出版和發表了不計其數的論述絲路的專著、論文，其中瑞典探險家斯文‧赫定博士（1938年）和法國東方學家呂斯‧布林努瓦教授（1963年）出版的同名著作——《絲綢之路》是膾炙人口的兩本書。

中國的商路延伸到了羅馬，從西安至此，直線距離達四千二百英里，加上沿途迂迴，總長在六千英里以上，相當赤道總長的四分之一，成為橫貫歐亞大陸整個舊世界的最長之路，成為連接東西方的重要紐帶。

新疆境內絲路，以東西向為主道，南北向為支道，殊途而同歸，合併於里海南岸。絲路在新疆境內變化萬端，形成交錯的佈

局，在主道上，天山以南有南、北兩道，天山以北有天山北道和草原道，重要的支道有五船道、伊吾道、車師道、赤谷道、碎葉道、弓月道、熱海道等等。

天山南路兩道中，北道「波河西行」好解釋，沿著塔里木河走即是，而南道的「波河西行」就說不通了，現在塔里木盆地南緣的河中，除了車爾臣河以外，都是向北流的，哪裡有一條河可供沿河走呢？但是，在沙漠中旅行又是萬萬少不了水的。於是，有人猜測，當時有一條東西方向流往羅布泊的河，其依據是酈道元的《水經注》。《水經注》中記述，塔里木河的南源，以帕米爾高原歧沙爲分水嶺，其北爲喀什噶爾河，其南爲葉爾羌河，兩河均向東流，成爲塔里木河的南北二河。

對塔里木河南河的流經地區，《水經注》是這樣記述的：它流經漢時蔥嶺八國中的無雷、依耐、蒲犁等國之北，又經古皮山國北，然後，與于闐河（即今和田河）匯合。匯流後又向東流經塔里木盆地南部的扞彌國（今克里雅河下游喀拉墩），這時又有克里雅河匯入，再流經精絕國（即尼雅），匯入尼雅河。由此繼續向東，在古且末國北匯入阿耨達大水（即車爾臣河）的支流占且末河（阿耨達大水的主流自向東直人台特馬湖）。然後，從鄯善國（今米蘭附近）向北流入羅布泊，確切一點說實際上是流入與羅布泊相通的台特馬湖。

塔里木河南源的北河一徑向東北，在溫宿（今阿克蘇）南，匯合枝水（今阿克蘇河），以後又相繼匯入姑墨川（今哈拉玉爾袞河）、龜茲川（包括爾川水和西川水，即今庫車河和渭幹河）及敦薨之水（今開都河—孔雀河水系），浩蕩東去，徑注渤澤，即羅布泊。

在酈道元寫《水經注》的一百年前，東晉高僧法顯在《佛國記》中就記述了他橫渡塔里木的見聞，其中就提到了南、北二河，並且寫道：「南河自于闐（今和田）東於北至鄯善入牢蘭海（即羅布泊）」，說明當時和田河並不是向北流，而是向東偏北，並且直接流入羅布泊的，再一次印證了《漢書》所說南、北二道均「波河西行」的事實。

對塔里木河南、北二河的存在，從古至今，在史學界、地學界均莫衷一是。例如，清代的楊守敬，儘管爲酈道元的《水經注》作解釋，編寫了《水經注疏》，但對酈道元關於塔里木河有南、北二河的觀點仍持反對態度，認爲「南河」、「北河」的提法，是「互受通稱」，不過是一條河有兩個名字而已，理由是即使古今河流有變遷，也不至於相距千餘里之遙。

楊守敬不明白，任意擺涉遊蕩，是沙漠河流的一大特點，塔里木河的「無韁之馬」的別名，即因之而來，其北面的河道，南北擺涉就達近二百公里，爲什麼就不會東西遊蕩呢？並且，塔里木盆地盛行的東北風和西北風這兩種風向，給塔里木河南河的東西遊移創造了動力條件。而且，水系變遷達千里之遙就有現成的例子，前蘇聯中亞沙漠的阿姆河，既曾歸宿於里海，後又改流向鹹海，兩海距離就在千里以上。

關於南河的爭論，也許還要長時間地延續下去。然而，西漢時南道諸國，如且末、精絕、扜彌、皮山等，都在距現代公路線很遠的沙漠之中，深的在一百五十公里以上。有的人將這一距離作爲沙漠南侵的證據，這是不正確的。當時，這些古國、古城周圍已是沙漠環境。如玄奘歸唐，沿南道東行，皮山國「大沙磧正路中，有堆阜，並鼠丘墳也」；尼壤城（即尼雅），城西是沙

磧，城東是大流沙；靚貨邏故國（安迪爾河下游）「國久空曠，城皆荒蕪」。而漢時這些城郭之國東西往來十分頻繁，農業、園藝、釀酒等業十分發達。以這些古代遺址連線，我們自然可以瞭解到當年絲路的途徑。如果選出一些路段進行適當的發掘，也許可以找出被沙埋沒的絲路，重展歷史的光輝。

9.樓蘭古國何故消失？

　　在絲綢之路上，曾經活躍著一個高度文明的古代王國——樓蘭。作爲西漢三十六國之一，它曾有過一段輝煌的歷史。西元4世紀以後，這個王國突然神秘地消失，成爲「城廓巍然，人物斷絕」的不毛之地。昔日名城陸沉於流沙之下，通往樓蘭的古道也被沙漠淹沒，留給人們的只是無限的悲涼與懸念。樓蘭綠洲是怎樣消失的？樓蘭古城是如何興衰的？樓蘭人又是如何生產生活的？這些問題千餘年來，始終牽動著人們的心扉。

　　樓蘭位於新疆塔克拉瑪干大沙漠的東部邊緣。這裡地勢險要，沙丘縱橫，風蝕而成的「雅丹」地形如同此起彼伏的波濤。四周沒有任何植物，全然一片淺黃和淺灰，是一個沒有生命的荒涼寂寞的世界。古往今來，不計其數的商販、香客、僧人、盜墓賊、探險家在此迷路喪生，樓蘭因而有了沙漠「百慕達」之稱。

　　東晉僧人法顯赴印度取經曾途經此地，他在遊記中形容這裡：「沙河中多有惡鬼、熱風，遇則皆死。上無飛鳥，下無走獸，遍望極目，欲求度處，惟以死人枯骨爲標識。」13世紀初，義大利著名旅行家馬可·波羅從歐洲到中國也途經樓蘭，他形容說：「這片沙漠是許多罪惡與幽靈出沒的場所，它戲弄往來的旅客，使他們產生一種幻覺，陷入毀滅的深淵。」

　　19世紀以前，人們對塔克拉瑪干沙漠地帶的古代文明幾乎一無所知，這裡只有極少數來自鄰近地方的盜墓賊問津。他們把沙漠古城中發現的文物帶到和田及喀什集市上叫賣，這引起了歐洲旅行家的注意。

1895年2月，瑞典探險家斯文‧赫定闖入羅布地區，打破了羅布沙漠的沉寂。在考察過程中，由於突遇風

◎樓蘭古城遺址。

暴，斯文‧赫定險些喪命，虧得一隻水鳥將他引至一小水潭邊，才使他倖免於難。

斯文‧赫定的第二次塔克拉瑪干之行則充滿了戲劇性。1899年9月，斯文‧赫定在瑞典國王奧斯卡和百萬富翁貝爾的資助下，開始了對塔克拉瑪干的第二次探險。斯文‧赫定一行駕小舟沿葉爾羌河進入塔里木河，抵達若羌綠洲。1900年2月，他又組織一班人馬向羅布泊荒原前進，3月29日深入到羅布泊西北岸。在準備宿營時，他發現鐵鏟不慎遺失在昨天停留的地方。茫茫沙漠，水是性命攸關的東西，而鏟又是他們唯一的挖水工具。斯文‧赫定不得不命令嚮導艾爾德克回去尋找。

艾爾德克強忍饑渴立即出發，幸運地找到了這把鐵鏟。就在他返回途中，突然狂風大作，飛沙打在臉上使他無法睜眼，他迷失了方向。風暴停息後，艾爾德克面前出現了一些高大的泥塔和房址，起初他以爲這是千年難遇的「海市蜃樓」，但走進一看才發現這是一座被風沙半沒的古城。當艾爾德克帶著古城中的木雕，並將所遇的一切告訴斯文‧赫定時，斯文‧赫定欣喜萬分。他的工作日記記錄了這位探險家當時激動的心情：「這些精巧的蝸卷文和草葉文雕刻使我眼花繚亂了，我打算再回去，但是這想

法太愚蠢！我們只有兩天的用水，於是我決定明年冬天作好準備，無論如何也要回到那座古城去。」

由於斯文・赫定預感到艾爾德克的發現極為重要，將會「使亞洲中部古代史上得到不曾料到的新光明」，所以他迫不及待，於第二年初春，就重返沙漠中那座神秘的古城。「在泥塔底下支搭帳篷」，大肆挖掘了一個多星期，共掘獲了一百五十件魏晉時期的漢文木簡殘紙、少量佉盧文書和大批漢、唐古幣及各類精美的絲織品和雕刻品。回國以後，斯文・赫定根據古城出土的佉盧文簡牘上的「Kroraina」一詞，認定這座古城正是中國古代史籍所記載的樓蘭。消息一經傳出，立即轟動世界。此後，樓蘭便成了塔克拉瑪干沙漠著名的考古聖地之一，樓蘭古物也成為各國冒險家激烈爭奪的對象。

繼斯文・赫定之後，更多的西方「探險」者紛至遝來。1906年和1914年，英籍匈牙利人斯坦因先後兩次對樓蘭及周圍遺址進行發掘，出土的各類古物包括漢代絲織品、建築構件以及大批漢文、佉盧文、粟特文的木簡殘紙，皆被他席捲而去，其中有不少珍品至今還保存在大英博物館裡。

接踵而來的是日本人桔瑞超，他在樓蘭掘獲了大批魏晉時期的漢文、佉盧文木簡殘紙，著名的「李柏文書」就是他這次發現的。李柏其人見於《晉書・張駿傳》，前涼時期任西域長史。這件文書的發現為瞭解前涼如何經營西域，提供了詳實的第一手資料。但桔瑞超未能準確記錄文書的出土地點，以至關於這批文書發現地點之爭至今仍在繼續。1910年桔瑞超經俄國進入新疆，重訪羅布泊西岸，再次獲得大批樓蘭古物。

1927年春，德國漢莎航空公司計畫開闢柏林—北平—上海的

航線，委託斯文・赫定再次對樓蘭地區進行考察，遭到中國學術界的強烈反對，德國人的計畫一度擱淺。後經劉復等人以中國學術團體協會的名義出面交涉，於同年4月26日中德雙方聯合組成西北科學考察團。

實地考察從1927年5月開始，一直持續到1933年。這次考古的主要收穫是在樓蘭東郊發掘了一批漢代墓葬。除此之外，中國學者黃文弼還在羅布泊北岸發現了「土垠」遺址，該遺址後被認定為漢代居倉故址。新中國成立後，樓蘭曾一度被列為考古禁區。20世紀70年代末，中央電視臺開拍「絲綢之路」電視系列片，為樓蘭考古帶來了契機。隨著中國學者對樓蘭古國研究的日益深入，樓蘭古城逐漸露出了歷史的本來面目。

1979年，受中央電視臺的邀請，新疆考古研究所組織了樓蘭考古隊，開始對樓蘭古城古道進行調查、考察。在通向樓蘭道路的孔雀河下游，考古隊發現了大批的古墓。其中幾座墓葬外表奇特而壯觀：圍繞墓穴是一層套一層共七層由細而粗的圓木，圈外又有呈放射狀四面展開的列木，整個外型像一個大太陽，不由得讓人產生種種神秘的聯想。它的含義究竟如何，目前還是一個未解之謎。

1980年3月，樓蘭考古隊再次進軍樓蘭，對樓蘭古城又進行了一次全方位的考察與發掘，這是一場規模空前、聲勢浩大的沙漠考古。

考古大軍進駐樓蘭，打破了古城禁錮於沙漠、隔世千年的寧靜。面對撲面而來的黃沙，大家首當其衝的任務是搞清樓蘭古城的全貌，工作人員決定從尋找古城牆展開工作，但樓蘭的城牆在哪兒呢？舉目四望，人們只看到順東北風勢侵蝕的條條凹地和一

個個孤島似的臺地。爲了尋找城牆遺跡，大家多次在古城穿行。

經過多天艱苦細緻的工作，他們發現這是一座大致呈方形的古城：東西長約三百三十五公尺，總面積約十餘萬平方公尺。根據古城的實際位置，工作人員核定：它位於東經89°55′22″，北緯40°29′55″，再次糾正了斯文·赫定和斯坦因測定的錯誤。城牆採用夯築法建造，在厚度八十公分的夯土中夾壓蘆葦和紅柳枝。這是一種典型的漢代築牆方式，敦煌附近的漢長城亦如此。在南北城牆的中段各有一個缺口，專家推測這可能是城門的位置；在西城牆的中部也有一個缺口，缺口兩側還有兩個突出的土台，可能是城門及附屬建築，但因風蝕嚴重，已無法判定其本來面目。

在樓蘭城中，有一條東西走向、穿城而過的石砌渠道遺跡，與城外的河道相連。渠道上殘留有許多水螺殼，這表明古渠道曾是淡水通道。以古渠爲中軸線，古城被分割成東北和西南兩大部分。東北部以佛塔爲標誌，西南部以土塊疊砌的三間房爲重點，散佈著一些大小宅院。佛塔殘高十公尺四十公分，是城中最高的建築物，它的塔基爲方形，每邊長約十九公尺半，塔身爲八角形，用土坯夾木料疊砌而成，中間塡土充實。塔頂爲圓形，直徑約六公尺三十公分。塔身的木方外緣殘留雕刻紋飾。在塔基與塔身之間，南側有供攀登的土坯階梯，寬約三十公分。整個外形如同覆缽，與古代印度的佛塔相似。

在附近，人們還發現了木雕坐佛像和飾有蓮花的銅長柄香爐等物品。佛塔南面有一片大型建築遺址，地面上有許多錯亂放置的粗大木材。這些木材都經過加工，或有整齊的榫孔，或有流暢的旋形紋樣。斯文·赫定和斯坦因等人都曾在此發現各種精緻花

紋的裝飾木板和木雕佛像。工
作人員還在這裡採集到許多精
美的絲毛織品、兩漢五銖錢、
各色飾珠、還有來自異域海岸
的貝殼和珊瑚。這些物品表明
樓蘭古城曾是早期「絲綢之路」
上貿易的中心城市。

◎樓蘭遺址出土的人面毛皮織物。

　　一個樓蘭人世代眷戀的家
園，卻在西元4世紀以後，突
然人去「樓」空，成了一個黃
沙覆埋的廢墟。究竟是什麼力量讓昔日盛極一時的古國突然如夢
幻一般消失了呢？

　　從樓蘭古城遺址得到的漢文簡牘中可知，樓蘭士兵的口糧呈
漸次減少的趨勢，甚至有「宜漸節省使相周濟」之語。導致糧食
緊張的主要原因是環境惡化，生態失衡，水源日益不足。在出土
文書中還有不少關於用水緊張、不能下種，要求配水和水源嚴格
控制的記錄。這些都表明4世紀羅布地區的自然環境已發生了較大
變化。雖然樓蘭人曾經頑強地與惡劣的自然環境做過鬥爭，但最
終仍不得不放棄他們心愛的家園。漫漫黃沙遮蓋了昔日綠洲上的
城市，一個輝煌了很久的文明就這樣永遠地消失了。

10.沙漠裡爲什麼還會暴雨連連？

誰都知道，沙漠是下雨最少的地方，中國大西北被沙漠所包圍的敦煌盆地也不例外，在那裡水比油貴。可是，1979年就在如此缺水的敦煌縣，居然鬧了一場大水災，僅縣城一地就毀房四千多間，受災人達七千餘人，公路交通中斷，總共經濟損失約達三千多萬元，要說是奇聞，還真是毫無誇張之意。

炎夏，一進敦煌縣就好似跌入一個巨大的烤箱，這裡太陽輻射的年總量，甚至比海南島的輻射年總量還要高出許多。加上它地處盆地，不易散熱，就最高氣溫而言，它是全國僅次於吐魯番的第二大火爐，最高氣溫達攝氏44.1度。外地人到那裡，恨不得能把鼻孔都泡在水裡，可是從哪來那麼多的水呢？

敦煌縣年蒸發量爲2500多毫米，而年降水量平均僅32毫米，通常大於四即爲乾燥地區，但這個地方的乾燥度爲18.98，可謂是超級乾燥。有時只見電閃雷鳴，而雨尚未降到地面，就在空中蒸發掉了。以前這裡的民房不僅牆壁，甚至屋頂都是泥土材料做成，由於少雨而不必擔心被水沖壞。所以，兩千多年前的土結構——漢代長城、烽火臺等，至今仍然挺立在那裡。這裡缺水還來不及，怎麼還會鬧水災呢？

敦煌境內有條黨河，源於祁連山的溶雪，全縣綠洲上的生命皆仰仗於它，但河床在絕大多數時間是乾涸的，爲減少水的損耗，河水通過十條水泥渠道引進綠洲。當地遇旱，農民並不盼望雲霧，因爲雨水打不濕地皮，他們盼望火紅的太陽，因爲「真陽消盡陰山雪，頃刻飛來百道泉」。

1979年這裡天氣炎熱，溶雪多，7月份黨河上游的水庫已經裝得滿滿的了。這一年，印度洋西南季風異常，翻過青藏高原後，理當奔東南方向，

◎昔日繁華的高昌故城。

不料它兵分二路，一支開往祁連山，使敦煌一帶雨水大增（年降雨量達105.5毫米，是往年的三、四倍），並且很集中，於是黨河水庫之水迅速越過警戒線。此時，按規定應立刻打開排洪閘放水，但是自水庫修成以後，這裡從未有過把水排到沙漠中浪費掉的歷史，在人們的頭腦中，水就是生命，每一滴水都意味著若干個葉綠素細胞或蛋白質分子，怎麼能放掉呢？

科學的規章制度終於沒能戰勝根深蒂固的傳統觀念，水終於沒有放，而且越積越多，到了7月26日，水庫終於決了壩，致使下游六個鄉、二十一個村莊受災，敦煌縣城也成了一片汪洋，傢俱、衣物在沙漠中飄蕩，沒有被洪峰沖倒的泥土結構的民房，也在不到一晝夜時間內紛紛倒坍，化為一灘灘稀泥。幸虧在洪峰來臨前縣城居民已紛紛逃離，另外，聖明祖宗們遠見先知，把敦煌的文化古籍都安排在較高的地方，才倖免於水劫。水災在敦煌史上絕無僅有，在世界沙漠史上恐怕也是獨一無二的了。

無獨有偶，在許多人的心目中，被稱為「死亡之海」的塔克拉瑪干，是一個涓滴雨水不降的地方。這也是一種錯誤的推論。經觀測，在塔克拉瑪干沙漠腹地，年降水量遠遠超出過去的低於

10毫米的推測。在偏北的滿西地區，1988年一年降水量達到84.9毫米；在沙漠中心的塔中地區，1989至1991年的平均降水量也達到26.4毫米，遠遠超過吐魯番盆地的降水，也高於同緯度的沙漠週邊地區。在最大日降水量上，滿西和塔中也分別達到25.2毫米和12.7毫米，達到中雨以上水平，而且還出現過半小時內降雨20毫米的記錄，成為暴雨。在衛星雲圖上，我們多次觀測到在沙漠中出現的大面積水跡，甚至由暴雨形成的臨時性湖泊。這一奇特現象經新聞媒體報導後，在國內外都引起極大的轟動。人們很難想像，一次降水居然會在極度乾旱的沙漠中形成暫時的湖泊。有人在想：塔克拉瑪干會從沙漠中甦醒嗎？

其實，廣袤的塔克拉瑪干是一個匯集各方水氣的地方，水氣在這裡交匯、對流、碰撞，總要留下「買路錢」的，這也是沙漠腹地降水多於同緯度週邊地區的重要原因。過去，人們總是將通過塔克拉瑪干的水氣視做僅從西面、北面而來，只是一種過境，由於沙漠上升熱氣流烘托，很少有降雨條件。實際上，阿拉伯海、孟加拉灣的副熱帶暖濕雲團也能越過青藏高原進入到塔克拉瑪干上空。對沙漠雨跡的分析表明，有百分之五十六的降雨是南北系統性雲系結合所致，這樣，塔克拉瑪干不是「旱極」的原因就很清楚了。

由於沙漠中熱氣流上升的頂托，一般毛毛細雨是下不來的，要下必定是豆點大的陣雨，在氣象上稱為對流性陣雨。曾有這樣一句詩「雨打沙灘點點坑」，就形象記錄了這種雨的特點，不下就不下，一下就在地上擊打成坑。由於驟然成雨，下到地上一時難以滲下去，就出現了衛星照片上「沙漠湖泊」的奇觀，這也是大漠一絕吧！

11.獨特的沙漠灌溉方式——坎兒井之謎

新疆的氣候非常乾旱，降水稀少，河流經常斷流，可是為什麼在這種極端不適合作物生長的環境下，會奇蹟般地長出綠油油的瓜果蔬菜和莊稼？原來這一切都源於坎兒井的滋潤。

現今吐魯番與哈密盆地裡的生活和生產用水，有的來自地表的防滲、防沖引水渠道，有的來自機井，還有的就是來自坎兒井。這三種引水方式中，歷史最悠久、與當地人民生活水乳相融、甚至成為了當地文化一部分的，就是坎兒井了。

驅車走在新疆的吐魯番盆地與哈密盆地，你會看到平坦的黃褐色的戈壁灘上排列著一連串的土包，土包的形狀像墳墓一樣，大多不過一人高，隔二、三十公尺就有一個，一串土包大致成一直線，兩端望不到盡頭。在神秘的土包下，蘊藏著一個秘密，這就是被世人稱為中國古代三項偉大工程之一的「坎兒井」。在這些土包的下面，有一條常年川流不息的小河，小河的河道是一條人工挖掘的地下水渠，每隔一段距離，就會有一個豎直的土井打通水渠上的地層，而井口，就是我們上面提到的土包。

誰也說不清坎兒井是從何時何地開始出現的。在新疆維吾爾族民間流傳著這樣一個故事：很久很久以前，一個年輕的牧羊人為了尋找水源，用手挖出了水井，從此代代相傳。

也有人說，新疆的坎兒井是從波斯（今伊朗）隨著伊斯蘭教的傳播而傳到了各地的。坎兒井在中東、中亞及北非乾旱地區的很多地方都有，尤其是伊朗中部的高原地帶，那裡有成千上萬個坎兒井。據說，伊朗的坎兒井已經有二千多年的歷史了。位於絲

綢之路的中心、古代東西文化交匯之處的新疆，很有可能接受了西方傳來的引水方法，從而開鑿了第一條坎兒井。

但是仍然有不少學者堅持坎兒井是中國中原地區首先發明的，其後隨著向西域的擴張而傳入了新疆。西元前109年，陝西大荔縣曾經開挖了一條「龍首渠」，將洛河水從地下引至下游的大荔平原灌溉。有人說「龍首渠」就是坎兒井的前身，後由中原派到西域屯田守邊的漢族軍民帶到了新疆。然而坎兒井畢竟更加複雜，它所引用的是埋藏在地下深處的地下水。

地下水渠裡的水是從地下含水層中引出來的地下水，當山上的白雪融化以後，清泉會向盆地汩汩地流下，由於這裡的山地大多為裸露的岩石，所以山上的融雪水很快地聚流成河，向山下的盆地流去。然而，融雪水流到山下後又遇到了由粗砂和礫石組成的戈壁灘，水流迅速地滲入了地下，很多河流到了這裡就消失了。消失了的融雪水全部匯入了地下潛水層，它們順著緩緩傾斜的地下水渠自然流淌，一直流到地下水渠鑽出地表的地方才「噴湧而出」。此後，地下水渠變成了地上水渠，引流而出的地下水或者順著人工修築的渠溝疾奔，或者滯留在人工修建的池塘裡。不論怎樣，深埋於遠方地下的地下水，終於躲過了烈日的蒸烤和風沙的糾纏，清清冽冽地流進了田地、果園和居民的生活區。

吐魯番和哈密地區是一個盆地，光禿禿的戈壁在白天被太陽曬著的時候溫度升高得很快，由於盆地太低，所以熱空氣不容易疏散出去，再加上盆地與山地的高差太大，氣流下沉時形成了乾熱的「焚風」，這些都使盆地如同一個巨大的火爐。盆地西邊和北邊的高山，平均高度在三千五百公尺到四千公尺之間，其中柏格達峰高達五千四百四十五公尺，這些山脈終年被白雪覆蓋，它

們的高度足以擋住從北邊吹來的、夾帶著水氣的氣流。濕潤的氣流在翻越高山的北坡時，水氣隨著高度的增加、溫度的逐漸降低冷凝成雲，形成降雨。當它們到達高山的南坡時氣勢銳減，而它們降入山間盆地時，又會遇到盆地中蒸蒸而上的熱氣流。兩股氣流相遇很難形成雨滴（因為水氣遇冷才會凝結致雨），吐哈盆地內的雨水往往只有寥寥幾滴。與此同時，盆地南邊又只有山脈和沙漠，沒有水氣來源。所以，吐哈盆地的降水是極其稀少的，在1968年，吐魯番盆地全年降水才2.9毫米！

吐哈盆地的人民在漫長的歷史年代中，在與嚴酷的自然環境作鬥爭、求生存的過程中之所以選擇了坎兒井，不僅是因為它能夠躲避日曬風吹對流水的侵蝕，更是因為它是在當時的條件下，唯一能夠普遍施工的水利工程。農閒時節，只需三、五個人，帶著鋤頭、刨錘、轆轤和土筐等工具就可以開挖了。一條坎兒井可以斷

◎走進1700年前的龜茲故城，會發現什麼祕密呢？

斷續續挖上好幾年，挖好的坎兒井還要定時檢查和維護。這雖然是一項極度耗費人工的活兒，而且也很危險，但是在機器生產不發達的年代，掏挖坎兒井才是人們勝任得起的工作。隨著農業社會生活的展開，掏挖坎兒井、修護坎兒井、耕地、收割、坎兒井

水的分配和管理……紛紛規定了當地人民的生活節奏，坎兒井因此成爲了當地文化的一部分。吐哈盆地的農村就曾有過把坎兒井當作女兒嫁妝的習俗。

在近代，提倡和推廣坎兒井最有力和最有成效的人是林則徐。道光二十五年（1845年），林則徐被派到伊犁戍邊。當他走到距離吐魯番約四十里的地方時看到了坎兒井，他十分驚訝於這種奇巧的引水工程，曾經在內地興辦過太湖水利、江浙海塘、江漢堤工程和兩次黃河修防的林則徐，一眼就看出了這種水利工程在邊疆地區的重要性，所以大力推廣。在林則徐到新疆辦水利之前，坎兒井僅限於吐魯番，而且只有三十餘處，經林則徐的推廣之後，新疆的其他地方又增開了六十多處。

坎兒井的好處自然不必再提，但它的缺點也不少：由於坎兒井引用的地下水是冰雪融水。所以它的水量在春季是最少的，而秋冬兩季卻是最大的（地下水的儲水量相較於地面水來說有滯後性），這與當地農業上春忙冬閒的節律不相稱。坎兒井的修護完全靠人力，既危險又辛苦，隨著年輕人對工作的選擇目標越來越多，就越來越少有年輕人願意再去幹這種活兒，挖坎兒井出現了後繼乏人的危險。

到了20世紀70年代以後，吐哈盆地到處都有坎兒井斷流、乾涸、和廢棄的景象，人們不僅開始懷疑，這一古老的水利技術是否還有生存下去的意義和使用價值呢？在新疆乾旱的地方，除了坎兒井，還有沒有更好的灌溉方法呢？當代的新疆人眞的要好好考慮這些問題了。

12.東方瑰寶莫高窟之謎

敦煌莫高窟是中國內容最豐富、保存最完好的石窟藝術寶庫。石窟藝術是建築、雕塑、繪畫三位一體的統一整體，是實用性和藝術性有機結合的

◎莫高窟492個奇妙的洞窟中，究竟珍藏著多少藝術瑰寶？

完美的立體藝術。1987年12月11日，聯合國教科文組織世界遺產委員會將莫高窟列入世界文化遺產清單。

敦煌的壁畫也是世界藝術的珍寶，它的內容極為豐富，大體可分為：尊像畫、經變畫、故事畫、供養人畫、佛教史跡畫、建築畫、山水畫、動物畫、裝飾圖案畫等九類。在經變畫、故事畫、佛教史跡畫中有非常生動的人民生活畫，種類繁多的壁畫，從多方面反映了古代的社會現實生活，為研究中國封建社會歷史、文化、政治、經濟、軍事、科技、宗教、建築、交通、服飾、樂舞和民俗提供了極其珍貴的形象史料，因而被國際上稱譽為「牆上的圖書館」、特殊「博物館」，是一部跨越千年的「形象歷史」。

敦煌彩塑主要有佛像，包括釋迦牟尼、彌勒、藥師、阿彌陀、三世佛、七世佛等；菩薩像有觀音、文殊、普賢、勢至、地藏、脅侍、供養菩薩等；弟子有阿難、迦葉、十大弟子及羅漢，還有天王、金剛、地神等。彩塑形式有圓塑、浮塑、影塑、善業泥等。圓雕、浮雕除九十六、一百三十窟兩大佛，一百四十八、一百五十八兩大臥佛爲石胎泥塑外，其餘均爲泥塑，有單身像和群像。佛像居中心，兩側侍立弟子、菩薩、天王、力士，少則三身，多則十一身，以九十六窟三十四公尺半的彌勒坐像爲最高，小則十公分。多以誇張的色彩表現人物性格，神態各殊。其豐富內涵，堪稱是一部中國古代千年佛教彩塑史。

雨過天晴，空氣清新的清晨或黃昏之時，如果從敦煌城驅車沿安敦公路向東南而行，就會被幾十里以外的三危山呈現的奇特景象所吸引。只見這座陡然崛起、劈地摩天的大山之巔，在日出或落日餘暉的照耀下，放射出五彩繽紛的光芒。

莫高窟的這種奇特景象，千百年來引起無數人的矚目。最早記錄這一現象的，是唐朝聖曆元年（698年）李懷讓《重修莫高窟佛龕碑》，碑文記載：「莫高窟者，厥初秦建元二年，有沙門樂僧，戒行清虛，執心恬靜，嘗杖錫林野，行至此山，忽見金光，狀有千佛，遂架空鑿巖，造窟一龕……」文中所指的山即三危山，所造的龕像，就是敦煌千佛洞最早的洞窟。

中國最早記載山川地形的《尚書·禹貢篇》中就有「竄三苗于三危」的話，可見早在新石器晚期，這裡就有人類的活動了。據《都司志》三危條下注釋：此山之「三峰聳峙如危欲墜，故云三危」，三危山也由此而得其名。若登上山巔，可東望安西，西盡敦煌，山川樹木，盡收眼底，所以古來又有「望山」之稱。

對於莫高窟的佛光，科學界存在兩種解釋。第一種解釋是，三危山純爲沙漿岩層，屬玉門系老年期山，海拔高度約一千八百四十六公尺，岩石顏色赭黑相間，岩石內還含有石英等許多礦物質，山上不生草木，由於山岩成分和顏色較爲特殊，因而在大雨剛過，黃昏將臨，空氣又格外清新的情況下，經落日餘暉一照，山上的各色岩石便同岩面上未乾的雨水及空氣中的水分一起反射出五彩繽紛的光芒，將萬道金光的燦爛景象展現在人們眼前。

另一種解釋是：莫高窟修造在鳴沙山東麓的斷崖上。崖前有條溪，在唐代叫「宕泉」，現今叫大泉河，河東側的三危山與西側的鳴沙山遙相對峙，形成一夾角。傍晚，即將西落沉入戈壁瀚海的落日餘暉，穿透空氣，將五彩繽紛的萬道霞光灑射在鳴沙山上，反射出萬道金光，這正是我們有時看到的「夕陽西下彩霞飛」的壯麗景象。

無論是出現在三危山，還是鳴沙山兩個方向的「金光」，都是一種在特殊條件下的自然現象，古人由於受當時生產力的局限和宗教迷信觀念的束縛，無法從科學上解釋這種自然現象，只得用神、佛顯靈來做結論。

在敦煌石窟壁畫中，最有意思的就是故事畫，富有鮮明的生活氣息。故事畫大體可分三類，一類是宣揚釋迦牟尼生平事蹟的佛傳故事，描繪他從誕生到出家的主要情節，像連環畫一樣。如北周第二百九十窟，全部圖像近八十個畫面，是中國現存唯一的佛傳連環故事畫。第二類是宣揚釋迦降生前各世轉生教化眾生的本生故事，大致有幾十種，都是表現他前生施頭、割肉、餵鷹、挖眼、捨身飼虎的悲慘場面，歌頌他的自我犧牲精神。

敦煌壁畫中還有一類是宣揚度化事蹟的因緣故事，「難陀出

中國地理不思議之謎

家因緣」講的是釋迦千方百計勸戒弟弟出家的故事。釋迦異母弟名難陀，有妻孫陀利美豔無比，釋迦命剃師爲難陀剃髮，強迫他出家。難陀留戀妻子，一日偷跑回家，被釋迦發現，將他喚回，嚴加訓戒，又領他遍遊天宮，觀諸天女，複遊地獄，見湯鑊之刑，難陀悔悟，一心從佛出家，成爲羅漢。

　　除佛教內容外，莫高窟壁畫還有一些以中國傳統的神話或神仙爲題材，如西王母、東王公、伏羲女媧、雷公雨師等自然神，這些在漢代墓壁畫中常見。在敦煌石窟中出現，反映了魏晉以來佛教逐漸和道家、儒家思想融合而中國體的一個側面。此外，還有一些歷史事件被搬上了壁畫，尤其是張騫通西域的經過，得到了較爲細緻的表現。

　　這些壁畫的學術價值自不待言，對於我們來說，單單從欣賞的角度就讓人得到巨大的快樂。古代各族藝術匠師繪製壁畫時表現了高超的藝術造詣，把壁畫按時代排列起來，幾乎是一部中國古代美術史。對於敦煌，我們只能用一個詞來形容才合適，那就是——博大精深。

13.鳴沙山之謎

　　鳴沙山自古就以璀璨、傳神的自然奇觀吸引著人們。西漢時就有鳴沙山好似演奏鐘鼓管弦音樂的記載，《後漢書・郡國志》上說：敦煌「山有鳴沙之異，水有懸泉之神」。《舊唐書・地理志》載鳴沙山「天氣晴朗時，沙鳴聞於城內」。清代《敦煌縣誌》將「沙嶺晴鳴」列爲敦煌八景之一。

　　敦煌民間還有許多關於沙子鳴響的美麗傳說：古代有青黃二龍在此爭鬥，結果黃龍鬥敗，撞死後化作沙山，沙鳴就是黃龍發怒生悲。又傳說：古時兩軍在此酣戰，屍橫遍野，血流毀地，天母不忍視睹，使鋪天蓋地的黃沙凌空而降，平地頓時驟起座座沙山，將出征軍士全掩埋於黃沙之下，故每到天晴就隱約有金鼓雷動，戰馬呼叫，操戈衝殺之聲。還有一種傳說：此地原是一富饒村莊，一次人們正在表演戲劇，慶祝豐收，忽見狂風攜黃沙襲來，村莊遂被埋沒，故有鼓樂歌舞之聲。

　　敦煌遺書載鳴沙山「盛夏自鳴，人馬踐之，聲振數十里，風俗端午，城中子女皆躋高峰，一齊蹙下，其沙吼聲如雷。」凡是來到敦煌的中外遊人，無不以登臨鳴沙山、傾聽沙鳴爲快。

　　蜿蜒迂迴的鳴沙山，全由均勻細密的粉沙積聚而成。沙分紅、黃、白、黑、青五色，在陽光直射下晶瑩發亮，熠熠生輝。山形忽而彎環起伏，似欲飛之金龍；忽而峰巒危峭，背如刀刃，如沙塑之金字塔；一條條平滑流暢、氣勢飛動的山脊弧線，像一段段舒漫輕柔、悠揚飄逸的曲樂。一陣勁風吹來，條條沙脊上翻捲起縷縷沙塵，上下飄舞，凌空飛動，恰似敦煌壁畫中飛天舞伎

中國地理不思議之謎

324

輕柔飄卷的絲帶。無論是靜的沙峰，還是動的沙流，都給人一種和諧、美妙的感覺。攀登沙山似逆水行舟，進一步退半步，沙流人自墜，人墜沙更流，人在沙海中沉浮、遊動，愜意而又輕鬆。更絕妙的是，登上沙山之頂，再向下滑動，就會像阿拉伯的傳說一樣，沙子會奏出不同種類的交響樂，或幽雅或渾厚，或清脆，或如蟲語，或如林濤，或如潮退，其聲莫測，其理難窮。

這樣的景觀，不能不使人聯想和思索。世界上記載鳴沙現象以中國最早，但多少代以來，古人對其百思不得其解，直到20世紀40年代，世界上才首次有人用科學方法去研究。50年代以來，中國有關科技工作者曾對鳴沙山鳴響之謎作了種種探索，並提出了幾種不同的推測和假說。一為孔隙說，認為是由於沙子之間的空隙和空氣摩擦產生了沙鳴聲；二為空氣的摩擦靜電造成的；還有人持共鳴放大的觀點，認為是聲波發生共振現象導致自然界的正常聲音增大了數倍。這些解釋都有一些道理，但還存在著一些漏洞，所以，至今還沒有人能拿出完全令人信服的科學解釋，鳴沙山的沙鳴現象依舊是個謎。

14.月牙泉之謎

　　翡翠般的月牙泉，婉麗生姿，宛如一位美麗溫存的少女，靜臥在群山的臂彎、敦煌大漠的懷抱。於是有了史詩般的傳說：月牙泉是位美麗癡情的南國少女，帶著南國的靈秀，不遠萬里，來到渾樸獷悍的北方，尋覓她深愛的情人，可是她太累了，於是倒在浩瀚的大漠上，一躺就是千年，漫捲的黃沙牽繞著她的夢幻。沙嶺似長弓微彎，清泉如半月巧秀，真乃天地間最奇妙的結合。

　　月牙泉是一泓神奇的泉，自古以來就有傳神的記載。敦煌遺書載：「鳴沙山中有井泉，沙至不掩……綿歷古今，沙填不滿。」古詩中則有：「四面風沙飛野馬，一潭雲影幻游龍」、「銀沙四面山環抱，一池清水綠漪漣」。

　　千百年來，河西不少名城重鎮、關隘哨卡為風沙埋沒，許多村莊農舍、植被、牛羊，為黃沙侵襲。風沙吞噬了千年風華、百年繁榮。儘管鳴沙山「沙聲吼如雷，聲振數十里」，月牙泉卻不被淹沒，依然澄碧依舊、月弦如故，這不能不稱之為「神」。月牙泉奇就奇在她千百年不枯不竭。狂暴的沙漠和靜謐的清泉本是不共戴天，難以共存的，更何況處在暴熱、乾燥、蒸發量極大的沙漠氣候的烘烤之中，沙和泉卻能悖世之慣例，相剋相生，沙不填、泉不枯，如此神奇景觀，還得歸功於自然的造化。

　　月牙泉位於鳴沙山沙峰漠谷間的小盆地中，為沙山環抱，南北最寬五十四公尺，東西長近三百公尺，泉沿向南凹，向北凸，向東西兩端逐漸變窄變尖，水面形狀酷似一彎新月，泉水弓背的一面（北面）距泉邊十多公尺處，是高聳二百多公尺、峰巒陡峭

中國地理不思議之謎

的沙山主峰。南面是一片距水面幾公尺高的沙土臺地，過去臺地上有寺院廟宇、殿堂道觀百餘所，樓閣亭台鱗次櫛比，岸邊沙棗樹、榆樹、楊樹、紅柳蔚然成林，景緻壯觀而幽雅，有些地方還種植莊稼，足見臺地之廣大。臺地後面也是一座高大的沙山，與主峰遙遙相對；東西兩面月牙尖岸則是逐漸高出水面的寬闊平緩之沙壟，起伏延伸。

月牙泉常盈不枯，恆久生存，還由於泉底有逆斷層儲水構造，屬典型的古河灣風蝕殘留湖，處在風蝕凹地和新月形沙丘間，也叫風成湖。以前鳴沙山中還有幾個儲水小湖，但都和古河道的大部分一起被流沙埋沒，惟月牙泉這片殘留河灣地勢較高，河流滲漏的地下水匯集於此，又受到周圍特殊地形地勢的保護，得以倖存。其水源來自鳴沙山下含水層位置較高的地下潛流，一般不受外界氣候環境的影響，水量穩定，而月牙泉處在古河道河灣殘留形成的湖盆窪地中，離潛水較近，容易接受地下水的補給。所以，水面雖小，但底部水路暢通，漣漪蕩漾。

敦煌歷來西南風較多，刮西風時，由於泉附近比較潮濕且以前有植被，近處沙坡低緩起伏，而較遠處又為高山所圍，因之沙刮不起來，而遠處的沙又吹不到泉邊；起南風時，泉南有廣闊的高臺及樹木、建築阻隔，沙子很難落入水中，同時還把北面山腳流瀉下來的沙吹捲到鳴沙山上，從而防止了北山腳沙子堆積擁向月牙泉；起北風時，主峰另一面的沙子飛速地沿月環形沙丘向山梁上滾動，沙子沿山梁上滾，速度迅急，動能很大，所以吹到山背的沙子速度極快，而靠月牙泉一邊主峰坡度極陡，山腳距泉沿近而山高，因之沙子從山脊驟然飛起，凌空而過，飛越月牙泉，落到對岸。風越大，沙子落下距泉越遠，而山下因有主峰為屏，

幾乎無風。這就是「雖遇烈風而泉不爲所掩」及「沙挾風而飛響，泉映月而無塵」的原因所在。

　　凡到過月牙泉的人，無不爲泉不爲風吹、不爲沙塡，纖塵不染的奇妙神秘的景觀驚呼、讚歎。可以說月牙泉得天獨厚的地理環境，就是大自然賦予它最好的保護神。

第七章

「世界屋脊」不思議之謎

　　這裡是「世界屋脊」上的一片淨土；這裡是天然的「綠色基因庫」；這裡有人間仙境香格里拉；這裡掌握著生靈長生不老的「秘訣天書」……輕踏著潔白柔軟的積雪，仰望著聳入雲端的珠峰，人們只能虔誠地雙手合十，向著青藏高原的莊嚴與偉岸，向著無數個難以破解的千古謎團，頂禮膜拜……。

1.青藏高原是如何浮出海面的

　　青藏高原有許多世界之最，它不僅是世界上海拔最高的高原，而且是世界地質歷史上最年輕的高原。在這片神秘的處女地上，既有綿延千里的冰峰雪嶺，又有坦蕩開闊的谷地；既有一望無際的草原，又有鬱鬱蔥蔥的原始森林；既有繁星點點的湖泊，又有一瀉千里的江河。這片壯麗神奇的土地，是怎樣從海洋中拔「海」而起的呢？

　　青藏高原是如此年輕。如果把它脫離海洋的大約4千萬年與地球年齡的四十六億年相比，僅僅是一百一十五分之一。假如只考慮最近強烈隆升的二、三百萬年，則只有地球年齡的一千五百分之一。好像一年之中，她一直沉睡在茫茫無際的汪洋大海之中，在一年的最後幾天，才突然甦醒過來，及至除夕的最後幾小時，猛然崛起成爲地球之巔。

　　高原地區的強烈隆升是從三百至二百萬年前開始的。這段時間裡，究竟上升了多高呢？在希夏邦馬峰北坡海拔四千多公尺的吉隆盆地發現的三趾馬動物群化石，這是迄今世界上發現三趾馬動物群化石海拔最高點之一，與中國北方的三趾馬動物群化石發現點進行比較，假如不考慮其他一些地殼運動因素，粗略估計，自上新世以來，吉隆盆地上升了三千公尺左右。這個上升高度也符合用其他手段換算的高度，譬如希夏邦馬峰北坡的高山櫟化石出露在海拔五千七百多公尺的山坡上，而現在高山櫟卻只生長在二千五百到三千一百公尺的地方。由此推算喜馬拉雅山主脈自上新世以來上升幅度可能是在三千公尺左右。因此，許多人認爲，

在二、三百萬年裡，高原面從平均海拔一千公尺上升到四千七百公尺，上升了三千五百公尺至四千公尺，形成當之無愧的「世界屋脊」。根據現有的瞭解，青藏高原的抬升過程既不是勻速的運動，也不是一次性的猛增，而是經歷了幾個不同的上升階段。每次上升都使高原地貌形態得以演進。

高原第一次的強烈上升，發生在早更新世時期，至距今二百萬年前，平均上升了一千公尺左右，高原面平均海拔爲二千公尺，其結果是原始高原地貌發生了一系列的變化：高原邊緣河流切割作用加強，河流流向發生變化，一些古湖被切割變乾，外流水系的主要河道基本形成。

高原第二次強烈隆升發生在中更新世，到距今約一百萬年前，高原面的平均高度達到三千公尺左右，同時高原的自然環境也發生了根本性的改變。新的斷裂活動不斷產生；舊斷裂得以復發；高山深谷地貌形成；以往的環流形勢被打亂，廣大地區氣候從溫暖濕潤轉爲寒冷乾旱，各地域間的差異明顯增大。

高原第三次強烈隆升發生在晚更新世，這期間又升高了約一千公尺。約在一萬年前，高原面的平均高度已達到了四千公尺左右，一些大山嶺超過了六千公尺。這次抬升使高原內部的氣候更加寒冷乾燥。高原邊緣受到強烈切割。此時，已有人類出現。在定日熱久鄉河流階地上發現的舊石器晚期的石片、括削器、尖狀器等已成爲古人類生活謀生的工具，他們群居在一起，靠捕獵和採摘野果爲生。

地質歷史進入全新世（約距今一萬年前），高原抬升的速度更快了，它以平均每年七公分的速度，足足上升了約七百公尺，使高原面的平均高度達到了現在的四千七百公尺，成爲當今的

「世界屋脊」。

　　高原的強烈隆升，對亞洲東部的自然地理環境產生了深刻的影響。高原大地形的動力作用和熱力作用改變了周圍地區大氣環流的形勢。氣象學家研究得知，夏季，高原的存在誘發了西南季風，使中國東部的夏季風能長驅北上，為廣大地區帶來充沛的降水；冬季，高原的存在產生了西伯利亞高壓，強大的冷空氣又足以席捲南部廣大地區。如果我們把高原與其周圍低地相比較，便可以看出它們的顯著差別。高原南部的印度阿薩姆平原為熱帶雨林地帶，而高原北部卻是極端乾旱的溫帶荒漠；高原東緣與亞熱帶濕潤的常綠闊葉林地帶相接；其西側毗連著亞熱帶半乾旱的森林草原和灌叢草原地帶。青藏高原恰恰處在這南北迴異、東西懸殊的「十字街頭」上。

　　高原強烈隆升的結果，使氣候愈來愈寒冷乾燥，愈往中心地區，愈明顯。由隆升前的茂密森林過渡到今天的高寒荒漠。相比之下，高原東南邊緣變化最小，至今仍然保存著溫暖濕潤的森林景觀。

2.香格里拉只是傳說中的地方嗎？

　　喜馬拉雅山地區是地球上最高的地帶，人們把它和地球上的南極、北極連在一起，稱之為世界第三極。喜馬拉雅山的魅力不僅來自於它的巍峨，還在於它的神秘。據說，在這神秘的世界屋脊，還有個美麗的世外桃源——「香格里拉」。

　　美國作家希爾頓在小說《失去的地平線》中，描繪了一個名叫「香格里拉」的地方。說它就在喜馬拉雅群山之中，那裡風光秀美，空氣清新，居民品格高尚，而且健康快樂、長生不老，他們與世隔絕，以喇嘛教為中心，守護著自己的文明。

　　希爾頓筆下的香格里拉是以西藏古典傳說中的世外桃源「香巴拉」為依據的。西藏經典中記載的「香巴拉」是個雪山環繞、天地之間純淨如水、黃金佛塔林立、處處寧靜祥和的國度。以前，這傳說只是在藏民和喇嘛僧侶中流傳，自希爾頓的書問世以後，「香格里拉」引起了世人的美好嚮往。於是，尋找香格里拉（或「香巴拉」）就成了世界上的一大熱點。那麼，神奇美麗的香格里拉究竟在何處呢？

　　經專家學者的多方考察，證實作為英語中一個外來詞彙的「香格里拉」，只在雲南迪慶州香格里拉縣的藏語中才有它的準確發音，它由藏傳佛教經曲保的「香巴拉」一詞演化而來，其發音屬於雲南香格里拉藏區的一種方言土語，意為「心中的日月」。其中的「香」和「格」的發音，更是僅為康藏地區南部土語群中的香格里拉方言所獨有。而在別的藏區，英文「香格里拉」（shangrila）的發音，亦有讀作「森吉尼達」。而香格里拉縣城的

古藏語地名就叫「尼日宗」或是「獨給宗」，意爲日月城，與香格里拉藏語中「香格里拉」的含意完全吻合。

「香格里拉」與藏傳佛教經典中的「香巴拉」關係密切，「香格里拉」很可能是由藏傳佛教經典中的「香巴拉」演變而來。正如美國駐成都總領事館新聞文化處在給香格里拉縣外事辦公室的一份傳真資料裡指出的，「多數西方作家和學者相信，『香格里拉』這一概念來自藏傳佛教經典中的『香巴拉』一詞，意指偏遠山林中一個理想完美的地方。這個概念源於『香巴拉』詞，此詞在用梵文、藏文寫成的有關生命輪迴的描寫中被經常提到。」

「香巴拉」的概念，來自藏傳佛教的淨土信仰，所謂淨土信仰，其實就是大乘佛教中的「彼岸世界」信仰。任何一個成熟的宗教，都有自己的「彼岸」方式，大乘佛教當然也不例外。在大乘佛教經典中，「淨土」是與「穢舊」相對的，淨土指的是菩薩修成的清淨處所，也是佛的居住之地。相對於此，芸芸眾生的居住之所則是有煩惱、有污穢，故稱穢土或穢國。

按照藏傳佛教的經典，香巴拉王國隱藏於雪山之中，整個王國被雪山環繞，八個蓮花瓣狀的區域與城市是人們的居處，中央又有雪山內環盲卡拉巴王宮，是香巴拉王國國王的居處，這裡的人們不執、不迷、無慾。歷代的國王，爲未來之世界保存最高佛法，直到外部世界的宗教被長期消滅爲止。據傳，外界之人曾經圖謀征服香巴拉王國，但香巴拉穩固與超自然神的兵將出現，在一場戰爭中將外界人消滅，保住了自己的王國。

藏文、梵文經典所描述的古代各種進入香巴拉的入境指南都指出，前往聖境要穿越荒漠與高山，行者除了必須克服崇山、峻嶺、大河等自然障礙以外，還得以神通求得諸護法神的協助，以

儡服沿途之惡魔。去香巴拉的旅途從印度或西藏出發，要經過不毛之地與神秘地區，進入香巴拉的方式是，行者必須作各種精神修練，變換其身心，使自己適應於進入香巴拉王國。人一到達香巴拉，就會看到美麗的公園與城堡構成的理想國土，四周有雙層雪山環繞，分八區如蓮花狀。香巴拉的居民，生活甚爲富足，擁有大量的金銀珠寶，無人犯罪，居民遵循智慧而生活，皆已達到修行的高層境界。人進入香巴拉之後，經由國王與國王所護持的佛法所助，得以發展成佛教所需之智慧與慈悲心（佛是完全覺知眞如佛教性者）。就此而論，香巴拉並非「可求得天國喜樂主人間樂土，而是欲成佛入涅槃主人的特殊場所。」

16世紀時候的雅目王·吉達王子，寫過一部藏文中最詳盡的史詩，其中就描述過前往香巴拉的旅遊歷程。而對西藏文學和許多含有醫學和占星術的書籍，一般人都相信那些內容大多源自香巴拉，其中有一本占星學的教本，名《白琉璃》，開頭就是香巴拉王國史，並附有香巴拉歷代王國的木刻畫。1775年，六世班禪大師羅桑華丹益希，曾根據大藏經中有關香巴拉的經文，寫過一部通俗的《香巴拉指南》。他將香巴拉傳說分成了三部分：前往香巴拉之歷程；王國本身的情形；該國歷史及預言。

與此同時，藏傳佛教的信仰者，堅持篤信香巴拉王國仍然存在，認爲那是地球上的人間淨土。有人利用古代西藏文獻的香巴拉指南，試圖去發現實存之香巴拉王國國境。直至今日，藏族人民仍然相信，能在喜馬拉雅山的一個偏遠山谷中找到香巴拉。

佛教經典對香巴拉作了詳細的介紹，但對香巴拉的方向卻含糊不清。許多人相信香巴拉是個隱喻之地，其他人則相信，當整個人類社會進入現代之後，香巴拉就會從地球上消失了。

現在，對於香巴拉的尋訪仍一直在進行。有關香巴拉的傳說故事，激發著無數人前去探尋「世外桃源」。其中最著名的一個故事講道，有位年輕勇士四處尋找神秘的香巴拉王國，他歷經千山萬嶺之後，來到一位老修行人居住的山洞，老行者問他欲往何處，青年答道：「尋找香巴拉。」老行者說：「你不用到遠處去，香巴拉就在你的心中。」這個故事告訴人們，對於藏傳佛教的信仰者來說，必須覺悟後，才能在外界找到香巴拉王國。

◎「眾神之地」拉薩的布達拉宮，氣勢雄渾，傲視蒼穹。

據中國西藏傳說，前往香格里拉聖地的入口就在布達拉宮的神殿之下。這種傳說有一定的道理，因為布達拉宮本身就是喇嘛教的聖地，其選址和設計必然有其獨特的匠心，而且布達拉宮結構複雜，如同迷宮一般。

直到現在，人們並未找到通往香格里拉的真正入口，也沒有找到有關入口確實可靠的記載。另一種傳說是香格里拉是在印度和巴基斯坦交界處的喀什米爾地區。這裡位於喜馬拉雅山西南，四周是銀裝素裹、冰河懸柱的冰峰雪山，中間卻是氣候宜人、青蔥碧綠，處處是五彩繽紛的夢幻般的雪中綠洲，這裡空氣清新，民風淳樸而又與世隔絕。因此也有人相信，香格里拉就在喀什米爾的某個地方。遺憾的是此地連年戰亂，阻擋了人們前去探尋的

腳步。

　　還有人聲稱，真正的香格里拉是在中國雲南省的中甸。中甸位於雲南省西北部，連綿起伏群山之中，著名的梅里山腳下，屬於迪慶藏族自治州。有趣的是，當地的藏民有許多信奉天主教，他們自古以來就把梅里雪山當作聖山。截止目前，梅里雪山主峰卡瓦格博仍然是一座無人登上的處女峰。南北一百公里雪山構成了怒江和瀾滄江峽谷，從這裡再往東三十公里越過白馬雪山就是金沙江峽谷，梅里雪山最高點卡瓦格博和最底點的瀾滄江邊海拔落差達四千八百公尺，形成了一幅近乎垂直的剖面。這裡處於終年積雪的雪山、江水奔騰的峽谷和大片的原始森林之中。藏民們始終認為，自己居住的就是香格里拉。一些到過中甸的國外探險家和學者認為，比起布達拉宮和喀什米爾來，這裡更具有「世外桃源」意味，但與希爾頓的描寫相比，此處並不在喜馬拉雅山中。

　　神秘而又無限美好的香格里拉究竟在哪兒呢？以上四種說法都有一定的道理，但迄今為止尚無一個真正的結論。

　　還有人說，香格里拉就是今天雲南的建塘古城，這個說法有一定的說服力。走在古城，石板路七高八低，既佈滿深深淺淺的歲月留痕，又被時光磨洗得雪亮。回頭望去，縣城四周大山如屏，佇立無語。當冬天到來，香格里拉城四周所有的山，將都變成雪山。雪山之外，便是幾乎環繞整個香格里拉的金沙江了——正應了香格里拉的人所說，香格里拉是「雪山為城，金沙為池」那句話。

　　「建塘」在藏語中，有「心中的日月」的意思。相傳，建塘與四川的理塘、巴塘一起，同為藏王三個兒子的封地，西元1679

年，五世達賴喇嘛羅桑嘉措在香格里拉選址建造松贊林寺，其主要依據是此地風景燦爛，有「帝釋天、火梵天、遍如天」三天神常到此遊玩，形成了三天堂。七世達賴喇嘛格桑嘉措，曾有讚美香格里拉的偈語云：高山環繞寬闊曼達羅，聚寶美飾新穎建塘原，陽光普照眾生澤福地。

在藏傳佛教經典中，有一個神秘之城，叫「香巴拉」。在「香巴拉王國」中，壯麗的雪山是古城的外環，然後是八個蓮花瓣狀的區域與城市，生活著香巴拉的人民；在它的中心，以內環的雪山作為屏障，有一座名為「卡巴拉」的王宮，居住著「香巴拉」國王。而建塘古城在建築格局上，正是按照這樣一種佈局設置的，從地圖上看，香格里拉四周雪山環繞，中間地勢平坦，而在更大的範圍內，環繞著整個香格里拉的，是玉龍雪山、哈巴雪山、白茫雪山以及瀾滄江邊的卡瓦格博雪山。縣城中間還有大龜山，歷朝歷代，古城都以大龜山下的藏經樓為中心，向四面八方呈輻射狀佈置。

自從「香格里拉」為世人所知以後，它也許只是人類為自己勾畫出來的一個美麗幻象，但是人們已經按捺不住內心的激動，要對這個迷人的地方進行執著的探尋。好奇的人們不相信「香格里拉」僅僅是詹姆斯‧希爾頓心血來潮、靈感突發的憑空創造。美國駐成都總領事館新聞文化處提供的一份材料還指出，「西方對香格里拉永恆的概念，可在詹姆斯‧希爾頓所寫的《失去的地平線》中找到共識」，這就意味著，與「香格里拉」幾乎等義的「香巴拉」一詞，早在詹姆斯‧希爾頓的那部小說之前，就已隨著藏傳佛教經典的傳播，進入了西方的文化視野。詹姆斯‧希爾頓的小說，不過是西方人依據原有的「香巴拉」概念，創造的一個

神秘而又生動的文學樣本。

　　由此看來，所謂「香格里拉」既不是從天而降的，也不是一個像詹姆斯・希爾頓那樣的外國作家所能命名的。它原本就是藏民族的理想之國，不過是有人借助了那個美好的傳說，按照經典中對理想之國的種種描繪，熱情積極地建設著自己的家園。

3.天然「綠色基因庫」之謎

　　墨脫，在藏語中是花朵的意思。在中國西南邊陲，西藏高原的東南部，鑲嵌著一顆奪目耀眼的綠色明珠——墨脫自然保護區，這裡的大自然幾乎沒有受到外界的影響，還保留著原始質樸的風貌，充滿著神秘的色彩。

　　墨脫自然保護區由南迦巴瓦峰東坡的矗拉藏布江流域自然保護區，布裙湖風景保護點和德陽溝羚牛保護點三部分組成。地理位置約在東經95度和北緯29度附近，距拉薩東南方向四百多公里，是目前西藏具有熱帶生物類型的區域之一。

　　這裡的自然條件十分優越，森林資源極為富庶，各種植物競相生長，珍禽異獸隱藏其中……這是一個巨大的天然寶庫。這裡的物種飽和度大，稀有種特多，近年來還不斷發現新種和新分佈的科屬，堪稱「巨大的自然博物館」，也是一座「自然的綠色基因庫」。在這裡已發現有高等植物三千多種，占西藏植物種數量一半以上，地球上每一百種植物中便有一種分佈在這裡。像墨脫這樣的物產寶藏不但在中國絕無僅有，在世界上也是寥寥無幾的。是什麼原因培育了墨脫這塊寶地呢？

　　這還要從墨脫複雜的地理地貌說起。墨脫的北部，有雅魯藏布江大拐彎處內側的一座海拔七千七百五十六公尺的南迦巴瓦峰，和雅魯藏布江大拐彎外側的海拔七千一百五十一公尺高的佳拉白壘峰，它們都是喜馬拉雅山脈東部的尾巴，雄踞大拐彎峽谷的南北兩側，俯瞰著雅魯藏布江。它們的隆起是喜馬拉雅造山運動的結果，至今已有二至三千萬年的歷史了。隨著地殼的持續大

幅度降升，河流深切，峽谷深邃，山高入雲，瀑布眾多，形成中國罕見的、強烈的地貌反差。境內雅魯藏布江下游水面海拔僅有幾百公尺，然而在水平距離不過四十多公里的範圍內，落差竟達七千公尺，幾乎可以發現北半球濕潤地區各種主要植被類型的順序更替，成為從北極到中國海南島植被類型的縮影。

由於青藏高原本身有增熱作用和高原北部東西走向的山脈對冷氣團的阻擋，致使海拔在一千一百公尺以下的河谷，夏無酷暑，冬無霜凍，年平均溫度達攝氏20度以上，最冷月的平均氣溫不低於攝氏13度，所以這裡幾乎沒有明顯的四季之分，只有乾濕季之別。

同時自西向東流的雅魯藏布江在南迦巴瓦峰和佳拉白壘峰之間急轉向南，形成著名的雅魯藏布江「大拐彎」，由於北部兩座大山的屏障作用，使溯江而上的孟加拉灣暖濕氣流在此形成旋渦，造成了這一地區特別充沛的降水量，每年達2500毫米以上，成為中國雨量最多的地區之一。這裡的降水主要集中在生長季，冬季降水較少，但河谷經常有大霧，因此，在一定程度上彌補了旱季降水的不足。從這些條件可以看出，墨脫河谷地帶雖然位於北緯29度附近，但由於基本上具備與熱帶濕潤地區相同的水熱條件，而遠遠超出了通常人們認為熱帶植被主要出現在北回歸線以南的一般規律，以致在亞熱帶緯度地區發育著熱帶、亞熱帶、溫帶和寒帶的山地植被類型。

墨脫不僅山高谷深，地勢神奇古怪，而且又是一個「動亂」和十分「活躍」的世界，地質資料表明，這裡也是地中海、南亞地震帶的一部分。每當人們在石崖下或新蓋的芭蕉棚裡憩睡時，常被轟轟的山崩、滑坡、土石流等巨大的響聲驚醒，使人不寒而

慄，感到危機四伏，難以入眠。

可以毫不誇張地認為，特殊的自然地理環境，創造出了這裡天然的生物學百科全書。

聶拉藏布江流域自然保護區是墨脫自然保護區的主體，位於東經95度4分至95度27分，北緯29度26分至29度39分，東以雅魯藏布江為界，西至那木拉山口，南起「比扭」山脊，北至那木拉山口順山脊直抵南迦巴瓦峰，面積達五萬二千二百四十公頃，是中國以熱帶植被為基點綜合性的自然保護區。這裡有眾多的生物類型，還有特殊的地質構造和古冰川遺跡，原始狀況非常完整的天然植被。

墨脫的植物有五大特點，即：大、稀、多、古、弱。其「大」是說保護區面積大，單株樹木大，代表性廣；「稀」是說有許多稀有的動、植物和西藏特有的動、植物，並且形成了一個網絡的天然生態環境，舉世無雙；「多」是指各種生態類型多，動、植物種類多；「弱」是指這裡的雨林和高山針葉林生態系統非常脆弱，目前的頂極群落是千百年自然演化的結果，一旦被破壞就很難恢復；「古」是指有許多歷史悠久的古老植物和動物，目前已發現有國家珍稀植物二十一種，以墨脫命名的「模式種」植物就有四十多種。這裡的植物種類之多，經濟價值之高，尤其是植物資源不亞於馳名中外的「綠色王國」西雙版納自然保護區。

聶拉藏布江流域自然保護區以南約三十公里，就是布裙湖風景保護點，湖面約一百多公頃。這一泓清澈透亮的湖水為綠色的群山環繞，北面有一個不被人們注意的缺口，湖水流出，形成飛波下注的瀑布注入西工河內。周圍山勢較緩，湖面猶如碧綠的明鏡嵌入熱帶常綠闊葉林海中。藍綠的湖水與熱帶雨林中倒掛於水

中國地理不思議之謎

中的大型木質藤本，拔地而起的大型喬木及綠色的群山交相輝映，山水相連，風光秀麗。布裙湖面海拔雖一千六百公尺左右，但受湖水的影響，地形的作用，境內乾溫季節都比較潮濕。

　　這裡一年四季猴啼鳥鳴，花果滿山，野生動物活動頻繁，各種鳥類異常豐富。這一帶還是傳說中野人經常出沒的地方，當地的門巴族群眾稱野人為人熊，把雄性野人稱「折波」，雌性稱「折姆」。目擊者說，生長在這裡的野人身體高大，身高超過當地高個子男人，除臉部外，全身披毛，髮長過肩，長者可達小腿，面孔長得像猴子，又類似狗熊，眼嘴發紅，兩腿直立行走，腳似人腳，長達一尺二，會拍掌，還會丟石頭。傳說中的野人現在是否存在，是當今世界上的一個謎。但是這裡山高林密，氣候溫和，至今仍保持著原始狀態的「熱帶」自然景觀。在這幾乎同外界隔絕的環境裡，具備熱帶鳥獸生活的條件，也許有在裡面生活著的大猩猩和類人猿，因而被當地人誤認為野人，這種可能性也是存在的。

　　墨脫自然保護區的珍禽異獸甚多，舉不勝舉，牠們有的僅產於本區域，有的屬於特別珍稀的動物，遺憾的是人們對這裡的動物種類還沒能做出準確的統計，所以只能介紹一鱗半爪，但據粗略估計，被列為國家重點保護的珍稀動物可達四十餘種，該保護區由於珍禽異獸繁多，因而被譽為「天然動物園。」

4.「魔鬼谷」之謎

　　青藏高原北部的崑崙山區，有一條名不見經傳的內流河——那梭格勒河。那梭格勒河風景如畫，草肥水美，是一個富饒的地方。河流南面有高聳入雲的崑崙山主脊，北面有祁曼塔格山阻擋著柴達木盆地夏季乾燥而炎熱的空氣，兩山夾峙，雨量充沛，氣候濕潤，再加上葉脈狀大小支流中的冰川融雪，灌漑著這片古老的谷地，因此，這兒牧草叢生，遠遠望去，好似錦繡的綠色絨氈。夏天山花爛漫，蜂飛蝶舞，萬物欣欣向榮。秋天，銀芒飄拂的金色草原上徜徉著成群結隊的野犛牛、野驢、藏羚、原羚、黃羊。總之，面對這樣的山谷，你絕對不會和「魔鬼谷」聯繫在一起，然而，這裡的確是一個包裹著美麗平靜外衣的恐怖地帶。

　　「魔鬼谷」的美麗和平靜是虛偽的，在這山谷沼澤淤泥的深淵中，充滿著熊的骨骸、獵人的工具、淘金者的屍體。蒙古族、哈薩克族、維吾爾族的牧民曾到此放牧，但由於懼怕「魔鬼」的兇殘，牧民們再也不敢來這裡了，他們寧願讓羊群在戈壁沙灘上餓死，也不敢到那裡去放牧。這個魔鬼到底是什麼，竟然讓這裡幾十年來杳無人煙？

　　7月底的一天，驕陽似火，藍天如洗，飛禽高翔，「魔鬼谷」更加嬌柔嫵媚。可剎那間，烏雲翻滾，雷鳴電閃，冰雹雪霰齊下，狂風夾雜著飛沙走石，攪著周天寒徹，大有魔鬼降臨之勢。雷暴過後，「魔鬼谷」又恢復了平日的美麗和平靜，但山坡上卻留下了許多不幸的馬和野犛牛的屍體，屍體附近有一片片枯草和焦土。

製造恐怖和死亡的「魔鬼」究竟是誰？

經過科學工作者的多方研究和考察，總算弄清了「魔鬼」的真面目。這個兇殘的「魔鬼」原來是雷電。這美麗的山谷竟是一個雷擊區。為什麼雷擊多集中在這「魔鬼谷」？

經過長期全面的勘察，發現此山谷是個峰值高達一千至三千伽瑪的高磁異常帶，共有十七個異常區組成，其特點是規模大，梯度差明顯，一般長十公里以上，寬一、二公里，排滿了整個百里山谷，那梭格勒河的兩岸，地表被黃土、砂礫、泥沼掩蓋，野外人員在磁場上工作時指南針失靈，迷失方向，潛伏著很大的危險。經考察隊員進一步證實，產生高磁異常的原因除大面積的三疊紀火山噴發的強磁性玄武岩外，還有大大小小三十多個鐵礦脈及石英閃長岩體，在電磁效應作用下，可引來雷雨雲中的電荷，產生空氣放電。

崑崙山位於西風急流控制之下，潮濕的空氣受崑崙山主脊的阻擋，常沿這兩山夾峙的東西向峽谷匯集，形成雷電雨雲，並攜帶大量電荷，構成很強的電場，一旦遇到突出的地物，即產生「尖端放電」現象。這個地方沒有樹木和建築物，雷擊放電時當然就選中了突出的岩石、野獸和人。如果科學家不為我們解開這個謎，人們真的會一直認為是神出鬼沒的「惡魔」在作怪呢！

5.喜馬拉雅山的「雪人」之謎

　　在雪山環繞的喜馬拉雅山區，山峰陡峭，峽谷深不見底，因造山運動頻繁，經常引起驚天動地的山崩。在這茫茫的天地中，儘管人類的足跡很少涉足，卻頻頻傳出有關「雪人」的足跡。

　　據當地人說，雪人是一種人形動物，渾身長毛。1887年，英國軍醫、法學博士瓦德爾上校，在錫金五千公尺高的雪地上，看到一些像人的腳印一樣的巨大腳印。跟隨他的挑夫告訴他說，那是「雪人」的足跡。後來，瓦德爾在他所著的《喜馬拉雅群山之間》一書中寫到了「雪人」，雖然在書中地承認自己並非親眼所見，但從此，「雪人」這個名字便傳播開來了。

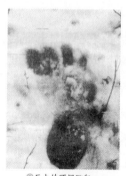
◎巨大的可疑腳印。

　　1951年11月8日，有一支英國探險家組成的登山隊從錫金境內的聖母峰勘察歸來時，登山隊隊長謝普頓和華德在珠峰東面的高里喀山雪地發現了一串巨大的腳印。謝普頓拍下了幾張清晰的照片，腳印長31.3公分，寬18.8公分，拇趾很大而且向外翻開，表示留下腳印的是一個約有2.2公尺高的直立兩足行走，而且動作靈活的動物。謝普頓深信，這一帶雖然人跡罕見，但有一種像猿的巨大生物存在。

　　有位叫杜泰的登山隊員獨自上山，在基俄朱姆巴山的一個山洞裡，也發現了一行腳印，好奇心驅使他不由自主地跟著走了過去。突然，他發現有個雪人就在他的正前方呆站著，他試圖對其仔細觀察，但轉眼間，雪人以極快的速度迅速隱去，只留下一個

蓬鬆褐色毛髮的背影。後來，杜泰根據自己的親眼目睹，寫了一本名叫《雪人》的書，出版後竟成了英國人的熱門話題。

其實，在西藏、尼泊爾一帶的民間，從歷史上就一直流傳著雪人的傳說。西藏有幅古畫，畫面上就是一個在冰天雪地踏雪而行的「雪人」。居住在喜馬拉雅山麓的舍巴族人也早已知道「雪人」的存在，他們稱「雪人」為「耶替」，說它棲息於喜馬拉雅山最高的森林地帶，那裡灌木叢生，人跡罕至，只有當它離開密林到雪原上時，人們才得以看到它或發現它的足跡。舍巴人認為，「耶替」到雪原上來是為了覓食一種含鹽的苔蘚。

為揭開雪人之謎，不少國際考察隊前往喜馬拉雅山探察。1954年，英國考察隊到了喜馬拉雅山西坡的尼泊爾境內。雖說沒見到雪人，但拍攝到了不少雪人的腳印，還在一間寺廟裡找到兩個據說是從雪人頭上剝下來的頭皮。這兩個頭皮被寺廟視為聖物，他們對其進行測量和拍照，寺廟還送了考察隊幾根毛髮。這些毛髮被送往倫敦鑑定之後，有的專家認為不過是羚羊的，有的卻說其色素粒的排列方式與猿類相似，至今並無定論。

1972年12月17日，英國動物學家克隆寧與兩名舍巴族助手在聖母峰與金城章嘉峰之間的高地上紮營。第二天凌晨，他們在兩個帳篷之間發現了一串清晰的兩足行走的腳印。他們判斷，由於到達這裡必須攀登一處非常陡峭險峻的山坡，如果不是力大無窮、身手敏捷的動物，是不能爬越這樣的障礙的。他們拍下的足印照片，腳印長27.5公分、寬15公分，並製成了模型，就像是一隻直立的巨猿留下的，他們相信那是「雪人」的腳印。克隆寧認為「雪人」可能是遠古時代亞洲巨猿的後代，這些巨形類人猿可能在與更先進的直立猿人競爭失敗而逃進喜馬拉雅山的。

1979年11月，一支英國登山隊從尼泊爾境內攀登喜馬拉雅山，11月10日，隊員愛德華和艾倫在返回基地途中，從海拔五千公尺處的一個天然洞穴附近的雪地上發現一些腳印。這時，兩人忽然聽到長達五至十五秒鐘的尖叫聲，完全不像人發出的，令人毛骨悚然。他們相信，附近一定有「雪人」的存在。第二天，全體隊員在隊長懷特的率領下重新回到那裡，而且看到了更多大小不一的腳印，顯示有兩個或更多的「雪人」到過這裡。懷特說：「我相信，……山上必有一種動物學家們所未知的動物。」

◎雪人真的是長這樣嗎？

　　1972年12月，駐西藏伸巴地區的中國邊防部隊曾接到藏民的報告，說兩個能直立行走的動物經常來偷牛羊，並說這兩隻怪獸不是把牛羊咬死，而是成群趕走之後看管起來，留著慢慢吃。邊防軍派一位副團長帶著幾名戰士上了山，很快找到了那兩隻怪獸。在相距四百多公尺處，戰士們開槍打傷了一隻，另一隻逃走了。當走到受傷的怪獸旁邊的時候，那隻怪獸竟猛然抱起一塊三百多斤重的大石頭朝開槍的戰士衝來，沒衝多遠便倒下了。據戰士們說，這個怪獸長得像猿又像人，尖尖的頭頂，長著二十多公分長的棕紅色毛髮，有眉骨，大嘴，牙齒尖利，前肢很長，沒有尾巴。遺憾的是，因在場的官兵從沒見過這種動物，加上當時交通、通訊條件的限制，還有當時人們沒有這方面的知識、意識等各種原因，這個最真實、最可靠，本來很可能會轟動世界的「雪人」的標本竟被白白地拋在荒野了。

那麼，到底有沒有「雪人」呢，如果有，「雪人」到底是長怎麼樣的呢？有人認為，雪人是尼安德塔人的後代。中國有關專家卻認為，雪人是巨猿的後代。還有人乾脆否認雪人的存在，他們認為雪人足跡是熊或是其他動物的腳印，其根據是到目前為止，人們既沒有取得雪人的標本，更沒有捕獲到活著的實體。看來，雪人之謎的揭開，還有待於真實的標本來驗證。

6.爆炸的沸水之謎

　　在高原範圍內共有一千餘處地熱區，以西藏南部的地熱帶最為強盛。雄偉的岡底斯山和念青唐古喇山山腳下，常常見到山峰白雪皚皚，山腳熱氣騰騰，藍天雪峰的背景與冉冉升起的白色氣柱交相輝映，蔚為壯觀。青藏高原地熱資源之豐富、類型之複雜、水熱活動之強烈，為全球罕見。

　　南起喜馬拉雅山，北抵岡底斯山和念青唐古喇山，從西陲阿里向東經過藏南，延伸至橫斷山脈折向，南迄於雲南西部的強大地熱帶的形成，和年輕的喜馬拉雅造山運動密切相關。中國科學工作者把它叫做喜馬拉雅地熱帶。在這條地熱帶內有熱水湖、熱水沼澤、熱泉、沸泉、氣泉和各種泉華等地熱顯示類型，還有世界上罕見的水熱爆炸和間歇噴泉現象，是什麼原因導致了這些現象呢？

　　在喜馬拉雅地熱帶內一共找到十一處水熱爆炸區，其中以瑪旁雍熱田為典型。據目睹者介紹，1975年11月在西藏普蘭縣曲普地區發生了一次水熱爆炸，震天巨響嚇得牛羊四處逃散。巨大的黑灰色煙柱沖上天空，上升到大約八、九百公尺的高度，形成一團黑雲飄走。爆炸時拋出的石塊直徑大達三十公分，爆炸後九個月，穴口依然籠罩在彌漫的蒸氣之中。留下了一個直徑約二十五公尺的大坑，稱為圓形爆炸穴，穴休充水成熱水塘，中心有兩個沸泉口，形成沸水滾滾，翻湧不息的湍流區。泉口溫度無法測量，但熱水塘岸邊的水下溫度已高達攝氏七十八度。

　　水熱爆炸是一種相當猛烈的水熱活動現象，爆炸後地表會留

下一個漏斗狀的爆炸穴，穴口周圍組成的環形垣體堆積物逐漸流散，泉口湧水量慢慢減少，水質漸清，水溫降低。水熱爆炸通常沒有固定的時間和地點，前兆不明顯，過程也很短促，約在十分鐘以內，因此只有少數人碰巧親睹過這種奇特的地熱現象。

有人認為，水熱爆炸屬於火山活動的範疇，這是因為目前僅有美國、日本、紐西蘭和義大利等少數國家發現過水熱爆炸，但幾乎都出現在近代火山區內。然而，青藏高原上的水熱爆炸活動和現代火山似乎沒有什麼聯繫。它是在以岩漿熱源為背景的淺層含熱水層中，當高溫熱水的溫度超過了與壓力相適應的沸點而驟然氣化，體積膨脹數百倍所產生的巨大壓力掀開了上面的蓋層而發生的爆炸。

高原上水熱爆炸的規模較小，但同一地點發生水熱爆炸的頻率卻較高。這種罕見的高頻水熱爆炸活動說明，下覆熱源的熱能傳遞速率大，爆炸點的熱量積累快。從地熱帶內其他各種跡象判斷，這個熱源可能是十分年輕的岩漿侵入體。19世紀末葉以來，涉足高原的任何外國探險考察家都沒有報導過這裡的水熱爆炸活動，已經發現的水熱爆炸活動大都發生在20世紀50年代，以後它們形成的垣體中也不見泉華碎塊，這不僅說明這些水熱區形成的年代新，而且還暗示這裡作為熱源的殼內岩漿體很年輕，正處在初期階段。

西藏是目前中國境內發現間歇噴泉的唯一地區，共有間歇噴泉區三處。高溫間歇噴泉是自然界一種奇特而又罕見的汽水兩相顯示，它是在特定條件下，地下高溫熱水作週期性的水氣兩相轉化，因而泉口能夠間斷地噴出大量汽水混合物的一種水熱活動。相鄰的兩次噴發之間，有著相對靜止的間歇期。

岡底斯山南麓的昂仁縣搭各加間歇泉區位於多雄藏布河源，海拔大約五千公尺，共有四處間歇噴泉，都坐落在高十五至三十公尺的大型泉華臺地上。最大的一處泉口直徑只有三十公分，泉口東面有直徑二公尺的熱水塘由一條裂隙連通。這個間歇泉活動比較頻繁，每次噴發高度由一、二公尺至十餘公尺不等。噴發延續時間也很不一致，短的一瞬即逝，長的可達十餘分鐘。每次較大的噴發來臨之前，泉口及旁邊的熱水塘的水位緩緩抬升，隨後泉口開始噴發，水柱自低而高，然後回落。有時則經過幾次反覆才達到激噴，汽水柱一下子上升到十公尺左右，持續片刻後漸漸下降，有時則又回折，幾經反覆直至停息。有一次特大噴發，隨著一聲巨響，高溫氣、水流突然沖出泉口，即刻擴展成直徑二公尺以上的汽、水柱，高達二十公尺左右，柱頂的蒸氣團不斷騰躍翻滾，直搗藍天。

這種奇特的、交替變幻的噴發和休止，決定於它巧妙的地下結構和熱活動過程。間歇噴泉通常位於堅固的泉華臺地上，其下有體積龐大的「水室」和四周的給水系統，底部有高溫熱水或天然蒸氣加熱，還有細長喉管直達地面的抽送系統，酷似一個完整的天然「地下鍋爐」。隨著水室受熱升溫，汽化上下蔓延，至水室內具備全面沸騰的條件時，驟然汽化所產生的膨脹壓力透過抽送系統把全部汽水混合物拋擲出去構成激噴。水室排空後重又蓄水、加熱，孕育著再一次噴發。

位於拉薩市西北九十公里的羊八井盆地海拔四千二百公尺左右，也是典型水熱爆炸類型的熱田之一。這裡一些巨大溫泉和熱水湖蒸氣升騰而成高十餘公尺的幾座白色氣柱，飄逸不絕，引人注目。地熱田東北有一個面積七千三百五十平方公尺、深達十六

公尺的熱水湖，湖水湛藍，熱水從下往上不斷翻湧，湖面水溫在四十五至五十九度之間，湖區正南有渠道使湖水外泄，流量約一秒三十三公升。盆地的西北緣還有一個有名的硫磺礦，除了出產晶瑩剔透的硫磺晶體外，還有一條熱溝，其附近的地面上不能坐人，即使穿上厚厚的登山皮鞋，站久了也感到燙腳。若在地面上戳個幾十公分深的小洞，可見洞口呼呼冒氣，溫度高達九十二度，比當地水的沸點還要高出8度。原來，盆地下面蘊藏著二百至三百度的高溫熱水，這就是中國大陸上著名的濕蒸氣地熱田。

羊八井地熱田的發電潛力爲十七萬九千千瓦，完全可以滿足拉薩市及其附近地區的電力需求。1975年以來這裡先後安裝了三台發電機組，總裝機容量已達到一萬千瓦。西藏地熱科學研究所現已修建了六座地熱能溫室，面積共達一千六百平方公尺。隆冬季節，溫室內氣溫保持在攝氏三十度左右，番茄、茄子、黃瓜、辣椒等常溫作物生長非常良好。看來，西藏的地熱資源可利用的空間還可以進一步擴大到許多領域。

第八章

江河湖海不思議之謎

　　江河是博愛的母親，她豐饒的胸懷孕育了人類燦爛的文明；江河也是浪漫的藝術家，她溫潤的指掌把自然雕琢得美輪美奐。江河是恬靜的少女，她曼妙的舞姿秀美而輕盈；江河又是狂躁的惡魔，她咆哮的巨浪吞噬了萬千生靈……人們一次次嘗試著靠近她、征服她、洞析她，一遍遍地叩問著：黃河何時清澄碧綠？「魔鬼三角區」何時不再兇殘？石崖仙圖何時露出端倪……。

1.長江源頭在何方？

俗話說，河有頭，江有源，長江這條舉世聞名的大川，源頭究竟在哪裡？幾千年來，為了尋找長江源頭，人們進行了艱苦卓絕的探索。

早在戰國時期，《尚書・禹貢》已經提到「岷山導江」了。這本來是說大禹治理長江，施工曾達岷山，但也包含著認為長江發源於岷山的意思，即岷江是長江的源頭。《山海經・中山經》也有「岷山，江水出焉，東北流，注於海」的記述。由於《尚書・禹貢》在古代一直被列為儒家的經書，因而「岷山導江」之說影響久遠。

西漢武帝時通西南夷，在今四川南部和雲南、貴州建立了一批郡縣，人們對西南邊疆地區的地理知識比以前增多了，於是發現了若水（今雅礱江）和繩水（今金沙江）。當時已經知道金沙江遠遠長於岷江，但是，《尚書・禹貢》是「聖人之典」，雖然發現了比岷江更長的繩水，但仍沿襲舊說，以岷江為江源。

唐初，文成公主入藏，加強了漢、藏民族間的往來。由於入藏通道要經過今天的通天河流域，因此，當時人們的認識範圍已經擴展到金沙江上源了。宋元時期，江源認識沒有多大的進展。

明朝末年，著名的地理學家徐霞客克服艱難險阻，在對雲南山川進行實地考察的基礎上，著成了《江源考》（又名《溯江紀源》）一文，鮮明地主張把金沙江作為長江的正源。他論證道：「岷江經成都至敘（今宜賓）不及千里，金沙江經麗江、雲南烏蒙至敘，共二千餘里」，認為岷江匯入長江就像渭河流入黃河一樣，

岷江只是長江的一條支流而已，從而明確提出「推江源者，必當以金沙江為首」的著名論斷。當時，著名文人錢謙益說：徐霞客論江源「能補桑經、酈注及漢宋諸儒疏解《禹貢》所未及」，評價是相當公允的。不過，根據現有的記載推測，徐霞客最遠只到了雲南麗江的石鼓，再也未能溯江西上，離江源還非常遙遠，有待於後人的發現。

清朝康熙後期，為了編製精確的全國地圖，曾多次派人探測青藏地區，包括江源在內。因此，在朝廷內府地圖《皇輿全覽圖》上，明確標示金沙江上源為「木魯烏蘇河」。不過，使臣在1720年到達江源地區時，面對密如魚網的眾多河流，不知所以，只有望洋興嘆，他在奏章裡寫道：「江源如帚，分散甚闊」，就是說那裡的河流多得就像掃帚一樣，百支千條，不知長江的源頭究竟在哪裡。可見，對江源地區河流的認識還是模糊的。

在中國近代史上，不同國籍的探險家們，曾經多次踏上青藏高原，他們雖然都已到達了江源地區，但都未能到達長江源頭。

晚清及民國年間，涉及江源水系的著作雖然很多，但其詳盡程度沒有超出《水道提綱》。1946年初出版的《中國地理概論》是一本有代表性的著作，書中寫道：「長江亦名揚子江，源出青海巴顏喀拉山南麓……全長五千八百公里，為中國第一巨川。上游於青海境內有南、北兩源，南源曰木魯烏蘇，北源曰楚瑪爾」。既然黃河發源於巴顏喀拉山北麓，而長江又源出該山之南，於是便有「江河同源於一山」、「長江和黃河是姐妹河」之說。當時，中小學地理教科書都是這麼寫的，並且介紹五千八百公里長的長江為世界第四大河，因而謬傳甚廣，影響極深，以至於直到解放以後，這種觀念仍然盛行於世。

1976年和1978年夏，中國長江流域規劃辦公室曾兩次組織江源調查隊，深入江源地區，進行了詳盡的考察，結果證實：長江上源伸入青藏高原的唐古喇山和崑崙山之間，這裡有大大小小十幾條河流，其中較大的有三條，即楚瑪爾河、沱沱河和當曲。這三條河中，楚瑪爾河水量不大，冬季常常乾涸，不能成為長江正源；要論流域面積和水量，都以當曲為最大；但根據「河源惟遠」的原則，確定了水量比當曲小五、六倍而長度比當曲還要長十八公里的沱沱河為長江正源。

　　沱沱河的最上源有東、西二支，東支發源於唐古喇山主峰各拉丹多雪山（海拔六千六百二十一公尺）的西南側，西支源於尕恰迪如崗雪山（海拔六千五百一十三公尺）的西側，東支較西支略長，故長江的最初源頭應是東支。東支的上段是一條很大的冰川（姜根迪如冰川），冰川融水形成的涓涓細流，便是萬里長江的開始。

　　中國新華社於1978年1月13日公佈了這一江源考察的新成果：「長江究竟有多長？源頭在哪裡？經長江流域規劃辦公室組織查勘的結果表明：長江的源頭不在巴顏喀拉山南麓，而是在唐古喇山主峰各拉丹多雪山西南側的沱沱河；長江全長不止五千八百公里，而是六千三百公里，比美國的密西西比河還要長，僅次於南美洲的亞馬遜河和非洲的尼羅河。第二天，美聯社從日本東京發了一則電訊：「長江取代了密西西比河，成了世界第三長的河流」。

　　直到那個時候，才揭開了「萬里長江的真正源頭在哪裡」這個千古之謎，糾正了歷史上長期以來對江源情況的錯誤記述。

2.太湖是天外飛石「砸」出的嗎？

美麗的太湖位於風景如畫的江蘇無錫，是中國長江中下游五大淡水湖之一，水面達二千四百平方公里。太湖的水域形態宛如佛手，作爲江南的水中心，以其蘊藏豐富的資源孕育了流域內人們的繁衍生息，自古譽爲「包孕吳越」，歷代文人墨客更是爲之陶醉，留下了許多膾炙人口的詩句。

太湖四周群峰羅列，出產的碧螺春名茶與太湖紅橘，在古代就是給朝廷的貢品。太湖裡出產各式各樣的水產品，其中的太湖銀魚，渾身晶瑩剔透，肉質細嫩，是筵席上的美味佳餚。然而，就是這樣一個全國聞名的太湖，關於它的成因，一直到今天還爭論不休。

早在20世紀初，中國地理學家丁文江與外國學者海頓施丹就著文認爲，是大江淤積之故導致了太湖的形成。他們指出在五千年前，江陰爲海岸，江陰以東，如皋以南，海寧以北，即包括太湖地區在內都是長江淤積的範圍，這是最初對太湖的成因所作的理論上的描述。

發展至20世紀30年代，學術界對太湖的形成有了較成熟和系統的看法。著名的地理學家竺可楨與汪湖楨等提出了瀉湖成因論，即以後廣爲流傳的太湖經「海灣——瀉湖——湖泊水網平原」的演變模式。瀉湖論在以後又不斷被充實新的內容。德人費師孟在1941年提出經太倉、嘉定外岡、上海縣馬橋、金山漕涇，直至杭州灣中的王盤山附近，爲一沙咀組成的岡身，是西元一到三世紀的海岸線。後來，經對位於岡身的馬橋文化遺址下的貝殼碎屑

進行碳十四測定，基本上公認岡身是六千年前的古海岸線。

中國華東師範大學海口地理研究所的陳吉余教授等在總結前人研究的基礎上，發展和完善了潟湖論。潟湖論主要依據太湖平原存在著海相沉積來推斷，認為因長江帶來的大量泥沙逐漸在下游堆積，使當時的長江三角洲不斷向大海伸展，從而形成了沙嘴。以後這沙嘴又逐漸環繞著古太湖的東北岸延伸並轉向東南，與錢塘江北岸的沙嘴相接，這就將古太湖圍成一個潟湖。後來又因為泥沙的不斷淤積，這個潟湖漸成與海洋完全隔離的大小湖泊，太湖則是這些分散雜陳的湖群的主體，又經以後的不斷淡化而成為今日的太湖。

近年來，隨著對太湖地區地質、地貌、水文、考古和文獻資料等方面的不斷研究，對太湖成因的探究又有了新的發展，有人對潟湖論中所存在的問題提出了質疑。認為在海水深入古陸腹地的過程中，雖然一邊沖刷一邊沉積，但這種情況對於整個古陸地來說是不平衡的，有的地方確有潟湖地貌的沉積，但它並不具有整體意義。因此，潟湖論雖然可以解釋太湖平原的地形和地質上的海相沉積，但難以解釋何以在太湖平原腹地泥炭層之下以及今日湖底普遍有新石器遺址與古生物化石的存在，同時也與全新世陸相層的分佈範圍不符。

中國科學院南京地理所的陳月秋先生還提出了太湖是構造湖演變而成的說法。陳先生根據太湖地區的古海岸線的位置、沉積相與微古化石種屬特徵、地貌形態和考古資料等諸多因素，否定了太湖地區在全新世期間曾有海侵，即否定了太湖為潟湖成因論。同時，他又提出由於強烈的燕山活動，奠定了太湖地區的地質基礎，以後在新構造運動的繼續影響下，太湖斷陷盆地作西高

東低的傾斜式下沉，湖區的邊框形態基本上接近今日太湖的面貌，後來隨著河道比降的變化，使三江壅塞改道，湖水氾濫，以至在低窪地普遍發育了陸相沼澤層。

可是近年來，一些研究者在研究太湖過程中又有了新發現。人們在翻閱一本叫《吳中水利記》的北宋時期的古書時，發現書中記載著，在北宋神宗八年（1075年），太湖地區發生大旱，太湖水位下降到了以往從來沒有過的位置。這時人們發現，湖邊數里的乾涸湖底上，竟然露出了古代居民留下的墳墓和村莊的街道，一根根已經近於腐爛的樹樁仍然立在湖中。人們還在太湖的湖底找到距今六千年到一萬年前古人類石器時代的遺址。

這個事實給以上的成湖說致命的打擊。於是，又一種假說出現了。人們推測，大約在六千年到一萬年前，太湖地區是一片低平的平原，人們曾經在這裡生活和居住過。由於地勢較低，終於積水成湖，人們還沒來得及搬走他們的家當，就被洪水淹沒了。

太湖的「平原淹沒說」還沒有得到更多的傳播和回應，又一種成因說突然出現了。最近，一批年輕的地質工作者們，用全新的觀點來解釋了太湖的形成。

他們大膽地假設，可能是在遙遠的古代，曾有一顆巨大無比的隕石，自天外飛來，正好落在太湖的位置上。也就是說，偌大的太湖竟然是隕石砸出來的！他們估計，這顆隕石對地殼造成的強大衝擊力，其能量可能達到幾十億噸的黃色炸藥爆炸產生的能量，或者等於一千萬顆原子彈的能量。提出「隕石衝擊」假說的年輕人，列出如下幾個方面的證據：

第一，從太湖外部輪廓看，它東北部向內凹進，湖岸非常破碎；而西南部則向外凸出，湖岸非常整齊，大約像一個平滑的圓

弧，與國外一些大陸上遺留下來的隕石坑外形十分近似。

第二，研究者在調查中發現，太湖周圍的岩石岩層斷裂有驚人的規律性。在太湖的東北部，岩層有不少被拉開的斷裂，而西南部岩層則多為擠壓形成的斷裂。這種地層斷裂異常情況只能在受到一種來自東北方向的巨大衝擊時才會出現。

第三，研究者還發現，在太湖四周有成分十分複雜的角礫岩，有的岩石在顯微鏡下，還可以看到被衝擊力作用產生的變質現象。另外，他們還在太湖附近找到了不少只有隕石衝擊才會產生的宇宙塵和熔融玻璃。

根據以上的證據，他們推斷，這顆隕石是從東北方向俯衝下來的。由於太湖西南部正好對著隕石前下方，衝擊力最大，所以產生放射性斷裂，而東北部受到拉張力的作用，形成與撞擊方向垂直的張性斷裂。由於隕石巨大的衝擊力，造成岩石破碎，形成成分混雜的角礫岩和岩石的衝擊變質現象。

目前對於太湖的成因還沒有形成統一的認識，但這些不同的觀點，均有助於推動人們作進一步的調查和研究。隨著不斷的深入探究，人們最終一定能揭開撲朔迷離的太湖成因。

3.荊水爲何「九曲回腸」?

　　「長江萬里長,險段在荊江」。荊江無疑是長江最險要的河段。二百四十公里的下荊江,如果以直線距離計算,只有八十公里。因爲江流在這裡繞了十六個大彎,所以曲線一量必然遠遠超過八十公里。荊江歷來以「九曲回腸」而著稱,出現這種現象的原因是什麼呢?

　　萬里長江從湖北枝城至湖南城陵磯,長四百二十三公里,因屬古代荊州地區,所以取名荊江。其中,自枝江至藕池口長約一百八十公里稱爲上荊江;自藕池口以下至湖南洞庭湖出口處城陵磯之間長約二百四十公里稱做下荊江。

　　如果從河流學的角度而論,荊江是歷史時期長江河床演變最爲典型的河段。其中,上荊江由於河床構造運動與流向一致,增強了河流的縱向流速,河岸沉積物膠結程度也較緊密,因此相對比較穩定;而下荊江河水流向與河床構造運動呈垂直相交,橫向環流的沖刷作用顯著,河岸沉積物也比較鬆散,易被流水掏空,因而在歷史時期逐漸發育成爲典型的「自由河曲」,即蜿蜒性河道,其曲折系數達到2.01至3.57,所以如此彎彎曲曲,其曲折率在中國蜿蜒性河道中居首位。

　　「九曲回腸」是怎麼形成的呢?讓我們先回到遙遠的古代。先秦時期,長江出江陵進入範圍廣闊的雲夢澤以後,荊江河槽淹沒於江漢平原古雲夢澤所在的湖沼中,河床形態還不甚顯著,荊江以氾濫漫流的形式向東南匯注。

　　秦漢時期,由於長江泥沙長期在雲夢澤一帶沉積,以江陵爲

頂點的荊江三角洲開始形成。江水呈扇狀分流，向東南擴散。處於高度湖沼階段的下荊江，開始出現一些分流水道，如夏水、湧水等。荊江主泓道偏在三角洲的西南一邊。

魏晉南北朝時期，荊江兩岸出現許多穴口和汊流，使江水流量分泄，沙洲發育。三角洲向東南發展的同時，迫使雲夢澤主體向下推移。據《水經注》記載，在今石首境內的下荊江河床已開始形成，江中多沙洲而呈汊流發育。

唐宋時期，隨著監利縣境雲夢澤的解體消失，以及上荊江河段穴口的淤塞，荊江統一河床最後塑造完成。當時，在荊江兩岸仍有二十多個穴口，加上江北有揚水、夏水、鶴水分流，對下荊江流量有著調節作用。因此，史稱「宋以前，諸穴暢通，故江患差少」，足見當時河床仍然比較穩定。

南宋以後，是荊江河道變化最大的時期。南宋時，金兵佔據了北方，漢族人民大規模南遷，沿江築堤圍垸，擴大墾殖，荊江兩岸穴口汊流，幾乎完全堵塞。堤垸制止了河流在洪汛期向河漫灘漫溢，把水流限制在河床裡，由於泥沙的大量沉積，抬高了河床。到了明代，這些穴口又重新被洪水淹沒。

隆慶年間，疏浚了其中的調弦口穴。水流經過彎道時，由於環流離心力的作用，凹岸在主流的沖刷下，逐漸崩坍後退，泥沙則在水流較緩的凸岸淤積，河灣逐漸延長。下荊江就這樣以增長河曲的長度，來適應日益增長的流量。再加上人們在河曲凸岸新近沉積的沙灘上築堤圍垸，進行墾殖，又進一步鞏固了凸岸的河床，原本單一順直形迅速向蜿蜒河形方向轉化，河流的曲度越來越大。這就是歷史上「九曲回腸」的形成過程。

4.中國的「魔鬼三角區」之謎

　　鄱陽湖是中國最大的淡水湖，在雨季來臨的時候，它碧波千層，天水相連，渺無邊際。在它的北部，有一處令當地漁民船工聞風色變的神秘三角地帶，這便是被稱為「魔鬼三角區」的老爺廟水域。

　　老爺廟水域位於鄱陽湖區的江西省都昌縣，南起松門山，北至星子縣城，全長二十四公里。在湖東岸上有一座破舊的廟宇，稱老爺廟，水域由此得名。多少年來，無法統計在這塊水域裡有多少舟帆沉沒。僅自20世紀60年代以來，該水域已有一百多艘船隻神秘地葬身湖底，數十位船工的生命被狂嘯的濁水吞噬。帆影點點，漁舟片片，美麗鄱陽湖果真有這麼詭譎兇殘的水域嗎？不妨回溯一下出事記載：

　　20世紀60年代初，從松門山出發的一艘漁船北去老爺廟，船行不遠便消失在岸邊送行的老百姓的目光中，突然沉入湖底，十多條人命被吞噬。

　　1985年3月15日，一艘載重二十五噸，編號「饒機41838號」船舶，凌晨六點半在老爺廟以南約三公里處的濁浪中沉沒。同年8月3日，江西進賢縣航運公司的兩艘各為二十噸的船隻，也在老爺廟處先後莫名地葬身湖底。同一天中，同在此處遭此厄運的還有另外十二艘船隻。

　　同年9月，一艘來自安徽省的運載竹木的機動船在老爺廟以北附近突然笛熄船沉，岸上行人目睹船手們抱著竹木狂呼救命，一個個逃到岸上後嚇得魂不附體。轉身望去，湖面上濁浪翻滾。

1985年，在此沉沒的船舶有二十多艘。

1988年，據都昌縣航監站負責人透露，又有上十艘船隻在此水域沉沒。顯而易見，老爺廟沉船事出有因，決非偶然。

很難說老爺廟建立的確切年代。傳說，元末年間，朱元璋與陳友諒在鄱陽湖展開決戰。一次，朱元璋遭受困頓逃亡，遇上一老神仙。老神仙派遣一隻烏龜將朱元璋救至老爺廟處。朱元璋從此時來運轉，後來終於打敗了陳友

◎這巨大的漩渦是「魔鬼三角區」的殺人元兇嗎？

諒，當上了皇帝。當地的老百姓為了感謝救人命的烏龜，便在湖岸邊的高地上建起了一座廟宇，稱「老爺廟」。

從此之後，船行此地，漁民們便站立船頭，遙望著老爺廟，宰殺隨船帶來的公雞，將雞血滴於湖水之中，以祭烏龜。不宰殺公雞或不燒香拜佛者，將遭到船沒人亡之災，這似乎已成為當地人的習俗。然而燒香磕頭、宰殺公雞等並未改變漁民們的悲慘命運，沉船翻舟之事依然從未間斷過，而且日趨頻繁，老爺廟水域對漁民來說簡直就是「鬼門關」。

迷信自然不可信。那麼，在這波浪咆哮的水域下面到底隱藏著什麼？

一起意外事件引起了人們的注意。20世紀70年代中期，曾有人在鄱陽湖西部地區黃昏時，目睹一塊呈圓盤狀的發光體在天空遊動，長達八、九分鐘之久。當地曾將此情況報告上級有關部

門，而有關部門亦未能作出清楚的解釋。

有人猜測，是因為「飛碟」降臨了老爺廟水域，像幽靈般地在湖底運動，導致沉船不斷。問題似乎越變越令人不可捉摸。然而，「魔鬼三角」之謎究竟是什麼？湖水底下到底有何種鬼怪出沒？已成為極待解開的謎團。

為了解開老爺廟水域神秘沉船之謎，江西省氣象科學研究人員於1985年初組成了專門的科學研究小組，在老爺廟附近設立了三座氣象觀測站，對該水域的氣象進行了為期一年的觀測研究。

從搜集到的二十多萬個原始氣象資料來看，老爺廟水域是鄱陽湖的一個少有的大風區。全年平均兩天中就有一天屬大風日，也就是說每兩天就有一天風力達到六級。老爺廟水域的最大風力達八級，風速可達每小時六、七十公里，在鄱陽湖，乃至江西省是風速最高的。

從當地歷史上保存的氣象資料中，已顯示出這塊水域的頻繁大風在歷史上就存在。這與20世紀70年代「飛碟」的傳說並無關係。那麼，老爺廟水域的大風何以如此之大且持續呢？

多少年來殺雞燒香、磕頭膜拜的漁民們不會知道，這水域的地形特點，為風力提供了一處極為理想的加速條件。在一年的觀測中，科學研究人員沒有發現有其他神秘之物的作用，卻發現風景秀麗的廬山充當了大風的「罪魁禍首」。

老爺廟水域最寬處為十五公里，最窄處僅有三公里。而這三公里的水面就位於老爺廟附近。在這條全長二十四公里水域的西北面，傲然聳立著「奇秀甲天下」的廬山。廬山海拔一千四百多公尺，其走向與老爺廟北部的湖口水道平行，離鄱陽湖平均距離僅五公里。廬山東南峰巒為風速加快提供了天然條件。當氣流自

北面南下時，即刮北風時，廬山的東南面峰巒使氣流受到壓縮。根據流體力學原理，氣流的加速由此開始，當流向僅寬約三公里的老爺廟處時，風速達到最大值，狂風怒吼著撲來。就如同我們在空曠的地帶沒有感覺，而經過狹窄的小巷頓感風陣陣吹來一樣，「狹管效應」的結果加快了風速。

無風不起浪，波浪的衝擊力是強大的。經計算，鄱陽湖水面刮六級大風時，也就是屬大風日，波浪高達二公尺。而此時每平方公尺的船體將遭到六噸衝壓力的衝擊，也就是說，一艘載重量二十噸的船舶，其船側面積按二十平方公尺計算，波浪對其的衝擊力則達到一百二十噸，超出船重量的五倍。

大風狂浪使這塊神秘水域沉船頻繁。在這塊水域中，風浪最為肆虐的多發生在一塊呈三角形狀的大水面上，約占整個水域面積的百分之七十左右。據調查顯示，船舶沉沒時，大多數都是風起浪激作用的結果。近幾年間，每年均有十多艘船由此沉沒或被浪擊毀。

老爺廟水域的「魔鬼三角區」之謎可以說已經基本上解開了，但似乎又未完全解開。因為這裡面所涉及水域底部的地形狀態等依然無法觀測，而這不屬於氣象科學研究人員研究的範疇。這一切，有待今後的繼續探究。

5.中國第一大湖之謎

古稱「八百里」的洞庭湖煙波浩渺，水面跨湘、鄂兩省，現時面積只有二千七百四十平方公里，蓄水量一百七十八億立方公尺。在江西省北部、長江南岸，有一片像葫蘆狀的水域，那就是面積達三千八百四十一平方公里的鄱陽湖。從目前的數字來看，誰是神州第一大淡水湖清清楚楚，但是兩個湖的面積每年都有所變化，這一點從長期的歷史來看更加明顯。

洞庭湖在地質構造上屬江南古陸背斜構造的一部分。距今7千萬年前的燕山運動，使湖區發生斷裂陷落，在今南縣和華容縣境的兩側陷落爲東西二湖。距今約二百萬至六十萬年間的第四紀初，湖區又普遍下沉，湖盆繼續擴大，東西兩湖連成一片。晉以後的經學家認爲，洞庭湖應包括在古雲夢澤之內，這種說法一直沿用至今。其實，文獻中的古雲夢澤並不大。據《漢書‧地理志》等漢、魏著作記載，雲夢澤在南郡華容縣（今潛江縣西南）以南，並不包括洞庭湖。

按照《山海經》的記載，戰國至西漢初年，洞庭湖「夏秋水漲，方九百里」。漢時長江主流已位於荊江附近，而洞庭湖則在長江以南。到晉代開始，由於築堤束水墾殖，長江與湖才逐漸分離。三國以前，洞庭湖的整個湖面是連成一片的，方圓八百里。由三國至南北朝，北方戰亂，中原人民大量南移，由於川、湘、鄂農業的發展，植被大量被破壞，長江和湘、資、沅、澧諸水含沙量增多，洞庭湖逐漸淤積，至南北朝時，洞庭湖一分爲三：東面的仍叫洞庭湖；南面的叫青草湖；西面的叫赤沙湖。但夏秋漲

水時，三湖仍聯合一片，因此洞庭湖又有「三湖」之稱。據唐、宋文獻所載，東洞庭湖方圓三百六十里，青草湖為二百六十五里，赤沙湖為一百七十里，夏秋三湖合一時，方圓七、八百里。「八百里洞庭」之說，來源於此。

唐末至南宋，中原戰爭不斷，人民又大量南移，兩湖地區，特別是湖南北部的濱湖平原開發很快，當時繼續沿江築堤禦水，擴大湖灘墾殖，著名的荊江大堤就是這時形成的。墾殖、築堤加速了洞庭洞的淤積，湖面日益縮小。明清時，洞庭湖中淤積成很多洲，築堤、圍垸的結果，夏秋水漲時，洞庭湖僅餘五百里。1825年，長江水衝開了藕池口，1873年又衝開了松滋口，形成奪河改道的局面。泥沙隨江水入湖，湖面進一步縮小，出現了南縣、白蚌、草尾及北大市一帶的高洲灘。直至解放前的二十多年裡，土豪爭相圍墾，湖面縮小近三分之一。目前洞庭湖仍大致可分為東、南、西三湖，總面積大約二千七百四十平方公里。

今天的鄱陽湖，在歷史時期有一個從無到有、從小到大的演變過程，而古代的彭蠡澤，也有早、晚兩期演變之分。早期的彭蠡澤，無論其位置和成因，都與今日的鄱陽湖沒有任何關係；後期的彭蠡新澤、與今天的鄱陽湖雖有關聯，但也是逐步由小到大發展演變而成的。

第四紀更新世晚期，長江武穴與望江之間的主泓道南移到今天長江河道上。全新世以來，江北殘存的河段，因處於揚子准地槽新構造掀斜下陷帶，逐漸擴展成湖，並與長江水面相連接，這便是進入歷史時期的古彭蠡澤。當時彭蠡澤為江水所匯，其範圍約當今長江北岸鄂東的源湖、皖西的龍感湖、大官湖及泊湖等濱江諸湖區。據《水經·贛水注》所載，北魏時，彭蠡澤已越過嬰

子口，在都昌縣西北一帶，形成一片開闊的水域。到了隋代煬帝時，彭蠡澤因爲有「鄱陽山所接」，已兼有鄱陽之名了。唐宋時，鄱陽湖進一步擴大，湖區的東界，已達今蓮荷山與波陽縣城之間；南界達康郎山之南的鄡子寨；西界瀕臨松門山與磯山一線；湖的南端並有族亭湖及日月湖兩個汊湖，大體上奠定了今天鄱陽湖的範圍和形態。

元、明兩代，隨著湖區的繼續沉降，鄱陽湖逐漸向西南擴展，贛江三角洲前緣的磯山已「屹立鄱陽湖中」，族亭湖也併入鄱陽湖。清初，松門山以南的陸地相繼沉沒，松門山成了都昌縣南二里湖中的島山。進賢西北的河汊地區，也形成了僅次於軍山湖的青嵐湖。這時期，是鄱陽湖發展達於鼎盛之時。自清後期以來，湖區地質構造處於由下沉轉爲上升趨勢。湖區以每年6到10毫米的速度急劇上升，不少原沉降時被淹沒的建築物廢墟，又重新高高露出湖面。

近年來，湖的南部仍處於緩慢的上升之中，湖心有逐漸北移的趨向。另外，以贛江爲主的入湖諸水挾帶泥沙的不斷淤積，使湖底日益抬高，並在河流入口處形成洲地，鄱陽湖自南向北不斷萎縮。更由於解放前官坤豪劣在湖灘上築堤圍垸，爭相圍墾；還有1976年以前不適當的圍湖造田，致使鄱陽湖以驚人速度縮小。1954年，鄱陽湖洪水湖面是五千零五十平方公里，到1976年，僅餘三千八百四十一平方公里。

但是，鄱陽湖的萎縮趨勢相對較洞庭湖緩慢；泥沙淤積面積遠較洞庭湖爲小，因此，它今天已取代昔日的「八百里」洞庭湖，穩居神州第一大淡水湖的寶座。不過，如果鄱陽湖加快了萎縮的速度，也許又會被洞庭湖重新奪回第一的桂冠。

6.金沙江因何拐彎？

　　金沙江是長江的上游，它和怒江、瀾滄江等大河在青藏高原的東北部發源，然後幾乎彼此平行地一齊向南流淌，在青藏高原的東側切成幾列深邃的平行河谷。而在河谷與河谷之間，就是一條條大致平行的高山，這就是中國有名的橫斷山脈。

　　在這三條河流中，金沙江最靠東邊。起初，金沙江也是由北向南流的，可是當流到雲南省境內的石鼓村北時，江流突然折轉向東，而後又轉而向北，在只有幾千公尺路的距離內，差不多來了一個180度的大拐彎。金沙江流過石鼓村以後，坡度驟然加大，江水在只有幾十公尺寬的深谷中呼嘯奔騰。江兩岸，一邊是玉龍雪山，一邊是哈巴雪山，從江底到峰頂高差三千多公尺，形成世界上最壯麗的峽谷，這段峽谷就是大名鼎鼎的「虎跳峽」。

　　千百年來，萬里長江第一彎曾使許多到過這裡的旅行者迷惑不解，就是世世代代居住在江邊的居民們也弄不清這到底是怎樣形成的。世界上所有的河流都是彎彎曲曲的。河流彎曲的原因主要是由於河水對兩岸的侵蝕不同造成的，因此河流總是在地球大地上劃出一條條十分平滑和緩的曲線。但是，也有一些特殊的情況。有的河流在它的流程中，可能會產生十分突然的拐彎，金沙江上的大拐彎就是其中最典型的例子，因此有「萬里長江第一彎」之稱。

　　科學工作者透過對金沙江的河流形態進行深入研究，提出了下面一些推斷。

　　一種比較流行的看法是，從前金沙江並沒有今天的大拐彎，

而是和怒江、瀾滄江等一起並肩南流。就在金沙江與它的夥伴們一起南流的時候，在它東面不遠的地方，還有一條河流由西向東不停地流淌著，我們不妨叫它「古長江」。急湍的古長江水不斷地侵蝕著腳下的岩石，也不斷地向西伸展著。時間一長，終於有那麼一天，古長江與古金沙江相遇了，它們相遇的地點就在石鼓村附近。

想想看，兩條大河相遇會發生什麼情況呢？俗話說：「人往高處走，水往低處流。」古長江地勢比起古金沙江要低得多，滔滔的金沙江水受到古長江谷地的吸引，自然掉頭向東。於是，金沙江就成了長江的一部分。這種現象，在地貌學上有一個名詞，叫「河流襲奪」。河流襲奪這個詞取得非常生動，一條本來流得好好的河流，竟然被另一條毫不相干的河攔腰斬斷，把它掠奪到自己的懷抱裡。

河流襲奪說還有一個有力的證據，那就是在今天的金沙江石鼓大拐彎的南方，也就是人們認爲的當年金沙江流過的地方，還真的有一條小小河流──漾濞江。漾濞江的源頭與石鼓的距離也不很遠，那裡還有一條寬闊的低地。這裡雖然沒有河流，可是仍然是一種河谷的形態。襲奪說的支持者們認爲，古金沙江被古長江襲奪以後，江水雖然被古長江襲奪而去，但是，當年的河谷還在，並且在古金沙江的下方，仍然殘存著一條小河──漾濞江，那也是古金沙江的遺跡。

也有人不同意這種看法。他們認爲，這裡根本就沒有發生過古長江與金沙江相互連通的河流襲奪事件，今天的金沙江所以會發生這樣奇怪的拐彎，只不過與當地地殼斷裂有關。他們發現，在石鼓以下的虎跳峽是沿著一條很大的斷層發育起來的。金沙江

在它流淌的過程中，碰巧遇到這條斷層，河流不得不來了一個大拐彎。

可是，金沙江的大拐彎是發生在幾十萬年以前，甚至更早的地質現象，誰也沒有親眼看見長江是怎樣把金沙江襲奪而去的。另外，年代又距離我們那麼遙遠，不管襲奪也好，還是沿著一條斷裂帶流淌也好，當時留下來的遺跡，已經被無情的風雨侵蝕得面目全非了。所以，這兩種意見爭論了許多年，直到今天仍然沒有取得一致的看法。

7.黃河源自何方？

「君不見黃河之水天上來，奔流到海不復回。」這是唐代詩人李白留下的著名詩句，它形象地描繪了黃河雄偉的風姿、磅礴的氣勢和一往無前的精神。橫貫中華大地的黃河，是中華民族的搖籃，也是世界古代文化發祥地之一。黃河中游流經廣大的黃土高原地區，支流挾帶大量泥沙匯入，使河水呈黃色，故名黃河。

黃河源頭究竟在哪裡？在五千多年的歷史長河中，中國人民曾對黃河的發源地進行了多次探索。然而，限於當時的科學水平和各方面的條件，一般都只到達星宿海一帶。歷史文獻中記載有星宿海「小泉億萬，不可勝數，如天上的星」。星宿海，藏語叫「錯岔」，意為花海子，即大片沼澤及許多小湖組成的低窪灘地。這裡密密的短草成堆形塊狀，散佈水中，枯葉爛根年年積累，形成表面鬆軟的沼澤地帶，行經其上，極易下陷。但「星宿海」並不是真正的黃河源。

青海南部高原有「江河源」之稱，水系錯綜，河流縱橫。長江和黃河僅巴顏喀拉山一脈之隔，直線距離二百餘公尺。究竟黃河河源在哪裡？學術界一直爭論不休。20世紀50年代初期，認為黃河源出約古宗列曲。目前主要有兩種看法：一種認為黃河多源，其源頭分別是紮曲、卡日曲和約古宗列曲；另一種意見認為，卡日曲全長近二百零二公里，是上述三條河流中最長的，應定為正源。

黃河的河源地區氣候酷寒，8月裡就似數九隆冬，年平均溫度不足14度，一年只有七天絕對無霜期。即使在一天之內，晴陰

風雪變化之快也令人難以置信。

黃河的河源地區沒有龍門激浪洪波噴流的氣勢，沒有壺口飛瀑巨靈咆哮的聲威，只有潺潺細流蜿蜒透迤，穿越坡地、草灘和沼澤，繞行於巴顏喀拉山的群峰之間，河水散亂，難以辨認主河道。黃河的藏語名稱叫「瑪曲」，即孔雀河之意。當地人民根據黃河河源周圍有眾多小湖的地理景觀，命以孔雀河的美名，的確恰如其名。每當登高遠眺，數不清的大小湖泊宛如繁星落地，恰似孔雀開屏，尾翎眼彩斑點點。

黃河在內蒙古自治區托克托縣以上為上游，河道長三千四百多公里，大致自劉家峽以上屬青藏高原範圍。由於高原整體抬升和河流下切作用強烈，黃河上游峽谷眾多。萬里黃河上的第一個峽谷是位於星宿海盆地和約古宗列盆地之間的茫尕峽谷，該峽谷東西延續十八公里，谷寬五百至一千公尺，谷底和山頂高差一百至二百公尺，黃河通過峽谷的流量為每秒1.6立方公尺。劉家峽是黃河在青藏高原的最後一個峽谷，風刀雨劍砍石壁，擠成十二公里長的通道，活像人工開鑿的水渠。

當然，黃河上游最著名的還要算龍羊峽。在這裡，黃河劈開近百里長的峽谷，兩岸壁立千仞，懸崖聳立高達七百公尺。河谷深窄，水面寬僅四、五十公尺，峽谷內天然水面落差二百二十五公尺。龍羊峽水電站是黃河上游水力發電站的龍頭。高原峽谷人煙稀少，在這裡建電站，工程量小。而且，黃河愈往上游，水土流失愈輕微，河水泥沙含量小，不會出現由於泥沙嚴重淤積不能蓄水的問題。

8.黃河何時清澈見底？

　　黃河是世界上輸沙量最多的河流，據多年觀察測得的平均值，進入下游河道的年輸沙量為十六億噸左右，也就是說，每年有十六億噸泥沙流入黃河下游。這樣多的泥沙，要想把它全部沖入大海，需要有豐沛的水流，可是與泥沙相比，黃河的水量卻並不充裕，它的年流量僅有四百六十八億立方公尺，照這樣下去，黃河有「河清海晏」的希望嗎？

　　黃河中游的水土流失現象由來已久，在遙遠的地質歷史時期，強烈的土壤侵蝕，就已經把黃土高原切割成了千溝萬壑，而沖積到下游地區的泥沙，則堆積形成了華北平原。進入人類歷史時期以後，黃土高原的土壤侵蝕有增無減，從而，黃河中下游的泥沙含量也就從史前時期起一直居高不下。歷史文獻中的記載表明，黃河自古就是一條充滿泥沙的混濁河流，「黃河」這一名稱就得自它水中飽含黃土泥沙，致使水色混黃，因此說，黃河的名稱本身就帶著黃土地的烙印。

　　按照古代的一般習慣，河流往往被稱為「某水」或以單字命名河流，兩者可以並用。黃河最初名為「河水」或單稱「河」，至於「河」字被用為河流的通稱，那是比較晚的事情了。雖然黃河最初的名稱還沒有反映它的水色，但這並不等於說它當時還是一條清澈的河流。西周時有一句諺語叫「俟河之清，人壽幾何？」意思是說，人要活到不知多高的年齡，才能等到「河水」（即今黃河）清澈的現象出現，用來比喻可望不可及的事情。顯然，當時黃河水已相當混濁，水色澄清已是一種極難實現的願望。

戰國末年，黃河開始有了「濁河」的叫法，反映出人們已把混濁的水色視爲黃河最顯著的特徵。到西漢初年，有了「黃河」這一名稱，說明人們對它的水色有了更爲準確的認識。西漢初年，在黃河支流涇河上開鑿了一條很著名的渠道，用以灌漑農田，由於主持這項工程的人姓白，所以被稱爲「白渠」。「白渠」分引的涇河水中就含有大量泥沙，當地的百姓說「涇水一石，其泥數斗」，是說一石涇河水中要含有好幾斗泥沙，十斗爲一石，一石涇河水到底含有幾斗泥沙，這裡沒有講清楚，但是在西漢末年時有人明確敘述，黃河水比重大，水質混濁，每一石水中要有六斗泥沙。這樣的含沙量雖然還算不上是十分準確的數值，但起碼可以肯定與現代的情況相差不會太大。漢代以後，宋朝人稱黃河泥沙與河水各占一半；明代人稱泥沙占水量的十分之六；清朝人稱泥沙占水量的十分之七；每一單位容積的河水當中大致總有一半左右的泥沙。

　　到漢元帝（西元前48年－西元前33年）時，已有800多年紀年的歷史記載。這時有一位很有名的研究《易經》的學者，叫做京房，他說黃河要一千年才能清澈一次。很顯然，到講這句話時爲止，黃河還沒有出現過他所預期的這種現象。那麼後來呢？魏晉南北朝、唐宋元明清，直到今天，儘管黃河的某些河段在某些極特殊的環境條件下，偶然出現過極短暫的相對澄澈一些的情況，但泥沙的含量從未降低過，所以河水也從來沒有清淨過。

　　大家都知道，世界上所有河流中都含有一定數量的泥沙，而對於一條河流的某一具體河段來說，泥沙是否會在河床中淤積下來，則取決於泥沙數量與河流挾帶泥沙能力的對比關係：當後者勝過前者時，河床中就會出現沖刷現象，不僅不會淤積，還會把

自身的泥沙沖向下游河段；當二者基本相當時，就會出現一種准平衡狀態，世界上許多沖積性河流，經過長期的沖淤調節過程，都已進入了這一狀態，河道相對比較穩定；而當前者勝過後者時，就要發生泥沙淤積現象，泥沙淤積到一定程度之後，不可避免地要引起決堤氾濫，黃河下游河床就一直處於這樣一種狀態。

科學家們通過研究發現了黃河下游多年平均含沙量與淤積量的關係：黃河下游多年沖淤達到平衡時所需要的含沙量為每立方公尺十六公斤。這樣，當含沙量小於每立方公尺十六公斤時，下游河道就要發生沖刷；當含沙量大於十六公斤時，下游河道就要持續淤積下去。由於黃河下游的多年平均含沙量為每立方公尺三十四公斤左右，因而泥沙的大量淤積也就不可避免了。近四十多年來經利津海口排放到大海裡的泥沙近十億噸，占輸沙總量的三分之二左右，顯然還有三分之一，亦即六億噸上下的泥沙沉淤在下游河道中。

龍羊峽以上河段，為黃河的源頭段，河網密度小，地表侵蝕輕微，水流清澈，含沙量很小。到蘭州附近後進入黃土區域，含沙量明顯增加，逐漸呈現出渾黃的水色。隨著含沙量較大的大夏河和洮河等支流的匯入，黃河的年平均含沙量增至每立方公尺三公斤，年輸沙量一億噸。蘭州以下，除祖厲河外，其餘支流泥沙含量均不太高，銀川平原和河套平原的灌溉水渠又分流出一部分泥沙，所以在進入中游河段時，含沙量的增加有限，平均含沙量每立方公尺六公斤，年輸沙量不到二億噸。

黃河下游的泥沙主要來自中游地區。黃河中游流經侵蝕強烈的晉、陝黃土高原地區，黃土結構疏鬆，本來就極易流失，黃河中游的幹支流河網又比較稠密，所以水土流失情況嚴重。在河口

鎮到陝西潼關的黃河轉折處這一段幹流上，集中匯入了許多泥沙含量很高的支流，於是黃河的含沙量和輸沙量都迅速增大。

山西、陝西兩省之間的黃河中游河段，大多穿行於峽谷之中，到山西河津縣附近的禹門口始豁然開朗，河水的流勢也由急變緩。由於水文狀況變化顯著，人們很早就把這裡稱之為龍門。在龍門以上河段，匯入有紅河、皇甫川、窟野河、三川河、無定河、清澗河、延河等支流，這些河流流經黃土高原上水土流失最為嚴重的地區，使黃河幹流的泥沙含量急劇增加。龍門的年平均含沙量猛增至每立方公尺三十二公斤，年輸沙量十億噸以上。

龍門以下河段，又有汾河和渭河等支流匯入，這些河流也都流經黃土高原，致使幹流的泥沙含量進一步增加。陝縣平均含沙量上升到每立方公尺三十八公斤，年輸沙量增至十六億噸。從陝縣到桃花峪，輸沙量基本保持不變，即每年大約把十六億噸的泥沙輸入下游。由於在這一段水量有所增加，儘管年輸沙量沒有變化，但含沙量已下降到每立方公尺三十四公斤上下。在黃河下游幹流的水量和泥沙構成中，按照上、中游來源狀況的不同，可以劃分出如下四個區域。

一、河口鎮以上的上游區。水多沙少，水量占下游總水量的百分之五十以上，泥沙輸送量則不到下游總沙量的百分之十。

二、河口鎮至龍門段。水少沙多，水量占下游總水量的百分之十以上，泥沙輸送量超過了下游總沙量的百分之五十，與上一區域的水沙輸出配比恰好相反。

三、龍門至潼關段。主要是汾、渭兩條支流，水量占不到百分之二十，泥沙輸送量所占比例卻高達三分之一。

四、潼關至桃花峪段。主要有伊洛河、沁河等支流，水量占

不到百分之十，泥沙輸送量所占比例只有百分之二。

由此可見，黃河下游將近百分之九十的泥沙是來自上述第二、三兩個區域，即晉、陝黃土高原及其附近地區。

黃河的泥沙主要來自河口鎮到潼關之間的中游河段，從多年平均情況來看，這一地段內有許多支流的泥沙含量要大大高於幹流。例如黃河的二級支流涇河（渭河支流），年水流量約十五億立方公尺，年沙量卻高達二億六千萬噸；無定河的情況與涇河相差不多；窟野河年水量不到涇河的一半，年沙量卻接近涇河的一半，含沙量與涇河不相上下；延河年水量不過二億三千萬立方公尺，可是年沙量卻高達六千萬噸；祖厲河年水量更小，只有一億六千萬立方公尺，可是年沙量卻比延河更高，達八千多萬噸……等等。這些支流的含沙量都在每立方公尺一百公斤以上，有的支流的含沙量超過幹流十倍以上，而且這裡所講的都是平均狀況，若以某一時段的具體數值而論，那麼，當夏秋之際洪水到來時，含沙量時常會出現每立方公尺六百公斤以上的峰值。

黃河過去沒有清過，在可以預見到的將來，如果沒有大範圍、大幅度的全球性氣候變化，它也不可能清澈，因為黃河的泥沙主要來自黃土高原，而黃土高原的土壤侵蝕遠在人類出現之前就已經相當嚴重，這一自然侵蝕過程目前還看不到結束，所以「黃河水清」依舊遙遙無期，所謂「河清海晏」仍然還只是人們的一種良好願望。

中國浙江省的錢塘江湧潮以其浩淼壯觀而聞名於世。當湧潮在天邊出現的時候，如同素練橫江，等潮湧長驅直入來到眼前的時候，又有萬馬奔騰的氣勢，那種雷霆萬鈞、銳不可當的力量給人無比強烈的衝擊。

「一年一度錢江潮」的說法是不科學的，它給不瞭解情況的人一個錯覺，以為錢塘江潮一年只有一次。其實每個月都有兩次大潮汛，每次大潮汛又有三、五天可以觀賞湧潮。潮汐是有「信」的，到了該來的時候就一定來，不會失誤。

錢塘江河口和杭州灣位於北緯30度至31度之間。就天文因素而言，除南岸灣口附近屬非正規半日潮外，其餘部位的潮汐均屬半日潮，即一日有兩次潮汐漲落，每次漲落歷時12小時25分，兩次漲落的幅度略有差別。

陰曆每月有兩次大潮汛，分別在朔（初一）日之後兩三天和望（十五）日之後兩三天，而在上、下弦之後的兩三天則分別為小潮汛。每年陽曆3月下半月至9月上半月，太陽偏向北半球時，朔汛大潮大於望汛大潮，且在大潮期間，日潮總是大於夜潮；而在9月下半月至次年3月上半月，太陽偏向南半球時，情況剛好相反，朔汛大潮小於望汛大潮，大潮期間的日潮也總是小於夜潮。越接近春分和秋分，這種差異越小；愈接近夏至和冬至，這種差異愈大。就全年而言，則以春分和秋分前後的大潮較大。至於這兩個時期的大潮哪個大，則有19.6年的週期變化，其中一半時間春分大潮大，另一半時間秋分大潮大，兩者的差別也由小逐漸增

大，然後又由大逐漸減小。潮湧爲什麼會這麼有規律呢？

地球上的海洋潮汐是海洋水體受天體（主要是月亮和太陽）引力作用而產生的週期性運動，潮汐的漲落有一定的規律，中國人早就認識了這一自然現象。東漢王充把湧潮同月亮和江道地形聯繫起來，首次作出了較爲科學的物理解釋；到了唐寶應、大歷年間，竇叔蒙在總結前人經驗的基礎上，提出了一套用圖線推算高、低潮時的方法，這比英國在1213年開始預報倫敦橋漲潮早了四百多年。竇叔蒙還推算出潮週期爲12小時25分12秒，與現在常用的12小時25分相差甚微；北宋天聖年間，燕肅更指出錢江湧潮是由水下沙潯造成的；到1054年，呂昌明重定了杭州的四時潮候圖，這比西元1250年前後發表的倫敦橋潮汐表早了近二百年。

風對潮汐也有很大的影響。錢塘江湧潮若得到東風或東南風推波助瀾，將更爲壯觀；若遇西風或西北風，將大大的遜色。因此，陰曆七月望汛的大潮常常勝過八月望汛的大潮，俗稱爲「鬼王潮」。陰曆八月初、九月初的大潮勝過八月望汛大潮的機會也很多。實際上，一年最壯觀的湧潮並不一定都在八月十八日。宋代陳師道「一年壯觀盡今朝」的說法，只不過是當時已形成八月十八日觀潮的風氣而已。

錢塘江湧潮是東海潮波進入杭州灣後，受特殊的地理條件作用所形成的。江道地形的影響特別大，不僅使湧潮景千變萬化，而且也使湧潮抵達沿程各地的時間受到明顯影響。在南宋之前，整個錢塘江和杭州灣平面輪廓呈一順直的喇叭形，潮勢直沖杭州以上，呂昌明量定的杭州四時潮候圖便是針對當時情況制定的。

北宋末期，江道開始變彎，杭州的潮勢開始衰退，至明末清初，江道首次靠近鹽官，海寧潮勢遠勝於杭州，杭州的潮候大大

推遲，呂昌明量定的四時潮候圖已不適用於杭州，卻大體上適用於海寧。20世紀60年代後期開始大規模治江圍塗，人為地加速了河口演變過程，江道形勢又發生了巨大變化，沿江各處的潮勢也隨之而異，不僅杭州的潮候推遲，海寧鹽官的潮候也有所推遲。

潮汐既然是因引力作用而產生的一種週期性運動，那它應該是周而復始、永不誤期的。錢塘江湧潮為海洋潮波在錢塘江河口這種特殊地形條件下的特殊表現，當然也應遵守這種規律，可是唐代的孫承宗在他的《江潮》一詩中卻寫道：「休嫁弄潮兒，潮今亦失信；乘我油壁車，去向錢塘問」。所謂失信，也稱失期，就是該有湧潮的時候，看不見湧潮，讓人莫名其妙。

洶湧壯觀的錢塘江潮究竟有沒有失信？

早在南宋咸淳十年（1274年）就曾有「錢塘江潮失期不至」的記載。德祐二年（1276年）二月，元軍初到杭州，因不知湧潮的厲害，紮營在錢塘江的沙灘上，杭州百姓和宋室暗喜，急切盼望湧潮到來，將元軍連營捲去，不料江潮三日不至，百姓無不為之大驚，以為天助元軍，宋皇朝天數已盡。為此，吳興華《錢塘江懷古》詩中有「鐵甲屯江潮不上」之句。無獨有偶，元末至正二十七年（1367年）也有「元滅之時……潮亦不至，但略見江水微漲而已」的記載。難怪明代田汝成會發出「昔宋末海潮不波而亡宋，元末海潮不波而亡元，亦天數之一終也。蓋杭州是鬧潮，不鬧，是其變矣」的感慨。更巧的是明末，順治二年（1645年）六月，清兵進入杭州時，多鐸進取浙江，駐營江岸，敵兵見之，以為潮至必淹沒，但江潮連日不至，清軍驚以為神助。此外，元明清三代，都有湧潮失期的記載，明人還專門為它取了名字，稱為「凍死潮」、「曬死期」等。

潮水爲什麼該漲的時候不漲，不該漲的時候反而巨浪滔天呢？這裡恐怕跟錢塘江河口的地理有密切的聯繫。

錢塘江湧潮既然是東海潮波在錢塘江河口特殊地形條件下的特殊表現形式，就必然要受河口地形條件變化的左右。上述湧潮失期現象全部發生在杭州。唐宋年代，錢塘江江道順直，潮頭直沖杭州，故而杭州上下，潮勢強勁。後因杭州灣北岸逐漸北退，南岸則向北淤漲；而杭州至海寧間江道又由南北移，河道由直變彎，長度增加，湧潮也隨之下移。隨著歷史的發展，江道的演變，杭州的潮勢便有所衰退。另外，錢塘江河口的泥沙主要來自大海，漲潮流中挾帶著大量泥沙，落潮時，部分泥沙落淤在河口段，靠每年汛期上游來的山水將泥沙往下沖移。一旦遇上雨少天旱，山水流量小的年份，便造成河口江道淤塞，妨礙潮波傳播。當江道淤塞較嚴重時，湧潮便不能到達杭州。所以，湧潮失期並不是沒有產生湧潮，而是傳播受阻，到不了杭州。

近二、三十年內，湧期失期現象也常有發生。不僅杭州市區，而且赭山、喬司一帶也曾出現。杭州附近曾連年發生湧潮打翻船隻，甚至湧潮沖上岸掀翻汽車。1976年開始，錢塘江山水偏少，加上1978年至1979年連續乾旱，海寧八堡東面江心的沙洲北移，甚至同北岸相連，江道在這裡又形成了一個大彎，湧潮不僅傳播不到杭州，連海寧鹽官鎮的湧潮也大爲減弱，以至於來觀潮的中外遊客有興而來，敗興而去，感歎「海寧觀潮名存實亡」，「只有人潮，沒有湧潮」。

一般說來，湧潮總是有規律地在錢塘江上出現，但有時候，由於受複雜的環境因素的影響，偶爾會「失信」於人，這也是錢塘江潮最令人捉摸不定的地方。

10.西湖前身是海灣嗎？

「欲把西湖比西子，濃妝淡抹總相宜。」與古代大美女西施相媲美的西湖，究竟是怎樣形成的，至今學術界仍聚說紛紜。而西湖到底是怎麼形成的呢？

一種說法認爲是由於築塘而形成的。西湖本與海通，這是古今比較一致的看法，自劉宋文帝時錢唐縣令劉道眞在《錢唐記》所記，東漢時錢唐郡議曹華信爲防止海水侵入，招募城中人民興築了「防海大塘」，及成，「縣境蒙利」，因之便連錢唐縣衙門也遷來了，這就是今日杭州市的前身，西湖從此與海隔絕而成爲湖泊，此說爲歷代學者所承襲，流傳至今。

中國著名科學家竺可楨先生透過詳細實地調查研究，主張西湖原是一個潟湖。這個觀點認爲，西湖本爲海灣，後由於江潮挾帶泥沙在海灣南北兩個岬角處（即今吳山和寶石山）逐漸沉澱堆積發育，最後相互連接使海灣隔絕了大海而形成潟湖。

魏嵩山先生根據《史記・秦始皇本紀》記載，西元前210年秦始皇東巡會稽，「至錢唐，臨浙江，水波惡，西百二十里從狹中渡」，可見當時（杭州附近）的錢塘江水面仍相當遼闊。而《漢書・地理志》所載「武林山，武林水所出，東入海」，則更清楚地表明直到西漢時期西湖仍爲海灣，杭州市區尚未成陸。魏氏確信劉道眞《錢唐記》所載華信築大塘之事，認定西湖與海隔絕成爲內湖，時間應當是東漢。

林華東先生對「西湖是因爲東漢華信築塘成功後才形成」的說法提出商榷，認爲倘確有華信築「防海大塘」，其功能應是防

中國地理不思議之謎

禦海潮衝擊吞沒陸地的捍海塘，東漢華信築防海大塘時，內側地帶早已成陸，然因常受潮患，故在海潮衝擊要害處「立塘」，保護陸地不被海水吞沒。這並不能理解為華信在吳山與寶石山之間築起一條如同建造水庫時的攔洪蓄水大壩後，從而促成西湖的形成。林氏主張是最遲在東漢之前，西湖早已形成。

吳維棠先生從西湖東岸望湖飯店地下四公尺深的鑽孔採樣中，發現有一黑色富有機質和植物殘體的粘土層，碳十四年代檢測得知距今二千六百年左右。白堤錦帶橋兩側的五、六公尺深處的鑽孔中，有一炭化程度較高的泥炭層，厚十至五十公分，用其上部的標本作碳十四年代測定，為距今1805年左右。泥炭層之下是青灰色粉砂質粘土，富有機質和炭化的植物幹枝，孢粉分析結果，有黑三棱、眼子菜等陸上淺水生的植物，表明當時西湖已是沼澤。據此估計，西湖在春秋時代已經沼澤化。在疏通西湖的時候，工人們曾發現一些石器和戰國至漢代的鐵斧，很可能是人們從事漁獵生產活動失落的。因此，吳維棠先生推斷：在西漢前，杭州非但不是海灣，連海灣成陸後遺留下的殘跡湖（西湖）都已沼澤化。這就無怪乎《史記》、《漢書》、《越絕書》等古籍中，只記及錢塘縣和別的湖泊，而沒有古西湖的記載。

儘管至今人們還不能清楚地知道西湖的成因，但隨著研究的深入，相信科學家會給我們一個滿意的答案。

11.山泉為何自漲自消？

　　白沙堡地方，離「山水甲桂林」的陽朔不過幾公里，在過去是不怎麼出名的。但是後來白沙堡變成了一個聲名遠播的地方，來此探奇、旅遊的人益多，是什麼原因呢？原來在村上的兩口甘泉六十年久漲一次，三十年暫漲一次。泉水為何自漲自消，人人稱奇，卻都說不出到底是怎麼回事。

　　白沙堡村前有肥沃的良田，稱為澎窿上洞和澎窿下洞。有甘泉兩處，常年不涸，四季清冽，名青龍泉和黃龍泉，村民世代靠這兩眼泉水飲食灌溉。

　　因為白沙堡一帶四面皆山，泉水的來龍去脈不大清楚，只知道下水處經岩穴流入地下河，流入山後的舊縣河。據村中老翁談及，清朝同治戊辰（1868年）年3月17日水漲一次，為時四日。民國29（1940前）年6月17日，水又暴漲。當天，天氣晴朗，水突然由岩穴湧出來，頃刻之間，水漲到三尺深，不到三天，村落田間，一片汪洋，儼如澤國，但下水處所入舊縣河之水，仍和以往一樣，並無漲水之跡象。當時，正值早稻成熟季節，發水之初，村中長老有經驗者，知洪水不會在短期內消退，急令村民搶割稻子。此事曾轟動一時，各地聞訊來觀洪水者，絡繹不絕。

　　白沙堡無河無溪，居然漲出這等泱泱大水，目睹者無不稱奇。更奇的是，1940年的漲水並非如1868年和1900年那兩次，少則數日，多則半月即消退，而是維持了二百六十天的洪水期。1940年春天，春雨連綿，洪水繼續上漲，竟然淹沒了不少村舍。百姓無不憂心忡忡，望水興歎，3月21日上午10時許，有村民偶至

村頭水邊，見水動異樣，自村道下井口去的石階，頃刻間寸寸露出，不一日工夫，水消殆盡，田畝重現。

1868年、1900年和1940年的三次洪水暴漲，無論消水時間和三次漲水之間相距的時日，都沒有什麼規律性。1987年5月15日，白沙堡一帶晴空如洗，烈日高懸，突然間，村頭泉眼又冒出大水，三天之內，田野之水竟達四公尺多深，百餘畝正在拔節而長的稻穀，淹浸在一片茫茫大水裡。只見往日的田畝、阡陌、路樹及低矮處的民舍，全淹在水中，水勢仍在上漲，但並不像其他河流漲水那般渾濁，井口處，幾乎與往日同樣清冽。村中老人說，這是繼1940年以後的第三次漲水了。1963年2月，白沙堡也漲過一次大水，汛期也維持了八個多月，與1940年那次汛期只相差三天。

1987年漲的水，後來是9月28日消退的，汛期四個半月。如果說一千九百年以前的兩次漲水無甚規律的話，1940年以後的三次漲水，幾乎每次相隔都是二十三年左右，這算不算得上是規律呢？恐怕還不能作肯定的結論。

那麼，泉水奇異而迅速消漲的奧秘何在呢？據有關人士分析，目前有這樣一種解釋：

桂林山水均由可溶性石灰岩組合而成溶柱、溶峰、溶洞、溶湖和地下暗河縱橫交錯，密佈其間。犀牛湖位於群山環抱之中，是個溶湖，湖水來源於地面流水、天落水和地下水，河水的去路是通過湖底的溶孔流入暗河，另有一部分湖水自然蒸發而消失。每當暴雨之際，湖水夾帶著大量泥沙堵塞了溶孔，經年累月積下的大量雨水長期被積壓在山中的地下通道，不能順利流入暗河裡，水量越多，壓力也越大，而暗河的排水條件受阻，這樣，積

水受到壓力增大的影響，就會突然從洞口猛泄而造成噴泉的現象。而經過一段時間後，當排泄速度加快，而來水不足時，壓力便漸趨正常，暗河也就處於正常的流量，泄出的水也就重新迅速歸入暗河而向江河中流去。

據分析，水量的積聚，湖底溶孔的被堵，都有一個漸變的過程。同樣道理，水的壓力減輕和溶孔被疏通，也是漸變的，而這整個過程的完成，大約需三十年。因此，犀牛湖水的消漲也是大約三十年一次。當然這一現象要受到諸如氣象、地面和地下水流及人為等因素的影響，其週期並不是絕對的，有人設想，若將湖底溶孔堵死，湖水或許將永不消失。

眾說紛紜，也沒有最後確定泉水奇異而迅速消漲的奧秘。不過科學就是這樣，要大膽地假設，小心地求證，一個科學結論的做出是需要很多努力的。

在四川仁壽縣黑龍灘水庫的峭壁上，有一個九百年來未解的名勝之謎——「潑水現竹」石壁畫，人稱蜀中奇觀。「怪石墨竹」寫於1071年至1073年之間，距今已逾九百年。而這「怪石墨竹」至今經水滌石，畫面清新如故之謎仍未揭開。

黑龍灘北端、龍泉山脈的一處巍峨懸岩上，鐫刻著一公尺見方的兩個字「龍岩」。龍岩東南百餘丈的紫色石壁上，有一尊大佛坐在窟中，石窟上面左側凹進的平面石壁上，用淨水潑灑後，出現「潑水現字」幾行墨筆字。署名處清晰地現出「乾道五年」等遒勁字跡。在石窟上右側石壁凸起的平面上，有些不規則的鑿跡處，經山泉潑灑就會出現奇觀：石壁條幅上，墨竹主幹亭亭，枝葉瀟灑；竹根臨怪石處派生出一叢幼竹，婀娜可愛；頂部側葉，長劍當空，刺向雲天。

「怪石墨竹」的作者文同，字與可，號笑笑先生，人稱石室先生、文湖州，北宋梓州永泰縣（四川省鹽寧縣永泰鄉）人。他平生愛竹、種竹、寫竹，開拓了「湖州竹派」。仁壽（亦稱陵州）縣誌記載：「文同北宋熙寧四年知陵州後，在龍岩寫怪石墨竹，兩壁摩岩隱隱有光。怪石墨竹既無墨蹟，又無雕鏤痕；用水滌石，畫面猶新。」

畫面再「猶新」，也很難在九百年間一直如故啊！

相傳，文同寫竹的用墨非凡。那墨是在其主要原料松煙、煤煙中，投入了珍稀的某種魚的尿液，經銅爐煉製。而當地百姓則說，是因為龍岩處於神秘莫測的古怪位置，岩頂有參天古樹蔭

蔽，岩下有從河水中不斷蒸騰升起的某種地氣，加上龍洞中不止的山泉孕育，才出現了這個奇觀。更有古稀老人說，是文同的表弟──宋代名人蘇東坡，在密州就任期間，從徽州買來一種「魔墨」相贈，並引舉蘇東坡有〈送與可出守陵州〉那首七言律詩為證。

根據化學原理解釋，「怪石墨竹」處的紫色岩石，含化學元素鉀，鉀的化學性活潑，容易與水發生劇烈反應，可能生成氫氧化鉀。龍岩泉水可能和指示劑石蕊有相似的化學成份，石蕊遇氫氧化鉀顯墨藍色，看上去酷似黑色。

然而，到底為何潑水才能現竹，仍然沒有人真正解開這個謎。

13.泉城之謎

　　大明湖位於山東省省會濟南市內，舊城之北。濟南市位於魯中南山地北部與華北平原的交接帶上，北面有黃河流過，南面緊接泰山的前山帶，所以這座城市正好處在一個凹陷中，而大明湖正居於凹地的底部。雖然只是一個天然的小湖泊，但其美麗可愛蜚聲國內。一般而言，在城市裡有一個封閉式的湖泊非常罕見，其成因肯定是非常特殊的。大約從什麼時候起，在怎麼一種情況下形成這個美麗的湖泊，我們還無法百分之百確定。

　　大明湖呈東西長、南北狹的扁矩形，南面緊鄰濟南市中心區。湖周長四公里多一點，面積四十六公頃半，約占濟南舊城的四分之一。湖內散佈幾處小島，使湖面顯得富有變化和深邃的意境。湖水源主要靠南側山麓的泉水補給。以前濟南的名泉如趵突泉、黑虎泉、珍珠泉、五龍潭泉這四大泉群的水都直接或間接匯入湖中，今天這些泉水大多已經不再補給大明湖的水源，僅有珍珠泉、芙蓉泉、泮池、王府池諸泉仍注入湖內。湖水從東北隅匯波門出口，會合護城河水，流入北面的小清河，注於渤海。

　　大明湖是一個由泉水在低地上匯集所形成的湖泊，這種特殊的成因，在中國還不多見，大概僅濟南這樣的「泉城」所特有。古時候，濟南被稱為「泉城」——「齊多甘泉，甲於天下」。這個古來著名的泉城究竟有多少泉水？過去說它的城內外有七十二泉，其實遠不止此數。據解放後實地調查，僅在濟南市區就有天然泉水一百零八處。諸泉匯聚於地勢低下的城北，形成一片廣大的水域。今天，這片水域的許多部分已填塞成為市街，而大明湖

是留下的最大水面。濟南爲何如此多泉，這同它的水文地質條件有關。

科學家們認爲，泉水跟傾斜的岩層也許有很大關係。濟南是處在石灰岩和岩漿岩這兩種不同岩性的構造接觸帶上，這恰好爲泉水形成和出露提供了有利條件。濟南的南面有綿延的小群山，如千佛山等都是由厚層的石灰構成的，岩層略向北傾。石灰岩層內大小溶洞和裂隙很多。山地降水滲入地下，積蓄在其中，積蓄的水多了就順著傾斜的岩層和裂隙向北流動，當流到濟南北面時，遇到了組成北面丘陵的不透水岩漿岩的阻擋，便停滯下來，成爲承壓水，它一遇上面地層薄弱的部分，便冒出地面，成爲大大小小的湧泉。而大明湖所在地正是濟南北部最低窪處，眾泉匯聚所以成爲湖泊。

但是，遺憾的是，近來調查，由於自然乾旱和社會原因，濟南市區地下水位在節節下降，自1989年以來，一些名泉逐漸枯竭。這勢必影響大明湖的存在和發展。當前如何儘快建成引黃保泉供水工程，同時適當控制濟南市的發展，保留「泉城」和大明湖的美麗景觀，是迫在眉睫的任務。如果大明湖形成的原因我們還沒有搞清楚，它就消失乾涸了，我們便又增加了一項任務——還得去尋找其消失的謎底。要是真這樣，可就是天大的諷刺了。

14.魚兒爲何老死不相往來？

　　昆明滇池南面不遠處有個雲南第三大湖，名撫仙湖，因離澄江縣近，又叫澄江海。撫仙湖的西南面山間有條長一公里多的海門河，隔山與江川縣的星雲湖相通。星雲湖水面比撫仙湖高三公尺，湖水通過海門河流入撫仙湖。

　　撫仙湖盛產抗浪魚，星雲湖獨多大頭魚。有趣的是，抗浪魚從不南去星雲湖，最多游到海門河中部就戛然返回。而星雲湖的魚王──大頭魚也僅游到此，好像那裡是國界線，誰也不能逾越一步似的，因此海門河又有隔河之稱。在隔河中段有一堵伸到水面的赭色石壁，石壁上自古就刻有「界魚石」三字，旁邊還鑴刻一首詩：「星雲日向撫仙流，獨禁魚蝦不共游；豈是長江限天塹，居然尺水割鴻溝。」

　　爲什麼這兩種魚像訂有互不侵犯條約似的呢？

　　經過勘測調查，發現原來兩湖的自然環境大不相同。撫仙湖平均水深八十七公尺，最大水深一百五十一公尺，是雲貴高原最深的湖泊，也是中國僅次於長白山天池的第二大深湖。周圍群山環抱，湖底起伏不平，到處是岩石暗礁。湖區常刮大風，水深浪大，所以湖中各種水草，浮游動物以及底棲生物如螺螄、蚌、蝦等很少，湖水極清，是個「缺吃少穿」的貧營養性湖泊。就在這種惡劣條件下，衍化出與之環境相適應的抗浪魚，其體細如銀梭，行動敏捷，常把魚卵產在岩壁和石縫間，魚卵又是半粘性的，可以牢固地附在石壁上，任憑風浪狂起，也照常可以孵化。

　　星雲湖則恰恰相反，是個淺水湖泊，平均水深九公尺，最大

水深十二公尺。周圍多農田，湖底平緩多泥，有機物質淤積較厚，湖內水草繁茂，浮游生物和底棲生物也較豐富，屬於營養性湖泊。在這種優越的環境下，生成了頭大油多、「養尊處優」的大頭魚，大頭魚的魚卵是粘性的，易附著水草上，適於在水溫高、魚餌豐富的湖水中生長，對水深浪大、水草稀少的撫仙湖當然敬而遠之，而抗浪魚也不喜歡水淺浪平，泥草混濁的星雲湖。這也許就是兩種魚「雞犬之聲相聞，老死不相往來」的原因吧。

15.中國也有「尼斯湖怪」嗎？

　　哈納斯湖位於雄偉壯觀的阿爾泰山主峰南坡。阿爾泰山主峰友誼峰終年冰雪覆蓋，是中國海拔最低的現代冰川之一。北起友誼峰，南至臥龍灣，是面積約二十五萬公頃的哈納斯國家自然保護區，也是阿爾泰山最具自然特色的景觀區。

　　阿爾泰山大多是哈薩克牧民，而在湖區生活著的卻是數戶與世隔絕的蒙古族牧民。這些當地的蒙古族牧民世代以來儘管從小在湖邊長大，卻從不敢到湖中捕魚、游泳和划船。因為，他們的父輩或祖輩從小就告誡說，湖裡有「湖怪」。而他們自己也會感覺到，在漆黑的夜晚，遠處的湖面上常會發出隆隆的巨大聲響，即使白天在湖邊吃草的牛和羊群有時也會莫名其妙地失蹤。據說，早在1931年，就有位牧民看到有十幾條碩大的魚形怪物在湖面上下翻騰。19世紀末，還有個俄羅斯人在湖中捕獲了一條巨魚，有數噸重、十幾公尺長。

◎轟動一時的尼斯胡怪照片。

　　難道，這裡的「湖怪」和英國尼斯湖的「湖怪」類似嗎？

　　哈納斯湖起源於友誼峰冰川，曾經歷過三次大的古冰川作用。冰川留下了大量的積水，形成了哈納

斯湖，並留下了數以千計的湖群。哈納斯湖呈彎月狀，湖區四周群山環繞，東西兩岸陡峭處是浩瀚的原始泰加林海，北端入湖三角地帶是沼澤草甸，天鵝、大雁、黑頸鶴等珍禽遊樂於此。

哈納斯湖水一天中隨著光線角度的不同，顏色會不斷地變化，一年中隨季節的不同也會出現水質的變化，進而引起變色現象，因此哈納斯湖又被稱為「變色湖」。哈納斯湖最令世人關注的並非它的顏色變化，而是湖中的「湖怪」。

1987年7月，新疆環保科學研究所派出一支考察隊來到了哈納斯湖，在此之前，新疆大學的一支考察隊也已來到此地。據新疆大學考察隊的部分隊員說，他們在湖裡發現了一條有「北京212吉普車」那樣大的巨魚。

7月24日，新疆環保所考察隊員登上了湖邊的駱駝峰，從峰頂上的一個八角亭向湖面上望去，湖面突然像有一團團的紅褐色水藻漂浮著，一個拿著望遠鏡的隊員喊道：「那是大魚！」隊長連忙接過望遠鏡仔細觀察，原來，那些看似紅褐色的水藻團的東西真是大魚。在望遠鏡中，魚頭上巨大的眼睛清晰可見，到了中午，這些巨魚竟然聚集了六十多條。據他們估算，魚頭寬度大約有一至一公尺半，魚體長十公尺以上，最大的魚有十五公尺長，重量約在二噸左右。這次的發現極大地振奮了考察隊員的情緒。為了捕捉巨魚，他們專門做了兩個巨型魚鉤，放上羊腿和活鴨，企圖能捉到實物，但沒有成功。

哈納斯湖發現巨魚的消息很快傳開，不少國外科學研究機構和觀光者紛紛湧來，想要一睹「湖怪」的真面目。同時，人們也在進一步追問，這樣巨大的魚到底是什麼魚呢？曾目擊巨魚的考察隊員們認為，被稱為「湖怪」的巨魚就是巨型的哲羅鮭。其屬

於鮭形目鮭魚科，是一種產於北方冷水型食肉魚類，在繁殖季節魚體呈紅褐色，因此當地人又稱爲「大紅魚」。

　　但是，人們都知道哲羅鮭一般身體不過二公尺，據歷史記載最大的體長也不過三百七十五公分，體重最多爲五百多公斤。而考察隊員看到的湖中巨魚比這種魚的正常體積大了好多倍，這不能不令人感到疑惑，「湖怪」眞是哲羅鮭嗎？如果是，它們在哈納斯湖中爲什麼大得如此驚人？如果不是，那它又是什麼動物呢？至今還是一個不可思議的謎。

第九章

名山大川不思議之謎

　　滾燙的岩漿給了它騰躍的千鈞力量，地殼的變遷給了它脫穎而出的機緣。在斗轉星移中，大山以其堅毅、挺拔的信念，佇立成了地球上最為壯觀的天然雕塑……放眼中華大地，這邊是珠穆朗瑪的巍峨與恢弘，那邊是「死亡之洞」的驚悚和不解；這裡有盤山佛燈的傳說與玄奧，那裡有泰山頂景物的靈動與升仙……面對著偉岸而莊嚴的山脈，人們心中充滿了敬畏與迷茫……。

1.武當飛來「神木」之謎

　　道教名山武當山不僅以綺麗的自然風景天下馳名，它獨有的宏偉壯麗的古建築更是舉世罕見。那些古代建築精細、完美得令人叫絕，同時也奇得叫人費解。

　　風景奇幽的武當山，古時叫「太和山」。它北通秦嶺，南接巴山，綿亙起伏，方圓四百多公里，有奇峰七十二座，拔地刺天，十分雄偉。山間林木蔥茂，泉冽洞幽。主峰天柱峰，更是一峰獨秀，高一千六百餘公尺，好似「一柱擎天」。明代著名地理學家、旅行家徐霞客領略武當風光後，讚美它是「氣吞秦華銀河近，勢壓岷峨玉壘高」。宋代書法家米芾曾為武當山寫下了「第一山」三個大字，此碑如今仍聳立在「元和觀」旁。

　　武當山又是道教名山。據《大嶽太和山志》記載，早在一千三百多年前的唐代貞觀年間，就開始在武當山興建五龍祠，宣揚道教。道教形成於東漢晚期，尊東漢末年張道陵為創始人，奉老聃為教祖和天神。武當山的道教，敬奉「玄天真武上帝」，據說武當山就是由「非真武不足以當之」而得名。

　　據說，明代朱元璋打天下時，在武當山被元朝兵馬圍困，只得退守山頂。當時山頂有個小石廟，廟裡供著真武祖師。朱元璋磕頭禱告：「北海玄天真武祖師，保佑我衝下山去，得帝以後，我住什麼房子，你住什麼房子；天下百姓朝拜我，一樣也朝拜你。」說罷，武當山刮起一陣怪風，成群的虎豹滿山奔跑。山下元兵圍困了幾天，不見朱元璋影子，以為他早被野獸吃了，就退守撤圍。朱元璋以為真武大帝顯靈救了自己，他臨死時，把四太

子朱棣和太孫允蚊喊到面前囑咐：「武當山真武祖師保佑我打了天下，你們要把武當山廟宇和京城宮殿修得一樣好。」

被譽為「仙山瓊閣」的武當山，是中國明王朝皇室家廟，可謂神聖不可侵犯之聖地。宮觀的建築、規模都是極其雄偉壯麗，裝修與陳設更是非常考究。凡來遊武當的遊客一定會在這莊嚴肅穆的武當山紫霄大殿，看見有玉皇大帝、真武祖師、金童、玉女、執旗捧劍護法靈官等道教眾神，但使人們費解的是，在這些有「爵位」的眾神之中，竟然會冒出一根與道教神仙無關的、極平常的杉木，更奇怪的是它被供奉在大殿左側中央的重要位置上，令人百思不得其解。

相傳這個杉木還有一個神奇的傳說。遠在明代初年有一片原始森林，林中的樹王是一個「精靈」。它聰明過人，很想發揮自己的才華，可惜工匠們每年選材都沒有慧眼識得，精靈終於悲憤而氣絕。但陰魂不死，化成一縷青煙上到九天，玉帝憐它才幹非凡，便指路於武當，告之曰，那裡正在修建玉虛大殿，可去一試。可惜在它不遠萬里顛簸而來後，玉虛大殿早已竣工，精靈一急便昏了過去，一頭栽倒在紫霄殿前的月臺上。此時，道長正在舉行大殿落成儀式，忽見空中飛來一杉，知是有神降臨，於是忙率道眾就地叩拜，並將飛來杉奉到大殿供萬人瞻仰。

作為傳說，這個故事頗能引起人們的興趣，很多人都對這個來歷不尋常的杉木充滿希望。有人把自己的苦衷向它傾訴，有人更玄乎，說它能治病，在它的根部用指甲摳點木屑，帶回家煎水飲之。不知有誰發現它能傳音，就將它當成一種土電話，一邊用手輕輕一摳，另一邊便可以聽到沙沙的指甲聲，就幫它取個名叫「傳音杉」、「響靈杉」。這根「飛來杉」隨時代的變遷，已經成

為武當山一件難得的珍貴文物。

但是，在明洪熙年間武當山道士任自垣編撰的《大嶽太和山志》第十三卷中記曰：「神留巨木，敕命隆平侯張信，駙馬都尉沐昕，興建武當宮觀材木採買十萬有奇。」也就是說，武當山各宮觀用材是經武昌從全國調運的。雖然武當山在明朝也是松杉茂密，但由於是「神山」，任何人不得動一草一木。

志書中還記載著，在永樂11年11月10日，工部侍郎郭晉與吏部郎中諸葛平等督運木植。途經武昌黃鶴樓，看見一巨木立於江中，上露出一尺多高的石柱，奔騰的江水無風也因此被掀起三尺大浪。眾官見那木頭在大浪中屹然不動，隨即派人探視江水。水深五丈五尺，而木頭卻長四丈，懸於水中。眾人更加奇異，急忙將它用繩索固定在船舷上，船竟不費力隨之而下。眾官員見狀於是會聯想，這難道不正是神靈給武當山留著以備重用的嗎？遂令將其運至山，沿江居民見者無不肅然起敬，以為靈異。官員們命百姓夾道鼓吹迎送，朝廷也下令玄天玉虛宮將它定為正樑之樑，使萬代有所瞻仰。

故事並沒有結束，按上述記載此木已作為玉虛宮正殿之樑，可是玉虛宮大殿後來毀於兵火。對而這截「神木」，武當道士決不會將其棄之，搶救出來一部分，將其供奉在大殿左側中央這個重要的位置上，也許這是一個比較合適的解釋。

2.三霄洞爲何被稱爲「死亡之洞」

　　峨眉山爲中國佛門的四大名山之一。遠在秦漢時期，就有方士在山上隱居。東漢末年，道教在山上修建宮殿，開始了宗教活動。從南北朝開始，山上開始興建佛教寺院。明清兩代，佛教活動達到鼎盛，山上所建廟宇有一百五十一座之多。山上香火繚繞，但遊人一般並不到著名的捨身崖三霄洞遊玩，因爲這裡被稱爲恐怖的「死亡之洞」。

　　峨眉山捨身崖分四個崖台，每個崖台斧劈刀削，絕壁難攀。在海拔一千多公尺的第一個岩臺上，有個曾使七十二人瞬間慘死的洞穴——三霄洞。這一慘案是怎樣發生的呢？

　　當時這裡還是佛教的熱鬧之地，洞外廟宇雄壯，環境清幽。那是1927年秋季的一天，富順籍的演空和尚出任三霄洞住持，一幫富順的善男信女捐

◎探險家們爲何稱它爲「吃人魔洞呢」？

款鑄造了一口大銅鐘，千里迢迢送到這裡。眾人來到洞內，用過餐之後，已是下午3點，爲朝賀三霄娘娘，唱起了《三霄計擺黃河陣》，演空和尚忙制止說：「佛地要靜，吵鬧了三霄娘娘是要降罪的。」大家情緒高漲，哪裡肯聽。這時，洞內到處點燃了蠟

燭，大家團團圍著，邊唱邊跳，頓時人聲鼎沸，鼓聲不斷，鐘聲陣鳴，使這個高三公尺、寬五公尺、長約七百公尺的洞內燈火輝煌、煙霧繚繞。突然間，洞內一聲巨響，剎時漆黑一片，一股水桶粗的黃色火焰，像火龍似的從洞底噴薄而出，七十二人當場身亡。

這一消息傳到峨眉、富順兩縣後，兩縣縣長嚇得膽顫心驚，面如土色，火速趕到三霄洞調查原因，但沒有結論，只好下令封閉了三霄洞，將遇難的七十二人埋在三霄洞外，拆毀了洞外的三霄娘娘廟，禁止遊人到此遊玩。沒過多久，成都《新新新聞》週刊還以〈峨眉山三霄洞慘案，三霄娘娘顯聖，七十餘人喪生〉為題，報導了這一震驚巴蜀的慘案。

幾十年過去了，這裡路斷人稀，成為令人生畏之處。現今三霄洞雜草叢生，枯藤遍野，「三霄洞」三個大字還依稀可辨。從洞口往裡走約三百公尺處，還有兩具屍骨架。洞口兩邊各有一尊菩薩，高約四公尺，已面目模糊。那口銅鐘也被人從洞口推到崖下約十公尺處，至今還「昏睡」在那裡。

這一慘案的發生，曾引起很多專家和學者的關注。當時，四川有一個大學教授專程到峨眉山三霄洞實地探查案件始末，並察看了各個深洞。教授的推斷認為：是擺圍鼓的鼓聲、唱鬧聲，震動了洞內的瘴氣所致。最近有不少學者提出疑問，因為瘴氣本身是不會爆炸的。總之，眾說紛紜，究竟是什麼原因，至今還是個謎。

3.盤山上出現過UFO嗎？

　　UFO是很多人感興趣的話題。在世界各地，許多人都說自己曾親眼目擊過光臨地球的UFO，有的人還把它們的飛行動態用攝影機拍攝了下來。

　　不光是在現代，其實，在中國的古籍當中就有關於UFO的記載。有一個大膽得令人吃驚的推論是，中國的盤山有可能就是古代飛碟的基地。盤山在天津市北部薊縣境內，距天津一百二十公里處。在清朝康熙年間，高僧智朴所著的《盤山志》一書中就有多處關於飛碟的記載，而且大多為親眼目睹，非常具體生動。

　　卷六《文部》收錄的清人王煥所著〈遊盤山記〉中，曾講述了這樣一個故事：康熙二十七年（1688年）四月十九日，王煥和朋友們一同遊覽盤山，後來他的朋友皆回家去了，王煥因染上疾病並和朋友葛簡之在盤山上有約會，便又回到青溝。至半夜，他們突然發現有一個圓形物「紅光閃閃」、「大如車輪」、「橫空而過」，山中的僧人告訴他們說，那是「佛燈」。這所謂的「佛燈」，看來就是我們現在所說的飛碟。

　　《盤山志》卷一〈名勝‧塔〉中記載，康熙十五年（1667年）二月，張灣居士洪應廣晚上和兩個僧人在一起交談。他們突然看見一個「狀如蓮花」的「佛燈」出現在盤山西南的樹梢上，也是「大如車輪」，整個物體像火球一樣發著紅色的焰光，而且「下有練光數丈」，搖動著向西飛去。

　　高僧智朴同樣親眼看見過好幾次。康熙十八年（1679年）八月的夜半，他剛要出屋，突然看見一個龐然大物，從山澗中升

起，體積跟屋子一樣大，閃耀著火焰一樣的紅光，把衣服都照成了赭石色。他連忙叫出其他和尚一起前來觀望。

康熙二十一年（1682年）二月份，智朴在屋子的東南方，又看見兩個大小不同的發光物體，離人只有一丈多遠，幾乎伸手可及，經過很長一段時間，才慢慢地消失。康熙二十四年（1685年）六月二十九日這天晚上，智朴剛剛做完佛事，又看見在正南方出現了一個發光物體，開始時像斗一樣大，突然間，發光物體大得跟山一樣，忽起忽落，看起來輕柔飄蕩，如煙如雲，飄浮不定，只見盤山南面的山坡被它照出像雨後晚霞一樣的顏色，整個物體發出一圈圈紅色光環，「光外重光，束射莫可名狀」，僧人們看了，都驚歎地說這是從前沒有看見過的景象。這樣的描述，自然會使人想起今人所說的飛碟來。另外，在《盤山志》一書中還有一些類似的零星記載。而這樣多的集中描述，在古書中是很少見的。

「盤山飛碟」的頻繁記載，使人想起了美國密西根州相類似的情況。1897年3月31日，該州蓋勒斯堡上空，出現了一道耀眼的白光，接著發出一聲怪異的砰響。1901年2月6日，在密西根湖附近的帕帕市，天空明淨爽朗，突然，無數塵埃般的物質從天而降，遮天蔽日。1954年5月，一名駕車人士在拉堡第附近發現三個橢圓形的不明飛行物體，這些飛行物體發出一道道光芒，在飛到汽車上空時，汽車的引擎和收音機都突然失靈了。1976年8月，在新布法羅市，不少人看到一個白色物體在草場上飄浮，一名目擊者說那是一個鬼魂，另一個則說那是天使。以上這些神秘事件，都發生在密西根湖及其附近地區。所以，該州成立了異象調查小組。

調查小組在調查後認為，密歇根湖是個「問題地點」，很可能就是外星人進入這個世界的「視窗」，「神秘光球」是「視窗」地區最常見的異象。這種光球與球狀閃電十分類似，但球狀閃電必須在某種天氣下才能形成，而神

◎美國曼哈頓空軍基地上空的UFO照片。

秘光球似乎不受天氣的限制，隨時都可能出現在人們面前。

從《盤山志》一書的有關記載分析來看，書中所述情景不少和密西根湖的飛碟現象相似。由此，有的科學家提出了一個設想：盤山這個地方，在古代或許是飛碟的基地之一。這個設想真夠大膽的，不過還沒有經過科學的檢驗，且讓我們拭目以待吧。

4.武夷山的「神仙蛻骨」之謎

　　福建省武夷山區的松溪縣花橋鄉外的深山陡崖上，有一個巨大的崖洞，當地人稱「萬棺洞」。洞內停放歷代棺柩數百具，層層疊疊地架擱在一起，除下層的已腐朽外，上層棺柩均較完好。這些棺柩按年代越推越近，甚至有解放後存入的新柩。

　　「萬棺洞」位於海拔五百多公尺的獅子崖上，山勢險峻。崖巔有一天然大裂隙，俗稱「獅子口」，洞外張內收，寬三百餘公尺，深一百多公尺，高八十公尺。崖坡朝陽，既遮雨蔽日，又乾燥通風，使棺柩能經久不壞，洞外荊棘叢生，人跡難進。

　　在一千三百多年以前，有一位名叫顧野王的南朝時期人，他曾在現在福建省境內的武夷山東麓一帶作過官，並在作官期間多次遊歷武夷山。他對於武夷山中崖葬那神秘而壯觀的景象是這樣描述的：「地仙之宅，半崖有懸棺數千。」由於年代的久遠，原來當地行崖葬習俗的土著民族的消失，再加上有關武夷山的神仙傳說，使得後代的人們在見到這些神秘的古代遺跡時，除了抒發懷古的感歎之外，同時還產生了無限的遐想和不懈的探索，而這些神秘的古代遺跡也就成了千古之謎。

　　南朝還有一位名叫肖子開的人，他在遊歷武夷山和屬於武夷山脈的欄杆山時，對崖葬的遺跡進行了更為深入的觀察，並且在《建安記》中詳細地描述了他的親眼所見，以及關於這些遺跡的歷史記載和民間傳說：

　　武夷山高高聳立數百上千公尺，其山間的岩石都是紫、紅二色的，宛如朝霞一樣。在這些石壁懸崖上有洞穴，居家的各種用

具應有盡有。顧野王將這些稱之為「地仙之宅」，並且說在半崖上有數千具懸棺。相傳過去有神人武夷君在此山居住過，所以稱為武夷山。在武夷山南面的欄杆山，其半崖上有一個很大的石室，可以容納六十人，崖上還有木欄杆和半空中的飛閣棧道。遠遠望去，石室中隱約可見有床帳、憑几、案台等傢俱放置其間。此外，山崖石岩之間還有懸棺仙葬可見，與武夷山的相似。

肖子開查閱了古書的記載之後，得知前人認為這些就是仙人居住和仙人葬骨的地方，再在民間到處走訪，他又聽到了有關神仙武夷君的傳說。於是，關於武夷山區這些奇異而神秘的崖葬遺跡，在其後的千年來不斷地吸引著無數的學者、文人和探險獵奇者，並在歷代的書籍中都有比較詳細的記載。

宋代時，人們對這些千古遺跡的認識和看法與前人已有所不同。在宋代的地理書籍《輿地紀勝》中記載有一首李左史的關於武夷山仙跡的詩句：玉棺插偏兩岩傍，有罅開如小洞房。煉就陽魂歸紫府，空餘靈骨此中藏。這首詩的大意是：有玉棺插在山崖的縫隙中，而這縫隙張開就宛如小洞房一般。仙人修煉成功已魂歸紫府，而洞內僅僅是空藏靈骨而已。

宋代人還有關於這種「仙蛻」，和「仙骸」、「仙骨」的記載，例如在《輿地紀勝》中就記載在武夷山中有「仙人石」，可從山腳下一直攀緣到山頂，在頂上有一座石室，石室中有仙骸數函。宋代人祝穆的《武夷山記》中也記載說：在武夷山的東南隅有座天柱峰，山峰的石壁上有石室，名叫「升眞洞」，洞中藏有神仙的蛻骨，已不能計算到底是幾位神仙的蛻骨了。在洞的前面有用黃心的木料作成的木棧橋。又有四艘木船，兩兩相覆，也是盛裝仙蛻的。這些木船一半放在洞內，一半枕在棧橋上，既不墜

落也不毀壞。

從這些記載來看，宋代的人們認爲這些遺跡都是仙人藏其仙骨的地方。仙人們曾在這些石室中修煉，成仙之後便升仙去了仙境紫府，而留下的僅是升仙時蛻去的骨骸。這種留下骨骸自己升仙而去的作法，是古代人認爲修煉升仙的方法之一，在道家的仙術被稱爲「仙蛻」。

此外，對於這些千古遺跡，宋代人還有一種看法。例如在《輿地紀勝》中說在武夷山中有仙機岩，岩上有石室，石室內有被稱爲「仙機」的機杼，即織布機。看來，當時的人們還認爲這些石室有的是仙人織布的地方，所以石室中殘留有仙人曾經使用過的織布機。

宋代的人們不僅在下面遙望這些千古遺跡，而且還要攀緣峭壁，到這些神秘的洞內親眼觀察。例如，宋人祝穆就詳細地描述過他的考察結果，他說升眞洞在武夷山大王洞的東隅，這是一處石壁之上的幽深險峻的石室。石室中放置的五個表面裝飾有雷紋的陶缸，其中有一個放置在石窖之中，取不出來，因爲窖口狹小而將瓷缸束縛在裡面；另外四個缸並排陳放在較寬大的窖中。洞室之前的懸崖邊上，還有精心用黃心木縱橫相交而做成的棧橋，被稱爲「虹橋」，這是爲了讓神仙往來所特意修建的。這個洞室之上又有一處洞穴，橫插有雙木作爲虹橋，橋長約三丈。在距橋的西壁只有十幾步的範圍之內，還有一道裂縫，裂縫的長寬都只有一尺多，裡面放有香爐、藥缸之類的物品。洞室的下面，有一條縫隙，一個鼎存放在內面，相傳爲仙人煉丹的地方。祝穆數次觀察後深信：石室中放置的五個陶缸，都是盛「仙蛻」的用具。

與眾不同的是，宋代的大學者朱熹在寫《武夷山圖序》的時

候，用歷史文化的觀點，力排眾議，對武夷山中的這些千古傳說和神秘遺跡進行了一番學者式的考證研究。他先引用了《史記‧封禪書》中關於「武夷君用乾魚」的記載，然後他論述了自己的看法。朱熹研究的結果是：

武夷君這一名稱，從漢代開始見於記載，人們雖然用乾魚祭祀他，但卻不知道他究竟是一位什麼神。在宋代時的建安府崇安之南二十多里處有山，名叫武夷山，相傳那裡就是神仙武夷君居住的地方。武夷山中的峰巒岩壑秀拔而奇偉，又有清溪曲折九迴地從山間潺潺流出。在山中的懸崖絕壁、人跡所不能到達的地方，往往有乾枯之木插在石縫之間，用以安放舟船和棺柩之類的東西。棺柩中存放有遺骨，棺柩外放置有陶器，都還沒有遭到損害。朱熹認為那些就是上古道路未通、河流堵塞未決的時候，武夷人群落所居住的地方。而漢代人所祭祀的武夷君只是他們的君長。因為這種避世之士為眾人所敬服，所以世代相傳，逐漸地演變，在最後成為神仙了。

到了清代，關於這些千古遺跡的神話傳說又有了新的發展。例如在《武夷山志》卷中就有關於這種傳說的記載：武夷山中有許多虹橋板，例如在大王峰的升真洞外面，就有許多縱橫的木板插在懸崖邊上。相傳武夷君當年在幔亭設宴的時候，曾經架設虹橋來接引當地的鄉民百姓前來赴宴。但當到了宴席結束後鄉民百姓將要下山去的時候，橋卻斷了。這些虹橋的木板四處飛濺，插在了各個山峰的石罅中，一直到今天在大藏峰、小藏峰、鼓子峰、金雞洞等處都還有。

在歷代的記載中，也以清人董天工所著的《武夷山志》對武夷山中千古遺跡的記載最多，至少有二十條以上，並且描述也最

為詳盡。例如，在《武夷山志》卷九中記載：在武夷山大藏峰的半崖間，有金雞洞等幾個洞，可以清楚地看見在洞中的溝壑上面架有虹橋。在旁邊還有一個豎立的裂罅，裡面放有縱橫的木板數塊。這些東西都是高高在上，可望而不可及的。在金雞洞的洞口有許多虹板亂堆放著，有一艘船在洞外豎立倒懸，船頭伸進洞內，但是船居然沒有掉進洞內。船上豎一竹竿，就像懸繩垂吊一樣。當地的人將它稱為釣魚竿。據說在船內還有蛻骨。

據專家的考證，過去的地方誌書中記載武夷山有仙船七具，其中有四具在升真洞，一具在兜鍪峰，兩具在小藏峰。實際上，卻遠遠不止這個數字。例如，有人說在兜鍪峰有兩具，此外還有六具，其中在金雞洞有一具，在雞窠岩有中三具，在真武洞有一具，在小藏峰北壁穴中有一具。實際上，在小藏峰東壁所見的架壑船過去有四具，明代萬曆四十五年（1617年）的夏天墜落了一具，裡面藏有的陶瓷器摔下去後全部都碎了。有好事的人爭著收藏船板，這種木板聞起來有微香。在清代康熙十年（1671年）的秋天，又墜落了一具。現在小藏峰所存的還有三具。道士程應元曾在金雞洞內看見有一艘貯香船，就是現在在洞口所懸的，實際上這也是兩具。又相傳在白雲洞還有一具。這樣一共有十六具，不知道是否還有沒被統計到的。

武夷山中的數千懸棺，如果葬的不是神仙，葬的會是誰？這是哪個部落或民族留下來的？是怎麼葬進去的？誰能解開這個千古之謎，我們拭目以待。

5.「西北萬寶山」之謎

　　祁連山，是青藏高原與中國西北乾旱地區的界山，它長約九百公里，西起阿爾金山的當金山口，東抵賀蘭山，南北寬二百至四百公里，北靠河西走廊，南臨柴達木盆地。祁連山脈是中國西部的福水寶地，這裡山地高聳，谷地平坦，水源豐富，草類繁茂，有「西北萬寶山」的美譽。祁連的地下擁有多少寶藏？這些寶藏是怎麼形成的？恐怕還是個未知數。

　　祁連山的北面和西面是河西走廊和庫姆塔格沙漠，年降水量僅一百毫米左右。它的南面是柴達木盆地，因少雨而日趨乾旱，它東面的陝甘黃土高原更是十年九旱，滴雨貴如油。而祁連山地與周圍地區截然不同，卻是較濕潤的地區，這裡的年降水量平均達四百毫米，有些山嶺年降水量超過七百毫米，豐富的降水滋潤了祁連的土地，裝點修飾了祁連的山川。

◎祁連山的冰川為河西走廊的生靈們提供了珍貴的水源。

祁連山是個固體水庫，有大小冰川三千三百零六條，冰川面積達二千零六十二平方公里，儲水量約一千三百二十億立方公尺。每年約有七十二億六千萬立方公尺的冰川融水輸送到周圍的乾旱區，這些冰川融水養育了河西走廊的綠洲，澆灌了許多農田、草場，使祁連山周圍地區得以興旺發展，因此人們常把祁連山喻為幸福之源。

祁連山地區爲什麼會有這麼多的降水呢？

祁連山山體巨大，山峰平均海拔多在四千公尺以上，最高峰的團結峰則高達六千三百零五公尺，它們組成了一道天然屏障。中國夏季盛行東南季風，濕潤的氣流在向西北方向運行的過程中，一部分受丘陵山地影響形成降雨，而剩餘部分運行到祁連山地時，受到突兀山體的阻擋，水氣幾乎全被截留在這裡，形成較大範圍的降水。而且，組成祁連山地各山脈的排列方向與夏季水氣運行的方向基本一致，造成天然的水氣運行通道，而且地形高度自東向西逐漸升高，谷地從東部的三千公尺以下逐漸升爲西部的四千公尺以上，這樣，水氣能伸入到祁連山內部、使整個祁連山地的氣候比周圍地區濕潤。

在海拔四千三百到四千五百公尺以上的高山上，固體降水把山嶺裝扮得銀裝素裹，使冰川得以發育。在較低的山麓、谷地，格狀水系相當發育，大通河、湟水的水流源源不斷地注入黃河。整體來講，祁連山地東部氣候較濕潤，年降水量爲五百至六百毫米左右，高山上有蒿草、蓼等組成的草甸及各種杜鵑、錦雞兒、金露梅、柳等組成的灌叢，山坡地有青海雲杉，祁連圓柏等構成的森林草原，而更多的是溝谷地中由克氏針茅、短花針茅和冷蒿等組成的山地草原。祁連山中、西部的氣候相對乾旱些，年降水量爲二百五十至四百毫米左右，以高寒草原和山地草原爲主，祁連山地大部分冰川也都分佈在這裡。

祁連山地是座萬寶山，擁有無盡的地下寶藏。很早以前，祁連遍地是寶就聞名於世了。唐代詩人王翰寫的《涼州詞》中「葡萄美酒夜光杯」的夜光杯，就是用祁連山的玉石精心雕琢而成，成爲世界著名的名貴酒器。這種杯在月光照射下能發出柔和的亮

光，祁連縣的「玉石溝」和「玉石果」就盛產這樣的玉石。祁連山地其他礦藏也很多，僅現在查明的就有黃鐵礦、鉻鐵礦及銅、鉛、鋅、鎳、磷和稀土元素鈰、鑭、釔等礦產，祁連縣周圍地區四個鉛鋅礦中還伴生有金、銀、銻、鎵、硒等稀有元素。大通河流域煤的儲量很多，素有「青海的黑腰帶」之稱，距西寧不遠的祁連山還有石膏、芒硝等，不僅儲量多，而且質量好。

祁連山這座富含寶藏的「萬寶山」是怎樣形成的呢？原來，從元古代直至中生代，祁連地區絕大部分處於波濤洶湧的大海之中，祁連地區被稱爲「祁連海槽」。而現在比祁連山低二、三千公尺的柴達木盆地，是祁連海槽岸邊的一塊大陸，稱爲「柴達木古陸」。

在距今六到四億年前，祁連地區曾發生強烈的構造運動，海底火山猛烈噴發，火山熔岩夾雜著大量的鐵、銅、鉛、鋅及硫等元素從海底噴出又降落沉積下來。在各個火山噴發期的同時，有大量超基性岩侵入到早已形成的岩石中去，由於超基性岩漿中含有鐵、銅、鎳等多種元素，形成了一些與超基性岩有關的礦產。祁連山地中的鏡鐵山鐵礦、皋蘭白銀廠銅礦，紅溝礦、郭米寺鉛鋅礦以及祁連玉石構、百經寺、梁山的鉻鐵礦，化隆拉水峽銅鎳礦，湟中元石山鐵鎳礦等也都在這個時期形成了。

在距今約二億三千萬年前的古生代末期，由於強烈的地殼運動，祁連海槽地區隆升褶皺，海水全部退出，祁連地區成爲陸地，那些由火山活動形成的礦產經過後期的長期剝蝕，有些出露於地表，而煤、石膏及芒硝等則在山澗窪地、盆地等地帶形成。現在，祁連探寶的工作還沒有廣泛開展起來，那些極待查明的寶藏定會在不遠的將來，在中國的建設事業中發揮重要作用。

6.巴顏喀拉山洞被外星人光顧過嗎？

　　1938年，中國考古學家紀蒲泰在西藏邊境的巴顏喀拉山考察時，在一個洞窟中發現了一些排列整齊的墳墓。他和助手們一起發掘了一些墳墓，找到一些完整的人的骨骼。這些骨骼都非常奇特，小小的骨頭架上，卻頂著顆很大的頭顱。同時，在穴壁上還發現戴有圓盔的雕像。星星、太陽和月亮都刻畫在岩石上，並且彼此用菱豆般大小的點子串連在一起，令人嘖嘖稱奇。

　　中國考古學家發現並收集了七百一十六塊花崗岩圓石片，岩片約二公分厚薄，形狀很像今天用的唱片。在這些岩片正中，有一個圓孔，並以這個圓孔為圓心，有一條雙槽刻痕，成螺旋狀向外旋出，直到岩片的外緣。據考古學家研究分析，古時候，朱洛巴族和康巴族兩個部落曾一度住在這一荒涼的區域。由此人們推測說，這些墳墓都是這些山居部落的。

　　可是，這些部落的人怎麼會有這麼大的頭顱呢？這些骨骼是地球人的骨骼嗎？從巨大的頭顱，和他們對宇宙的描繪來看，是不是和「外星人」有什麼關係呢？那些像唱片一樣的圓石片究竟是什麼東西呢？

　　20世紀60年代，中國科學院的儲鴻儒教授宣佈自己譯出了這些「唱片」上條紋的部分意思。在地質學家的協助下，儲鴻儒教授證明了這些圓石片中含有高量的鈷及其他金屬；物理學家們發現在這七百一十六塊圓片上有高度的振幅。結論認為，這些圓石片曾在強電流中被處理過，這一結論，就為破解圓石片的條紋提供了線索。儲鴻儒認為，距今一萬二千年以前，一群外星球上的

人來到了地球。他們的「飛行器」已經沒有足夠的能量飛離這個世界。他們罹難的地點是荒涼不毛而人跡罕至的山區，那裡沒有工具和材料供他們製造一架新的「飛行器」。

經儲鴻儒等人用科學手段對這些條紋破解的結果，震驚了中外各個領域裡的科學家。難道巴顏喀拉山洞窟墳墓遺物真的是外星人所留下的嗎？無疑，這是一個難以給出確切答案的問題。

「外星人」是當今科學界一個爭論不休的熱門話題。為解開「外星人」之謎，1987年10月，世界六十九位科學家聯合發出呼籲，要求對外星智慧生物進行世界性的探索。據悉，美國威斯康辛州的一位承包商，還計畫興建一個五平方公里的機場，專門用來接待「不明飛行物體」，這個高度現代化的機場將耗資數百萬美元。他說之所以籌建這樣一個機場，是因為近幾年來確實有人看到了「不明飛行物體」，各國近幾年來的發現報告有許多件，建起這一機場後，將可以「邀請」外星人在這裡降落。

1989年，美國斯特萊伯寫了《靈交》一書，敘述了他曾經見過的一些奇怪的生物。包括一個「小機器人般的生物」，幾個矮而粗壯的生物……「有深陷而閃閃發光的眼睛、扁鼻子、形狀有點像人嘴的大嘴巴」，以及一些看起來完全不像人

◎科學家在雪原上監測闖入地球的UFO。

的東西。不久，不明飛行物體學家霍金斯在《入侵者》一書中，認為不明飛行物體和在飛行物上面的生物正在侵襲人類受害者的

心靈和肉體。他說：「不明飛行物體進入人類領域和進行誘拐的一個主要目的……顯然是外星異類要和人類雜交。」

在有關不明飛行物體的書《光年》中，學者梅耶說，他曾與來自昴星團的太空船接觸過幾百次。他出示了一批這些太空船的照片，這些照片使歐洲各地和遠至日本的人都深感興趣。他又宣稱，昴星團人送了他一小塊三角形的金屬板，這種金屬板是用來製造不明飛行物體的外殼的。經過冶金分析，這種金屬似乎是由多種不同的金屬巧妙地融合而成的，但在進行決定性的化驗之前，這塊金屬板卻失蹤了，於是，從不明飛行物體取得過一件實物的說法也就無從證明了。

因此，在相信有不明飛行物體的人的世界中，實物證據似乎永遠是可望而不可及的。懷疑者似乎有一個無可爭辯的論點：沒有具體證明，不明飛行物體是否存在難有定論。

7.五嶽的由來之謎

今天，「五嶽」的流行說法是指東嶽泰山、西嶽華山、北嶽恒山、南嶽衡山、中嶽嵩山。其實，五嶽究竟是指哪幾座大山，歷來有許多爭論。

張守節《史記正義》引《僞孔傳》曰：「『四嶽』即上羲、和四子也，分掌四嶽之諸位，故稱焉。」意思是說，全國既分爲四個區域，就在東西南北四個區域中各選一個名山作爲代表，稱之爲嶽。《尚書》中也只有東南西北四嶽，而無五嶽之稱。《史記·五帝本紀》引《尚書·堯典》，記述堯以治水和禪位詢問四嶽之官，當舜即將接替堯的職權時，則巡狩四嶽之地：「歲二月，東巡狩，至於岱宗；五月巡狩至南嶽，南嶽，衡山也；八月巡狩至西嶽，西嶽，華山也；十一月巡狩至北嶽，北嶽，恒山也，皆如岱宗之禮。」在記述完這四嶽以後，又在裡邊加上這麼一句：「中嶽，嵩高也」，「昔三代之君皆在河洛之間，故嵩高爲中嶽，而四岳各如其方」。五嶽的概念，這時才較爲明確。

五嶽的名稱，始見於《周禮·大宗伯》和《大司樂》，但它並沒有說明五嶽到底是哪幾座大山。《史記》才定五嶽爲岱宗（泰山）、華山、衡山、恒山、嵩山這五個確定的大山，但五嶽到底是指哪幾座山，歷來卻是眾說紛紜。

《爾雅》說：河南華，河西嶽，河東岱，河北恒，江南衡。也就是把黃河南面的華山、西面的吳山（即嶽山，在今陝西隴縣西南）、東面的泰山（即岱宗）、北面的恒山、長江南面的衡山，視爲五嶽。

◎黄山奇松挺拔，雲霧繚繞。大自然是如何造就了黄山奇松、雲海、怪石、溫泉這「四絕」的呢？

　　同是《爾雅》，又出現了第二種說法：泰山爲東嶽，華山爲西嶽，霍山爲南嶽，恒山爲北嶽，嵩高爲中嶽。霍山在今安徽霍山縣西北五里，又叫天柱山。鄭玄注《周禮·大司樂》中的四鎮五嶽，把岱、衡、華、岳、恒作爲五嶽，同《爾雅》前一說；《大宗伯》則據《爾雅》的第二說，以泰、華、霍、恒、嵩爲五嶽。唐代的賈公彥爲此作疏時則說：《大宗伯》之注中的五嶽是據東都而言的，《大司樂》之注中的五嶽是據西都而言的。但到底是怎麼回事，誰也說不清楚。

　　近代歷史學家顧頡剛根據《漢代學術史略》考證，則又有與上述不同的觀點，他認爲，秦始皇時尚無現在的所謂「五嶽」的觀念。秦始皇統一中國後，把天下名山大川整理一遍，以舊時秦國的門戶崤山爲界，定其東邊的五座名山分別是太室、恒山、泰山、會稽、湘山；其西邊七座名山分別是華山、薄山、嶽山、岐

山、吳山、鴻塚、瀆山。

漢代，講黃帝故事的申公說：「天下名山八而三在蠻夷，五在中國。中國：華山、首山、太室、太山、東萊。」這五大名山都是黃帝常遊的地方，華山在今天的陝西，首山在今天的山西，太室在今天的河南，泰山和東萊在今天的山東，都在黃河流域。由於這樣的分配法沒有按漢代疆域的實際情況來劃分，所以漢武帝另行分配，乙太室爲中嶽，泰山爲東嶽，安徽的天柱山爲南嶽，華山爲西嶽，恒山爲北嶽，用來顯示國土的強大。後來因安徽位置還不太「南」，所以又改以湖南的衡山爲南嶽。

統治階級劃分名山大川，往往是出於加強統治、顯示國力的目的，所以任意改動，造成了歷史上糾纏不清的「五嶽之謎」。

8.道教第一名山之謎

　　崆峒山位於隴東名城——甘肅省平涼市城西十二公里處，是絲綢之路出關中後「西來第一名山」，有「天下道教第一山」、「道教發祥地」之稱，為什麼歷經千年，崆峒山的香火一直旺盛不斷呢？

　　崆峒山山勢磅礴，峰奇石怪，層巒疊嶂，林木茂盛。既有北國群峰之雄，又兼南國眾嶽之秀。山上有雷聲峰、棋盤嶺、黃龍泉等名勝景觀。自秦漢以來，歷代在崆峒山都有修建，致使亭台、宮殿、梵刹、道院遍存諸峰，至盛時計有：八台、九宮、十二院、四十二處觀宇、八十四處景點，目前尚存的景點名勝有近三十處。比較著名的有：「凌空塔」、「問道宮」、「上天梯」、「隍城」、「三教洞」、「蓮花寺」、「軒轅宮」、「法教寺」等。

　　凌空塔為甘肅省級的保護文物，興建於明萬曆十三年（1585年），呈八角形，高七層，若登塔頂眺望四方，群峰盡收眼底，眾刹圍塔而立，猶如凌空而起，飄然若仙，故而得名。黃帝問道宮始建於漢代，歷代續有增修，關為「道教十方常住」。明末宮毀，清康熙時重建，取名太和宮，樓宇宮殿，設計精巧，富麗堂皇，氣勢雄偉，如帝王之都，故民間俗稱「隍城」。宮內尚保存有精美的壁畫，頗具「揚州八怪」畫風，是十分珍貴的文物。始建於唐貞觀年間的上天梯，在兩峰之間的石峽夾縫之中，陡峻若直立一般，危岩高聳，左右狹窄，仰視上空，僅望一線藍天。上天梯中段峭壁上有「黃帝問道處」石刻。雷聲峰在隍城以南，山

勢陡峻，依山脊而上的十多處平臺上，順山勢修起了許多建築，險要無比。遠遠望去，綠樹掩映，忽隱忽現，宛若天際。

　　崆峒山四季分明，景色迷人，尤以雲霧爲最。夏秋之晨，白霧茫茫，浩如煙海，雲蒸霞蔚，變幻無窮。《封神演義》把崆峒山列爲天下十二仙山之一，不是沒有道理的。

　　相傳，崆峒山是軒轅黃帝問道於廣成子的地方，秦始皇、漢武帝也都曾登臨此山。對此，《史記》、《封神演義》、《神仙傳》、《太平環宇記》等典籍均有記載。《史記》云，黃帝常遊天下名山，「東至於海，登丸山及岱宗；西至於崆峒，登雞頭」（崆峒山又名雞頭山）。《雲笈七籤》說西王母派九天玄女授兵符給黃帝，幫助他攻打蚩尤。黃帝打敗蚩尤後，去崆峒山向廣成子請教治國之道，後得道升天，成爲五天帝之一。

　　《莊子》亦說「黃帝立爲天子十九年，令行天下。聞廣成子在於崆峒之上，故往見之。」廣成子是傳說中的道家仙人，隱居於崆峒山石屋之中。黃帝聽說他道行很高，修養得法，精於至道，便專程前往崆峒請教。廣成子告訴他：「至道之精，杳杳冥冥。至道之極，昏昏默默。無視無聽，抱神以靜，形將自正。必靜必清，無勞汝形，無搖以精，乃可以長生。」並送給他《自然經》一卷。黃帝因得了廣成子的至道眞諦，很快就成爲古神州居中央之位而主四方的天帝。

　　自黃帝問道以來的五千年間，赴崆峒修道者代不乏人，訪道者不絕如縷，道教因崆峒而盛，崆峒因道教而名。崆峒山不僅成爲西北的道教勝地，而且也成了聞名遐邇的全國道教發祥地，被譽爲「天下道教第一山」。

9.廬山之謎

　　在江西九江市南、鄱陽湖湖口之西，有一座千百年來令人神往的名山，那就是以「奇秀甲天下山」著稱的廬山。廬山之名是怎麼來的呢？

　　「廬山」之名最早見於司馬遷的《史記》。在《史記》前後的典籍中，廬山又稱作「天子都」、「天子障」、「南障山」。關於廬山的名稱，還流行著下面三種傳說：

　　其一，傳說周威烈王時（即西元前4世紀），有一位匡俗先生，在廬山學道求仙。周天子屢次請他出山相助，匡俗屢次迴避，潛入深山之中。有人說他成仙去了。後來人們就把匡俗求仙之地稱爲「神仙之廬」，並說廬山之名因此而得。因爲成仙之人姓匡，所以又把廬山稱爲匡山，或稱作匡廬。到了宋朝，爲了避宋太祖趙匡胤名諱，而改稱康山。

　　其二，傳說周朝時，有一位方輔先生，同老子李耳一道，騎著白色驢子，入山煉丹，二人也「得道成仙」，山上只留下空廬一座。人們就把這座「人去廬存」的山，稱爲廬山。因爲成仙者名輔，所以又稱爲輔山。

　　其三，仍然是匡俗先生的故事，但時間較晚，情節也異。說是匡俗之父東野王，曾同鄱陽令吳芮一道，輔助劉邦平定天下，東野王不幸中途犧牲，朝廷爲了表彰他的功勳，封東野王的兒子匡俗於鄡陽（今江西波陽縣一部分），號越廬君。越廬君匡俗，有兄弟七人，愛好道術，都到鄱陽湖邊大山裡學道求仙。這座越廬君兄弟們學道求仙的山，就被人們稱爲廬山。

中國地理不思議之謎

古時候有過秦始皇「趕山塞海」的傳說：秦始皇爲了修築自己的驪山陵墓，曾以神鞭劈開驪山一角，將其趕到了長江、鄱陽湖邊上。可是，還未來得及將此山再趕入大海，爲自己鋪平通往蓬萊仙境的道路，丟失神鞭的南海觀世音便趕來悄悄地將神鞭換走了。氣得始皇帝對著大山猛抽了九十九鞭，直抽得滿山鞭痕，汗如雨下，而此山仍紋絲不動。從此，九十九條鞭痕便成了九十九道錦繡山谷；那流淌的汗水，卻化作了終年不息的銀泉飛瀑。秦始皇扔下的趕山鞭，竟變爲聳入雲端的桅杆峰。

但傳說畢竟是傳說，廬山的形成，只能是地質年代地殼構造運動的結果。在遙遠的地質年代，這裡原是一片汪洋，後經造山運動，才使廬山脫離了海洋環境。現今廬山上所裸露的岩山，如「大月山粗砂岩」就是元古代震旦紀時代的古老岩石。那個時代的廬山並不高，在漫長的地質年代裡，它經歷了數次海侵和海退。廬山大幅度上升是在約距今六、七千萬年前的中生代白堊紀。當時，地球上又發生了強烈的燕山構造運動，位於淮陽弧形山系頂部的廬山，受向南擠壓的強力和江南古陸的夾持而上升成山。山呈腎形，爲東北──西南走向，形成了一座長二十五公里，寬十公里，周長約七十公里，海拔一千公尺以上的山地。

自從佛教在漢代傳入中國後，廬山就一直是中國佛教的中心之一。東漢時，山上的寺院多至三百八十餘處。從東晉到北宋的八百餘年中，是佛教在廬山十分興盛的時期。被後人推爲東方佛教「淨土宗」始祖的東晉高僧慧遠大師，曾在此創建了東林寺，對國內外佛教產生過深遠的影響。

慧遠從到廬山（晉太元六年，381年）至去世（晉義熙十二年，416年），共三十六年。據說這期間，他「變不入俗，影不出

山」，一心在東林寺聚集徒眾，宣揚佛法，闡發佛理，論贊佛經。他派遣迎遠禪師等人，橫跨荒漠，逾越蔥嶺，前往天竺（今印度等地）取經。迎遠禪師等返回廬山後，在慧遠主持下，將佛經譯成漢文，與長安的名僧鳩摩羅什交換經本。慧遠撰寫（般若經）序文，前後所著經、論、序、銘、贊、記、詩等，凡十卷，編為《廬山集》。慧遠還與達官顯貴、學者聞人，乃至農民起義軍領袖相交往。因此，慧遠聲振遐邇，成為南方佛教和佛學中一個重要派別的領袖。他除了經營自己主持的東林寺外，還扶植資助他的師兄弟及門人弟子在廬山興建數以十計的寺廟。廬山西北麓的許多寺院，幾乎都與慧遠有關，流傳著許多動人的故事。

　　自東晉以來，廬山一直為文化學術聖地。南唐昇元間（937－942年），廬山白鹿洞被建為「廬山國學」；至北宋初，擴大為白鹿書院，同時與睢陽、石鼓、嶽麓並名為天下四大書院。後白鹿書院經南宋理學家朱熹重修，更是聲名大震。明清以來，廬山也一直是全國性的文化學術集中地，學者名流，絡繹不絕。古往今來，不少詩人墨客、文人學士都曾來過廬山。唐代詩人李白特別偏愛廬山。他到廬山後，認為「予行天下，所遊覽山水甚富，俊偉詭特鮮有能過之者，真天下之壯觀也」。廬山之神秘，廬山之莫測，讓無數人為之稱奇感歎。

10.試問華山幾多險？

華山的「險」是天下聞名的。由於華山是矗立在華山山脈脊嶺北坡上的一座孤立的柱形山體，所以由峰頂到兩側谷地，高差大坡度陡峭，花崗岩岩壁裸露光滑，沒有可以利用來開路的條件，就是飛鳥亦沒有停足的地方。俗話說：「自古華山一條道」，讓我們看看這條道上到底有多少險關。

青柯坪登北峰是攀登華山過程中的一道險關。清人龍怡在《劉東郊歸自關中述華山之遊爲作詩記》之中，對青柯坪登北峰這一段路程作了生動的描寫：

> 徑迴路絕飛鳥還，清壁杳藹凌雲端。
>
> 停策仰望坐歎息，安得羽翼臨風翻。
>
> 垂垂鐵緪一千尺，烈日長風火摩蕩。
>
> 半足入壁出壁間，雙手緣雲上雲上。

這首詩可說是對千尺幢、百尺峽險絕情景的極好概括。

站立在北峰之巔，向南眺望，但見肅穆雄偉的三峰，突出於雲表之上，峰頂上一叢叢挺拔秀美的青松，裝飾峰頭美如一頂花冠，冠下飄帶，下連北峰。蜿蜒曲折，又似蒼龍飛舞，誰知這蜿蜒曲折，飛舞如龍的山脊之上，卻隱藏著不少的險處。

原來，北峰南連三峰的山嶺，正當黃甫峪與華山峪的分水嶺。嶺高峪深，嶺脊狹窄，高下起伏亦大，因而道路崎嶇，通過的形式亦是多樣。築路人覺得嶺脊不能走，於是在脊旁山坡上開鑿了一條半隧洞式的道路來。路雖平坦，卻只容一人通過。由於長期日曬風吹雨打，臨空的路邊已成爲圓滑無棱，易於失足墜

崖，形成危險萬分的境況。登山的人恐怕墜崖，只好貼著內側崖壁前行，這樣又會被那參差的岩石碰著頭或擦著耳朵，所以叫「擦耳崖」。站立北峰南望，那從山上下來的遊人，在此處進入了白雲飄渺之中，行走於懸崖之上，有如仙人一般，故叫「仙人碥」。那些未能習慣登高山，且膽小又迷信很深的人，走到這裡卻是魂不附體，猶如遇到了閻王爺，因此俗稱「閻王碥」。

仙人碥、閻王碥的驚險在臨空絕壑一面，另一側雖是絕壁，但不可怕，且碥不長，膽小的人面壁快步，很快就可渡過險地。惟獨蒼龍嶺的形勢與幢與碥大不相同。

◎中國古代的道教為何要把西嶽華山視為「洞天福地」呢？

蒼龍嶺好似一頁高牆南北而立。蒼龍嶺南連三峰，北接閻王碥、仙人碥與北峰串聯在一道嶺上。蒼龍嶺西側直落的深淵，正是青柯坪東南側溪斷路絕面臨的懸崖峭壁處；嶺東側直落黃甫峪深谷，比之於青柯坪還要幽深。由於南高北低，形成近45度的陡坡。嶺長約一里，寬不過一公尺多，花崗岩石經過長期剝蝕風化，嶺脊圓而光滑，步行其上，面對眼前驚心動魄的景色，真如置身在雲天一般。

像蒼龍嶺這樣一種形勢的險地，三峰之上還有一處，即「屈嶺」，人們叫它「駱駝脖子」。屈嶺在南峰與西峰之間，是南峰通西峰的一道天橋。屈嶺只有五、六十步長，一公尺來寬，兩端

高差亦較小，由南往北是一道慢坡。西側是峭崖深壑、雲霧繚繞和氣流的通道；東側是鎮岳宮凹地，坡度較緩，密生蒼翠的松林。不過遇上颶風的天氣，過屆嶺亦是相當驚險啊！過屆嶺時，若正遇大風，一抬腿人就似乎要被飄浮起來，相當令人驚怕！

　　由百尺峽頂順嶺的東側南行，一路上依崖臨壑，人們經過了兩處驚險之後，對這稍平的羊腸小徑亦如走在平路一般，感到輕鬆一些。然而好景不長，才走五里許，又遇上光滑石崖斷路，岩石表面經過長期風化剝蝕，形成一道道的小溝槽，就像剛犁過的土地上出現的犁溝。這光岩上亦是石柱鐵鏈兩行，溝長二百五十多步。有人說，這兒與千尺幢、百尺峽的險情相差無幾，甚至覺得更危險！只是由於這兒比較光亮明朗，沒有那種陰森怕人的氣氛。

　　過了「老君犁溝」，就到鐵牛台，台之北即「猢猻愁」。此處非常奇峭，需要仰攀，將身子露出於峭岩之外。為什麼叫猢猻愁呢？猿猴類就是生活在深山老林的動物，慣於攀懸崖峭壁的，到了這裡過不去而發愁，故叫猢猻愁。傳說三峰半腰水簾洞的猿猴，每次來到這兒，再往東邊去不成，只好返回水簾洞。那麼大本事的「孫悟空」都沒有法子，足可謂此處的險峻之極。

　　華山還有一個著名的險處，叫「長空棧」，就是在懸崖上鑿了一排石穴，以鐵柱插入穴中，鐵柱上再搭木椽。之所以美其名曰長空棧，是因為它像架設在空中的棧道一樣。人行走在長空棧上，棧道發生顫動，加上棧下是深淵一般，人的精神狀態早已是恍惚的了，所以俗名叫「陘陘椽」。這陘陘椽的可怕，還在於年久失修，那些鐵柱有的已鏽爛了，有的已鬆動了，其上鋪的木椽，表面看去是好的，實際上已經朽壞了。

走完長空棧，有一石洞，即「賀老洞」。傳說是元代道士賀元希在此經營。關於賀老鑿洞還流傳著很有意思的一個故事。這個故事不但有趣，亦有較深的意義。賀老洞西側有一高懸的崖壁，壁上有「全眞崖」三個大字，筆力雄勁，字體豪放。最爲可敬的，還是那設法和親自將三個字鐫刻在懸崖上的藝術家，他如果沒有超人的膽量，根本不敢站在這麼險峻的地方，更別說什麼豪氣衝天地刻字了。

說到華山的險，最有代表性的就是它的登山道路——「自古華山一條道」了。翻開記載華山歷史的書查一查就知道，大約在漢唐以前是很少人攀登上頂峰的。在南北朝時山上少有殿宇建築，神祠多是洞穴，道路都是未加修整的原始狀態。到唐代天寶十三年（754年），杜甫在《封西嶽賦》裡還說「太華最爲難上，故封禪之事罕聞」。

從以後華山上修建的廟宇和名勝古蹟的傳說故事來看，華山的繁榮大概是和唐以後道家在這裡的活動分不開。修道之人離開熱鬧的城市，尋找幽靜養身修煉的場所，華山是塊很理想的地方，也是他們尋求長生不老的藥物的好地方。從而登山的道路也隨著慢慢開拓出來，險路不但鑿成了石級，在兩側還安上了鐵索和欄杆，遊人亦逐漸多了起來。到了近代，特別是每年二、三月間，朝山拜神，求神保佑的群眾，上上下下絡繹不絕，路就這麼走出來了。

大多數的名山勝景像這樣只有一條通道的是少有的。產生這種情景，山勢地形定是非常奇特的了。說起路的種類來，本應是很多的，有陸路、有水路、有航空路。這兒當然只能有陸路了。在山地中通行，有的沿著溪流河道而行，這種路叫「沿溪線」。

它的好處是順溪流的自然坡降慢慢升降，起伏較小。有的山路是沿著山嶺的山脊而行，這叫「嶺脊線路」或「沿嶺線」，這種線路有的嶺脊比較寬平，路就開在脊樑上。嶺脊線的起伏亦不大。有的山路是走「之」字拐或是「盤山路」，這種路多是在爬坡時見到。此外，橫穿山嶺時往往從兩個山頭中間穿過，這叫「越嶺線」。山地中如果路程較短，往往只出現上述各類形式中的一種或兩種；如若路程較長情況較複雜，往往出現各種類形的線路組合串聯在一起。登華山路線不算長，大約四十里左右，然而情況非常複雜，上述形式的線路都有，而且還有多處一般不易碰到的險地，還非由此通過別無它法，因此說自古華山一條路。

11.泰山名勝的來歷之謎

泰山上有很多名勝古蹟，來歷頗為複雜，比如「回馬嶺」、「無字碑」的由來，至今莫衷一是，不過細細考察一番有關歷史，倒也頗有意思。

回馬嶺位於泰山登山中路的中段，壺天閣之上，中天門之下，海拔八百公尺，古名石關、瑞仙岩，這裡山重水複，峰迴路轉，景色十分優美，現有石坊一座，額刻「回馬嶺」三字，東西崖勒刻清乾隆帝愛新覺羅‧弘曆《回馬嶺》詩三首，是泰山風景區著名景點。關於這「回馬嶺」之名的來歷，歷來眾說紛紜，至今仍是一個難解之謎，最主要的有三種說法：

一、宋真宗趙恒回馬處說。此說流傳最廣，與清乾隆在乾隆十三年（1748年）登泰山時在此賦詩題刻有關，「曈曨日照紫芙蕖，石磴盤行路轉徐，傳是真宗回馬處，當年來為奠天書。」現在摩崖石刻保存完好。清代宋思仁所編寫的《泰山述記》中記載：「回馬嶺，重岩疊嶂，一名石關，應劭謂之天關，至此馬不能行矣……相傳宋真宗回馬處。」

可是，從歷史記錄來看，宋真宗趙恒來泰山封禪並不是騎馬上山的。宋大中祥符二年（1009年）立於泰山腳下岱廟的《宋真宗封祀壇頌碑》中記述：「上乃乘輕輿，陟絕嗽，躋日觀，出天門。」登山是攀盤道石階，「輕輿」應是指山轎而不是馬車，也就談不上回馬。而且早在唐朝由道士郭行真立於岱廟的《唐岱嶽觀造像記碑》中就有「回馬嶺」之名：「山人王昌字大曆十四年二月二十七日登泰山時，真君道士卜皓然、萬歲道士郭紫微各攜

中國地理不思議之謎

434

茶果徂候於回馬嶺。」可見，「回馬嶺」之名並非始於宋眞宗趙恒封禪泰山之時。

二、明蕭協中著《泰山小史》（1932年版）和1986年山東人民出版社出版的《泰山導遊》認爲，「回馬嶺」之名是唐玄宗於開元十三年（725年）騎馬登封泰山時，至此山勢高峻陡拔，馬不能上而得名。李白和唐玄宗李隆基是同時代的人，他的《泰山吟》六首流傳很廣，其中一首描繪唐玄宗李隆基騎馬封禪泰山的情景：「四月上泰山，石屏御道開，六龍過萬壑，澗谷隨縈回，馬跡繞碧峰，于今滿青苔。」由此可見，唐玄宗李隆基騎馬登封泰山是確信無疑的，不過，認爲「回馬嶺」之名源出唐玄宗登泰山又有牽強之嫌。

三、還有人認爲，東漢光武帝劉秀於建武三十二年（56年）登封泰山時，在此回馬，遺名「回馬嶺」。這種說法的主要依據是《泰山封禪儀記》的記載：劉秀「上山騎行，往往道峻峭，不騎，步牽馬，乍步乍騎，且相半，至中觀留馬」。此文的作者是隨漢光武帝劉秀一起登山的泰山郡守應劭，可信性較大。以此推斷漢光武帝劉秀在此回馬有一定的道理。

看看泰山上另外有一個有趣的東西——無字碑。泰山極頂玉皇殿門外，有一方高六百公分、寬一百二十公分、厚九十公分的長方形石表，白中透黃，形制古樸，石上無字，因此人們稱之爲泰山「無字碑」。

對這方巨碑，古人曾吟詠，「本意欲焚書，立碑故無字」，意思是說秦始皇在泰山樹立無字碑的目的在於焚書。詩人總是想像力異常豐富，泰山無字碑果眞是秦始皇所立嗎？未必。封禪是封建帝王祭天地的大典，傳說從上古至周成王時，有七十二王到

泰山封禪，《封禪書》只記下無懷氏、堯、舜、周成王等十二君王。可以斷言，泰山無字碑絕不是七十二王中的某王所立。

據《史記‧秦始皇本紀》記載，始皇二十八年（西元前219年），秦始皇開始第二次出巡，當他進入今山東省鄒縣後，「上鄒嶧山，立石，與魯諸儒生議，刻石頌秦德。議封禪望祭山川之事。乃遂上泰山，立石封祠祀。……刻所立石，其辭曰：皇帝臨位，作制明法，臣下修飭。二十有六年，初並天下，罔不賓服。親巡遠方黎民，登茲泰山，周覽東極……」這段記載說明秦始皇在泰山上立碑是刻有文字的，絕不是無字之碑。

秦始皇的泰山碑早已不存。現存岱廟的秦碑，是秦二世元年（西元前209年）胡亥詔書，丞相李斯篆書鐫刻的。該碑原立於玉女池旁，高不過四、五尺，有二百二十二字。宋代劉跂曾摹其文，當時尚可辨認146字。明嘉靖年間將碑移至碧霞祠時，僅剩二十九字。這方石碑是中國現存最早的文字石刻之一，也是保存李斯手跡的珍品。元代郝經在《太平頂讀秦碑》詩中盛讚李斯的書法「拳如釵股直如箸，屈鐵碾玉秀且奇。千年瘦勁益飛動，回視諸家肥更癡。」可見其藝術價值之高。

泰山無字碑不是秦始皇所立，這是毫無疑義的。那麼，這方石碑究竟為何人所立呢？

漢武帝很有可能是立碑之人。漢武帝即位不久，就有封禪泰山的念頭。據《西漢會要‧封禪》記載，「武帝初即位，尤敬鬼神之祀。漢興已六十餘歲矣，天下艾安，縉紳之屬皆望天子封禪改正度也，而上鄉儒術，招賢良。趙綰、王臧等以文學為公卿，欲議古立明堂城南，以朝諸侯，草巡狩封禪改曆服色事未就。竇太后不好儒術，使人微詞趙綰等奸利事，按綰、臧，綰、臧自

殺，諸所立皆爲廢。」這段記載說明漢武帝即位之初其所以未能如願封禪，一是巡狩、封禪的儀式未制定好，二是竇太后暗中所阻，迫使鼓吹封禪的儒生趙綰、王臧自殺，以懲一儆百。這樣，封禪之事便暫時擱下了。

著名文臣司馬相如死後留有一封遺書，力勸武帝上泰山封禪。司馬相如的死，使漢武帝有了舊話重提的機會。於是，漢武帝召集五十餘名儒生，討論、起草封禪儀式。然而數年拿不出好的方案來，因此，封禪之事又暫擱下。

武帝自西元前141年即位，三十餘年後，即元封元年（西元前110年），終於走出皇宮，踏上登泰山封禪的旅程。武帝到泰山是在西元前109年初，當時「泰山之草木葉未生，乃令人立石之泰山顛。上遂東巡海上，四月還至奉高，上泰山封」（《封禪書》）。這說明武帝確是在泰山頂豎過碑的，但史籍上只載「立石之泰山顛」，卻沒有「刻所立石」的記載，這又證明武帝所立的是一方無字碑，這方無字碑與現存的無字碑位置相似，是在泰山極頂，極有可能泰山的無字碑就是漢武帝所立。

也有人認爲，泰山無字碑原是有字碑，只是飽經風雨，字被風化剝蝕殆盡，以致無跡可尋。可是，現存無字碑石的風化並不嚴重，這個說法也不盡可信。由於石碑距離今天的時間太久遠，解答這個問題還需要專家進一步的研究。

第十章

原始林莽不思議之謎

這裡莽莽的林海是中華青春揚溢的戎裝；這裡珍稀的生靈是大自然
生機盎然的寶藏；這裡潺潺的小溪是人間最動聽的低吟；這裡高聳的大
樹是華夏堅韌挺拔的脊樑……人們用驚奇與迷惑的目光，問著：神農架
到底有無「野人」？動物白化是否是羽化成仙的現象？如蓋的綠海還孕
育了多少神奇與奧妙……。

1.神農架之謎

神農架是個謎，神秘而博大——大量動物在此返祖白變，山溪之間出現大海獨有的潮汐，怪異莫測的洞穴……這些獨特費解的神農架之謎，叫人眼花繚亂，浮想聯篇。

謎之一：動物白化現象

中國許多城市的動物園裡都養有白熊。從外表看，牠們實在沒有什麼區別，若注意到產地欄的記載，就會發現其中的大不同。原來，多數白熊都屬引進的北極熊，惟獨武漢的標記著「神農架」三個字，是道地的國產貨。關於神農架白熊是否真白熊的問題，科學界在20世紀50年代就有爭議，至今餘音未了。

20世紀50年代初期，在神農架山林裡捕到第一隻白熊，送到了武漢動物園，引起了科學界的震驚。依照常理，白熊只能生活在北極圈內、北冰洋地區，神農架屬中緯度地區，是亞熱帶向溫帶氣候的過渡地帶，怎麼可能出現白熊呢？因此，許多專家不相信，不承認。有專家指出，在北京周口店曾發掘過一架白熊的遺骨，牠進一步證明白熊古代確曾生活在中華大地上，難道神農架白熊同大熊貓一樣也屬倖存下來的古老遺物種嗎？

果然，未過多久，神農架又相繼捕到四隻白熊，而且雄雌老幼兼備。專家們承認了這一事實，於是提出了棕熊返祖白變的理論，稱其為白化動物，也就是說神農架地區的部分棕熊受特殊環境的影響，產生了白化現象，長成了白熊的模樣。

然而，這一理論到20世紀70年代又受到了嚴重挑戰。在兩次

中國地理不思議之謎

440

大規模的「鄂西北奇異動物科學考察」過程中，科學工作者竟捕到、見到了神奇的白蛇、白獐、白麂、白龜、白金絲猴、白蘇門羚、白鸛、白皮鷺、白冠長尾雉……當地百姓還曾目睹過白「野人」、白蟾蜍等，幾乎所有的動物物種都有白的。

於是，專家們再次提出疑問：棕熊能白化，難道所有的動物都能白化嗎？為什麼僅有神農架動物能白化呢？

在古代傳說中，白色動物一直被視為修行千載、始悟仙道的精靈或神物。《史記‧五帝本紀》中記述的曾幫助軒轅黃帝立下赫赫戰功的「羆」即為白熊；《白蛇傳》中的白娘子即是白蛇修成人身的。有趣的是神農架不僅產白蛇，也產青蛇，民間稱其為青水漂，白蛇與青蛇的確愛結伴而行，而且是靈芝的保護神。看來《白蛇傳》的故事應有一定的依據，白熊參戰的傳說也許不是神話。

神農架白色動物同非白色的同種動物相比，在生活習性方面尚未發現有多大差異。白蛇洞居於密林深處的溝畔溪邊，也愛隱身於懸崖峭壁，時而在草叢中穿行，時而在岩壁上露面，通體潔白無瑕，盤旋時猶如一盤玉雕，挺立時酷似一根銀棍，行走時就像一條飄逸的素帶。白蛇常與青蛇結伴而行，邊行邊舞，配合默契，簡直就是一對訓練有素的演員。白獐形似白狗或山羊，常出沒於海拔四百公尺以上山林，逢上隆冬大雪天，也偶爾潛入農家庭院，奔跑呈蹬躍式。雄性也生有麝香包，每包可得麝香二十至五十克，白獐的麝香比一般的獐子更被珍視。

通身白色的動物在當今世界上已為數寥寥了，非洲白獅、白人猿、印度白鹿、臺灣白猴等無不被視為珍寶。在中國珍稀動物名錄裡，諸如白鸛、白冠長尾雉等佔據了相當大的比重。神農架

被稱為「白色動物之鄉」是當之無愧的，不過至今人們還是不清楚，為什麼惟獨在神農架才出現這麼大規模的動物白化現象。

謎之二：山溪之間的潮汐

潮汐是由月球對地球的引力而產生的海水漲落現象，古人謂之「濤之起也，隨月盛衰」，故每月朔日、望日潮最大，上弦、下弦日潮最小。誰能相信，這海邊特有的自然現象竟也能出現在神農架的山溪間呢？

潮水河的潮汐是潮汐嗎？其源出海拔一千四百七十公尺的觀音岩，流長不過十幾公里，距東海邊二千多公里，縱使有地下河連通，海水變化的影響力有這麼大嗎？

潮水河的潮汐是不是月球引力產生的，還打著一個大大的問號。溪水從觀音岩上的一個岩洞中湧出，滾坡直下，最初為一掛瀑布，降至谷底才形成一條小溪。細觀瀑流，時粗時細，一晝夜三變，因而引起溪水三起三落。漲潮時波瀾翻滾、洶湧澎湃，落潮時水位銳退，露出岸邊卵石。為什麼與海邊潮汐又不盡相同呢？民間將潮水河潮汐的起因解釋為犀牛翻身。講潮水河的源頭是一口深淵，一頭巨大的神犀終年睡在水裡修煉，神犀有個習慣，每晝夜要翻三次身，每當牠翻身時便會激起淵水外溢，因而便造成了河水漲潮。此說是否可視為對間歇泉的神話解釋呢？

地質工作者曾經探察過潮水河的源頭，發現觀音岩上面的岩洞內通地下河，地下河的源頭遠在海拔二千零六十公尺的「一碗水」，「一碗水」又是一處間歇泉，因此認為潮汐為間歇泉所致。但「一碗水」究竟有多大蓄水量？間歇泉是怎麼形成的？間歇泉有能量使下游的溪水如潮水般定時暴起暴跌嗎？

謎之三：盛夏結冰川的洞穴

一般岩洞內都是冬暖夏涼，但也僅只是相對而言的暖和而言，涼倒也罷了，可是隆冬熱風撲面來，猶如置身於暖氣房，盛夏冰川迎面立，好像鑽進了廣寒宮，這樣的現象就很奇怪了。神農架就有這樣一個奇洞，名叫「冰洞」。

冰洞山高聳在宋洛河西側，主峰海拔二千四百多公尺，頂部呈棱臺狀，正中內陷，形成一個倒扣的漏斗形天坑。天坑約十公尺深，七公尺寬，二十公尺長，原來曾盛著半池清水，大概是周圍林木被伐殆盡的原因吧，水位漸跌，以至於完全枯竭了。冰洞口便顯露在石體上，僅有一人多高，寬也不過四公尺左右。在洞口處站不上一分鐘就能強烈地感到這兒氣候與外界的截然不同。

冰洞的主洞道不長，支岔卻很多，門洞稍微寬展些，越向前越窄狹，可容遊人通行者不足千公尺。洞內有暗河一條，基本沿主洞道而流，水量不大，卻可聞潺潺之聲。洞深幾許，尚屬未解之謎。

冰洞內的景象因時而異：春來珠光寶氣，夏至冰塔林立，秋季碧水輕流，冬時暖氣融融。結冰時間一般在七、八月開始溶化，有人做過測試，化冰時洞口溫度為21度，山麓溫度為30度。三伏盛夏，進入冰洞，儼如登上了嫦娥蟾宮。剛才還是汗流浹背，馬上就有了徹骨寒意，得趕緊加穿衣服，適應氣候了才能慢慢觀賞。只見頭上懸著各式各樣的冰燈，腳下踩著滾瓜溜圓的冰球，四壁聳立著奇形怪狀的冰柱，深處飄逸著時隱時現的冰流。那些冰燈，無不靈巧輝煌；那些冰球，無不通體透明，滿地滾動；那些冰柱，無不攀龍附鳳，熠熠生輝；那些冰流，無不從天而降，氣勢逼人。

在冰洞裡，一切彷彿全是白銀打造而成，所有景觀似乎都是翡翠裝點，滿目是玉樹瓊花，遍地皆錦鱗秀甲。那些銀器，工藝精巧，無與倫比；那些翡翠，色澤純正，沁人心脾；那些玉樹，參差挺拔，交相輝映；那些錦鱗，生動活潑，奔騰逶迤。

對冰洞的由來，民間流傳著一段動人的故事。說炎帝神農氏教百姓們學會了狩獵，學會了農耕，生產力迅速提高，收穫的食物漸漸有了剩餘。但又出了新的難題，就是怎樣才能保證食物冬天不凍、夏天不腐？百姓們又求助神農老祖，希望能有一座冬暖夏涼的庫房。老祖是南方之帝，只能主管夏，不過與主管冬的北方黑帝交情甚厚，於是便找黑帝商量，終於想出了一個妙法，就是選定一處岩洞，私下命臣屬交換了在洞中值班的時間。從此，冰洞夏季歸黑帝掌管，冬季歸炎帝掌管，因而與外界就截然相反了。

當然，傳說故事不足為信，以科學的觀點來分析，冰洞的奇特現象極可能與洞體結構和所處的環境有關。冰洞山高達二千多公尺，冰洞深藏在天坑底部，洞體全是堅實的岩石，洞道又呈正東西走向。石體具有吸熱快、散熱也快的特點。冬季，地心溫度高於地表，寒風有天坑遮擋，難以吹進洞內，來自地底的暖氣流同外界的冷氣流在洞口處相遇，於是便形成了水珠。夏季情況相反，外界的暖氣流從天坑底部湧入洞內，遇上了來自地心的冷空氣，溫度驟降，就可能結水成冰。

2.喜馬拉雅山與臺灣的植被為何同緣？

　　臺灣的中央山脈與大陸的喜馬拉雅山相距數千里，且有一道海峽相隔，然而它們的植被卻有許多是相同的，這其中的奧秘在哪裡呢？

　　根據地質學家的考察和研究，在三千萬年前的早第三紀，喜馬拉雅山脈與臺灣島不定期地沉淪在汪洋大海之下。恰恰是第三紀中晚期的喜馬拉雅山運動，使處在歐亞板塊南緣的喜馬拉雅山地和東緣的臺灣島，在印度塊向北和與之形成互動的太平洋板塊向西北的俯衝下，同時迅速仰翹起，一起脫海而出。

　　當時臺灣處於中國東部的濕潤熱帶、亞熱帶氣候區，在其逐漸成陸和與大陸連接的過程中，密佈於福建沿岸低地的熱帶及亞熱帶森林首先覆蓋了這片光裸的土地，而迅速隆起的喜馬拉雅山地則將古地中海推向西方，位於其北山巒起伏的青藏高原古地中海海岸特有的熱帶、亞熱帶植被，也將喜馬拉雅新生陸地打扮一新。然而，由於新第三紀的海浸，形成八十海浬的海峽，將臺灣島與大陸分割開來，臺灣植物在其特定的環境下開始了自己獨特的發展歷程。而喜馬拉雅山區則持續快速隆升，並逐步吸納了古老的高原山地植物，在此基礎上，進一步形成了自己獨特而又豐富的山地植物世界。

　　在位於寶島南端的墾丁南仁山的熱帶山地雨林中，高大的香樟、油樟、綠樟、厚殼桂、印度栲、刺栲、嶺南青岡、青岡、小果毛青岡、米櫧栲等多種樟科和殼米科植物在高空支起的綠色巨傘，林下是鴨腳木、杜英、倒卵葉楨楠等二層喬木和作粗葉木、

紫金牛、瓜馥木、秋海棠、海芋、山薑等灌木和草本植物密密填滿的林下空間，以及盤折於其內的雞血藤等藤本植物，這一點很像西藏雅魯藏布江大峽谷的原始密林。

臺灣森林的主要樹種的香樟、紅楠、厚殼桂、刺栲、青鉤栲、印度栲、赤皮青岡、嶺南青岡等，許多種也出現於喜馬拉雅山地。表現最爲典型的相似景象出現在位於中央山脈的合歡山。從低到高，依次是常綠闊葉林、鐵杉林和冷杉林，簡直就是東喜馬拉雅山地的垂直帶。

合歡山的森林分佈怎麼會與東喜馬拉雅山地無任何區別呢？如果說某一個樹種或某一森林群落從大陸遷移到臺灣，還是有可能，這麼一大片山地森林垂直與東喜馬拉雅山如此之相似，眞叫人難以想像。

在海拔二千二百公尺的高度附近，生長著一株株高逾二十公尺的巨樹，一層層枝葉在通直的樹幹上水平展開，如同一把把巨傘撐在藍天下，這就是文獻中所記載的臺灣鐵杉林。它廣泛分佈於中國西南山地，是中華鐵杉的變種。但令人百思不解的是，這種僅生長在大陸西南海拔較高的涼爽地帶的樹種，是怎樣經過廣闊的亞熱帶平原和汪洋大海來到臺灣的呢？

當穿過合歡山隧道來到北合歡山埡口時，在山脊線附近的臺灣冷杉已成了低矮的具有旗形樹冠的小老頭樹。樹線上長滿了大片匍匐於地的柏樹——玉山圓柏，而其間一叢叢玉山杜鵑紅色的花朵簇擁在枝頭，在深綠色的基底上潑灑出一張巨大的綠色斑。在陰坡，大片玉山前織出一張巨大的綠色絨毯鋪滿山坡，在山坡凹陷的低窪處，洋茅形成鵝黃色的補綴，臺灣龍膽、玉龍膽、馬先蒿、高山烏頭小巧秀美的小花點綴其間。這番景象讓人分不清

是身在臺灣中央山脈的合歡山上還是在東喜馬拉雅的群山之中。

這裡的玉山圓柏原本就與遍佈喜馬拉雅山地的高山圓柏同種，只因微小的差異強分出的一個變種。杜鵑、馬先蒿與龍膽本來就是喜馬拉雅與橫斷山脈的特色，玉山薔薇是廣布青藏高原絹毛薔薇的變種，馬無蒿、小檗、烏頭、女婁菜、報克、白珠、忍冬等屬組成的高山植物群落都與喜馬拉雅山無任何區別。更令人驚奇的是這滿山竟有一些道地的喜馬拉雅植物，如長於岩隙中葉面被滿絨毛的尼泊爾香青，從其名字就可知道它的喜馬拉雅原籍。再比如玄參科的打繡球，原為喜馬拉雅山地特有單種屬植物，竟然也千里迢迢來此落戶。如此之多的高山植物究竟何時，又怎樣遷下高山，穿過廣闊的華南亞熱帶平原山地，再越過臺灣海峽遷居到臺灣中央山脈的呢？現代科學家還沒有拿出一個讓人非常信服的回答。

不過，雪山的冰川痕跡，也許是解開植物的遷移之謎的一把鑰匙。從植物生態學的觀點分析，喜馬拉雅山地植物只有在第四紀冰期、全球氣候變冷時，才有可能逐步遷移到低海地區，並在這一時期，因為兩極冰川擴展，海平面下降，臺灣海峽與大陸相連，這些植物繼而越過海峽，遷居臺灣，但這畢竟僅是一種分析，地質與地理學家也拿不出確實的證據。

3.森林「野人」之謎

　　世界各地流傳著許多關於「野人」的故事。儘管世界上這麼多地方發現過「野人」，但若追根究底卻又都拿不出眞正的實物或完整的標本。直到現在，還沒能活捉過一個野人。因此「野人」或類人的未知動物是否存在，現在下任何結論都還爲時過早。

　　在中國古籍中和現實生活中，不少地區「野人」的消息也頻繁傳出，尤其是人跡罕見的地方。十七世紀成書的《倉央嘉措》中就記載了六世紀達賴喇嘛倉央嘉措路上遇見「人羆」的奇事，「人羆」就是野人的意思。有意思的是，藏族同胞根據不同的地域對野人有不同的稱呼。例如，他們稱雪山上的野人爲「岡米」；稱活躍於岩石山澗中的野人爲「黎米」，而稱隱沒在森林裡的野人爲「納米」。據當地牧民們說，野人對他們來說並不陌生，幾百年來，野人一直是他們生活和記憶中的一部分，他們只是把野人當做當地的一種動物。他們認爲，如果說這種動物神秘，也不過是因爲野人棲息於人跡罕見的地方而已。

　　在中國湖北省的神農架以及湖南、浙江、廣西、新疆和雲南等地區也流傳著有關「野人」的消息。1975年夏天，在雲南邊境的西盟縣，約宋鄉中緬邊境中國境內的一個生產隊裡，有個似人的野人竟跟隨著一群牛羊來到了佤族山寨。其兩腳直立行走，渾身長滿棕紅色的長毛，不會說話，但總是吱吱亂叫。它對牛羊並無惡意並友好地與其朝夕相伴，早晨跟牛群上山，傍晚隨牛群回寨。遺憾的是，那裡是個偏遠、封閉的山寨，那時的人們沒有電視，更沒有動物知識方面的科學研究普及。放牛娃因爲從來沒見

中國地理不思議之謎

448

過這種動物，更談不上對此有任何瞭解，就想盡一切辦法把它趕走，但最後沒有成功。後來沒辦法，只好每天給它些剩菜剩飯。可是每天看它出來進去，又感到害怕。一個多月之後，放牛娃求鄉親們幫忙，想把它捉住送到縣裡。沒想到其力大無窮，同時上去幾個人都不是它的對手，竟兇猛地將捉它的人推倒，有個鄉親情急之下，舉起柴刀向它劈去，它才不情願地逃走。

1976年5月14日凌晨，神農架林區六名領導幹部，從十堰市乘汽車返家。車行至房縣與神農架交界的椿樹崖時，在公路上看見一個用兩足行走的奇異動物。人們從車上跳下來，清楚地看到這動物渾身紅毛，沒有尾巴，體高約五尺，體重約二百斤左右。在強烈的汽車燈光照耀下，這動物在人們的威逼之下大概嚇得不知所措，呆呆地趴在地上一動不動。由於這些開會的人從來沒見過這種動物，始終未敢將其活捉，竟眼睜睜看著它爬起來，直立起兩腿逃進密林。他們一致認為，這就是當地傳說的野人。

這件事情在北京有關部門引起的轟動可想而知。1977年3月，一支陣容豪華的考察隊組成，隊中聚集了全國五十二個高等院校、科學研究機構、博物館、動物園等一百多位專家學者。他們深入原始森林，踏遍茫茫林海，瞭解到百餘起當地群眾目擊野人的情況，但經過六個月的艱辛努力，也沒能捉到「野人」。只是在一棵樹上獲得了幾十根據說是野人蹭癢時留下的毛髮，其中還攙雜著一些很細的絨毛。考察隊隊員知道，現代人的頭髮是不會攙雜絨毛的。經北京醫院化驗，證實不是熊毛，而與高級靈長類動物的毛髮類似。以後考察隊又多次進山，發現的野人腳印已達五千多個，但遺憾的是卻始終沒活捉到「野人」。

1991年2月，雲南滄源縣黑寨的一個佤族獵手上山打馬鹿，

不久便發現了六隻馬鹿走來，但其中有個人形動物悠閒地坐在馬鹿上。仔細看上去，它像人又像猴，其手、腳、臉和身子特別像人。因從沒有見過這種動物，剛開始，這獵手以爲是傳說中的山神從此路過，站在原地不敢有任何舉動。但野人似乎很快便發現了獵手，它想從馬鹿上下來，情急之下，獵手舉槍射擊，那動物被打在地上，馬鹿群也驚恐地跑散了。他費力地把野人帶回寨子裡，卻不知如何處置。遺憾的是，這個野人很快地被獵人的鄰居們分食了。

◎野人腳印拓型與人腳之比較。

隨著人們對自然界探索意識的不斷提高，中國有關部門也逐漸加強了對其科學研究方面的研究。截至目前，有關部門已搜集到數以千計的「野人」毛髮標本。中國科學研究部門對其中數十件毛髮標本進行了光學顯微鏡和電子顯微鏡鏡檢、褪色實驗、質子啓動法、微量元素和螢光分析、角蛋白分析、電聚焦血型分析及DNA分析等多種高科技檢測，並比照人、猩猩及各種猴類的毛髮。檢測結果，除少量是犛牛的毛髮及人的毛髮外，多數與對照的人、熊、猩猩、獼猴等各種毛髮都不相同。但遺憾的是，因目前沒有真正的「野人」毛髮來對此比照，因此既無法肯定這是「野人」的，但又無法絕對地否定這些毛髮不是「野人」的。

除中國外，前蘇聯西伯利亞和中亞、高加索地區，甚至日本、澳大利亞、新幾內亞和非洲，都有聲稱發現了人類未知動物的報導。特別是1920年，有人在南美哥倫比亞與委內瑞拉交界處

打死了一隻類人猿似的未知動物，該動物身長一公尺半，沒有尾巴，和已知的南美洲猴類完全不同。當地的人們實在不知道該怎樣稱呼這種動物，只好把它叫做「委內瑞拉猿」。

什麼是「野人」，科學上另有一種說法，認為「野人」是原始人的殘存代表，也就是人類發展過程中停留在某個階段而殘存下來的群體。然而，現在民間所稱的「野人」涵義確頗為混雜，幾乎所有那些尚未被科學搞清楚的人形動物都被稱為「野人」。

綜觀世界各地的「野人」蹤跡，科學家們認為，這類動物有幾種可能：

第一種，可能是古代類人猿的後裔，特別是北美州的「大腳怪」，多人認為喜馬拉雅山的雪人和神農架野人是巨猿的後裔。

第二種，可能是大型短尾猴。大型的短尾猴遠看像是無尾的猿。五十年代中國浙江省曾有過村民擊斃「人猿」的報導，根據保留下來的該動物手掌來看，原來是一隻大型的短尾猴。

第三種，可能是新種的猩猩。在神農架，考察隊員們拿出多種的動物照片讓目擊過「野人」的當地群眾辨認，他們不約而同地指著猩猩的照片。有人指出，中國古人早已記載了猩猩的存在，並指出其產地就是今日的四川、湖北交界一帶，那時人們還不知道非洲和婆羅洲產的猩猩。因此，野人可能是指某種猩猩。

第四種，「野人」可能是「野化」的人。他們曾經是人類社會的成員，由於某種原因流落在大自然裡，因為長久隔絕於人類社會，人性逐漸泯滅，成為野獸般的人。

直到今天，野人是否存在仍然是個謎。也許，「野人」永遠是個自然之謎，但是人類需要對自然的好奇，需要這種需要為之探索的謎。尋找「野人」，正是人類好奇心的可貴表現。

4.百鳥投火為哪般？

　　在雲南西部，大理北邊有一座神奇的山，這座神奇的山坐落在雲南西部洱源縣境內，位於洱源縣城西南約二十公里。每年秋季，如果遇上颱風起霧的夜間，形態各異、色彩繽紛的鳥兒便會成千上萬地飛來此山。當地人在山坡上燃起篝火，鳥兒就會被火光吸引，著魔似地在火堆周圍飛翔、盤旋，甚至衝進火堆。即使人們用網捕捉，用竹竿撲打，鳥兒也不會飛走。

　　這座山有什麼吸引力，使得成千的鳥兒同時飛來？平時怕人的鳥兒為什麼會被火光吸引，即使遭人捕殺也不飛走？關於為什麼每年秋天有大量鳥類出現在此地，趨光撲火，當地有一個動人的傳說。

　　很久以前，山林木蔥郁，繁花似錦。山泉淙淙，每年中秋前後，百鳥飛來此山朝觀鳥中之王——鳳凰。有一次，鳥兒們正在與鳳凰歌舞歡宴之時，天氣驟變，霎時間烏雲密佈，漫天飛雪，寒冷難耐，作為鳥中之王的鳳凰，並不急於逃命，而是毅然拔下自己的羽毛分發給眾鳥禦寒，組織牠們迅速逃離。結果百鳥逃離險境，鳳凰因拔光羽毛無力抵抗暴風雪的侵襲，孤寂地凍死在山頂上。從此以後，每年的農曆八、九月，百鳥便飛來此山哀悼鳳凰。尤其是沒有月光、濃霧彌漫的夜間，各種各樣的鳥在空中低飛盤旋，不時傳來淒厲急促的鳥鳴聲。因此，此山又名鳥吊山。此時好事者便在山坡上燃起火堆，鳥兒破霧飛近火光，被人們捕獲。被捕的鳥大多嗉囊中無食，人們又傳說它們是為哀悼鳳凰而節食，更為這個動人的傳說增添了幾分傷感的色彩。

捕捉山上被火光吸引而來的鳥在雲南許多地方也出現過。在一些奇特的山坡埡口，每年秋季八月中秋前後，就有大量的鳥類出現飛過。如果遇上沒有月亮，刮起南風的夜晚，人們便紛紛上山，在這樣的山坡埡口燒火、點燈，鳥兒便會被燈光、火光吸引，趨光前來。由於在濃霧中鳥類飛得很低很慢，這時候捕鳥的人用竹竿打，用樹枝驅趕，捕殺飛到火光前的鳥類。

　　鳥吊山位於在雲嶺余脈羅坪山、蒼山和哀牢山一線，溝谷、壩子山之間的相對高差較大，常在五百至一千五百公尺之間。秋季候鳥向南遷飛時是從北向南，與溝谷及壩子的走向大體一致。而大多數遷徙鳥類的飛行高度在三、四百公尺之間，當牠們飛行中突然遇到高大山體，必然沿山坡向上飛行，試圖越過地理障礙。寬闊的平壩或溝谷對鳥類起了引導作用，來自不同方向的鳥類因為壩和溝谷的地形限制和引導而集中到了山坡埡口附近，形成鳥類遷飛的特殊通道。

　　許多鳥類學家認為，鳥類遷徙飛行是以地面山川流、海岸線或空中的月亮、星辰為導航標誌。遷徙鳥類大多數是白天覓食休息，夜間飛行。月明星稀、天氣晴朗之時，飛行高度高，飛行速度也較快。當陰雨天或大霧彌漫之時，飛行高度降低，飛行速度減慢。特別是大霧彌漫的夜間，鳥類因迷失方向，便有趨光習性，牠們會朝著光源飛行。雲南秋季常受季風控制，滇東受東南季風，滇西受西南季風影響，牠們分別從印度洋和北部灣帶來大量水氣，遇到高大山體，氣流抬升，氣溫下降，夜間多在山腰山頂地帶冷凝成霧，持續到次日清晨方散去。在這種情況下，鳥類就會迷失方向，如果有光源出現，牠們便會急不可待地飛向前去。此時牠們很容易被人們燃起的火引誘捕捉。

1958年秋天，鳥吊山旁山坡上一幢房屋失火，恰好是無月有霧的夜晚，撲救不及，熊熊火光吸引了許多鳥兒飛來，在火光附近徘徊飛翔，人們這下才知道原來此地是一處可以燒火打雀的山。從此之後，年年秋季都有人來此打鳥。

　　像鳥吊山這樣的「打鳥山」在雲南共有三十多處，已記錄到遷飛鳥類一百三十餘種，每年死於打鳥山的鳥類粗略估計將近一百萬隻。過去人們燃火捕鳥是因為沒有環保意識和法律約束，然而在有了一系列的法律、法規之後，這種不文明的行為依然不能被有效地制止。以巍山縣而言，縣政府曾發佈過禁止打鳥的通告，1997年鳥類環志工作期間還出動了森林武警勸阻、制止群眾打鳥。一些鳥類專家也曾深入到村子中向人們宣傳保護鳥類和鳥類環保的意義。然而1998年秋天，又有不少群眾捕鳥，政府不得不再次派遣武警戰士執勤。

　　雲南各地打鳥不能禁止的原因，主要在於許多「打鳥山」位於兩縣交界之地，多為少數民族居住地區，環保意識缺乏，意識不到保護鳥類的重要性，加上山區缺乏娛樂活動，有人把打鳥作為一種娛樂，覺得好玩而已。看來，如果當地絕大多數群眾的環保意識還不能被喚醒，那麼要不了多少時候，這些本應該是「鳥兒的天堂」的山就會成為血淋淋的鳥類屠宰場，人們將再也看不到鳥兒齊聚鳥吊山的景觀了。

5.千年古樹群落之謎

　　在西藏的重要林區、綠藍清澈的尼洋河畔，距林芝縣以西十多公里的巴結鄉西南坡上，有一百多畝蒼青翠綠、多世同堂、盛大繁茂的巨柏家族，它的「小輩」雖僅出生幾個春秋，「長者」卻有近幾千年的歷史，它們是祖先留下來的珍貴的「活化石」。這裡的古樹群落神奇到甚至連太陽黑子的活動規律也能從年輪中反映出來。無怪乎有人稱：一株古樹就等於是一部千年史書。巨柏為什麼這麼長壽，至今仍然蒼勁挺拔，果實累累呢？這其中的秘密如同古樹的年齡一樣，深不可測。

　　巨柏自然保護點所在的尼洋河流域，山崖陡峭、地形複雜，尼洋河順著蜿蜒的山谷由西向東南迤邐而行奔騰不息，兩側山峰林立，氣勢雄偉，多為海拔五千公尺以上的高山圍繞的狹窄谷地，只在東南端與雅魯藏布江交匯處有一缺口，潮濕的季風氣候得以逆流而上。整個大氣候受這種季風氣候影響，分佈著大面積繁茂的原始森林。

　　在大地形氣候之內，由於局部小地形的變化，地理空間水熱條件又被重新分配。南坡較北坡光照強，日照時間長，溫度高，蒸發量大，土壤的物理作用和化學作用都較強烈，土壤有機質積累少，較北坡乾旱貧瘠，加上坡度的影響，南北坡的自然環境條件有其明顯的差別。植物種類隨著環境條件的不同，各自佔領其適宜的地盤。尼洋河中下游的北坡、東北坡多分佈著鬱鬱蔥蔥的針葉、闊葉原始森林，南坡卻多為稀疏、喜暖、喜光、耐旱的疏林灌叢，巨柏自然保護點就位於這樣的南坡上。

遠眺山麓的巨柏群，面積不大，但步入林中卻參天蔽日，蒼翠蓊鬱，林濤陣陣，鴉啼蟬鳴，蜂擁蝶舞，看那老少巨柏，株株挺秀，好一派壯觀的氣勢。

　　巨柏也稱雅魯藏布江柏木，藏語稱「秀柏」，是裸子植物中柏科家族的一個分支，柏木屬的一種。柏樹家族在世界上有二十二個屬、一百五十種，中國有八屬三十種六變種。西藏生長著側柏、柏木、圓柏和刺柏等四屬，共十二種、二變種，占西藏森林總面積的8.5％。柏科家族在裸子植物中，適應性最強，分佈最廣，幾乎遍佈於地球上凡是能生存喬木的地區。在西藏以藏東橫斷山區北部海拔三千二百公尺至四千三百公尺的山地陽坡為集中分佈地區。

　　巨柏是西藏的特有樹種，分佈於雅魯藏布江河谷朗縣至米林附近的沿江地段，以及其支流尼洋河下游林芝波密（易貢）等地海拔三千至三千四百公尺江邊的陽坡、半陽坡、開闊的谷地、有石灰岩露頭的階地，以及山麓坡地。巨柏生於降水集中在6至9月份、降水量不足五百毫米、年平均氣溫攝氏8.4度，絕對最低氣溫攝氏零下15.3度，相對濕度65％以下，冬季多西風的氣候中性偏鹼的沙質土上。

　　巨柏在雅魯藏布江兩岸有時成為天然的護岸林，有人曾根據這種「護岸林」距離現在江面的高度與巨柏的年齡來推算河床的下切速度和地質的變化。巨柏以及它的家族，以長壽的特點和特有的生物學特性，獲得了其他樹木家族難以生活的場所，深得人們敬重。巨柏樹冠龐大挺立，側枝健壯發達，樹皮常縱裂成條狀，生鱗葉的枝排列緊密粗壯，毬果短圓狀球形，有好幾對種鱗，背部中央有明顯凸起的尖頭。果實當年傳粉受精，翌年秋後

成熟，之後種鱗張開，種子露出。但它的分佈範圍較爲狹小，只有中國西藏的尼洋一小塊森林裡有生長。

　　據調查和資料記載，保護點內有一株巨柏是中國天然生存柏科家族中樹齡最長、直徑最大的巨樹，高達五十公尺，胸圍粗達十八公尺，十幾人環抱而不能圍攏，被譽爲巨柏王。巨柏的生長極其緩慢，有人曾在保護點數過部分倒木的年輪，五百多年直徑僅達四十多公分。據推算，巨柏王壽命至少已達二千五百年以上。如果將長壽而著名的「漢柏」、「唐柏」與其相比，它們簡直是巨柏王的「兒孫」了！巨柏王至今仍然蒼勁挺拔，氣勢雄偉，生氣勃勃，果實累累。正因爲如此，當地和昌都地區一帶的群眾把它奉爲「神樹」，甚至有人常圍繞它轉幾圈，一是表示敬仰，再就是以圖添福增壽。這個巨柏王的生命力委實強大，但是誰也說不出其中的奧妙。

　　巨柏倒木橫切面上，可以看到有一圈圈的木質層，這些呈同心圓的圈，是巨柏的生長期與一年四季相吻合的結果。每年木材形成層向內生長一層，林學上叫「年輪」。一般情況有多少個年輪，就可斷定在這個切面上已生長了多少年，有時在樹木生長季節內因遭受病蟲，火災霜凍或乾旱等自然災害，迫使巨柏的生長暫時中斷，如果災情不重，經過短時期恢復又會重新生長，這樣形成的界線不如正常年輪明顯，而爲圓圈不完整的假年輪。所以人們可以根據年輪的寬窄，推論出哪一個時期風調雨順，氣候適宜或雨水稀少，天旱無雨或氣溫過高過低等自然災害。

　　國內外許多科學工作者，通過研究古樹的年輪，發現它所記錄的近百年氣候變化，竟與觀有文字記錄相吻合。因此，樹木氣象學隨著人們對年輪的深入研究而作爲新的學科產生了，這對天

氣的長期預報有著重要的意義。在分析年輪時，每一個年輪之內，靠裡面的一部分是每年生長季節旺盛期形成的，顏色較淺，質地較鬆軟，所占寬度比例較大，稱早材，靠外面的一部分是生長季節晚期形成的，材色較深，質地較硬，稱晚材。林業科學家們根據年輪，可識別木材質量。

巨柏大部分是稀疏零星地分佈著，惟有巴結巨柏保護點和附近山坡保留有小片較高大、古老完整的純林。在保護點內，由於巨柏的存在，為成群的中國國家二類保護鳥小緋胸鸚鵡創造了良好的棲息環境和食物源地。牠們常以巨柏種子為食，巨柏林為宿，於是就成了這裡的主人。小緋胸鸚鵡翼下覆羽為綠色，體形比大緋胸鸚鵡小，牠常在巨柏林中放聲歌唱，在巨柏上空展翅飛翔。巨柏林下基本上沒有別的大喬木生長，伴隨主體生長的林下植物有高山櫟、山柳、鼠李、小檗、繡線菊、錦雞兒、黃花木、白枝刺泡、薔薇、醉魚草、素馨，珍珠梅、金絲桃和獨活、柴胡、天南星、銀蓮花、黃精等藥材。隨著春夏秋冬植物氣候的變化，它們的花、果、枝、葉，也以不斷變化的顏色為巨柏保護點增添了絢麗的光彩。

6.錯鄂湖珍禽異鳥生存之謎

在念青唐古喇山脈北麓，羌塘高原南部邊緣湖盆區，有一個淡水湖叫錯鄂湖，湖裡有個鳥島，海拔約四千六百公尺左右。四周天高水闊，僻靜悠遠，沒有各種野獸的騷擾，湖內有無數的魚類等水生動物，湖邊花草繁盛。每年春暖花開、冰雪融化時，成千上萬隻鳥匯集到這裡，歡歌雀躍，生兒育女，棲息覓食。常見的有羽衣絢麗的赤麻鴨、噘噘嘴的翹鼻麻鴨、黑臉白翅的魚鷗、紅嘴紅腳棕頭棕臉的棕頭鷗、以及捕魚能手鸕鷀等鳥類。

對人來說，牠們過著謎一般的生活。能夠生活在那樣高寒的地帶，錯鄂湖的鳥必然有特殊的生理特性，使牠們在艱苦的環境中生存下來，這些生理特徵目前正是我們人類正在研究的課題。

在這極樂的世界裡，鳥兒們各自的生活方式十分有趣，每當氣溫回升，鳥兒們從遠處歸來後，都在繁忙地為生兒育女做準備工作。斑頭雁日夜不停地辛勤勞動，每天飛行很遠的地方叼回一根根枯草、樹枝築巢。棕頭鷗則因陋就簡，就地取材，做一些簡單的巢。鸕鷀卻不安分守己，經常偷摸其他鳥類辛勤勞動得來的成果。牠們在家庭內有分工，雄的外出找材料，雌的在家修築，有時個別偷奸耍滑的鸕鷀，乘別人外出，就拆人家巢上的材料，當然，牠們不在家時自己的窩也可能遭到同樣的命運。

這裡的鳥兒為了繁衍自己的後代，雖然高原氣候惡劣，但牠們還是堅韌地忍受著這裡的惡劣氣候。牠們為了生存，在同種族內往往是群居，但各自組成小家庭。棕頭鷗築巢遍佈全島，幾乎無插足之地，斑頭雁巢混雜在東西兩側的棕頭鷗巢群中，鸕鷀則

建巢於較大的岩石下，秋沙鴨建巢於岸邊淺水中。

　　最忠誠愛情的是斑頭雁，在來島前牠們已結爲「夫妻」，感情深厚，形影不離，清晨在湖邊，牠們一起梳妝打扮，藍天上，牠們比翼飛翔，碧波裡，牠們並肩蕩遊，勞動中，互相幫助，休息時相依相偎。一旦伴侶死亡，便終身不娶不嫁，過著孑然一身、形影相弔的生活。

　　黑頸鶴，藏語譯音爲「宗宗」，西藏廣大群眾十分喜愛牠，視牠爲吉祥之鳥。牠是中國的特產，也是世界上十五種鶴類中唯一生存高原的鶴。由於牠的生活條件特殊，種群繁殖率低，防禦敵害能力差，目前在世界上已被認爲是十分稀少的珍禽。

　　爲此，中國專門在申紮建立了自然保護區，保護黑頸鶴的繁殖地。區內坡度平緩，湖濱平原開闊，河流、湖泊、沼澤互相串通，形成了封閉的內陸湖。由於有群山環繞，構造成湖盆地帶，因而在局部地區出現相對溫暖濕潤的小氣候環境。

　　河湖邊沼澤地帶是黑頸鶴做巢和避敵的好地方。沼澤內的水生植物如紅線草，黃花水毛茛也是黑頸鶴的食物之一。依賴沼澤水域繁殖的黑頸鶴，體形非常高大，一般體重五至七公斤。頸、尾、初級和次級飛羽均爲黑色，體羽灰白色，頭頂少有點絨毛，呈朱紅色。牠體態優美，性情溫雅，抬頭昂立時幾乎與人齊高，舞姿瀟灑飄逸，惹人喜愛。牠們一般數十隻成一群，活動在海拔三千五百公尺至五千公尺的高原區，每年冬季在藏南拉薩河年楚河一帶，常棲於寬闊的河灘、河灣、卵石灘淺水處，有時沿江河上下飛行，常聽到牠們「果、果」的鳴聲。

　　黑頸鶴是一種候鳥，每年三月，牠們就從西藏南部遷往北部申紮保護區或羌塘「無人區」。一會兒排成「人」字，一會兒排

成「V」字或「一」字形的隊伍，兼程前進。飛行時，頭頸伸向前方，兩腳伸在後面，有節奏地揮動雙翼，姿態十分優美，邊飛邊發出「果、果」的鳴聲，十分嘹亮動聽。黑頸鶴4月份到達北部棲息地。牠們一般早晨徜徉淺灘、結群覓食，常以水生動、植物和蛙類、昆蟲爲選食的物件。由幾隻鶴擔任警戒，如果發生意外，擔任警戒的鳥發出鳴叫，頃刻間全部騰空而起，不一會兒，又安詳地降落在另一處。

一切表面的平靜之下都蘊涵著不安。產卵後，面對高原多變的氣候，爲了讓心愛的幼兒順利出世，黑頸鶴夫妻輪流孵卵。如發現敵害時，另一隻黑頸鶴總是設法把敵害引開到離巢較遠的地方。三十天左右，幼鶴破殼而出，剛出世的幼鶴渾身絨毛，茸茸可愛。一般一窩能孵出二個幼雛，但由於幼雛間的爭鬥和天敵的危害，幼鶴夭折率較高。據觀察平均二至三對成鳥才能保存一隻幼鳥。繁殖期間，食物主要是沼澤裡的蛙類、魚類、藻類的根莖、湖邊的人參果和山坡上的西藏沙蜥等。黑頸鶴對這裡的氣候非常敏感，每到8月，成鳥帶著幼鶴練習飛翔，儘快學好本領。高原9月大雪降臨，成鳥領著已長成大鳥隻幼鶴，離開申紮保護區，踏上征途，返回藏南。

保護區內還有其他珍貴稀有的野生動物，如雪豹、藏羚羊、西藏野驢、岩羊、藏原羚、猞猁、赤狐、藏狐、狼、棕熊、兔猻以及藏雪雞、斑頭雁、赤麻鴨、獵隼、草原鷂、白尾海雕、草原雕、鳶和胡兀鷲等。

在西藏還有很多像申紮一樣人跡罕至的地方，人在這裡是渺小的，只有大自然才是眞正的帝王，面對它的博大精深，我們心中充滿了敬畏之情。

國家圖書館出版品預行編目資料

中國地理不思議之謎／劉　鵬主編；—— 初版.
—— 臺中市：好讀，2004〔民93〕
面：　　公分，——（發現文明；13）

ISBN 957-455-597-6（平裝）

660　　　　　　　　　　　　　　92023839

發現文明13

中國地理不思議之謎

主　　編／劉　鵬
總 編 輯／鄧茵茵
文字編輯／游雅筑
美術編輯／賴怡君
發行所／好讀出版有限公司
台中市407西屯區何厝里19鄰大有街13號
TEL:04-23157795　FAX:04-23144188
e-mail:howdo@morningstar.com.tw
http://www.morningstar.com.tw
法律顧問／甘龍強律師
印製／知文企業（股）公司　TEL:04-23581803
初版／西元2004年2月15日

總經銷／知己圖書股份有限公司
郵政劃撥：15060393
台北公司：台北市106羅斯福路二段79號4樓之9
TEL:02-23672044　FAX:02-23635741
台中公司：台中市407工業區30路1號
TEL:04-23595820　FAX:04-23597123

定價：380元
特價：199元

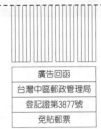

好讀出版社　編輯部收

407 台中市西屯區何厝里大有街13號1樓
電話：04-23157795　傳真：04-23144188
E-mail:howdo@morningstar.com.tw

新讀書主義—輕鬆好讀，品味經典

更方便的購書方式：

(1)信用卡訂購　填妥「信用卡訂購單」，傳真或郵寄至本公司。

(2)郵 政 劃 撥　帳戶：知己圖書股份有限公司 帳號：15060393
　　　　　　　在通信欄中填明叢書編號、書名及數量即可。

(3)通 信 訂 購　填妥訂購人姓名、地址及購買明細資料，連同支
　　　　　　　票或匯票寄至本社。

◉單本以上9折優待，5本以上85折優待，10本以上8折優待。

◉訂購3本以下如需掛號請另付掛號費30元。

◉服務專線：(04)23595819-231　FAX：(04)23597123

◉網　　　址：http://www.morningstar.com.tw

書名：中國地理不思議之謎

1. 姓名：＿＿＿＿＿＿ □♀ □♂ 出生：＿年 ＿月 ＿日
2. 我的專線：（H）＿＿＿＿＿＿ （O）＿＿＿＿＿＿
   FAX ＿＿＿＿＿＿ E-mail ＿＿＿＿＿＿
3. 住址：□□□＿＿＿＿＿＿＿＿＿＿＿
4. 職業：
   □學生 □資訊業 □製造業 □服務業 □金融業 □老師
   □SOHO族 □自由業 □家庭主婦 □文化傳播業 □其他＿＿＿
5. 何處發現這本書：
   □書局 □報章雜誌 □廣播 □書展 □朋友介紹 □其他＿＿＿
6. 我喜歡它的：
   □內容 □封面 □題材 □價格 □其他＿＿＿＿
7. 我的閱讀嗜好：
   □哲學 □心理學 □宗教 □自然生態 □流行趨勢 □醫療保健
   □財經管理 □史地 □傳記 □文學 □散文 □小說 □原住民
   □童書 □休閒旅遊 □其他
8. 我怎麼愛上這一本書：
   ＿＿＿＿＿＿＿＿＿＿＿＿＿＿＿＿＿
   ＿＿＿＿＿＿＿＿＿＿＿＿＿＿＿＿＿
   ＿＿＿＿＿＿＿＿＿＿＿＿＿＿＿＿＿

『輕鬆好讀，智慧經典』
有各位的支持，我們才能走出這條偉大的道路。
好讀出版有限公司編輯部　謝謝您！